기독교예배학입문

James F.White 지음
정 장 복
조 기 연 옮김

예배와 설교 아카데미

Introduction to Christian Worship
REVISED EDITION

by
James F. White

translated by
ChangBok Chung, S.T.D.
&
Kee-Yeon Cho, Ph.D.

First Edition Copyright © 1980 by Abingdon
Copyright © 1990 by Abingdon
Second Printing 1991
All rights reserved
Abingdon Press
201 Eighth Avenue South, Nashville, TN 37202
Translated and published by permission
printed in Korea

역자서문

　　교회가 이 땅에 존재하는 기본적이고 그 일차적인 의미는 단순하다. 그것은 예수 그리스도의 구속사를 통하여 하나님의 백성들로 구성된 무리들이 하나님의 명령대로 마음과 뜻과 성품을 다하여 그 하나님을 예배하는 데 있다. 그러므로 기독교의 구별된 모습은 끊임없이 하나님을 예배하는 데서 찾아 볼 수 있다. 따라서 교회의 살아 있는 모습의 정체성이란 하나님을 예배하는 데서 그 참 모습을 볼 수 있다. 이러한 이유 때문에 신학의 여러 분야 가운데서 예배에 대한 연구는 구약에서부터 지금에 이르기까지 광범위한 영역을 가지게 된다. 그리고 이 연구는 교회로 하여금 예배의 본질을 지키는 데 길잡이가 되어 왔으며 예배의 현장에 직접적인 영향을 파급시키는 결과를 가져온다.

　　19세기 후반부터 일기 시작한 예배복고 운동(Liturgical Movement)은 세계의 개신교가 예배를 새롭게 인식하게 되는 중요한 기점이었다. 이 운동과 함께 뜻이 있는 예배의 인도자들은 개신교의 예배에 대하여 날카로운 비판과 반성을 하면서 보다 더 진지한 시각과 내용들의 발굴에 깊은 노력을 기울이고 있다. 특별히 종교개혁가들이 주장했던 예배 예전의 정신을 외면한 채 말씀만을 강조하다가 오늘의 예배가 설교만을 위하여 존재한다는 인상을 가지게 되자 반성의 소리는 더욱 높아 갔다. 그리고 잃어버린 예배의 참다운 정신과 내용의 복고를 서두르기 시작하였다.

　　1959년 교황 요한 23세가 교회의 영적인 갱신과 일치를 위하여 제안된 제2바티칸 공의회는 구교뿐만 아니라 신교에까지 새로운 활력소를 몰고 왔었다. 1962년 10월에 소집되어 1965년 바오로 6세 때에 완성을 보아 선포되어진 공의회 문헌은 목회의 제반 분야에 깊은 반성과 대안을 제시했을 뿐만 아니라 예배 예전과 설교사역에 새로운 전기를 마련하기도 하였다. 여기서 로마 가톨릭 교회는 성경의 현지 언어로의 번역과 설교사역의 회복을 서두르게 되어 교회의 새로운 전기를 마련하였다.

여기에 자극을 받은 개신교의 예배신학자들은 오늘의 교회가 당연히 갖추어야 할 최소한의 예배정신과 내용마저 상실한 채 살아간 개신교의 예배 현실에 자성의 소리를 부르짖기 시작하였다. 그리고 개혁가들이 가졌던 예배정신이 오늘의 실상과는 전혀 다른 것이었다는 사실을 발견하고 심도 깊은 연구에 박차를 가하였다. 그 결과는 잃었던 예배의 정신과 내용이 회복되기 시작하였고 신학교육에서 예배학의 교육은 필수과정이 되는 경지에까지 이르렀다.

이러한 공헌을 성취한 예배신학자들의 등장은 개신교의 소중한 인물들로 평가를 받게 되었고 그들의 연구는 개신교의 신학계에 거대한 공헌을 남기게 되었다. 그 중에서도 미국의 달라스에 위치한 남감리교 대학교의 신학부에서 예배학 교수로 있으면서 이 분야의 연구를 이끌고가는 제임스화이트의 실적은 실로 대단한 것이다.

지금은 은퇴를 앞두고 미국의 노틀뎀 대학교로 자리를 옮겼으나 그의 예배학 연구의 정열은 쉬임 없이 계속되었고 최근에는 북미신학교협의회(ATS)의 연구기금을 받아 프로테스탄 예배(Protestant Worship)를 연구, 출판하기에 이르렀다.

본서는 화이트 교수가 20년이 넘도록 예배학을 가르치고 얻어진 연구와 경험을 한 권의 책으로 묶은 귀중한 역작(力作)이다. 이 연구서를 들고 정독을 할 때 그의 섬세한 학문적인 탐구의 폭과 깊이는 예배학을 가르치고 있는 역자를 너무나 부끄럽게 만들기도 한다. 어떻게 그 방대한 자료를 다 찾아서 소화를 했는지 상상을 하다보면 역자는 부러움을 벗어나 깊은 존경으로 그를 처다보지 않을 수 없다. 그러면서 이러한 연구의 결실을 먹으면서 자라지 못한 한국의 목회자들과 신학생들을 생각하게 되었다. 여기에 역자는 누구보다 더욱 무거운 책임을 통감하였고 이러한 양서를 통하여서라도 부족한 예배학 교육의 부분을 메워야 한다고 스스로 다짐하면서 본서를 한국의 교회 앞에 소개한다.

아직도 우리의 언어로는 생소한 전문용어의 번역들이 어려움을 주기도 했으나 여러 번의 손길을 쏟아 드디어 우리의 한글로서 읽을 수 있는 기쁨을 마련하였다. 이 소중한 책을 통하여 독자들이 기독교의 상실된 예배 예전의 참 모습을 발견하게 되고 그리고 예배자들의 뜨거운 신앙이 하나님이 원하시는 예배 예전으로 이어질 수 있게 되기를 바라는 마음 간절하다.

본서는 두 번의 과정을 거쳐 우리의 신학계에 소개되었다. 첫 번은 1991년에 초판이 한국어로 출판된바 있다. 새롭게 선을 보인 본서는 저자가 펴낸 수정보완판을 새롭게 번역하여 출판사의 허락을 받아 출판하게 되었다.

끝으로 본서의 출판을 위하여 수고해 주신 〔예배와 설교 아케데미〕 출판사에 깊은 감사를 드린다.

새천년의 사순절에

정 장 복, 조 기 연

1990년 개정판 서문

　1980년 판 『예배학 입문』을 쓴 후 또 다른 10년 동안 기독교 예배에 관해 가르친 후에, 나는 세계와 교회와 예배학 그리고 나 자신의 견해 등에 있어서 깜짝 놀라리 만치 많은 변화들을 경험하였다. 나의 첫 번째 판 『예배학 개론』의 독자들에게 계속적으로 봉사하기 위해서는 개정판을 내는 것이 필수적이라고 본다.

　세계는 바야흐로 평화의 시대와 희망의 미래를 향해 더 가까워지고 있다. 교회 또한 많은 변화를 겪고 있다. 물론 어떤 교회들은 그들의 새로운 예배집에 고이 모셔져 있는 내용들조차 예배에서 새롭게 시도하는 것을 받아들이지 않았다. 그러나 변화는 이제 대세가 되었다. 심지어 제2차 바티칸공의회 이후의 로마 천주교회도 1989년에 출판된 기존의 『축복의 책』, 『주교의 예식』과 같은 예식서들의 영문판이 절판된 것과 때를 같이하여 개정판인 새로운 『기독교 장례식 순서』(1989)을 출판하였다. 물론 다른 교단들에서도 『미 연합 감리교 찬송가』(1989)와 『장로교 찬송가』(1990)과 같은 새로운 예배집들을 제작하였는데, 이들 새로운 예배집들로 말미암아 기존의 예배집들은 이제 더 이상 쓸모 없게 되었다.

　예배학계도 예외는 아니었다. 우리는 지나간 시대 중 그 어느 때보다도 최근 10년 동안에 예배학 연구를 가장 활발히 하였다. 예전에는 볼 수 없었지만 이제는 많은 출판사들의 안내책자에서 예배에 관한 제목의 책이 실리기 시작하였다. 오늘날 미국에서는 역사상 가장 많은 수의 예배학자들이 활동하고 있다. 신학교에서 23년간 가르쳤지만, 그동안 변했던 것보다 더 많

1990년 개정판 서문

은 관점의 변화가 나 자신에게 일어났으며, 현재 내가 가르치고 있거나 아니면 앞으로 가르치게 될 때에 그러한 변화들을 반영할 것이다. 나는 학생들로부터 많은 것을 배웠으며, 또한 그들이 교회와 학문에 대해 기여하는 많은 공헌들을 기쁘게 바라보고 있다. 지난 10년 동안 내가 배웠던 많은 내용들이 본 개정판에 반영된 변화들의 이유이기도 하다.

이 책이 당초 나의 기대를 훨씬 뛰어넘을 만큼 많이 읽히고 있어서 나는 매우 놀라기도 하고 또한 기쁘기도 하다. 이 책은 미국에 있는 개신교 신학교들뿐만 아니라 로마 천주교는 물론 심지어 정교회와 은사운동 전통에 있는 신학교들에서조차 교재로 사용되고 있어서 오늘날 가장 많이 사용되는 예배학 교과서가 되었다. 이 사실은 나를 당황스럽게 한다. 왜냐하면 나는 이만한 호응을 얻은 이 책의 내용을 수정하고 싶지 않기 때문이다. 그러나 나는 이 책을 모든 사람들에게 유용하도록 수정하였으며, 특히 로마 천주교와 광범위한 개신교 진영을 위하여 수정을 가하였다. 이러한 필요성 때문에 부득이하게 책의 구조도 일부 수정하였다. 예배와 정의(윤리)에 관한 자료가 보강되었으며, 매일기도와 말씀의 예전을 분리하여 별도의 장(章)으로 다루었다. 화해에 관한 부분은 입교 부분으로부터 마지막 장인 인생행로와 통과의식 부분으로 옮겨졌으며, 여기에는 신앙고백과 위탁에 관한 항목이 추가되었다. 이러한 편집상의 변화들로 인해 독자들이 이 책을 더욱 편리하게 사용하기를 바란다.

본 개정판에서는 북미와 영국 등 영어사용권에 있는 예배집들중 가장 널리 사용되는 15종을 선택하여 해당 주제의 페이지를 표기하였다. 이는 각 장의 마지막 부분에서 표시되었다. 예배학을 공부하는 학생들을 위하여 사전을 찾아보는데 도움이 되도록 약 500여개의 예배학 기본 용어들을 굵은 글씨로 처리하였다. 각 용어들은 독자들이 이해할 수 있도록 의미를 풀이하였다. 삽화들을 사용할까 하는 마음이 있었지만 두 가지 이유 때문에 포기하였다: 첫째는 책의 단가가 올라가는 것 때문이고, 둘째는 그림이란 언제나 문화적인 영향을 받기 때문에 오히려 상상력을 제한함으로써 본래의 풍부한 의미를 상실하게 할 가능성 때문이었다. 나는 거의 모든 경우에 풍부한 상상력을 동원하기를 원하며, 이는 사진을 첨부할 때보다는 첨부하지 않을 때에 더 용이하다고 본다.

나는 여러 명의 학생들에게 찬사를 보내고 싶은데, 이는 그들이 이 책에 많은 기여를 했기 때문이다. 특히 나의 대학원 조교인 마이클 모리아티와, 꼼꼼히 원고를 읽고 교정해준 그랜트 스페리 화이트에게 감사하고 싶다. 또한 지저분한 초고를 깨끗하게 정리해준 낸시 케글러와 쉐리 라이콜드 그리고 체릴 리드에게 찬사를 보낸다. 마지막으로, 나의 아내 수잔 화이트에게 은혜를 입었는데, 그 이유는 그녀의 학자적인 기술이 나의 원고의 질을 높였으며, 인내로써 그 일을 감내하여 주었기 때문이다. 이 개정판이 교회를 잘 섬길 수 있게 되기를 바란다.

노틀담 대학에서
1989년 9월 18일
제임스 F. 화이트

1980년판 서문

　　20여년 정도 교수 생활을 하고나면 누구나 자기 분야에 대하여 나름대로 견해를 갖게 된다. 그리고 지금으로부터 또 20년이 지난다면 그때는 나의 판단이 더욱 성숙하게 되리라 확신한다. 필자가 본 서를 저술하는 현 단계는 그동안 가르쳐왔던 것을 한데 모으고, 또 앞으로 더 연구해야 할 것들을 정리하는 좋은 기회가 되리라 본다.　이 책을 쓰면서 필자는 수 십년 동안 관심을 두어온 모든 것을 단 한권의 책으로 압축하는 놀라운 훈련을 경험하였다. 필자가 기독교 예배학 분야에 처음 착수하였을 때 이 분야에 관심을 둔 사람은 거의 없었다. 그러나 지금 나에게 있어서 가장 큰 기쁨은 이 분야에 대하여 함께 연구할 새로운 동료들이 많이 생겨 내가 그동안 경험한 것을 함께 나누고 앞으로의 나아갈 방향을 정립하게 되었다는 점이다. 이 책이 기독교 예배를 해석하는데 더 좋은 해석서가 나타날 때까지 많은 도움이 되기를 바라고 있다. 이런 의미에서 "나보다 더욱 훌륭한 해석을 할 수 있는 사람이 나타난다면, 나는 결코 질투하지 않겠노라."고 한 피터 롬바드(Peter Lombard)의 말에 동감하는 바이다.

　　필자는 예배 인도자의 중요한 임무에 대하여 다음 몇 페이지에서 가능한한 간략한 형태로 설명하려고 한다. 그리고 각 교파의 예식서나 관습에 관계되는 세부적인 내용보다는 일반적인 면에서 기독교 예배를 계획, 준비, 진행하는데 알아야 할 필요가 있는 것을 설명코자 하였다. 이 책의 내용은 목사나 신부뿐만 아니라 평신도 예배위원 모두에게도 참고가 될 만 하다. 물론 각 교파에 따라 이 책의 자료를 참고하여 그들 나름대로의 예식서나 규례에 의거하여 활용해야 하리라고 여겨진다.

필자는 특수한 예식서를 참고하면서 미국 내에서 영어를 사용하는 대부분의 기독교인들에게 가장 광범위하고 친숙하게 사용되는 예식서가 되도록 이 책의 촛점을 맞추었다. 개정된 로마가톨릭의 예식서를 많이 참고하였으며, 특히 교회의식, 성례전, 주교예식서(the Pontifical)를 참조하였다. 이 책을 쓰기 시작하였을 때 마침 새로운 루터교의 예식서가 출판되었고, 이 책의 출판에 몇 달 앞서 미국인들을 위한 새 공동기도서(The New American Book of Common Prayer)가 최종 승인을 받을 수 있어서 이 두 가지 책을 모두 참고할 수 있었다. 또한 미연합 감리교 예배 보충 자료들(The United Methodist Supplemental)을 편집하는데 깊이 관계하였기 때문에 이 책들도 참고할 수 있었고, 1965년판 예식서(The 1965 Book of Worship)와 함께 아직 출판되지 않은 책들도 참고할 수 있었다. 독자들은 1970년판 장로교 예식서(The Presbyterian Worshipbook)와 그리고 1969년판 연합 그리스도 교회의 예식서(The United Church of Christ Services of the Church) 그리고 1974년판 찬송가(Hymnal)에 관해서도 소개받을 것이다.

특별히 이제는 제2차 바티칸 공의회 후에 여러 차례 개정되어 거의 완성된 가톨릭 교회의 예전들을 참조할 수 있는 때이다. 교황 마틴 5세(Martin V)의 무덤 위에는 "그의 시대는 행복한 시대였다."(His Were Times of Happiness)라는 문구가 새겨져 있다. 이것은 우리 시대의 예배 의식에 대한 에큐메니칼한 상황을 예증하고 있다고 본다. 우리는 예배 의식이 개정된 지난 15년간을 가톨릭과 개신교가 예배의식에 대한 풍부한 자료를 나누며 서로 긴밀해진 시대였다고 볼 수 있다. 그 증거는 1960년대와 70년대에 양자 사이의 예배의식에 대한 에큐메니칼한 성취에서 분명히 나타나고 있다. 그러므로 개신교와 가톨릭 모두에 도움이 될 수 있는 기독교 예배 의식에 대한 입문서를 쓴다는 것이 이제는 가능하다고 생각한다.

기독교 예배 의식에 대하여 연구하는 일은 기독교의 본질을 이해할 수 있는 매우 훌륭한 방편이 되기도 한다. 기독교인들이 예배 드리기 위하여 모여서 행하는 것을 확실히 파악하는 것은 기독교의 본질을 이해하기 위한 가장 좋은 길이다. 기독교인이든 비기독교인이든 기독교 예배에 대한 더욱 많은 지식을 얻게 된다면 서구문화를 지배해 온 종교적 전통에 대하여 많은 지식을 배울 수 있으리라 여겨진다.

이 책은 기독교 예배에 대한 입문서로 씌어졌다. 그러나 이 책은 그것에 대한 해석서이기도 하다. 필자는 여기서 스스로 도달한 결론을 해석하고 이를 새로운 각도에서 비판해 보는 모험도 주저치 않았다. 이런 내용에 대해 혹자는 논박을 가하리라 생각한다. 아무튼 본 서에서 필자의 해석이 타당한 것은 계속 남아있을 것이며, 그렇지 못한 요소들은 누군가의 연구를 통하여 제거될 것이다. 나는 나의 제자들과 함께 수 년간에 걸쳐 이 주제와 여러 가지 관계 분야들의 기본적 구조를 종합하고 정리하였다. 이제 더 나아가서는 향후 수 년내에 여러 학자들이 더욱 만족스러운 해석을 제시할 것이라는 점을 기대하기로 한다. 예배학 분야에는 연구해야 할 것들이 너무 많이 쌓여 있다. 회당 예배의 기원, 주현절(Epiphany)의 근원, 대성당의 세세한 의식들, 히폴리투스(Hippolytus)와 암부로스(Ambrose) 가운데 어느 쪽이 로마의 정통인가 하는 문제, 미국 개혁교회와, 감리교회 그리고 자유교회(Free Church) 등에서 행해지는 주일 예배의 기원에 관한 문제들이 아직도 밝혀지지 않은 채 남아있다. 본 서가 독자들에게 흥미를 자극하여 계속 연구해 보고 싶은 마음을 불러일으키게 한다면 이 책은 성공적인 입문서요 해석서라 할 수 있을 것 같다.

이 책은 학문적 성격을 띠고 있지만 전체적 관심은 항상 기독교회의 예배를 강화하기 위한 목회적 방향에 두고 있다. 이 책은 오늘날 교회에서 행해지는 예배의 형태와 그 이유에 대해 서술적인 형식으로 씌어졌지만 각 장은 대부분 그에 대한 규범(norm)을 제시함으로써 결론을 맺고 있다. 설명을 하는 부분들은 규범을 제시하는 부분에 대한 배경이 되도록 하였다. 예배 인도자들은 누구나 여러 가지 결정을 내려야 할 책임을 가지고 있다. 그러나 그 결정들은 그에 관련된 모든 사실에 근거해서 이루어질 때만이 정당

화될 수 있다고 본다. 그러므로 이 책의 각 장은 역사적, 신학적 지식이 목회적 부분보다 우선 되도록 하였다. 실제 적용을 위한 목회적 설명은 항상 교회가 실행하여 왔던 것과 이에 대한 반성의 과정을 내용으로 하고 있다. 기독교 윤리와 마찬가지로 기독교 예배는 서술적이면서도 규범적인 주제로서, 세부적인 결정은 지역과 그 사람들의 특성에 따라 이루어져야 한다. 따라서 필자는 본 서를 통해 목회현장에서 일반적으로 결정할 수 있는 전체적 윤곽을 제시하려고 하였다.

제한된 지면에 이 모든 것을 완벽하게 압축하여 설명한다는 것은 매우 어려운 작업이다. 따라서 본 서의 거의 모든 문단(Paragraph)은 한 권의 책으로나, 혹은 몇 권의 책이 될 수 있는 자료를 포함하고 있다. 한 권의 책이 될 정도의 내용들을 한 문단으로, 한 장이 될 내용을 한 줄의 문장으로 간추리기도 하였다. 이 책 말미에 관계도서 일람표(색인)와 각주를 첨부하여 참고하도록 하였으며, 되도록 기본 도서들의 대부분은 각주에서 인용하였고 참고도서에 재수록하지는 않았다. 필자는 가능한 한 모든 사람들이 알아야 할 기본적인 내용들과 관심이 높은 분야에 우선 순위를 두고 거기에 집중하여 저술하였다. 특히 독자들의 대부분이 서방 기독교인이며 그들의 관심도 서방 교회(Western Church)에 많이 두고 있으므로, 동방 정교회(Eastern Orthodox Church)의 예배에 관한 내용은 많이 취급하지 않았다. 그리고 그다지 영향을 끼치지 못한 감독(Bishop)들의 예배의식이나 수도원 공동체에 대한 것도 거의 취급하지 않았다.

필자는 기독교 초기의 4세기 동안에 교회 안에서의 이루어진 이론과 실천적인 면에 특히 관심을 갖고 있다. 이 시기에 교회가 결정하고 실행한 것과 왜 그렇게 결정, 실행하였는가 하는 원인을 알게 되면 그 밖의 문제는 간단히 해결될 수 있기 때문이다. 오늘날 대부분의 교회는 초대교회의 이론과 실천 내용들을 회복하는 단계에 있다. 물론 우리가 지나치게 초기 교회에 대해 낭만적으로 생각하고 있는지 아닌지는 후대가 판단할 일이다. 그러나 어떠한 경우에라도 이들 초기교회의 결정에 대한 지식은 그후 계속 발전

1980년판 서문

되어온 기독교 예배를 이해하는 기본적 초석이 된다는 점은 누구도 부인할 수 없다.

이 책은 많은 분들의 도움으로 완성할 수 있었다. 미 연합 감리교 제자회의 예배분과 위원인 Elis Shoemaker박사, Hoyt L. Hickman박사, Richard Eslinger박사와 퍼킨스(Perkins)신학대학의 나의 동료인 H. Grady Hardin교수, Virgil Howard교수, Joseph D. Quillian, Jr.학장, 캔들러(Candler) 신학대학의 Done Saliers교수, 프린스턴신학대학의 Arlo Duba교수, 뱅쿠버(Vancouver) 신학대학의 William Crockett교수, 자료 분류와 교정에 많은 도움을 주신 성 요한(St.John) 신학대학의 Louise Shown과 Nancy Swift양에게 감사드린다. 특히 신학교 시절에 나를 지도해주신 Paul W.Hoon교수에게 많은 것을 배우고 있는데, 그 분은 이 책에 대한 소견과 정정으로 계속 도움을 주셨다. 많은 분들에게 학자적인 경력을 갖도록 헌신적인 도움을 주고 계시는 브리드웰(Bridwell) 도서관의 이사이신 Decherd H. TurnerJr.교수님께 이 책을 바침으로 그 분의 끊임없는 사랑에 보답하고 싶다. 1,900마일이나 멀리 떨어져 있으면서도 나의 원고를 읽고서 깨끗하고 질서 있게 정리하여주신 Bonnie Jordan에게 감사하며, 이 책을 쓰는 동안 가정에 소홀하여 더욱 어려움을 겪게 되었던 아내와 아이들에게 미안한 마음이다. 이제 이 책을 탈고하면서 우리 가족에게 용서를 구하는 마음과 함께 내가 좀더 가정에 충실하게 되기를 바라고 싶다

Passumpsic, Vermont에서
1979년 3월 5일
제임스 F. 화이트

약 어 표

ANF	*Ante-Nicene Fathers*. New York: Scribner's, 1899. 10 vols.
BCF	*The Book of Common Prayer*. New York: Church Hymnal Corporation and Seabury Press, 1977.(Other editions noted by date.)
BoW	*The Book of Worship for Church and Home*. Nashville: The Methodist Publishing House, 1965.
CSL	*Constitution on the Sacred Liturgy*. Collegeville, Minn.: Liturgical Press, 1963.
HUCC	*The Hymnal of the United Church of Christ*. Philadelphia: United Church Press, 1974.
LBW	*Lutheran Book of Worship*. Minneapolis: Augsburg; and Philadelphia: Board of Publication, Lutheran Church in America, 1978.(Pew edition unless Ministers Desk Edition specified.)
NPNF	*Nicene and Post-Nicene Fathers*. New York: Scribner's, 1905-1907.
Rites	*The Rites of the Catholic Church as Revised by the Second Vatican Council*. New York: Pueblo Publishing Company, 1976.
Sac	*The Sacramentary*. Collegeville, Minn.: Liturgical Press, 1974.
SoC	*Services of the Church*. Philadelphia: United Church Press, 1969. Vols. 1-8.
SWR	*Supplemental Worship Resources*. Nashville: Abingdon Press or United Methodist Publishing House, 1972-1980, vols. 1-10.
Wb	*The Worshipbook*. Philadelphia: Westminister Press, 1970.

차 례

역자서문 · 3
개정판(1990년) 저자 서문 · 6
초판(1979년) 저자 서문 · 9
약어표 · 14

제 I 장 기독교 예배의 의미는 무엇인가? ················· 19
    1. 기독교 예배의 현상 / 21
    2. 기독교 예배의 정의 / 24
    3. 예배의 용어들 / 31
    4. 기독교 예배의 다양한 표현들 / 39
    5. 형태의 일관성 / 47

제 II 장 시간의 언어 ················· 57
    1. 기독교적 시간의 형성 / 59
    2. 교회력의 신학 / 78
    3. 교회력의 기능 / 83

제 Ⅲ 장 공간의 언어 ·········· 97

   1. 예배공간의 기능/ 99

   2. 예배건축의 역사/ 108

   3. 예배음악과 공간/ 121

   4. 예배예술/ 130

제 Ⅳ 장 매일 공중기도 ·········· 139

   1. 매일공중기도의 역사/ 141

   2. 신학적 반성/ 156

   3. 목회적 관심/ 159

제 Ⅴ 장 말씀의 예전 ·········· 163

   1. 말씀의 예전의 역사/ 164

   2. 말씀의 예전의 신학/ 180

   3. 목회적 관점/ 185

제 Ⅵ 장 가시적인 하나님의 사랑 ·········· 191

   1. 성례전의 발달 과정/ 194

   2. 성례전의 새로운 이해/ 213

제 Ⅶ 장 입교예식 ·········· 225

   1. 기독교 입교의식의 발전/ 226

   2. 기독교 입교의 신학/ 243

   3. 기독교 입교의 목회적 관점/ 253

제 Ⅷ 장 성만찬 성례전 ··· 261
　1. 성만찬의 발전/ 262
　2. 성만찬의 이해/ 285
　3. 목회적인 행동/ 298

제 Ⅸ 장 인생 여로와 통과의례들 ······································ 305
　1. 화해의식/ 308
　2. 병자를 위한 사역/ 314
　3. 기독교 결혼/ 322
　4. 성직수임식/ 336
　5. 종교적 고백 또는 헌신/ 344
　6. 기독교 장례식/ 346

색인 ·· 360

제 I 장

기독교 예배의 의미는 무엇인가?
(What Do We Mean by "Christian Worship"?)

"기독교 예배"를 지적으로 설명하기 위하여 먼저 이 말이 의미하는 바가 무엇인가를 결정해야겠지만, 예배의 정의를 내린다는 것은 그리 간단한 문제가 아니다. 예배는 그것이 속한 시대와 지역의 문화와 매우 밀접하게 연관되어 있기 때문에, 본질적인 기독교 예배의 특징을 깨닫게 되기 전까지는, 예배를 문화와 혼동하기가 쉽다.

첫째로, 무엇보다도 예배(worship)라는 말 자체가 어느 한가지 뜻으로 한정하기 어려운 용어이다. 인간의 반복되는 활동들과 "예배"가 구별되는 점은 무엇인가? 왜 예배는 일상 생활의 자질구레한 일과 습관적인 행위와는 다른 형태의 특별한 활동일까? 더욱이 기독교 공동체 자체에서 행해지는 여러 가지 행위와 예배는 어떻게 구별되는 것일까? 예를 들어 기독교교육이나 선행과 예배가 다른 점은 무엇일까?

둘째로, 우리가 일단 예배를 정의한다면 어떤 예배가 기독교적인 것이라고 할 수 있을까? 우리의 문화는 여러 가지 다른 형태의 예배로 가득 차 있다. 동방의 여러 교파들(sect)은 그들 나름대로의 예배 형태를 발전시켜

왔다. 그런가 하면 많은 교파들이 예배 의식을 행하고 있지만 기독교적인 예배와는 거리가 있는 것들도 많다. 기독교 예배의 특성은 무엇인가? 기독교 공동체에서 드려지는 예배는 모두 기독교적인 것이라고 할 수 있을까?

이러한 물음 가운데 어느 하나도 쉽게 해결할 수는 없으나, 동시에 이 문제들은 반드시 해결되어야 할 문제들이다. 그리고 이것들은 단순히 신학적 관심을 가진 사변적인 문제만도 아니다. 기독교 예배의 특징을 분명하게 정의하는 일은 예배를 계획하고 준비하고 인도해야 할 책임을 지고 있는 모든 사람들에게 매우 실제적이고도 매우 중요한 일이다. 최근 여러 가지 새로운 형태의 예배 의식이 출현하고 이에 따라서 예배를 주관하는 사람들이 곤란을 느낄 정도로 예배에 대한 여러 가지 이론들이 제시되고 있다. 그러한 사람들은 예배 인도를 통하여 기독교 공동체를 섬길 때 끊임없이 결정을 내려야하는 입장에 서게 된다. 그 결정이 실제적일수록 예배에 대한 신학적 기반이 더욱 더 요청된다. 국기에 대한 충성을 서약하는 것과 같은 행위가 기독교의 예배에 합당한가? 그렇지 않으면 그런 행위는 기독교 예배에서는 적절치 않은 것인가? 어떤 사람들이 예배라고 생각하는 것에 대해 또 다른 사람들은 그것을 예배라고 여기지 않는 경우도 있는데, 이럴 때 우리는 교회에서 행해지는 것만을 예배라고 할 것인가? 그렇지 않으면 교회에서 행하는 것조차도 기독교 예배라고는 볼 수 없는 경우도 있다는 것일까? 우리는 기독교 예배에 대한 기초적이고 올바른 정의를 내려야만 이와 같은 문제들을 해결할 수 있으리라 본다.

"기독교 예배"가 무엇을 의미하는가를 명확히 하기 위해 나는 세 가지 방법을 사용하려 한다. 이중에서 내가 보기에 가장 적합한 방법은 현상학적 접근인데, 이는 기독교인들이 모여서 예배를 드릴 때에 하는 행위를 단순히 기술하는 것이다. 비록 이 방법이 매우 단순하고 쉬운 것처럼 보이지만, 사실은 기독교인들이 예배를 실제로 드리는데 있어서 반복해서 사용하는 방법과 구조를 파악함으로써 예배의 의미를 이해하기 위해서는 세심한 주의가 요구된다. 이 책의 대부분은 예배의 발전 및 신학 그리고 행위구조를 사용하는 방식 등을 기술하는 데에 강조점을 두고 있다. 두 번째로, 기독교 예배에 관한 정의를 내리기 위해서 사용할 수 있는 방법은, 예배의 본질에 관해 많은 학자들이 이해하고 있는 추상적 개념들을 살펴보는 방법이다. 마지막 세 번째 방식은, 기독교인들이 예배에서 경험하는 바를 표현하기 위해 사용하는 다양한 언어의 핵심어휘들을 살펴보는 일이다. 이 세 가지 방법은 우리가 "기독교 예배"라고 말할 때에 무엇을 의미하는가에 관해 깊이 생각하도록 우리를 촉구한다. 우리가 지나치게 단순화된 예배의 개념에 동의하기에 앞서서 우리는 예배의 다양성과 일관성을 제공해 주는 요소들에 관해 고려할 필요가 있다.

1. 기독교 예배의 현상

기독교 예배란 무엇인가에 관해 정의를 내리기 위해 우리가 할 수 있는 가장 최선의 방법은 기독교 예배의 외적이고 가시적인 형식을 기술하는 것이다. 이는 기독교인들이 함께 모일 때에 무엇을 하는가를 외부 관찰자의 입장에서 보고 겉으로 드러나는 현상을 분석하는 방법이다.

이 방법은 기독교 예배가 발생하는 시대와 장소에 따라서 문화적 다양성과 역사적 시대성을 가지고 있음에도 불구하고, 언제나 영속적인 형식들을 가지고 있다는 사실에 근거한다. 예배의 구조(한 해의 예배를 구성하기 위한 교회력 등)와 예배의 의식(주님의 만찬 등)은 이러한 사실을 잘 보여준다. 예배는 끊임없이 변화하여 왔지만 그럼에도 불구하고 이러한 일관성은 매우 현저하게 유지되어 왔다. 기독교 예배를 기술하는 방법 중 한가지는 단순히 이러한 예배의 주요 구조와 의식들에 관한 목록을 작성하는 방법이다. 그러나 지금 이 자리에서 이 작업을 그렇게 자세하게 할 필요는 없다. 왜냐하면 앞으로 이 책의 많은 분량이 그 작업을 위해 할애될 것이기 때문이다.

신약성경에도 시간의 주간 구조(weekly structure)에 관한 언급이 있다. 이 구조는 곧 발전하게 되었으며, 이는 그리스도의 죽음과 부활이나 순교자 등의 사건들을 기독교 공동체가 기억하기 위해 만든 다양한 교회력에서 잘 나타나 있다. 지금도 매일(daily), 주간(weekly), 그리고 연중(yearly)의 시간구조는 기독교 예배에서 매우 중요한 요소이며, 본 책에서는 제 2 장에서 이를 상세히 다루고 있다. 그러나 이 자리에서 언급하고 넘어가야 할 사실 중 하나는, 기독교 예배는 그 목적을 달성하기 위해서 시간의 구조에 대단히 의존하고 있다는 사실이다.

기독교인들이 시간을 배열할 필요성을 발견했듯이, 또한 예배를 보호하고 가능하게 하기 위해서는 공간도 체계적으로 구성할 필요가 있다는 것을 깨달았다. 시대와 문화에 따라서 다양한 형태가 시도되긴 하였지만 공간과 성전가구의 배열에 있어서 특정한 형식이 또한 지속적으로 내려왔다. 이에 관해서는 제 3 장에서 논의된다.

고대는 물론 현대에도 사용되는 예배의 기본적 형식들이 있다. 이는 무엇보다도 매일 드리는 공중예배(daily public prayer)이다. 물론 이것도 다양한 형태를 가지고 있다(제 4 장에서 다루어 지고 있다). 그러나 기도와 찬양으로 이루어진 이 예배는 기독교 예배를 독특한 것으로 비쳐지게 할 것이다.

예배의 또 다른 형태는 성경을 읽고 설교를 하는 것에 초점을 둔 것으로서, 종종 "말씀의 예전"(the Service of the Word)이라고 불린다. 이 형태는 일반적으로 개신교의 주일 예배로서 익숙해져 왔으며, 또한 성만찬 혹은 주의 만찬의 첫 번째 부분을 차지한다. 이에 관해서는 제 5 장에서 다루어지고 있다. 이 형태는 항상 유지되어 왔으며, 많은 기독교인들이 기독교 예배를 접할 때에 최초로 경험하는 부분이기도 하다.

실제적으로 모든 기독교 공동체는 그 공동체 안에 있는 사람을 밖에 있는 사람과 구별하는 수단을 가지고 있다. 비록 형태는 다양하지만 예배학에서는 이것을 "기독교 입교예식"(Christian Initiation)이라고 부른다. 이는 여러 가지의 예식으로 구성되어 있는데, 그 중에서 세례는 가장 널리 알려졌으나, 초신자교리(catechesis), 견진(confirmation), 최초 성만찬(first communion), 그리고 다양한 형태로 이루어진 세례 갱신, 세례 확인, 세례 재확인 등도 역시 의식 과정에 있어서 대단히 중요한 부분들이다. 최근에는 대부분의 기독교 단체들에서 입교예식의 신학과 실천에 관해서 새롭게 인식하는 추세이며, 본 책에서는 제 7 장에서 다룰 것이다.

바울에 의해 "주님의 만찬"(The Lord's Supper, 고전 11:20)이라고 불리운 의식이 있다. 신약시대 이래로 지금까지 기독교인들이 이 의식을 거행하기 위해서 모임을 가졌던 것에 관한 증거들을 신약시대 이후 지금까지 찾아 볼 수 있다. 많은 기독교인들은 이것을 기독교 예배의 원형적 형태라고 인식하고 있다. 오직 소수의 단체에서만 이것을 명시적인 예배의 형태로 받아들이는 것을 거부하고 있다. 많은 교회들에서 이는 매주 혹은 매일 지켜지고 있다. 제8장에서 주의 만찬에 관한 형식과 의미를 살펴보게 된다.

마지막으로, 거의 모든 기독교 예배 공동체에서 다양한 형태의 목회예전(pastoral rites)을 지키고 있다. 이들 중 일부는 인생 여정에서 어떤 단계를 표시하는 것으로서, 어떤 것은 반복되기도 하고 또 어떤 것은 일생에 한번만 맞는 경우도 있다. 이런 것들은 주로 용서와 화해의 예배, 병자와 임종하는 자들을 위한 치유와 축복의 예배 등이 있고, 또한 결혼이나 서품, 신앙 고백, 그리고 장례 예배 등 통과의식이 있다. 이들 목회예식들은 특별한 요구가 있을 때에 실시하는 특별예배이다. 많은 경우 인생의 고비마다 경험하게 되는 사건은 기독교인이건 비 기독교인이건 공통적이다. 특별예배들은 이러한 인생의 여정과 행로들을 표시하기 위한 영원한 자리를 기독교 예배 안에서 발견하였다. 이들 목회예식들은 제 9 장에서 논의된다.

물론 이들 7가지의 기본적 구조와 예배들이 기독교 예배의 모든 가능성을 포괄하지는 못한다. 그러나 이들이 기독교 예배의 대부분을 차지하는 것은 사실이다. 여기에 다양한 기도모임과 종교음악회, 부흥회, 9일간 하는 기도(novena), 그리고 광범위한 종류의 경건생활 등이 부가될 수 있을 것이다. 그러나 기독교 대부분의 진영에서 이러한 것들은 위의 7가지 필수적인 요소들에 부속되는 것이다. 따라서 본 책에서는 이들 7가지 구조와 예배들을 주로 다루고 특별예배들과 기타 사항들은 부가적으로 취급하고 있다.

그러므로 기독교 예배란 무엇인가 하는 질문에 대한 첫 번째 대답은 기독교 예배가 가진 기본적 형태를 단순히 진술하고 묘사하는 것이 될 것이며, 이것이 가장 훌륭한 대답이 될 수 있다. 그러나 또 다른 접근방법이 필요한 것 또한 사실이다.

2. 기독교 예배의 정의

여러 기독교 신학자들이 기독교 예배에 대해 말하고 있는 방법들을 검토하는 목적은 비교 연구를 위해서가 아니라 반성을 고취시키려는데 있다. 어떤 용어의 의미를 파악하는데 가장 좋은 방법은 단순히 정의를 내리는 것보다는 그 말이 어떤 경우에 사용되고 있는가 하는 점을 살펴보는 것이라 본다. 그러므로 우리는 3명의 프로테스탄트 신학자와 3명의 가톨릭 신학자들이 이 용어를 어떤 경우에 사용하고 있는가를 살펴봄으로써 거기에서 오는 두 가지의 가능성을 찾아보려고 한다. 이러한 작업이 기독교 예배가 의미하는 바를 발견하여 기독교 예배에 대한 우리의 이해를 더욱 진전시키고, 그 의미를 올바로 해석할 수 있게 되리라 생각한다.

폴 훈(Paul W. Hoon) 교수는 『예배의 통합(The Integrity of Worship)』이란 그의 저서를 통하여 예배학에 중요한 공헌을 남겼다. 훈 교수는 그의 저서에서 감리교 전통에 따라 "문화에 대한 민감성과 함께 신학적 분석"에 깊은 관심을 표명하고 있다. 훈 교수는 "예배의 정의는 기독론에 근거하고 있으며 예배의 의미 분석도 근본적으로 기독론적이어야 한다"고 주장함으로써 기독론 중심의 기독교 예배를 강조하고 있다.[1] 이같은 의미에서 예배는 그리스도이신 예수님의 사건(event)에 기초를 둔 성육신적인 것이어야 한다. 기독교 예배는 구속사의 사건에 직결되는 것으로써, 예배에 있어서 모든 행위는 구원의 사건을 우리와 연결시키고 현재 속으로 끌어들이는 게 된다. 훈 교수는, "예배의 핵심은 자신의 생명을 인간에게 주시어 그 생명에 참여시키기 위하여 활동하시는 하나님이다"라고 말한다. 그에 의하면 개인으로서 혹은 교회로서의 우리 모두는 예배에 의하여 지대한 영향을 받게 되며, 기독교인의 생활은 곧 예배 생활이라고 주장하고 있다.

훈 교수는 계속하여 "기독교 예배란 그리스도이신 예수님 안에서 자신을 보여주신 하나님의 계시와 그에 대한 인간의 응답" 또는 "그리스도이신 예수님 안에 있는 인간의 영을 향한 하나님의 역사와 그리스도이신 예수님을 통하여 하나님께 응답하는 인간의 행위"라고 주장한다. 훈 교수에 의하면 기독교 예배에 대한 중심 개념은 하나님의 계시(Revelation)와 인간의 응답(Response)으로 보인다. 이 양자의 중심은 그리스도이신 예수님인데, 그 분은 우리에게 하나님을 계시하시며, 우리는 그 분을 통하여 하나님께 응답하게 된다. 그것은 상호 관계적이다. 즉, 하나님은 그리스도이신 예수님을 통하여 우리에게 접근해 오시며 그 주도권을 잡고 계신다. 그리고 인간은 다양한 감정, 말, 행위를 사용함으로써 그리스도이신 예수님을 통하여 하나님께 응답하게 된다.

여러 해 동안 하이델베르그 대학에서 교수생활을 했던 루터교 신학자 피터 부르너(Peter Brunner)교수는 여러 면에서 훈 교수의 사상과 유사하지만, 그의 주요 저서 『예수님의 이름으로 드리는 예배(Worship in the name of Jesus)』에서 매우 독특한 용어를 사용하고 있다. 그는 하나님께서 사람에게 봉사한다는 뜻과 사람이 하나님께 봉사한다는 이중적 의미를 가진 "예배"라는 뜻의 독일어 "Gottesdienst"를 사용하고 있다. 부르너 교수는 예배의 이러한 이중적 의미를 이용하여 예배의 이중성(duality)을 주장하고 있다. 그의 저서의 핵심은 "회중에 대한 하나님의 봉사"와 "하나님께 드리는 회중의 봉사로서의 예배"라는 두 장에 기술되어 있다. 이러한 이중성에서 우리는 훈 교수의 계시와 응답에 유사한 성격을 발견할 수 있다. 그러나 여기에서 주의해야 할 것은 하나님은 양편 모두에 역사하시는 분이라는 점이다. 처음과 나중 되시는 하나님, 그 한 분만이 예배를 가능하게 하신다. "하나님의 은사(gift)가 하나님에 대한 인간의 헌신을 불러일으키기 때문이다."[2]

하나님은 과거의 역사적 사건을 통해서, 그리고 오늘날에는 말씀을 통한 그 사건의 실재(reality)로써 우리들에게 그 자신을 내어 주신다. 우리가 행하는 선포의 말씀조차도 실제로는 하나님의 행위이다. 우리가 집례하는 성례전의 진리도 역시 하나님의 사역하심이다. 부르너 교수는 루터의 말을 인용하면서 "예배란 우리 주 하나님께서 성령을 통하여 우리에게 말씀하는 것으로서 인간인 우리는 기도와 찬송으로 그 분에게 응답하는 것이며 그 외에 다른 것은 행해지지 않아야 한다."고 한다. 인간은 "성령께서 우리에게 주신 새로운 순종의 태도로써" 기도와 찬양을 통하여 하나님께 감사함으로써 그 분의 역사하심에 올바로 응답하게 된다. 또한 부르너 교수는 기도란 "하나님께서 우리의 소원을 그 분의 뜻에 일치하도록 하기 위하여 그 분의 자녀인 우리에게 허락하여 주신 방법이다."라고 한다. 그러므로 부르너 교수에게 있어서 예배의 이중성은 자신을 우리에게 내어 주고 자신의 은사에 우리가 응답하게끔 하는 하나님의 사역에 그 초점이 모아지고 있다.

쟝 자크 폰 알멘(Jean-Jacques Von Allmen)교수도 그의 주저 『예배의 신학과 그 실제(Worship: It's Theology & Practice)』에서 기독교 예배의 근거를 기독론에 두고있다. 스위스 노이샤텔(Neuchatel) 대학의 교수인 그는 개혁교회의 전통 속에서 글을 쓰면서, 기독교 예배를 하나님이 이미 행하신 일의 집약(recapitulation)으로 이해하는 강한 실례를 남겼다. 그에 의하면 예배란 인류의 역사 속에 개입하신 그리스도이신 예수님의 사건으로 그 절정에 이른 구속사의 과정을 새롭게 확인하고 집약하는 것이다. 이와 같은 끊임없는 구속사의 집약과 확인을 통하여 그리스도는 성령의 역사와 함께 그 분의 구속 사업을 추구하신다.[3] 이러한 예배는 구속 사건의 성경적 연대기와 밀접하게 연결되어 있다. 그것은 하나님께서 이미 행하신 사건들을 새롭게 집약하는 것이며 앞으로 이루어질 사건에 새롭게 참여할 수 있는 길을 마련해 주게 된다.

예배에 대한 폰 알멘 교수의 설명은 또 하나의 중요한 면을 지니고 있다. 예배란 구속사의 집약이기 때문에 교회를 교회답게 하는 것이며, 교회로 하여금 자기 의식을 갖게 하고, 교회의 본질이 무엇인가를 고백할 수 있게 함으로써 교회의 모습을 보이게 된다. 교회는 예배를 통하여 교회 자체의 본질을 명백히 하고 교회 자체의 진실한 존재이유를 고백함으로써 스스로의 정체성(identity)을 확립한다. 세속사회에도 그들 나름대로 모여서 그들의 신념이나 믿음을 선언하는 것이 있기는 하지만 예배는 그 모두를 포함하여 이 세계 전체에 대한 최후의 심판과 소망의 약속을 함께 제시한다. 기독교의 예배는 인간 스스로가 의롭다고 하는 생각에 도전하는 것이며 모든 일의 성취와 실패가 심판 받게 될 그 날을 예시하며 궁극적으로는 모든 것이 하나님의 손에 달려 있다는 것을 확인함으로써 소망과 약속을 제시하게 된다. 이와 같은 폰 알멘 교수의 주장 가운데는 기독교 예배가 갖는 세 가지 핵심적인 차원을 찾아 볼 수 있는데, 그것은 구속사의 집약(Recaptitulation), 현현(Epiphany), 최후 심판(Judgement)이다.

언더힐(Evelyn Underhill)은 성공회의 전통에 근거하여 1936년 그녀의 고전적 연구서 『예배학(Worship)』을 출판하였다. 저자는 우리가 이미 고찰한바 있는 개념들 몇 가지를 설명하면서 거기에 더하여 그녀다운 독특성과 민감한 통찰력을 보여주고 있다. 그녀에 의하면 "예배는 그것이 어떠한 수준과 형태를 취하고 있든지 간에 창조주에 대한 피조물의 응답이다." 모든 공적인 예배 속에서 이루어지는 의식은 "종교적 감정을 표현하는 것"이라고 하였다. 예배는 예배자가 갖고 있는 하나님에 대한 이해와 관계에 의해서 결정지어진다. 기독교 예배는 항상 기독교적인 믿음을 그 조건으로 함으로써 구별되는데 특히 삼위일체 및 성육신의 위대한 교리로 압축되는 하나님의 본성과 행동에 대한 믿음으로 특징지어진다. 기독교 예배의 또 다른 특징은 전적으로 공적이며 조직적인 면을 갖고 있다는 점이다. 즉 그것은 기독교 예배가 결코 사적으로 행해지는 것이 아니라는 뜻이다.

언더힐은 일반적인 의미에서의 '예배'와는 달리 기독교 예배는 "분명한 계시에 대한 분명한 응답"을 포함한 "초자연적 행동이며 초자연적 삶"이라고 주장한다. 기독교 예배는 구체적 특성을 갖고 있다. 왜냐하면 피조물을 향한 변함없는 하나님의 활동을 통해서만 성립되는 것이기 때문이다. 예배 드리려 하는 충동은 인간의 가장 깊은 내면에 주어져 있고, 이러한 내면적 동기는 인간의 희생적 사랑과 기도와 기타 행위를 통하여 말씀(word)에 대한 응답으로 이루어지게 된다.[4]

이와 비슷한 사상이 정교회의 신학자 플로로프스키(George Florovsky) 교수에 의해 제시되었다. "기독교 예배는 하나님의 부르심과 그리스도의 구속적 행위에서 절정을 이룬 그분의 전능하신 행위에 대한 인간의 응답이다."[5] 플로로프스키는 하나님의 부르심에 대한 이 응답이 본질적으로 공동체적 행위라는 것을 대단히 강조한다. "기독교인이 존재하는 것은 본질적으로 공동적이다. 기독교인이 된다는 것은 공동체인 교회 안에 있게 된다는 것을 의미한다." 예배자들과 마찬가지로 하나님께서 행동하시는 것은 바로 공동체의 예배 안에서이다. 과거에 되어진, 그리고 현재에 우리 가운데 있는 하나님의 행위에 대한 응답으로서 "기독교 예배는 우선적으로 그리고 본질적으로 찬양과 경배의 행위이며, 이는 하나님의 포용하시는 사랑과 구원하시고 사랑하시는 친절하신 행위에 대한 감사의 인식을 내포한다."[6]

이러한 사상은 또 다른 정교회 신학자 니시오티스(Nikos A. Nissiotis)에 의해 강화되었는데, 그는 예배에서 삼위일체 하나님의 현존과 행동하심을 강조하였다. "예배는 일차적으로 인간이 주도권을 가지는 것이 아니다. 오히려 하나님께서 성령을 통해 그리스도 안에서 구원하시는 행위이다."[7] 부르너(Brunner)와 같이 니시오티스도 인간은 그저 수동적으로 인식할 수밖에 없는 "하나님의 절대적인 주도권과 행위"를 강조하였다. 성령의 능력에 의해 그리스도의 몸된 교회는 삼위일체 하나님께로부터 나오며 또 삼위일체 하나님께로 돌아가는 하나님을 기쁘시게 해드리는 예배를 드린다.

최근 로마 가톨릭에서는 예배를 "하나님의 영화와 인간의 성화"(The Glorification of God and the Sanctification of Humanity)로 해석하고 있다. 이 말은 교황 피우스 10세(Pius X)가 교회음악에 대하여 내린 1903년의 motu proprio에서 유래한 것인데, 여기서 피우스 10세는 예배가 "하나님의 영광과 성도의 성화와 교화(edification)를 위한 것"이라고 하였다.[8] 피우스 12세는 1947년 예배에 대한 주교단에 보내는 Mediator Dei에서 피우스 10세의 표현을 그대로 반복하고 있다. 이와 같은 정의가 제2차 바티칸 공의회의 신성한 예배의식에 관한 율령(Constitution on the Sacred Liturgy)에도 자주 나타나고 있는데, 여기에는 20여 군데 이상에 걸쳐 예배 의식에 대한 과거의 정의를 수정하고 있다. 그리고 인간의 성화에 대해 먼저 언급을 하고 그 다음에 하나님의 영화에 대해 언급을 하고 있다.[9] 이 같은 순서는 바뀌어야 한다는 소리가 높다. 즉 하나님의 영화와 인간의 성화 이 두 가지 가운데 어느 쪽을 우선적으로 강조해야 할 것이냐 하는 문제이다. 최근 예배에 관한 많은 논쟁들이 그 문제에 휩싸여 있는데, 특히 교회 음악가들에게 관심 있는 문제이다.

사람들에게 별로 익숙하지도 못하고 이해하기 어려운 수준 높은 예술을 하나님께 드리는 것이어야만 예배라고 할 것인가? 그렇지 않으면 예술적으로 볼 때는 다소 미숙하다해도 일반 교인 누구나 쉽게 이해할 수 있는 친숙한 언어와 형식으로 예배 드려야 할 것인가? 다행스럽게도 이 문제는 상호 보완적인 요소를 갖고 있다. 이레네우스는 "하나님의 영광은 온전한 인간의 삶에 있다"고 가르쳤다. 인간이 거룩해지는 것보다 하나님을 영화롭게 하는 것이 없으며 마찬가지로, 하나님을 영화롭게 하는 것보다 개개 인간이 거룩하게 되는 것도 없다. 하나님의 영화와 인간성의 성화, 이 양자 모두가 모두 기독교 예배의 특성을 이루는 요소이다. 이들 양자 사이의 긴장은 피상적인 문제이다. 훈(Hoon)교수의 주장대로 예배란 하나님의 계시와 그에 대한 인간의 올바른 응답이라고 한 것은 이 문제를 잘 설명해 주고 있다고 생각된다. 인간이 드리는 예배는 자신이 이해할 수 있는 용어로 설명되어야 하며, 진정한 형식을 통하여 그들의 예배를 표현해야 한다. 우리가 이해할 수 있는 방법과 권위적인 형식으로 예배드리는 것은 예배의 두 가지 빼놓을 수 없는 요소이다. 더욱이 예술적으로는 거의 무지한 사람들이 가끔 그들의 표현의 순수성을 통하여 고도의 예술성을 창출해 내는 경우도 있다.

기독교 예배에 대한 또 다른 설명이 최근 가톨릭과 개신교 양측에서 공통적으로 나타나고 있다. 그것은 기독교 예배를 "부활의 신비"(The Paschal mystery)로 설명하고자 하는 경향이다. 이 용어의 근원은 원래 기독교 초기부터 있었던 것이지만 실제 널리 쓰인 것은 1948년에 사망한 독일 베네딕트 수도원의 수사였던 카젤(Dom Odo Casel O.S.B.)의 저서에서 유래된다. "부활의 신비"란 우리의 예배 가운데 현존하시고 역사하시는 부활하신 그리스도를 의미한다. 이같은 의미에서 신비는 인간이 이해할 수 없는 것을 하나님 자신이 드러내는 것, 즉 숨겨져 있던 것에 대한 하나님의 자기 계시이다. 부활(paschal)의 요소는 그리스도이신 예수님의 삶과 죽음과 선교와 수난 그리고 부활과 승천에 있어서 중심적인 구속 행위이다. 우리는 "부활의 신비"를 예배를 통하여 기독교 공동체가 그리스도의 속죄행위에 참예하는 것으로서 설명할 수 있다.

카젤(Casel)은 그의 저서 기독교『예배의 신비(The Mystery of Christian Worship)』에서 기독교인의 생활이란 우리 자신의 예배를 통하여 거룩하게 되는 역사(Sacred History)를 의미한다고 한다. 교회가 구속사의 사건을 기념할 때 그리스도이신 예수님께서 직접 교회, 즉 그의 부르심을 받은 자(ecclesia)를 통하여 현존하며 역사하시고, 교회는 그분과 함께 살아 움직인다.[10] 그러므로 그리스도의 이러한 역사하심은 다시금 구원을 위한 능력들로서 현존하게 된다. 그리스도께서 과거에 행하신 역사는 그것을 경험하고자 하는 예배자들에게 새롭게 경험되고 예배 드리는 현재에 다시금 구원의 힘으로 나타난다. 그것이 바로 주님과 더불어 사는 삶이다. 교회는 예배드리는 회중들이 이 구원의 사건을 재연함으로써 그리스도께서 행하신 일을 나타내며 예배자는 그 자신의 구원을 위하여 그리스도의 사건을 다시금 경험할 수 있다.

이들 각각의 다양한 정의들은 오직 독자들이 스스로 기독교 예배를 이해하기 위한 여로를 떠나는데 있어서 하나의 정거장의 구실을 할 뿐이다. 독자들은 예배에 관한 다른 개념들을 발견하도록 열린 태도를 가져야 하며, 기독교 예배를 규정하는 요소들을 경험하고 반추(反芻)하는 일을 계속하는 동안에 더욱 깊은 이해에 도달하도록 노력해야 한다.

3. 예배의 용어들

기독교 예배의 의미를 명확히 하려고 할 때 유용한 또 한 가지의 방법은 기독교 공동체가 예배를 지칭하기 위하여 선택하여 사용하는 중요한 용어들을 검토하는 것이다. 이러한 용어 가운데는 가끔 그 용어의 어원이 세속적인 곳에서 유래하는 것이 있다. 그러나 그것들은 기독교 공동체가 예배 중에 경험한 것을 표현하기 위하여 조금은 부족하지만 그 표현에 가장 가까운 것으로서 선택된 용어들이다.

이같은 용어 가운데는 과거와 오늘날의 사용법에 있어서 대단히 다양한 면을 갖고 있는 것들도 있다. 각각의 용어는 또 다른 용어를 보충, 보완해 주는 역할도 한다. 서구의 여러 언어 가운데 예배와 관계되어 가장 널리 사용되고 있는 용어들을 잠깐씩 살펴보는 작업을 통해서 그 용어들이 표현하고자 했던 바를 파악할 수 있다.

우리는 앞서 독일어 'Gottesdienst' (예배) 라는 단어를 영어로 표현하려면 7개의 단어가 필요하다. "God's service and our service to God"(하나님의 인간에 대한 봉사 그리고 인간의 하나님에 대한 봉사). 독일어

'Gottesdienst' 가운데 'Gottes' 부분의 뜻은 명백하다. 그러나 영어 사용권에서 생소한 것은 '-dienst' 부분인데 이것과 같은 어원을 가진 단어는 영어에 없다. 독일을 여행하는 사람은 'dienst'라는 말이 독일에서는 주유소를 의미한다는 것을 곧 알게 된다. 영어에서 이 말에 가장 가까운 동의어는 서비스(service)인데 이 서비스란 말은 우리가 일반 주유소에서 사용한 것처럼 똑같은 단어를 예배드릴 때에도 사용하고 있다는 점에서 매우 흥미를 느끼게 하는 말이다. 서비스란 우리가 비서직, 주유소 일꾼, 신문 배달, 우유 배달 등과 같이 "다른 사람을 위하여 무엇인가를 해 준다."는 것을 의미한다. 또한 서비스란 말은 보통 개인의 편리를 위할 때 사용되기도 하지만 공익 사업에 관계되는 경우에도 사용된다. 원래 서비스란 말은 다른 사람을 섬기기 위해 사로잡혀 있는 노예를 의미하는 라틴어 'servus'에서 유래된 것이다. 서비스 혹은 의무를 의미하는 라틴어 'officium'에서 유래된 'office' 역시 예배의 서비스를 의미하기 위하여 사용된다. 'Gottesdienst'는 "오히려 자기를 비어 종의 형체를 가져 사람들과 같이되신 하나님과"(빌 2:7) 그러한 하나님께 대한 우리의 서비스를 반영하고 있다.

이 개념과 아주 가까운 현대 영어의 용어는 Liturgy(예배의식, 예전)이다. 서비스와 비슷한 개념인 'Liturgy'라는 용어의 근원은 원래 세속적이었다. 그 말의 어원은 노동(ergon)과 국민(laos)에 해당하는 말로 합성된 희랍어 leitourgia에 있다. 고대 희랍에서 'Liturgy'는 시나 국가의 전체 이익을 위하여 실시하는 공익 사업을 뜻했다. 그 원리는 세금을 내는 것과 비슷한 것으로서 세금은 물론 서비스를 제공해야 된다는 의미를 갖고 있었다. 바울이 로마서 13:6에서 로마의 관리들을 문자적으로 "하나님의 일꾼(liturgists of God)"이라고 호칭하고 그 스스로를 가리켜 로마서 15:16에서 이방인을 위한 "그리스도이신 예수님의 일꾼"이라고 칭할 때도 이 용어를 쓰고 있다.

그러므로 'Liturgy'는 다른 사람들의 유익을 위해서 국민이 수행하는 노동이다. 다른 말로 하면, 'Liturgy'는 제사장적인 기독교 공동체 전체가 공유하는 모든 신자들의 제사장직에 대한 전형이라 하겠다. Liturgical을 서비스라고 부르는 것은 모든 예배자들이 그들이 함께 모여 예배드리는데 각기 능동적으로 참여하는 의미를 갖고 있기 때문이다. 이 용어는 회중이 서로 함께 완전히 참여하고 있다는 점에서 퀘이커 교도의 예배나 로마 가톨릭의 미사에도 똑같이 적용된다. 그러나 회중이 단순히 수동적인 청중일 때는 - 미사이든지 설교 중심 예배이든지간에 - 그 예배에 이 용어를 사용한다는 것이 적절치 않다. 이와 관련된 용어는 보조예배(Paraliturgy)인데 이 용어는 보통 실제 예배에 부수적인 헌신이나 교육의 서비스를 말할 때 사용된다. 동방 정교회에서 Liturgy는 성만찬이라는 특별한 의미에서 쓰이고 있다. 그러나 서방 교회는 참여의 성격을 가진 거의 모든 형태의 공중 예배에 적용할 때, 'Liturgical'이란 용어를 사용한다. 'Liturgy'란 말이 원래 공공 사업을 가리킬 때 사용하는 세속적인 단어지만 기독교 예배에 아주 기본적인 용어가 되어 왔다. 'Liturgy'는 신앙의 공동체가 그들의 신앙을 공중 예배를 통하여 표현하는, 근본적으로 외향적인 표현 형식을 나타낸다.

그러므로 서비스라는 개념은 예배를 이해하는데 있어서 근본이 되고 있다. 또한 라틴어와 로만스어 계열(라틴어 계열의 언어군-역자 주)에는 이 말과 약간 다른 개념이 내포되어 있는 용어가 있는데, 영어의 'Cult'(신적인 것에 대한 숭배)라는 용어이다. 'Cult'라는 용어는 기묘하거나 일시적으로 신적 분위기를 느끼게 하는 것을 암시할 때 사용하는 경향이 있는데 불어나 이태리어에서는 이 용어가 존경(esteem)의 의미를 내포하고 있다. 'Cult'의 어원은 라틴어 'Colere'인데 이 말의 뜻은 경작한다는 의미를 가지고 있는 농경 용어이다. 프랑스어 'Le Culte'나 이태리어 'il Culto'는 예배를 일컬을 때 사용하는 말인데, 라틴어 'Colere'의 뜻을 보유하고 있다. 이 말의 의미는 영어의 예배 'Worship'보다 훨씬 더 풍부한 뜻을 갖고 있다. 왜냐하면 농부와 땅 또는 동물 사이처럼 책임의 상호성이라는 의미를 내포하고 있기 때문이다. 닭에게 물과 먹이를 주지 않으면 달걀을 얻을 수 없다. 또한 밭에 김을 매어 주지 않으면 풍부한 채소를 얻을 수 없다. 그것은 상호 의존적 관계를 말해 준다. 논밭을 잘 갈고 가꾸며 가축을 훌륭히 사육하는 것은 농부의 필수적인 일이다. 특히 여러 세대 동안 한 지역에서 살아온 농가에게는 더욱 중요한 일이다. 그 관계는 정확히 같은 정도라고는 할 수 없으나 상호 긴밀하게 연결되어 있는 관계로서 땀을 흘리는 만큼 많이 얻을 수 있는 관계이다. 불행히도 영어에는 로만스어처럼 경작하는 일과 예배 사이의 명백한 관계를 나타내는 용어가 없다. 가끔 다른 언어에서 영어보다 더욱 함축적인 내용을 담고 있는 말을 발견한다. 예를 들면 이탈리아어에서 'Domenica'는 주일, 즉 일요일(Lord's day-Sunday)을 의미하며, Pasqua는 유월절, 즉 부활절(Passover - Easter)을 의미하고 Crisma는 기름부음 받으신 그리스도(Christ - Anoint: 그리스도의 임직)를 의미한다.

영어의 'Worship'이란 용어도 역시 어원은 세속적인데 있다. 예배 (Worship)는 'Weorth'(Worthy: 존경할 만한)와 '-scipe'(-ship:신분을 의미: 역자 주)의 결합어로서 고대 영어의 Weorthscipe에서 온 말인데 어떤 사람에 대한 가치, 혹은 존경을 돌린다는 의미를 갖고 있다. 오늘날도 영국의 여러 시장의 연설문에서 아직도 그런 의미로 사용되고 있으며, 1549년 이래 성공회 결혼 예배는 '나는 나의 몸으로 그대를 섬기겠노라'(With my body I thee worship) 라고 하는 놀라운 서약문을 포함하고 있다. 이 경우 그 의미는 자신의 몸으로 상대방에게 존경하거나 존중하거나, 소중히 여긴다는 뜻이다. 그런데 불행히도 이와 같이 소박한 의미가 오히려 우리를 혼란시키고 있으며 이 구절들은 이미 현재는 사용되지 않는다. 그러나 우리가 여기서 얻을 수 있는 것은 Worship이란 말이 상대방에 대한 존경을 표시하고 가치와 존중을 의미하는 말이라는 점이다. 영어의 "존경하다, 숭배하다"(revere), "받들어 모시다"(venerate), "숭배하여 찬미하다"(adore)라는 말들은 원래 "두려워하다(fear), 사랑하다(love), 기도하다(pray)"를 의미했던 라틴어에 그 어원을 두고 있다.

신약에는 예배를 의미하는 여러가지 용어가 사용되고 있는데 그 대부분의 용어들은 약간씩 서로 다른 뜻을 가지고 있다. 아주 빈번히 사용되고 있는 용어 가운데 Latreia라는 말은 종종 Service 혹은 Worship으로 번역되고 있다. 로마서 9:4, 히브리서 9:1, 9:6에서 이 용어는 성전에서 드리는 유대적 예배를 지칭하고 있으며, 요 16:2에서는 종교적 의무를 의미하는데 쓰이고 있다. 로마서 12:1에서 이 말은 단순히 예배(Worship)로 번역되며, 빌립보서 3:3에서도 비슷한 의미로 사용되고 있다.

우리의 관심을 끄는 용어는 경의를 표하기 위하여 엎드려지는 행위, 즉 부복하는 행위와 같이 명백히 육체적 의미를 함축하고 있는 Proskunein이라는 용어이다. 시험설화(마 4:10, 눅 4:8)에서 예수님은 사탄에게 다음과 같이 말씀하셨다. 즉 "또 기록되었으되 주 너의 하나님을 경배(proskunein)하고 다만 그를 섬기라(Latreuseis)고 하였느니라." 또한 유명한 성경 구절인 요한복음 4:23에 예수님께서 사마리아 여인에게 말씀하실 때 "아버지께 참으로 예배하는 자들은 영과 진리로(in spirit and in truth) 예배할 때가 오나니 곧 이 때라."고 하셨다. 이와 같이 Proskunein이란 말은 이 구절을 통하여 반복하여 사용되고 있다. 그다지 잘 알려진 구절은 아니지만 요한계시록 5:14에는 "스물 네 명의 장로가 엎드려 예배드린다(Prosekunesan)"는 표현도 있는데 예배의 구체적 모습은 이 동사로써 이해되고 있다.

또 다른 두 개의 흥미로운 용어는 Thusia와 Phosphora라는 말인데, 이 말은 산제물(sacrifice) 혹은 제물(offering)이라고도 번역된다. Thusia라는 말은 신약성경과 초대 교부들의 글 가운데 중요한 용어로 쓰이고 있는데, 귀신에게 하는 "이방인의 제사"(고전 10:20), 그리스도인들이 하나님께 드리는 거룩한 "산 제사"(living sacrifice, 롬 12:1), 또는 "찬미의 제사"(히 13:15) 등 이방인의 제사와 기독교의 예배를 지칭할 때 의미하는 용어로 쓰이고 있다. Prosphora는 문자 그대로 헌신하는 행동 혹은 그분 앞에 봉헌하는 것을 의미한다. 클레멘트 I세에 의하면 아브라함이 이삭을 바칠 때 이 용어가 쓰였고, 성직자의 헌신, 혹은 우리의 희생제물이 되신 대제사장 그리스도의 헌신에 관하여 즐겨 사용하는 용어이다. 히브리서 10:10에는 "그리스도이신 예수님의 몸을 단번에 드리심으로 말미암아 우리가 거룩함을 얻었노라"고 할 때에도 이 말을 사용하고 있다. 논쟁의 여지는 약간 있겠지만 이 두 영어는 기독교의 성찬식에 대한 신학적 발전에 중요한 역할을 하였다.

신약성경에 그다지 많이 나오는 용어는 아니지만 사도행전 26:5, 골로새서 2:18, 야고보서 1:26에서 종교적 봉사(service) 혹은 의식(cult)을 의미하는 Threskeia라는 용어도 있다. Sebein이라는 말은 마태복음 15:9, 마가복음 7:7, 사도행전 18:3, 19:27에서처럼 "경배하다"(To Worship)는 의미를 갖고 있다. 사도행전에는 회당의 예배에 참석한 이방인과 하나님을 두려워하는 자를 가리키는 것으로 쓰이고 있다.(행 13:50; 16:14; 17:4,17; 18:7) 신약성경에서 예배를 표현하는데 사용되는 또 하나의 중요한 용어는 'Homologein'인데, "우리가 우리의 죄를 고백하면"(요일 1:9)에서 사용된 것처럼 죄의 고백을 나타내거나, "네가 만일 네 입으로 예수를 주로 시인하면"(롬 10:9)에서처럼 공중 앞에서 자신의 믿음을 선포하는 경우 "그 이름을 증거하는 입술의 열매니라."(히 13:15)고 한데서 하나님을 찬양하는 뜻으로도 사용되고 있는 것을 보면 Homologein이 여러 가지 의미로 사용되고 있다는 것을 알 수 있다.

이상에서 살펴 본 여러 용어들은 영어의 Worship이라는 말을 여러 각도에서 조명하여 Worship에 대한 이해를 도와주고 있다. 또한 이들 용어들은 그 예배가 행해진 여러 형태의 때와 장소에서 이루어진 복합적 상황을 이해하는 데도 도움을 주고 있다. 여기서 예배와 관련되는 영어의 용어들을 좀더 분명히 밝혀 둘 필요가 있다고 생각된다.

우리는 두 가지 종류의 예배, 즉 공중 예배(Common Worship)와 개인적 헌신(Personal Devotions)을 분명히 구분 지어 둘 필요가 있다. 공중 예배의 가장 대표적인 형태는 기독교인들이 모여서 함께 드리는 예배이다. 만남의 중요성과 함께 모인다는 사실은 매우 중요하다. 유대교의 용어인 Synagogue(회당)란 말은 '함께 모인다'는 뜻을 갖고 있는데, 이 말은 기독교의 집회를 나타낼 때도 쓰이고 있다(약 2:2). 그러나 기독교인의 집회를 의미하는 용어는 세상으로부터 부르심을 받은 사람들을 뜻하는 에클레시아(Ekklesia), 즉 교회이다. 집회, 회중, 만남, 모임 혹은 집합을 의미하는 "에클레시아"는 지역 교회 혹은 세계 교회를 지칭하는 것으로서 신약성경 전체에 걸쳐 반복 사용되고 있다. 공중 예배에서 가장 간과하기 쉬운 것 가운데 하나는 흩어져 있던 교인들이 한 자리에 모여 예배하는 교회가 된다는 사실이다. 우리는 흔히 모이는 행동을 기계적인 것으로 생각하기 쉽다. 그러나 모이는 행위 그 자체가 공중 예배의 중요한 한 부분이다. 우리는 하나님을 만나고 우리의 이웃을 만나기 위하여 모인다.

개인의 헌신(Personal Devotions)은 공중 예배나 교회적 예배와는 좀 다르지만 공중 예배와 아무런 상관이 없다는 것은 결코 아니다. 참으로 개인의 헌신과 공중 예배는 그리스도의 몸된 우주적 공동체의 예배를 통하여 공유되는 것이므로 이 두 가지 예배는 상호보완적이다. 개인의 헌신이란 개인 자신이 예배 시간을 통하여 헌신의 결단을 하는 것을 말한다. 한편 공중 예배를 가능케 하기 위해서는 예배의 구조, 사용하는 어휘, 의식, 그 밖의 것에 대한 합의가 있어야지 그렇지 않으면 다른 혼란이 야기될 것이다. 그러나 개인의 헌신인 경우는 그럴 필요가 전혀 없다. 헌신(Devotion)이란 말은 맹세(vow)에 해당하는 라틴어에서 유래했다.

공중 예배와 개인의 헌신 사이의 관계는 매우 중요하다. 이 책의 주제는 물론 공중 예배에 두고 있고 개인의 헌신에 대해서는 그리 언급하지 않을 것이지만, 개인의 헌신과 공중 예배는 상호 의존적임을 분명히 하고 싶다. 언더힐(Evelyn Underhill)은 이 문제에 대하여 다음과 같이 말하고 있다.

"공중예배와 개인예배는 일반적으로 어느 한 가지가 다른 것보다 우선한다고 생각하는 경향이 있지만 이 양자는 서로 보완, 강화 및 점검해야 한다. 이것이 이루어져야 완전히 정상적이고 균형잡힌 기독교인으로서 헌신의 삶을 살 수 있다.... 아무리 고매한 영혼의 소유자라고 해도 개인으로서는 우리에게 계시되고 요구된 모든 것을 이해할 수도 없고 이에 대한 균형 잡힌 올바른 반응을 나타낼 수도 없다. 하나님을 향한 올바른 반응은 전체 교회의 작업이어야 하며, 그 속에서 개인의 영혼은 그들 각자의 무한한 다양성대로 자기의 역할을 하며 그 역할을 교회의 삶 전체에 드리게 된다."[11]

공중 예배는 개인의 헌신(personal devotion)에 나타나는 독특성에 의해 보충될 필요가 있고, 개인의 헌신은 공중 예배가 보여주는 균형을 참작할 필요가 있다.

최근 널리 쓰이고 있는 용어 중 의식, 잔치의 거행 등을 의미하는 'Celebration'이라는 용어가 있다. 이 용어는 흔히 세속적 상황에서 사용되고, 잔치라는 특별한 목적을 가지기보다는 오히려 별 의미없이 막연한 뜻으로 발전된 것 같다. 우리가 성찬 예식, 크리스마스 예식에 대하여 말할 때는 그 목적이 분명하다. 그런데 1920년이래 이 용어는 삶, 기쁨, 새로운 날, 기타 비슷한 막연한 대상에 대한 축하와 같은 불확정적인 의미와 관련되어 흔히 사용되어 왔다. 이 용어를 기독교 예배와 연결하여 사용할 때는 대상이 목적이나 내용 형식에 있어서 명확하고 확정적인 경우에만 사용하는 것이 좋을 것 같다. 기독교 예배는 원래 목회적, 신학적, 역사적 기준에 따라 좌우되게 마련인데 Celebration은 이런 것을 쉽게 잊게 한다.

'Ritual'(제의)이란 용어는 기독교 예배의 기본적인 용어이다. 이 용어는 여러 사람들에게 각기 다른 뜻으로 해석할 수 있기 때문에 다루기가 까다로운 용어이다. 많은 사람들은 이 말을 의미없는 관례, 공허한 의식을 나타내는 정도로 생각하고 있다. 인류학자들은 이 말을 자연적인 잔치나 북서해안 지방의 에미칸 인디언들의 축제(potlatch), 혹은 장례식같이 사회적으로 인습화된 행위를 묘사하는데 사용하고 있다. 의식 연구가들은 예식서를 지칭할 때 이 용어를 쓴다. 'Rites(의례, 관례)'란 용어는 가끔 서비스의 모든 측면을 묘사하는데 사용되기도 하지만 예배 가운데서 실제로 행해지는 말씀과 노래 등을 일컫기도 한다. Rites는 행위나 의례(Ceremonial)와는 달리 예배할 때 행한다. Ceremonial(격식을 갖춘 의식)은 봉사를 수행하기 위한 지침을 기록한 예식법(Rubrics)을 가리킨다. Rubrics(예식서)는 그 명칭이 나타내는 것처럼 주로 붉은 색으로 인쇄되어 있다. 예배(service)의 기본 구조에 필수적인 것에는 Order(예배의 순서)라 불리는 용어도 있다. Order(순서), Rite(의례적인 말씀), Rubrics(의식 지침서)들은 대부분의 예배서의 기본 요소들이다.

4. 기독교 예배의 다양한 표현들

지금까지 기독교 예배의 일반적 성질들을 나타내 주는 용어들에 관해 많이 논의하였다. 예배에 관한 많은 일반적인 진술들에는 기본적인 일관성이 충분히 존재하며, 이러한 일관성은 기독교의 모든 예배는 아니라 할지라도 대부분의 예배에 해당된다. 그러나, 이러한 일관성 내지 일치성에 관한 일반적인 진술들 이외에 기독교 예배의 또 다른 중요한 요소인 역사적 문화적 다양성을 고려하여야 하고, 이 양자간의 균형이 맞추어져야 한다. 앞에서 살펴보았듯이 일관성은 매우 중요하다. 다양성 역시 그만큼 중요하다. 기독교 예배는 일관성과 다양성의 환상적인 혼합이다. 기독교 2천년동안 기본적으로는 같은 구조와 형식의 예배가 지켜져 왔지만, 이처럼 같은 구조와 형식의 예배가 사람들에 따라서 각각 독특한 방식으로 드려져 온 것 또한 사실이다.

최근에는 기독교 예배의 이해에 있어서 문화적이고도 민족적인 요소들이 얼마나 중요한지에 관해 더욱 민감하게 인식하기 되었다. 또한 예배와 정의(윤리) 사이의 관련성에 대한 강력한 관심이 제기되었다. 진작부터 이것들을 인식하고 있었던 사람들에게는 이들 주제들은 별로 새로운 것도 아니다. 17세기에 퀘이커 교도들이 출현한 이래로 예배에서는 성(姓)적, 인종적, 심지어 신분에 의한 것이라 할지라도 그 어떠한 차별도 있어서는 안 된다는 인식이 제기되었다. 사실 인간의 동등성에 관한 퀘이커들의 주장은 예배공동체에서는 어떤 일이 일어나는가 하는 것에 관한 인식으로부터 직접적으로 도출되었다. 물론 이러한 인식으로 인해 과거에는 백인 남성만이 예배에서 말할 수 있었던 관습을 깨고 퀘이커들의 예배에서는 여자와 노예들도 말을 할 수 있었다.

19세기 영국 신학자 프레데릭 데니슨 모리스(Frederic Denison Maurice)는 펄시 디어머(Percy Dermer), 윌리암 템플(William Temple), 월터 라우쉔부쉬(Walter Rauschenbusch), 그리고 비질 마이클(Vigil Michel) 등이 그렇게 생각했던 것처럼 예배와 정의에 관해 오늘날 우리가 생각하는 바를 이미 가지고 있었다. 그러나 그동안 성(姓)이나 다른 인간의 조건 때문에 많은 예배자 집단들을 소외시켜 왔던 예배의 불평등한 형식에 관해 많은 사람들이 인식하게 된 것은 최근의 일이다. 이러한 인식으로 인해 과거의 잘못된 관행을 고치려는 노력이 많이 제기되었고, 그 결과 예배와 찬송의 본문에서 남성형 대명사와 여성형 대명사를 함께 사용한다든지, 장애인들도 쉽게 들어올 수 있도록 예배당 구조를 바꾼다든지, 또는 옛날에는 예배위원으로 일할 수 없었던 사람들(예: 흑인-역자 주)도 이제는 백인들과 대등하게 봉사할 수 있는 새로운 역할이 주어지는 등의 변화가 생겨났다.

이와 밀접한 관계를 가지고 있는 것으로서 세계에 엄존하는 문화적이고 민족적인 다양성을 인식하려는 노력 또한 제기되었다. 이는 다른 사람들이 가진 다양성과 은사를 인정하고 그들의 예배 표현 방식을 정당한 것으로 존중해 주는 것을 포함한다. 이러한 과정을 전문용어로는 문화화(Inculturation)라고 하는데, 이것의 본질은 인류에게 주신 하나님의 선물 중의 하나로서의 다양성을 인정하고 이러한 다양성을 예배의 형식에 기꺼이 접목시키는 데 있다. 문화적 표현의 다양성을 보여주는 가장 대표적인 요소는 음악이다. 우리는 그동안 하나님의 영광을 노래할 때에 세계 모든 사람들이 동일하게 유럽사람들의 음악적 형식으로 찬양하여야 한다고 생각해 왔다. 새로운 찬송가들은 문화적 다양성을 점점 더 많이 반영하려는 경향이 있는 것이 사실이지만 한 나라 안에서도 엄존하는 사람들의 다양성을 반영하기에는 이러한 시도들이 여전히 역부족이다.

예배와 정의가 포함하는 관심은 다양하지만 모든 예배자가 갖는 개인적 가치를 강조하는 점에서 공통점을 지닌다. 사람들이 연령, 성(姓), 지체 장애, 인종, 언어적 배경 등의 이유로 무시되거나 또는 열등하다고 분류되는 곳에서 이러한 불평등이 인식되며 그것을 제거하려는 시도가 제기된다. 그렇지만 그러한 차별을 인식하고 가장 적합한 길을 모색하기까지는 오랜 시간이 걸린다. 결과적으로 기독교 예배가 세계적인 공동체를 반영하기 위해서 좀 더 복잡하고 좀 더 다양하게 되어가고 있다. 그래서 비록 일관성이 중요한 것으로 남아 있다 할지라도 그러한 일관성의 문화적 표현은 우리 시대에 더욱 다양하게 되었다.

사실 다양성을 그처럼 적극적인 방식으로 인식한 것이 중요한 혁신이기는 하지만, 다양성 그 자체는 기독교 예배에서 전혀 새로운 것이 아니다. 초대교회의 예배 본문만 하더라도 신학적 원리나 인간적 필요 등 동일한 실제들을 다양한 방식으로 진술하였던 것을 우리는 볼 수 있다. 그러한 차이들은 서로 다른 사람들이 서로 다른 장소에서 예배를 드렸기 때문에 나타난 결과이다. 서로 다른 예배 의식서들은 같은 여행을 위한 다른 평행한 길이 있다는 것을 보여준다. 그러나 형태와 구체적인 사항에서는 차이가 있는데 이는 그것들이 서로 다른 언어와 역사를 지닌 사람들에 의해 사용되었기 때문이다.

세계적으로 가장 널리 사용되고 있는 예배 의식 가운데 동일한 기능을 갖고 있는 다음 두 가지 글을 비교하여 보자. 첫 번째 것은 제2차 바티칸 공의회 이전의 미사 중 성만찬 기도문의 공동서문 부분이다.

"아버지시며, 주시며, 전능하옵시고 영원하신 하나님께 우리가 언제나 또 어느 곳에서든지 감사함이 마땅하오며 옳고 또 우리의 영원한 복이 되옵니다."

둘째 것은 성 요한 크리소스톰의 예배의식 가운데 성만찬 기도문 부분이다.

"당신이 통치하는 모든 곳에서 당신께 찬송을 드리고 당신의 이름을 송축하고 당신을 찬양하고 당신께 감사하고 또 당신께 예배드리는 것이 마땅하고 옳습니다. 당신은 말로 표현할 수 없고 이해를 초월하며 보이지 않고, 깨달을 수 없으며 무소부재하시고 영원히 동일하신 하나님이시기 때문입니다. 당신과 당신의 독생자와 당신의 성령은 하나님이십니다."

이 두 문장은 같은 내용을 말하고 있지만 문체나 정신은 아주 상이하다. 첫 번째 것은 로마 법정의 법조문 문체에 비교할 수 있으며, 두 번째 것은 비잔틴 황제들의 궁에서 읊는 화려한 문체에 비교된다. 우리는 여기서 분명히 상이한 표현 형태를 보고 있음을 느끼게 된다.

예배 의식을 연구하는 학자들은 고대의 다양한 성만찬 예식을 7개의 고전적 예배의식 유형으로 분류하여 놓았다. 한 가족과 같이 이들도 공통된 특성을 가지고 있다. 어떤 것은 성 마가의 이름을 따른 알렉산드리아 계열에 속하는데 중보기도가 성만찬 기도문의 첫 부분 중간쯤에 위치하고 있다. 또 어떤 것은 로마 예식으로 "그가 수난 당하시기 전날에"와 같은 서두로써 성만찬 예식을 소개하는 특별한 언어를 사용하고 있으며, 성 요한 크리소스톰의 이름을 따른 한 계열은 "그가 잡히시던 날 밤에"라는 구절을 더 즐겨 사용한다. 우리가 어떤 한 가족의 구성원을 그 닮은 모습으로 알 수 있듯이 어느 것이 어떤 예배 의식 계열에 속한 것인지를 쉽게 파악할 수 있다.

지중해 연안과 북 유럽 주변의 여러 다른 종족과 지역은 기독교 예배 의식의 언어적 특성을 형성하였다. 이러한 여러 특질 중 일부는 16세기 이후 인쇄술의 발달에 따른 활자화 때문에 점점 사라지기 시작하였다. 그러나 동방 정교회에서는 이같은 다양성이 아직도 계속되고 있다. 로마 가톨릭에도 이탈리아의 밀라노, 스페인의 톨레도, 합동 동방 가톨릭교회 지역에 국한되어 있기는 하나 아직도 이같은 다양성이 다양하게 남아있다. 이러한 다양한 예배 의식을 통하여 교회의 참된 보편성, 즉 교회의 우주성을 소박하게 인식할 수 있게 된다. 이상하고 기묘하게 보이는 예식들은 각기 상이한 민족 기질과 지역의 특성을 나타내는 표현이며, 하나님을 찬양하는 것에 자기 나름대로의 특성을 더한 것이라 할 수 있다.

고대의 7가지 예배계보를 검토해 보는 것이 좋을 것 같다. 그리고 수백만 기독교인들이 이들 예식 전통에서 유래된 것을 아직도 일반적으로 사용하고 있음을 염두에 두는 것도 중요하다. 이 상이한 예식들은 그들 나름대로의 예식서를 사용하고 있는데, 각 예식서는 나름대로 독특한 문체와 표현을 보여 주고 있다. 그것은 일관성 속에 다양성을 잘 보여준다.

이들 7가지의 예식 종류를 빨리 파악하려면 지중해 세계를 시계 바늘 방향의 반대로 추적해 보는 것이 가장 용이한 방법이 될 것이다. 더 자세한 사항에 관해서는 제8장에서 언급하겠다. 첫 번째 예배계보는 성 마가로 알

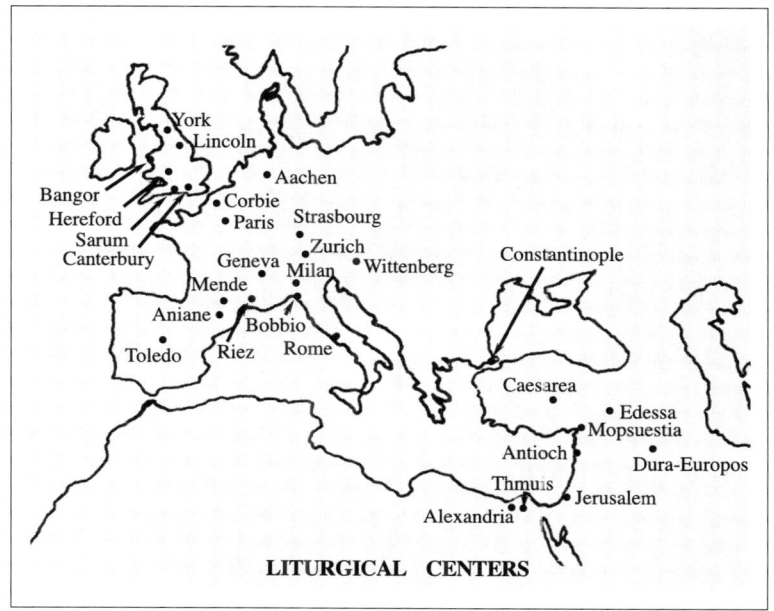

려진 가장 주목할 만한 예는 이집트의 **알렉산드리아**를 중심한 곳이다. 그 곳은 이집트와 이디오피아 안에서 콥트 사람과 이디오피아 사람들의 유산이다. 두 번째 계보는 예루살렘과 안디옥의 예배 의식을 중심한 **서시리아**에 집중되어 있다. 아마도 이 지역에서 사용된 예식을 하나로 정리해 놓은 예식서에는 예루살렘의 첫 교부였으며 주님의 형제인 성야고보의 이름을 보존하고 있다. **아르메니아**의 예배형태는 초기 예배에 관한 많은 정보를 보유하고 있으며, 아마도 서시리아 전통으로부터 유래하였고, 여전히 여기에 속하는 것으로 볼 수 있다. 에데사(Edessa) 주변의 **동시리아**는 가장 독특한 세 번째 계보의 초기 중심지로서 그 주요한 예가 성 아다이(Addai)와 마리(Mari)의 이름을 따른 예식이다. 소아시아의 가이사랴는 **성 바질**의 고향으로 그의 이름을 본딴 예식서는 그 이전의 알렉산드리아 예식과 함께 서시리아 예식의 양식에서 유래한다. 역시 서시리아의 배경에서 유래한 다섯 번째의 유형은 소위 **비잔틴** 예식 계보인데 4세기 콘스탄티노플의 대주교이었던 **성 요한 크리소스톰**의 이름을 따고 있다. 이 예식은 콘스탄티노플로부터 비잔틴 제국과 러시아 제국으로 확산되었다. 로마 교회에서만 사용되던 로마 예식은 더욱 널리 사용되었는데 그것은 로마 가톨릭의 지배적인 예전이 되었다. **갈릭**(Gallic)이란 크고 신비스러운 계보는 서방 세계 중 **로마 예식**을 사용하지 않은 일곱 번째 군을 형성하고 있다. 이 계보에는 4가지 분파가 있는데, 첫째는 밀란(Milanese) 혹은 암브로시아계(The Ambrosian)이고, 둘째는 모자라빅계(The Mozarabic)이며, 셋째는 켈트계(The Celtic)이고, 마지막 넷째는 가울계(The Gallican)이다.

　동방 정교회와 로마 가톨릭 내의 이러한 다양성을 그동안 여러 차례 완화하고 표준화하려고 하였으나 오늘날까지 그 폭을 좁히지 못한 것은 국가와 민족 기질의 차이 때문이었다고 할 수 있다. 이것은 국가나 민족 기질의 자연스런 표현과 사고 형태를 보존하려는 인간의 본능을 반영하고 있기 때문이다.

　다양성은 시초부터 개신교 예배의 한 특징이었다. 개신교 예배는 9개의 개신교 예배전통으로 분류될 수 있다. 비록 소수의 개신교 전통들은 예배집을 가지고 있으며, 그 예배집을 통해서 쉽게 분류해 볼 수 있지만, 대부분의 개신교 전통들은 예배집을 가지고 있지 않기 때문에 로마 천주교회나 동방교회의 예배전통처럼 성만찬 예식에 관한 예배집을 기초로 예배전통을 구분하는 것은 쉬운 일이 아니다. 퀘이커 같은 교회에는 예배의식이라는 것이 없다. 그러나 우리는 세대를 통해 대대로 내려오는 예배에 관해 전승된 습관이나 가설 같은 것을 기준으로 하여 분명한 **예배전통**을 말할 수 있다. 이들 각각의 경우에 어떤 지배적인 특징이 있으며, 이것들은 분명하게 일관성이 있어서 뚜렷한 전통을 구분하는 것이 가능하다.[12]

이들 전통을 지리적으로 구분한다는 것은 쉬운 일이 아니다. 그 이유는 중복되는 경우가 많기 때문이다. 청교도, 영국 국교회 교인, 그리고 퀘이커 교도들은 17세기 영국에서 함께 섞여서 살았다. 우리는 9가지의 개신교 예배 전통들을 다음의 표로 구분해 볼 수 있다.

	<개신교 예배전통>		
	좌익	중도	우익
16세기	재세례파	개혁교회	영국교회 루터교회
17세기	퀘이커 청교도		
18세기		감리교회	
19세기	프론티어		
20세기	순복음		

위의 도표는 좌익으로 갈수록 중세 서방교회의 예배를 기준으로 더 많이 변화되었다는 것을 가리키고, 우익으로 갈수록 가장 보수적인 개혁자 그룹을 나타내며 이는 역사적인 연속성을 더 많이 보유한다는 뜻이다. 그리고

중도에 위치한 그룹은 보다 더 온건한 그룹에 속한다.

비텐베르크(Wittenberg)에서 시작된 루터교의 예배 의식은 16세기에 독일과 스칸디나비아의 여러 나라에서 성행한 이래 전세계로 확산되었다. 개혁 교회의 예배 의식은 스위스(제네바와 취리히)와 프랑스(쉬트라스부르크)에서 시작되어 네덜란드, 프랑스, 스코트랜드, 헝가리, 영국 등지로 확산되었다. 재세례파는 1520년대에 스위스에서 시작하였다. 성공회(Anglican Church)는 그 이름이 의미하는 것처럼 영국의 국교였는데, 그러다 보니까 예배 속에 많은 정치적 절충 요소가 반영되게 되었다. 청교도(혹은 분리주의자) 전통은 그러한 절충들이 성경에 나타난 하나님의 뜻에 대립된다고 믿고 그에 항거한 사람들이다.

예배 의식의 계열 가운데 가장 급진적인 것은 퀘이커 운동이었다. 설교도 없고 찬양도 없고 성경 말씀도 없이 하나님만 바라보며 묵묵히 앉아 있는 퀘이커의 예배 형태는 확실히 과거의 그 어떤 예배 형식과도 완전히 결렬된 것이었다. 18세기 감리교회의 예배 전통은 고대와 개혁 시대로부터 많은 점을 흡수하였고, 특히 영국 국교와 자유 교회의 예배 전통을 모방하였다. 미국의 개척자들은 또 다른 전통을 만들어 냈는데, 특히 교회가 없는 지역이나 비 기독교인들을 위한 예배형식의 발달에 크게 기여하였다. 이 **프론티어 전통**은 오늘날 미국 개신교에서 가장 지배적인 예배형태이며, 특히 텔레비젼을 통한 전도활동에서 크게 사용된다. 미국은 또한 20세기에 **오순절 전통**을 탄생시켰는데, 이 예배 전통을 발전시켰던 초창기의 지도자들 가운데는 흑인과 여성들이 많았다.

이처럼 여러 개의 예배전통이 공존하게 되면서 사람들은 자기들이 가장 자연스럽게 느껴지는 예배의 형식을 표현하려고 추구하게 되었다. 18세기 영국에서는 공동기도서(Book of Common Prayer)의 강요를 지나치다고 느낀 사람들이 즉흥성을 지닌 청교도 예배로 이끌리게 되었다. 그리고 공동기도서를 통한 예배가 지나치게 사제중심이라고 느낀 사람들은 퀘이커 예배를 통해서 또 다른 종류의 자유를 찾을 수 있었다. 초기 감리교도들 가운데 있던 열렬한 찬송과 열정적인 성례전적 삶은 다른 사람들에게 매력적으로 비춰졌다. 서로 다른 사람들이 자기들에게 가장 친근하게 느껴지는 전통을 택함으로써 표현의 다양성을 해소할 수 있었다. 그러나 동시에 각 전통 속에는 세대를 이어가는 고도의 일관성이 있었다.

5. 형태의 일관성

기독교 예배의 많은 부분은 교회들이 사용하고 있는 다양한 예배집을 연구하는 것을 중심으로 한다. 인간의 필요들은 언제 어디에서나 동일하기 때문에 어떤 형태의 예배집은 많은 다른 예배 전통들에서 반복적으로 나타난다. 그러나 예배를 예배집과 동일시하기 쉬운 것이 사실이나 이는 실상 매우 위험한 일이다. 많은 경우에 예배에서 예배집이 사용되고 있으며, 그러므로 예배를 연구하고 분석하는 데 있어서 증거자료로서 예배집을 사용하는 것이 가장 손쉬운 일임에는 틀림없다. 그러나 많은 경우에 예배는 **즉흥성**(Spontaneity)을 기초로 하고 있으며, 이것이 연구하기 가장 어려운 요소 중 하나이다. 예배에 있어서 예배집에 기초한 고정된 말과 동작의 형식과 인쇄된 매체에 지배를 받기보다는 성령이 움직이심에 따라서 강해지기도 하고 약해지기도 하는 즉흥성의 비율이 예배에 따라서 제각각 다르다. 비록 즉흥성에 관해 말하기가 어려운 것이 사실이나, 그럼에도 불구하고 오늘날 많은 서방교회들에 있어서 즉흥성은 중요한 요소임에 틀림없다.

고전적인 오순절 교회들과 많은 흑인 교회들에 은사운동이 퍼졌을 때 자발적 환호(exclamation)가 예배의 중심적 요소였다. 비록 즉흥성이 최선의 열매를 맺기 위해서는 스스로 훈련된 자유를 필요로 하기는 하지만, 퀘이커 교도의 예배는 그 자체가 자발성이었다. 자발성이란 개인들로 하여금 자기 반성이나 말을 하도록 함으로써 예배를 산만하게 하는 그런 것이 아니다. 자발성은 함께 모인 공동체 전체의 이익을 위하여 각기 다른 사람들의 다양한 은사(gift)를 이용하는 것을 말한다. 바울이 자발적인 예배에 대해 말한 내용은 사랑장(고전 13장) 바로 다음에 기록되어 있는데, 그것의 중요한 목적은 교회를 세우기 위함이었다(고전 14:26). 그리스도인들이 받은 은사는 공동체에서 함께 나누도록 주어진 것이지 혼자 간직하기 위해 주어지지는 않았다.

초기의 기독교 예배는 분명히 어느 정도의 자발성이 있었다. 초대 교회의 예배의 대부분은 그 후 4세기가 지나는 동안 모두 사라져 버렸다가 종교개혁을 통해서 다시 부각되어졌다. 20세기의 오순절 운동의 예배는 뜻밖에 자발적인 예배의 가능성을 강조했다. 교회의 예식서나 인쇄된 주보가 없다고 해서 자발성을 보증하는 것은 결코 아니다. 대부분의 집회에서 약간 변화를 주었거나 혹은 거의 그대로 반복되었던 순서(repetition)가 예배의 구조에 정착되었다. 한편, 오늘날 예식서를 사용하는 교회들도 그들 나름대로 구조화된 예배 형식 안에서 자발적인 요소가 자리잡을 여지를 만들고 있다. 여기에는 설교에 대한 반응, 중보기도나 명상 혹은 교회의 관심에 대한 진술 등이 해당된다고 하겠다.

이 책에서 예배의 자발성 문제에 대하여 거의 언급하지 않는 이유는 그것이 중요치 않아서가 아니라 그 증거의 변동이 많기 때문에 그것을 연대기적으로 기술하기가 매우 어렵기 때문이다. 그러나 예배와 예식서가 결코 같은 것이 아니라는 점을 명백히 해야 한다. 예식서는 단지 표준적인 형식을 마련해 줄 뿐이다. 그러므로 예배의 형식과 그 속에서 회중의 자발적인 참여 요소들이 건전한 균형을 유지하도록 해야 할 필요가 있다.

이상과 같은 조심성을 가지고 **예배집**(Service Book)이 기독교 예배의 일관성에 대해 우리에게 말하는 바를 살펴보아야 한다. 다행스럽게도 모든 예배는 성경을 사용하고 있는데, 이 성경 안에는 제의적인 목적을 위하여 기록되어진 곳이 많이 있다. 이 점에 있어서 퀘이커는 예외이다. 그러나 퀘이커 교도들간에 이루어지는 성경 교육이 공중 예배에서 실제로 성경을 읽지 않는 것을 보충하고 있다. 개신교와 로마 가톨릭 교인들은 대부분 찬송가를 사용하고 있다. 더욱이 로마 가톨릭의 예배와 개신교의 몇 가지 전통은 거의 예식서를 사용하고 있다. 다시 말해서 대부분의 기독교회는 예배를 위해서 적어도 1권 정도의 예식서는 필요하다고 생각하고 있다는 사실이다.

우리가 살펴볼 책들은 예식서이다. 그 이유는 이 책들이 기독교 예배의 일관성을 생생하게 제시하여 주기 때문이다. 비록 예식서의 종류가 다양하기는 하지만 그 내용들은 뚜렷한 유사성을 담고 있다. 전통에 따라 다소의 상이한 점은 있으나, 공통된 자료, 유사한 요소들이 이들 예식서들을 가득 채우고 있다.

초대교회에서는 여러 예배 인도자들에 의해서 여러 가지 예식서가 사용되었다. 성직자와 평신도들은 예배에서 그들이 맡은 부분을 담당하기 위하여 그들 각자가 사용하게 될 적절한 예식서와 수행해야 할 사명을 인식하고 있었다. 처음에는 단 한 권의 예식서에서 단 한 사람의 성직자가 그것을 해석하였으나, 시간이 지남에 따라 성경 낭독자, 해설자, 찬양 전문가, 사제와 설교자를 위한 다양한 예식서들이 나타나게 되었다. 결과적으로 예배를 인도하여 가는데 다양한 선교적 역할이 생겨나게 되었고 그 역할에 알맞는 책이 널리 알려지게 됨에 따라 해당 분야의 전문성이 확립되어 해당 분야를 전담하는 양상을 띄어갔다.

15세기 인쇄술의 발명은 예식서 표준화에 새로운 전기를 마련하여 주었다. 16세기 초기에는 각 교구와 교단(order)에서 사용되는 미사 예식서(massbook)가 200여종이나 되었다. 로마 가톨릭과 많은 개신교회들에 있어서 모두 예배의 일치성이 확실하게 진전되었다. 그래서 1549년에 출판된 영국 국교회의 예배집은 "지금부터 모든 지역에서 오직 한가지만을 사용한다"라고 선언하였다. 로마 천주교회에서도 이와 똑같은 예배집 표준화 작업이 이루어졌으며, 이는 극소수의 교구와 단체들에만 예외를 허용하였다.[13] 로마 천주교의 이러한 표준화 경향성은 17세기에 중국에서의 예배집 제작을 질식시키고 또한 선교를 매우 강력하게 촉진할 수 있는 문화적인 요소의 적용을 질식시킴으로써 역사를 크게 바꾸고 말았다.

오늘날 개신교와 로마 가톨릭은 공히 예배를 표준화하는 것이 잘못된 목표라고 보고 있다. 16세기에는 자유롭게 되었던 것이 20세기에는 속박하는 것으로 보인다. 우리 시대의 노력은 모든 예배집들을 성직자들의 전유물로 만들었던 중세의 성직화와 모든 예배집들을 성직자용과 평신도용의 구분없이 똑같이 만들었던 표준화로부터 공히 벗어나게 하는 데 있다. 다양한 문화적 상황에서의 다양한 목회는 예배집에 있어서 훨씬 더 풍부한 다양성을 요구한다. 이미 우리는 같은 교단 안에서 같은 권위를 가진 여러 가지의 다양한 예배형식을 허용하는 진정한 의미에서의 예전적 다양성을 보고 있다. 그래서 예배집의 숫자가 증가하고 있으며 본 책에서는 이들 중 전형적인 것들에 관해서만 언급했다.

시간을 구조화하는 주요 책은 물론 **교회력**이다. 교회력이 간단하다고 해서 그 중요성이 묻혀지면 안된다. 교회력은 절기에 맞추어 행하는 예식, 성만찬 예식, 매일 매일의 변화와 계절의 변화에 따른 예식과 일과 기도서와 미사에 나타나는 모든 것을 지배한다. 이와 유사한 것이 **순교자 일지**(martyrology)인데 이것은 순교자나 성인들의 업적을 그들이 죽은 날짜 순서에 따라 배열하여 놓은 책이다.

성무 일과에 따른 교회 의식을 포함하고 있는 예배는 특히 수도원 예배에서 발달하였다. 예식서의 다양한 형태는 근본적으로 여러 사람들이 자신의 개인적 기능을 수행할 수 있게 하였다. 가장 유명한 것은 **시편집**(psalter)인데 이것은 다양한 편집과 방법으로 배열된 성시와 찬양으로 구성되어 있다. 어떤 것은 일주일을 단위로 하여 성시를 암송할 수 있도록 구성되어 있고, 어떤 것은 축일에 사용할 수 있게 되어 있고, 또 어떤 것은 매 시간마다 올리는 예배 의식에 따라 배열된 것도 있다. 음악 부분은 **교송 성가집**(Antiphonary) 혹은 **찬송집**(Hymnal)에 나타난다. 특히 **성구집**

(lectionary)에는 성무 일과에 따라 야간에 올리는 의식을 위한 성구를 수록한 것도 포함되어 있다.[14]

이 모든 것들이 복잡했던 것이 사실이지만, 각 개인은 적당한 예식서의 특정 부분에 관해서만큼은 완전한 전문가가 되어야 했다. 비록 여러 세기가 걸리기는 했지만 세월이 흐름에 따라 이 모든 것은 변했다. 그런데 이것에 관한 모든 것을 한 권으로 묶은 책 즉 **매일기도서**(Breviary)를 만들려는 시도가 성공하기 시작했다. 13세기에 나타난 프란시스코계와 도미니크계열의 수도원의 예식서는 매일기도서의 대중적 사용을 일으켰고, 개인적으로 매일 행해지는 의식을 모두 읽을 수 있도록 되어 있었다. 일과 기도서의 사용은 로마 교황청의 생활 규범 제정으로 더욱 촉진되었다. 그러나 매일기도서에는 사역의 다양성과 공동체의 예배마다 상이한 차이점이 있기 때문에 많은 부분이 삭제된 채 표현되었다. 1568년에 제정된 로마 가톨릭의 매일기도서를 대치한 1971년의 『일과 예배』(Liturgy of the Hours)는 이러한 예배들을 평신도와 성직자가 공히 사용하는 것을 의도하고 있다.

한편, 종교 개혁은 매일기도서를 루터가 만든 두 개의 성무일과(two daily office)와 공동 기도서에 들어 있는 매일기도로 더 한층 축소시켰다. 시편집, 교회력, 성경일과, 그리고 아침과 저녁의 기도가 다른 형태의 예배들과 함께 포함되어 있다. 이러한 발전은 교인들에게 모든 형태의 예배를 드릴 수 있게 해 주었으나 그것은 상당한 축소를 의미하는 것이었다.

입교(initation)와 통과의례(the rites of passage)를 위한 예배집의 역사는 아주 상이하다. 이러한 많은 예식들은 최초로 성만찬과 그밖의 성례전을 기념하기 위하여 마련된 성직자의 책인 성례서(sacramentary)에 나타난다. 이 성례서에는 여러 상황과 계절에 적절한 기도문들이 기록되어 있다. 예를 들면 세례와 견진 성사가 최초의 책들 가운데 부활절 전야의 기도문에 기록되어 있다. 성직자 서품식은 사순절 기간 중 수행되는 경향이 있었다. 시간이 경과함에 따라 세례와 다른 의식들은 성례전 책에서 점차 자취를 감추기 시작하고 별도의 책들이 여러 직무에 대처하도록 발전되어 갔다. 고해 성사의 변혁은 성직자와 참회자를 위하여 고해 총칙(penitentials)을 낳게 했다. 축복 기도서(Benedictionals)는 사람과 사물에 대한 여러가지 축복, 그리고 주교와 사제만을 위한 축복 기도를 내포하고 있다. 가장 최근에 만들어진 축복기도서는 『축복의 책(Book of Blessings: 1989)』이다.

시간이 지남에 따라 이러한 입교예식, 통과의례들은 다양한 책으로 나오게 되었는데, 그것들은 목회 지침서, 핸드북, 성례서, 계획서, 혹은 의례서 등이었다. 연도(Litanies), 찬송, 기도, 그리고 행렬에 대한 예식법은 행렬서(processionale)라는 예식서에 수록되어 있다. 종교 개혁시대의 교회들은 이러한 많은 자료들을 간단한 예배서로 통일시켰다. 예를 들면 "사룸 매뉴얼"(Sarum Manuale: 영국 살리스베리 대성당에서 사용된 예식서-역자 주)은 공동기도서의 결혼 예식을 거의 그대로 싣고 있다. 아직도 어떤 교회에서는 1978년 형제(Berethren) 교회에서 출판한 목회자 안내서(Pastor's Manual)에 기록되어 있는 고어체를 사용하고 있다. 1614년판 로마의식서(The Rituale Romanum)는 (1) 일반적 규범과 예식 (2) 세례 (3) 고해 (4) 성찬 예식 (5) 환자와 죽어가는 사람에 대한 예식 (6) 장례식 (7) 결혼 예식 (8) 축복 (9) 행렬 (10) 귀신 쫓아내는 예식 등 10개로 각각 나뉘어 있던 책들을 하나로 묶어 놓았다. 그러나 제2차 바티칸 공의회 이후 대부분의 예식들은 별개의 책으로 개정 출판되었으며, 현재는 단 한권으로 된 로마 가톨릭 예식서는 없다. 기독교 예배 가운데 변치 않는 요소는 특별 예식 때에 행하는 목회자의 직무에서 가장 뚜렷하게 보인다. 미국의 감리교인들은 아직도 14세기 영국 가톨릭 교인들의 서약과 거의 같은 서약으로 결혼 예식을 진행한다. 인간에게 예식이 필요하다는 것은 어디나 공통된 요소인데 그것들은 출생, 결혼, 질병, 그리고 사망 등이다. 이와 함께 인간은 죄 사함을 받고 우리 주위의 사물과 인간에게 부여되는 하나님의 큰 복을 받는 것이 필요하다.

주교에 관한 예식의 역사도 유사한 양상을 띠고 있다. 성직 서품 예식에 관한 기도는 처음에 성례서와 예법서(ordines)에 기록되어 있다. 점차로 주교의 특별 예식은 **주교예전서**(the Pontifical)란 이름의 특별한 책에 수록되었다. 13세기 말, 남프랑스 망드(Mende)의 윌리암 뒤랑드(William Durandus) 주교는 모든 부수적인 예식들을 정리한 주교 예전서를 편집하였다. 이 책에는 축복, 여러 사람의 정화 즉 견진 성사, 삭발 예식, 안수식, 수도원장의 축복, 처녀의 헌신, 왕과 여왕의 대관식 등이 수록되어 있다. 이외에도 교회 건물, 제단, 의복, 종, 그리고 무덤을 깨끗하게 하는 예식과 축복에 대한 예식과 출교, 참회자의 화해, 성유의 축복, 행열 등에 대한 예식이 기록되어 있다.

성직서품 예식과 같은 예식은 개신교 쪽에는 **안수예식서**(The Ordinal)에 나타나 있다. 이 책들의 대부분은 견진 성사의 예식, 축복 예식, 사람과 사물에 대한 성별 예식, 주일학교 교사 임명 등의 예식도 포함되어 있다. 대부분의 주교 예전서도 제2차 바티칸 공의회 이후 개정되었다. 최근 제작된 교구예식서(Caeremoniale Episcoporum)는 주교를 위한 예식에 있어서 1600가지의 예법과 지침을 담고 있는데, 이에 필적할 만한 개신교 진영의 책은 없다. 이 책의 개정판 1989년에 『주교예식서(Ceremonial of Bishop)』라는 이름으로 제작되었다.

예식서의 또 다른 중요한 수집이라고 볼 수 있는 것은 성만찬 예식에 관계된 것들이다. 우리는 이미 이에 관한 가장 중요한 책인 **성례서**(the Sacramentary)를 언급했는데, 이 책은 다양한 교회절기와 행사에 적절하게 사제가 기도할 수 있도록 기도문들을 담고 있다. 성례서라는 용어는 최근 로마 가톨릭 교회의 제단에 사용되는 방대한 분량의 책으로서 현대에 다시 등장하고 있는데, 초기 성례서와는 다르게 주교서나 예식서에서 볼 수 있는 자료들은 포함하지 않고 있다. 그러나 성만찬에는 집례자의 사역 이외에 또 다른 사역이 있다. 미사에서 읽혀지는 성경본문의 시작과 끝의 목록과 함께 성경봉독사(lector), 차부제(subdeacon), 혹은 부제(deacon)에게 주어지는 **성구집**(lectionary)이 있다. 궁극적으로 미사에서 읽혀지는 모든 성경본문이 여기에 수록되어 있다.[15] 성만찬예식 중 노래로 불려지는 부분을 위해서 음악가들은 **층계송**(graduale)에 의존하였다.[16] 소위 예식법(rubrics)은 초창기에는 안수예식서(ordines) 안에 수록되어 있었는데, 안수예식서 안에는 성만찬 예식 뿐 아니라 오늘날 주교책이나 예식서에서 찾아 볼 수 있는 예식들도 포함되어 있다. 이 책은 매일기도서, 예식서, 주교서가 갖는 것과 비슷한 영향을 끼치고 있다. 중세 후반기에 이르러서는 성직자 한사람이 미사에서 할 말을 다 할 수 있도록 **미사예식서**(missal) 안에 성구, 교회 음악, 예식법이 함께 들어있는 책을 가지고 있었다. 10세기 후반부터 미사예식서는 예배에 있어서 성직자가 모든 것을 독점하도록 되어있다. 소수의 교구와 단체들의 경우를 제외하고는 16세기에 미사예식서는 표준화되었다. 1570년 출간된 **로마 미사예식서**(The Missale Romanum)는 제2차 바티칸 공의회 이후 새 예식서가 출판되기 전까지 400년동안 거의 변화하지 않았는데, 그 동안 변화한 것이라고는 새로운 축일이 생겨날 경우 그에 대한 예식을 첨가한 것 정도이다. 이때 성구집은 여전히 별개의 책으로 분리되었는데, 이에 따라 미사를 집례하는 사제 이외의 사람들도 미사에서 목회적 기능을 실행하도록 고무되었다.

미사예식서의 내용은 개혁자들에게도 매우 중요한 것이었다. 개혁가들 대부분은 예배의 순서를 먼저 제정하였고 이것이 나중에 예배 의식서로 통합되었는데 여기에는 때로 교회력에 필요한 자료와 교훈이 포함되어 있었다. 미국 개척 시대에 감리교도들은 최소한 성만찬에 대한 확고한 예식을 보존하고 있었다. 미사 전서에서 발견된 내용은 기독교의 고정된 예식처럼 보편적인 것이며 일관성을 파악하는데 좋은 자료를 제공하고 있다.

그러므로 여러 개의 예식서들이 담고 있는 내용들은 우리가 바라고 있는 이러한 일관성을 증언하고 있다. 종교 개혁은 로마 가톨릭에서 이미 착수한 바 있는 그들의 예식에 대한 정리 작업, 축소화와 표준화 과정의 최종 단계를 밟아갔다. 어떤 개혁자들은 한 권의 책에다 교회력, 일과 기도서, 예식, 행렬 예식, 주교집 그리고 미사예식서를 통합시켜 놓았다. 다양한 순교자 일지(The Martyrology)가 경건한 독서를 위해서 광범위하게 사용되었다. 평신도와 목회자는 같은 책을 사용하였다. 그 결과 공동기도서, 공동 예배순서집(Book of Common Order), 요한 웨슬레의 주일 예배예식서(Sunday Service), 그리고 그 밖의 다양한 예배집들의 경우에 그 내용은 기독교 예배의 본질에 있어서 너무나도 유사하다.

물론, 유형이 같은 이 예식서들 간에도 많은 차이점이 있는 것은 사실이다. 예배의식의 비교 연구는 예배 예전학(liturgiology)이라고 알려져 있는데, 지난 수 백년 동안 고도로 전문화된 학문 분야가 되었다. 중요한 사실은 지리적 장소와 시대적 차이가 있음에도 불구하고 예배하고자 하는 인간의 깊은 욕구가 무엇이며, 또 그 해결 방법이 무엇인가 하는 점에 있어서 이들 예식서들은 상당한 일치점을 보여 주고 있다는 점이다.

예배의 다양성과 일관성에 관한 논의를 곁들인 예배의 현상, 정의, 그리고 핵심용어들에 관한 이상의 간단한 연구는 독자들로 하여금 기독교 예배가 무엇인가에 관해 생각하도록 만들기를 나는 희망한다. 더 이상의 연구와 예배에 대한 더 많은 경험과 계속적인 사고(思考)는 이러한 이해를 더욱 확대시켜 줄 것이다.

주)
1) Paul W. Hoon, ***The Integrity of Worship*** (Nashville: Abingdon Press, 1971), p.77.
2) Peter Brunner, ***Worship in the Name of Jesus***. Originally published in German in 1954. Trans. M. H. Bertram(St. Louis: Concordia, 1968), p.125.
3) Jean-Jacques von Allmen, ***Worship: Its Theology and Practice*** (New York: Oxford University Press, 1965), p.33.
4) Evelyn Underhill, ***Worship*** (London: Nisbet & Co., 1936), p.339.
5) George Florovsky, "Worship and Every-Day Life: An Eastern Orthodox View," ***Studia Liturgica*** 2 (December 1963): 268.

6) Ibid., p.269.
7) Nikos A. Nissiotis, "Worship, Eucharist and 'Intercommunion'; An Orthodox Reflection," *Studia Liturgica* 2(September 1963): 201.
8) *Tra le sollecitudini, in The New Liturgy*, ed. Kevin Seasoltz, O.S.B.(New York: Herder & Herder, 1966), p.4.
9) godfrey Diekmann, O.S.B. *Personal Prayer and the Liturgy*(London: Geoffrey Chapman, 1969), p.57.
10) Odo Casel, O.S.B., *The Mystery of Christian Worship*(Westminster, Md.: Newman Press, 1962), p.141.
11) Underhill, *Worship*, pp.84~85.
12) For a more detailed delineation of these, see James F. White, Protestant Worship: *Traditions in Transition* (Louisville, Ky.: Westminister-John Knox Press, 1989).
13) 그 개정은 1568년의 로마의식서(Roman breviary)와 1570년의 미사집에 나타난 바와 같이 트렌트 공의회에서 선포되었다. 또 다른 작업으로서는 다음의 것들이 출판되었다: the Roman martyrology, 1584, the ponifical, 1596, *Caeremoniale episcoporum*, 1600, and the ritual, 1614.
14) 이것들과 함께 사용될 수 있는 다른 책들은 다음과 같다. 순교자의 고난을 다루는 수난기, 성경에 대한 신부들의 주해에서 나온 초록인 설교집, 성자의 삶에 관한 이야기인 신호, 말씀 이후에 사용되는 응답송, 미사의 짧은 기도문인 그날을 위한 집도문, 그리고 고유한 날과 시간을 위한 예배 순서집 등이 있다.
15) 이것들을 때때로 구약과 서신의 성구로 구성된 *epistolarium*과 복음서로 구성된 *evangelarium* 으로 분리되었다.
16) 층계송, 비유집, 자비의 기도, 속창들을 별도로 모은 모음집들이 가끔 사용하였다.

제 II 장

시간의 언어
(The Language of Time)

교회력은 특별한 절기예식이나 통과의례를 제외하고는 거의 모든 기독교 예배의 기초가 된다. 예배의 기본적인 구조가 무엇인지를 알기 위해서는 기독교인이 시간을 예배의 언어로 사용하는 방법을 소개하는 것보다 더 좋은 방법이 없을 것이다.

기독교 예배에 있어서 시간의 중심성은 기독교 자체와 기독교 예배에 대하여 많은 것을 설명하고 있다. 그것은 기독교가 시간을 중요하게 생각하는 종교라는 것을 나타낸다. 역사란 곧 하나님이 알려지는 것이다. 시간이 없다면 하나님에 대한 지식도 없다. 왜냐하면 역사의 어느 때에 실제로 일어나는 사건을 통해서 하나님은 자신을 내보이시기 때문이다. 하나님은 가장 고귀한 품성, 예수님을 택하시고 보통 사람들의 매일 생활과 같은 시간에 일어난 사건을 통해 예수님을 알려지도록 하셨다. 하나님이 자기를 나타내 보이심(self-disclosure)은 정치적 사건이 일어나는 것과 같은 시간의 과정에서 이루어진다. 예컨대 "유대왕 헤롯의 때에"(눅 1:15) 또는 "이것은 구레뇨가 수리아의 총독이 되었을 때"(눅 2:2)와 같은 내용으로 그 예를 들 수 있다.

시간이 환상에 불과하거나 또는 별로 중요하지 않게 인식되는 종교들이 있음을 발견할 때에 기독교 신앙에 있어서 시간이 얼마나 중요한 의미를 갖는가를 깨닫게 된다. 기독교에 있어서 구원은 막연한 것이 아니고 하나님이 바로 그 시간, 그 곳에서 구체적인 행동을 취하심으로 이루신 것으로 말한다. 이같은 사실은 극적인 사건들과 시간의 마지막에 대하여 말하고 있다. 기독교에 있어서 삶의 궁극적 의미는 우주적이고 시간을 초월한 말씀 속에서만이 아니라 하나님의 분명하고 구체적 행동에 의해서 나타내진다. 하나님은 역사 안에 뚫고 들어오셔서 우리의 육체를 살리시고 고치시고 가르치시며 죄인들과 식탁을 함께 하셨다. 구체적으로 시간적, 공간적인 장면을 성경에서 찾아볼 수 있다. 예) "예루살렘에 수전절이 이르니 때는 겨울이라 예수께서 솔로몬의 행각 안에 다니시니"(요 10:22-23). 그가 자신의 사명을 이루시고 그해 유월절 잔치가 있는 날에 죽으시고 삼일만에 다시 살아나셨다. 그가 죽고 사심은 우리가 살고 있는 시간, 달력에 의해 측정될 수 있는 시간, 즉 우리가 식료품을 사고, 차를 청소하고 일용할 양식을 위해 수고하는 것과 꼭 같은 때에 일어났다.

기독교에서 시간의 중심성은 기독교 예배에 잘 나타나 있다. 예배는 다른 생활과 마찬가지로 한 주 또는 하루 한번 반복되는 리듬에 그 근거를 두고 있다. 기독교 예배는 시간으로부터 멀리 도망하지 않고 시간을 예배의 가장 중요한 기본 구조로 사용한다. 현재는 과거와 미래의 하나님의 행동과 연결되는 곳에 우리가 설자리를 마련해 준다. 구원은 우리가 예배에서 경험하는 것처럼 현재의 사건에 기초를 둔 실재이며 그것을 통해 하나님이 우리에게 다가오신다. 시간을 사용함으로써 우리는 구원의 근거가 되는 바로 그 사건을 기념하고 다시 경험할 수 있게 된다.

시간이란 달갑지 않은 약속에는 일부러 뒤늦게 나타나는 우리의 습관처럼 우리의 일상생활에서 없어서는 안될 커뮤니케이션의 언어이다. 시간은 서로 다른 문화에서는 현저하게 다른 의미를 가지고 사용되는 커뮤니케이션의 한 형태이다. 예를 들면, 어떤 문화권에서 약속시간에 늦게 나타난다는 것은 자신이 매우 바쁜 사람이라는 것을 상대에게 보여 줌으로써 그만큼 자신은 중요한 사람이라는 것을 나타내는 방식이다. 기독교는 인간이 가진 자연스러운 시간 감각을 토대로 하여 의미를 전달하는 수단으로서의 시간의 언어를 예배에서 만들어 내었다.

기독교 예배 구조와 시간의 이용이 어떤 관계인가를 이해하기 위해서는 기독교인들의 과거 경험을 살펴보아 그들이 시간에 기초하여 예배를 구성하고 있음과 그에 대한 신학적 근거 및 현재 예배의 방향을 잘 살펴보아야 한다. 이러한 역사적이며 신학적 및 목회적인 차원에 걸친 연구를 통해서 우리는 어떻게 시간이 기독교 예배의 기초가 되는가에 대한 이해를 증진시킬 수 있으리라 여겨진다.

1. 기독교적 시간의 형성

시간을 이용하는 방법은 우리가 무엇을 인생에서 가장 중요하게 생각하는가를 잘 나타내주는 지표다. 비록 남에게나 심지어는 우리 자신에게도 무엇이 우리에게 참으로 최우선적인 일인가를 인정하고 싶어하지 않는다 하더라도 누구든지 자기가 가장 중요하게 생각하는 일을 위해서는 보다 많은 시간을 할애한다. 우리가 최우선으로 비중을 두어 생각하는 것이 돈을 버는 것이든 정치적 행동이든 가정에서 일어나는 일이든간에 우리는 우선적으로 가장 중요한 일에 시간을 할애한다. 우리가 다른 사람을 위해 시간을 낸다는 것은 우리 자신을 정말로 내어 주는 것이다. 그러므로 시간의 사용은 무엇이 우리에게 중요한가를 나타낼 뿐 아니라 누가 우리의 생애에서 가장 중요한 인물인가를 보여준다. 시간은 우리에게 우선적인 일들을 양도하는 것이다. 이 제한된 자원을 어떻게 배분하는가는 곧 우리가 무엇을 최우선으로 삼고 있는가를 나타내준다.

교회도 이와 마찬가지이다. 교회 생활에서 무엇을 가장 중요하게 생각하는가는 시간을 어떻게 사용하느냐를 보면 알 수 있다. 교회 생활에서 시간을 할애하는 것을 보면 믿음과 실행에 무엇이 최우선으로 되어있는지를 알 수 있다. "기독교인이 주장하는 바가 무엇이냐?"하는 질문에 "그들이 시간을 어떻게 지키는가를 보라."고 대답할 수 있다.

신약 성경의 앞부분에는 시간의 개념을 카이로스(Kairos) 즉 하나님이 새 차원을 실현하시는 바로 그 시간 또는 적합한 시간으로 표현하고 있다. "가라사대 때가 찼고 하나님 나라가 가까왔으니 회개하고 복음을 믿으라 하시더라."(막 1:15). 그러나 신약 성경에서는 뒤를 돌아보고 어떤 일이 일어난 과거의 시간을 회상하는 경향이 이미 있었다. 누가가 자기의 복음서를 쓸 때와 사도행전으로 시작되는 교회사를 쓸 때에는 마지막 때가 곧 가까이 왔다는 **종말론적인 희망**이 약화되었던 것 같다. 처음 100년 동안은 과거에 대한 기억이 미래에 대한 기대만큼 중요했었다.

초대 교회가 무엇을 최우선으로 했는가는 2-4세기의 기독교인들이 시간을 조직화한 방법을 보면 알 수 있다. 이것은 제도적인 것도 계획된 방법도 아니고 "우리에게 일어난 일들"(눅 1:1)에 대하여 교회가 자발적으로 한 응답이었다. 이와 같은 유형의 응답은 과거의 기억을 되살려 복음을 기록하도록 고무하여 다른 사람들이 "처음부터 말씀의 목격자되고 일꾼된 자들이 전하여 준 그대로 내력"(눅 1:2)을 따를 수 있도록 길을 마련해 주었다. 그러나 기독교인들이 시간을 사용하는 것은 "모든 일을 처음부터 자세히" 쓰려던 전도자들의 노력만큼 조직적인 것이 아니었지만, 기록된 복음만큼이나 기독교인의 기억을 형상화하는데 크고 계속적인 영향을 주었다. 그리하여 기독교인에게 있어서 부활절은 기록된 사건인 동시에 해마다의 사건(event)이다. 오늘날조차도 대부분의 사람들에게 크리스마스는 탄생 설화(nativity story)라기보다는 해마다 일어나는 사건(yearly occurrence)이다.

처음 약 4세기 동안 기독교인들의 믿음은 어떤 것이었을까? 그들의 시간 사용을 보면 그들에게 가장 중요했던 것은 그리스도이신 예수님의 부활하심을 믿는 신앙이었고, 둘째가 교회에서 알게 되고 경험하게 되는 성령이 지금 우리와 함께 계심을 믿는 것이었다. 이런 믿음에 의해 하나님은 예수님을 통해 우리에게 나타내 보이셨다. 그러나 이런 설명만으로는 기독교인의 신앙을 일목요연하게 보여줄 수는 없지만 초기 교회 신앙의 핵심이 무엇인지를 분명히 밝혀 주고있다. 즉 교회가 시간을 어떻게 지켰는가에 의해 드러나는 신앙이 바로 그것이다.

그 중에는 삼위일체를 신앙하는 이들도 있었다. 즉 교회 안에 거하시는 계시된 하나님과 부활하신 아들, 그리고 내주하시는 성령을 믿는 믿음이 그것이다. 물론 삼위일체에 대한 이런 의견이 옳다고 주장할 수는 없지만, 분명히 당시의 예배 구조와 현재를 비교하기 위하여 초대 교회가 시간을 어떻게 지켜 왔는가에 대한 자취를 깊이 연구한다는 것보다 더 중요한 것은 없다. 우리는 기독교 신앙이 절정을 이루었던 그 시대의 예배에 비추어서 지금 우리 제도를 다시 조정할 근거를 발견할 수 있을 지도 모른다.

그 증거는 교회력이 1년 단위가 아니라 **일주간** 단위에서부터 시작되었는데, 특히 **일요일**에 대한 증거로부터 시작한다. 설화의 실질적인 시작은 "하나님이 가라사대 빛이 있으라 하시니 빛이 있었고 저녁이 되고 아침이 되니 첫째 날이라."(창 1:3-5)고 한 창조의 첫날이다. 사복음서에는 이것이 첫째 날의 아침, 즉 창조가 시작되었던 날 하나님께서 "빛과 어둠을 나누신" 그 날에 무덤이 비어 있었다는 것을 매우 조심스럽게 말하고 있다.

신약 성경 중에는 적어도 세 군데에서 예배를 위한 구체적 시간을 제시하고 있다. 바울은 고린도 교회 교인들에게 매주일 첫 날에 각 사람이 자기가 얻은대로 저축해두라고 말하고 있다(고전 16:2). 드로아(troas)에서는 바울이 자정이 될 때까지 강론을 계속한 후 떡을 떼고(아마 성만찬으로 생각된다) 날이 샐 때까지 사람들과 이야기를 나누었다(행 20:7-11). 또한 요한은 "성령에 감동"하였으며 이 날은 "주님의 날"(계 1:1)이라고 말하고 있다. "주의 날"이라는 말은 1세기 말에 와서 한 주일의 첫 날이라는 뜻의 기독교 용어가 되었다. **이그나티우스**(Ignatius)는 주후 115년 마그네시아(Magnesia)의 기독교인들에게 보낸 편지에서 "유대인의 안식일을 지키지 않고 예수님과 그의 죽음 때문에 우리의 삶과 또한 모든 이의 삶이 빛난 주

일을 지켜 사는 사람들"에 대해 말했다.[1]

『**디다케**(Didache)』는 1세기 말 또는 2세기 초엽에 쓰여진 것으로 보이는데, 기독교인들에게 "주님의 날 함께 모여 떡을 떼며 성만찬을 가질 것을" 기억하게 하고 있다.[2] 심지어는 이교도들도 "기독교인들은 특정한 날을 정해 놓고 새벽에 만나고 있다."는 말을 하고 있다. 그러나 그 글을 쓴 로마 행정관 **플리니**(Pliny)는 이것이 주님의 만찬이었음을 전혀 알지 못하고 있었다.[3]

또 다른 용어가 2세기 중엽에 나타났다. **순교자 저스틴**(Justin Martyr)이 주후 155년경 그의 변증문에서 이교도들에게 "우리는 공동 예배를 주일마다 가집니다. 왜냐하면 주일이 일주일의 첫 날이기 때문이며, 이날 하나님은 어둠을 바꾸시고 우주를 만드셨으며 우리 구주 예수님께서 죽음에서 살아난 것도 같은 날입니다"라고 하였다.[4] 기독교인들은 이 새로 생겨난 이교도 용어인 "태양의 날"(Sunday)을 채택하였고, 죽음에서 일어나는 그리스도를 떠오르는 태양에 비교하였다. 오늘날까지도 영국이나 독일에서는 "태양의 날"을 그대로 사용하고, 프랑스와 이탈리아에서는 "주님의 날(Lord's day)"로 바꾸어 사용하고 있다. 바나바 서신 (The Epistle of Barnabas)은 일요일을 "제8일 곧 다른 세계의 시작이며 예수님이 죽음에서 살아나신 날"이라고 불렀다.[5] 바나바가 말한 새 창조와 빛은 기독교인들이 일요일을 종래의 일요일의 개념에서 한 걸음 더 나간 부활의 날로 기념하게 하는 중요한 역할을 하였다.

기독교인에게 있어서 일요일은 쉬는 날이 아니라 예배하는 날이다. 이것은 주후 321년 콘스탄틴 황제가 "모든 재판관, 시민들, 공인(craftsman)은 경건한 태양의 날에 모두 쉬게 될 것이다. 지방 사람들은 방해받지 않고 농사일을 계속할 수 있다."고 말한데서 비롯된다.[6]

한 주간을 살펴보면 초대 교회의 윤곽을 좀 더 알 수 있게 된다. 누가는 "나는 일 주일에 두 번 금식한다"고 자랑하는 바리새인들에 대하여 말한 적이 있다(18:12). 그러나 디다케(Didache)에서는 대단히 진지하게 기독교인들에게 "너희가 금식하는 것이 위선자와 같아서는 안 된다. 그들은 월요일 목요일에 금식하나, 너희는 수요일 금요일에 금식하라"고 권하였다.[7] 금식을 기념하는 이유는 4세기말 문서에 나타난다. **사도규약**(Apostolic Constitution)에는 "유다가 돈을 위해 예수님을 팔기로 결심한 주의 넷째 날, 주님이 죽음을 당하신 금요일에 금식하라"고 권하고 있다.[8] 초기 기독교인들 중에는 토요일이 "창조기념일"이며 칠일 째 하나님이 모든 창조의 역사를 마치고 쉬셨다고 생각하는 사람들도 있었다는 증거가 있다. **터툴리안**은 "어떤 사람들은 안식일에 무릎을 꿇지 않는다"고 말한다. 이는 이제 일요일이 한 주간 가운데 가장 중요한 날이 되었음을 의미하는 것이라 하겠다.

주일은 매주 부활을 기념하는 날이다. 초대 교회에서는 주일날에 주님의 사랑과 죽음을 기념하기도 했지만 무엇보다 구주가 죽음에서 부활하신 날이므로 큰 의미가 있다. 오늘날도 주일은 다른 어떤 의식이나 행사보다도 우선된다. 매주 일요일은 곧 주님의 살아나심을 증거하며 어둠에서 해가 떠오르고 새 창조가 시작되는 날이다. 터툴리안은 기독교인은 주일, 곧 "주님이 부활하신 날"에 무릎꿇지 말라고 말했었다(이 의미는 주일이 슬픔의 날이 아니라 기쁨의 날이 되어야 할 것이라는 뜻에서 사용된 것임-역자 주). 강림절이나 사순절 중에 있는 일요일은 속죄 주간 중이라도 "기쁨의 날"이었다. 매주 일요일은 부활 신앙을 입증하는 날이다. 매주 일요일은 곧 작은 부활절이며, 아니 차라리 부활절이 일년 중 가장 큰 일요일이라 할 수 있다. 다시 말해서 주일과 부활이 가장 중요하다는 말이다.

초기 교회에는 평일까지도 찬양의 구조로 사용되었다. 디다케(Didache)는 기독교인들에게 주기도문을 "하루 세 번"하도록 가르치고 있다. 시편 55:17에 보면 "저녁과 아침과 정오에" 하나님을 찾으라고 기록되어 있다. 4세기말 크리소스톰은 새로 세례를 받은 기독교인들에게 하나님의 뜻대로 일할 힘을 구하는 기도로 하루 일과를 시작하고 "그의 하루 전체가 하나님의 것임을 인정하고 잘못에 대한 용서를 구하는" 기도로 하루 일과를 마칠 것을 권하였다.9) 당시 기독교인의 하루는 세상적인 온갖 염려의 한복판에서도 매일의 일을 통하여 끊임없이 그리스도를 기념하였다.

기독교인들은 하루가 밤에서부터 시작하는("그러므로 저녁이 되며 아침이 되니 첫째 날이니라", 창 1:5) 유대인들의 날짜 개념을 받아들였다. 여기에서부터 제의적 의미에서의 하루는 잔치일의 전야(예컨대 성탄절 전야, 부활절 전야, 그리고 할로윈 전야 등)로부터 시작해서 다음날 아침으로 이어지며 해질 때에야 끝나는 것으로 인식된다. 비록 영국 국교회에서 매일 시편을 읽는 것을 통해 한달 단위의 교회력 개념을 사용했었고, 일부 개신 교회들이 현재에 성만찬을 매월 실시하는 방식으로 한달 단위의 교회력 개념을 사용하기는 하지만, 이처럼 한달 단위로 반복되는 주기는 상대적으로 적은 것이 사실이다.

매일, 매주 그리스도이신 예수님을 증거하는 것처럼 초기 교회에서는 **일년**도 주(主)님을 기념하는 한 단위로 생각했다. 주일이 한 주간의 중심인 것처럼 일년의 중심은 빠스카(pascha 유월절 즉 부활절) 기간이었으며, 유대인에게도 기독교인에게도 똑같이 중요한 절기였다. 빠스카(Pascha)라는 말은 사도 바울이 "유대인의 **무교절**"이라고 한데서 따온 것이었다.

"너희는 누룩 없는 자인데 새 덩어리가 되기 위하여 묵은 누룩을 내어 버리라. 우리의 유월절 양 곧 그리스도께서 희생이 되셨느니라. 이러므로 우리가 명절을 지키되 묵은 누룩도 말고 괴악하고 악독한 누룩도 말고 오직 순전함과 진실함의 누룩 없는 떡으로 하자"(고전 5:7-8)

이 말씀은 신약 시대의 교회가 부활절을 지켰음을 알려주는 좋은 예이다. 고대 유대인의 출애굽 기념은 그리스도이신 예수님에 와서 새롭게 완성되어 그가 십자가를 지심으로 죄와 죽음에서 놓여난 새로운 의미로서 말하여지게 되었다.

2-3세기 때의 교회는 유월절 기간 동안 세례와 견진, 첫 성찬식 등을 통해 새 교인이 생겨남을 뜻하는 예배를 드렸었다. 유월절이 홍해를 건너

노예 생활에서의 탈출인 것처럼, 교회에서 세례를 받는 것은 그리스도와 함께 죽는 것으로 보았다. "우리가 그의 죽으심과 합하여 세례를 받음으로 그와 함께 장사되었나니 이는 아버지의 영광으로 말미암아 그리스도를 죽은 자 가운데서 살리심과 같이 우리로 또한 새 생명 가운데서 행하게 하려 함이니라"(롬 6:4-5). 처음 3세기 동안은 그리스도의 수난, 죽으심, 부활하심을 부활절에 기념하였다. 터툴리안은 "부활절은 특히 세례를 베푸는데 의미있는 날이다. 이때 주님의 수난 안에서 세례를 받고 완성된다."고 말하고 있다.[10] **사도전승**(Apostolic Tradition)은 세례 받을 사람들은 금요일과 토요일에 금식하고, 토요일 저녁에는 철야 기도를 드리도록 했다. 닭이 울 무렵, 부활절 아침 예수님이 부활하신 시간에는 그리스도께서 죽음에서 일어나신 것처럼 몸을 물에 담갔다 일으킴으로써 세례를 받았다. 사도전승은 일반적으로 3세기 로마의 기독교인이었던 **히폴리투스**의 작품으로 여겨진다. 비록 저작성에 대해 논란의 여지가 있는 것이 사실이나 지금으로서는 이것이 그의 작품이라고 여기는 것이 더 적절하다.

4세기초에 와서야 유대인의 유월절이 한 주간 중 어느 날에나 올 수 있는 것과는 달리 부활절은 주일에만 축하하도록 되었다. 이것은 **유월절 준수**(Quarto de ciman)논쟁 때 유대인이 지키는 날을 그대로 따를 것인가를 놓고 오래 토론한 후 결정된 것이며, 이 결정으로 인하여 주일의 상징적 의미가 분명하게 되었다. "주님의 날을 제외하고는 어떤 날에도 부활의 신비를 축하할 수 없다… 주일날에는 부활절 기간의 금식을 끝내야한다."[11] 이렇게 하여 매주 매해 부활을 기념하는 행사는 보다 공고히 다져지게 되었다.

4세기 중엽 예루살렘에서는 수난과 부활을 포함하는 예수님의 마지막 며칠 동안의 모든 사건을 기념하는 부활절이 각 사건마다 따로 기념하도록 분리되었다. 이것은 예수님의 생애와 사역의 자리였던 **예루살렘**에서 시작되었고, 전 세계로부터 밀려오는 순교자들을 위해 어떤 사건이 있었던 장소에서 따로 기념할 필요가 있었기 때문이었다. 각각의 시간과 장소는 성경에 기록된 대로 예루살렘에서의 마지막 주간을 근거로 하고 있다. 주후 384

년경의 상황에 대해서는 **에제리아**(Egeria)라는 스페인 여자의 기록을 통해 잘 알 수 있다. 집에 돌아와서 이야기해 주기 위해 기록해 놓았던 것이 보존된 기록으로서 4세기말 예루살렘에서 절기를 지키는 방법이 어떻게 발전해 왔는가를 보여주고 있다.

에제리아(Egeria)의 기록을 보면 성주간(고난주간-역자 주)의 첫날인 수난주일(종려주일)이 부활주간의 첫날로 바뀌었음을 알 수 있다. 성주간에는 모든 사람이 주교 앞에 나와서 "복 있는 이여 주의 이름으로 오시는 이로다"라고 하는 시편과 응답송을 반복해 부른다.[12] 그 다음 사흘간에는 간단한 예배가 있었는데, 예외적으로 수요일에는 유다가 그리스도를 배반하는 장면을 읽고 신자들은 이것을 들으며 "슬퍼하고 통분해 한다." 목요일에는 성찬을 나눈 후 "주교를 겟세마네로 안내해 간다." 골고다에는 십자가의 나무 조각들이 있고 그것들을 사람들이 경배하는 관습이 있는데, 금요일에는 이곳에서 예배를 드리며 모든 사람들이 십자가 앞에 경배하고 십자가를 지날 때에 거기에 입을 맞춘다.

4세기가 끝날 무렵에는 성경에 나타난 사건들의 날짜를 복구하는 작업이 완결되었다. 어거스틴(Augustine)은 "복음서에 주님이 언제 십자가에서 죽고 무덤에 장사된 후 다시 사셨음이 분명히 기록되어있다. 그러므로 교회는 성경에 기록된 날들을 그대로 지켜야한다"고 인정하게 되었다.[13] 고대의 통합적 부활절은 여러가지 기념식으로 나뉘어지게 되었는데, **세족 목요일**(Maoundy Thursday), **성금요일**(Good Friday), **성토요일**(Good Saturday), **부활전야**와 부활절, **종려(수난)주일**과 **성주간**의 첫 3일이 그것이다. 이런 절기 행사는 그 이후 계속되어 와서 지금 우리도 성주간 동안 종려(수난)주일로부터 시작하여 월요일, 화요일, 수요일, 세족 목요일, 성금요일, 성토요일, 부활절(전야와 낮)을 지키게 되었다. 영어로 Easter는 고대 영어로 이교도의 봄 잔치Eastre에서 나온 것이며, 라틴 계열의 언어는 "파스카(Pascha)"의 형태를 사용한다. 부활절은 부활주간의 시작이며 이 기간동안에 신입 기독교인들이 교육을 받는다.

부활절과 밀접한 관계가 있는 두 절기는 **사순절**과 긴 부활절기이다. 사순절은 세례 지원자를 위한 마지막 준비 단계로 시작되었으며 **세례예비자**(Catechumen)들은 일상 생활로부터 떨어져 상당히 어려운 준비를 거친 후 부활절 아침 세례를 받게 된다. 이집트에서는 주님께서 광야에서 40일간을 금식하신 것과 관련하여 주현절 이후 40일간을 금식했다는 새로운 증거가 있다.[14] 어떻든 주후 325년 니케아 종교 회의에서 수난절기(사순절)를 처음으로 "사십일"로 정하였고, 주후 348년 예루살렘의 주교 시릴(Cyril of Jerusalem)은 세례를 받을 이들에게 "당신들은 오랜 동안 은총의 기간과 참회를 위한 40일을 보내게 됩니다"는 말을 하여 사순절의 의미를 분명히 하였다.[15] 어거스틴 때에 사순절은 수세 여부와 관계없이 모든 기독교인들이 주님의 수난에 접하고 머무르는 준비 기간이었다. 사순절은 **참회의 수요일**(Ash Wednesday, 재의 수요일이라고 하며, 회개함으로써 사순절을 시작하는 날이다-역자 주)에 시작되는데, 이때에 모든 기도교인들은 이마에 재를 뿌리며, 적어도 11세기 후반부터 실시되었다. 사순절 기간 동안의 일요일은 40일에 넣지 않는다.

사순절보다 더욱 중요한 것이 **부활절 절기**(Easter season)로서 부활절부터 오순절까지의 50일 동안이다. 오순절의 50일은 사순절의 40일보다 훨씬 중요한 것이었다. 그런데 왜 현대 기독교인들은 기쁨의 기간인 부활절 절기보다 슬픔의 기간인 사순절에 더 비중을 두는지 알 수 없다. 어거스틴은 "주님의 부활하심을 기념하는 이 기간은 수난의 기간이 아니라 기쁨과 평화의 기간이다. 금식을 하지 않고 부활을 상징하는 뜻으로 서서 기도하는 이유가 여기에 있다. 모든 행사는 일요일 각 제단에서 행해져 왔고 할렐루야를 불러 우리가 장래에 할 일은 하나님을 찬양하는 것 외에 없음을 나타내었다"고 말한다.[16] 그리스도의 부활은 옛날이나 지금이나 매 주의 한날 즉 일요일에 기념된다. 그리고 부활을 기념하는 연중 축일은 부활절이며, 이의 절기는 부활절 절기이다. 따라서 초대 교회의 삶과 신앙의 중심은 부활임을 분명히 알 수 있게 된다.

4세기경에 교회력의 괄목할만한 발전은 성 주간 (Holy week)과 부활주간(EasterWeek)을 완전하게 정한 것이다. 이런 결정은 349-386년 **예루살렘의 주교 시릴**(Cyril)의 주도하에 이루어졌다. 에제리아(Egeria)는 시릴이 죽은 직후 어떤 일이 일어났는가를 잘 전해 주고 있다. 예루살렘에서 행해진 종교 행사는 세계로 퍼져 나갔고 교회의 가장 오래된 예배의식을 대표하게 되었다. 성주간의 의식은 예루살렘에서의 예수님의 사역과 죽음의 극적인 순간들을 기념한다.

이 때의 예배는 가장 극적인 형식을 사용한다. 실제로 중세 연극은 부활절 예배에서 생겨났고, 후일 교회 안에만 머물 수 없는 복잡한 형태로 발전되어 갔다. 예수님의 죽음 이전과 이후에 일어난 사건의 실제 현장인 예루살렘에서 이런 예배가 발전한 것은 당연한 일이다. 콘스탄틴 대제가 기독교를 인정한 후 순례자들이 예루살렘으로 모여들었다. 이제 필요한 것은 성경에 기술된 시간과 장소에 맞는 예배였다. 4세기 예루살렘에서는 성경의 여러 순간들을 종합하여 기독교 예배의 형태를 만들었다. 성주간 의식은 교황 피우스(Pius) 12세의 주도하에 1955년에 더 완성된 형태가 되었고, 성주간의 예식은 바티칸 제2차 공의회 이후 다시 개혁되어 지금은 많은 개신교의 예배집에서도 나타나고 있다.

```
                         성 주간 예배들

    BAS.  296-334      MDE.  134-54       Also : Lent,
    BCP.  270-95       Sac.  196-263      Holy Week,
    BofW. 185-243      SWR.  #8, 50-200   Easter: Services
    BOS.  55-100       TP.   99-105       and Prayers,
    HCY.  125-214      WB.   144-49       1986(Church of
    LWA.  39-90                           England)
```

후일 훨씬 발전된 형태의 의식에서는 수난 주일에 종려나무 가지를 들고 행진하고 몇 명이 복음서 중 예수님 수난의 장면을 극적으로 읽었다. 세족 목요일은 로마 천주교와 영국 국교회 성당에서 **성유미사**(Chrism mass)와 함께 시작되었는데, 이 때에는 세례의 감람유, 견진을 위한 성유(감람유와 박하유), 그리고 병자들을 도우기 위한 감람유, 이 세 종류의 성유가 축성되고 1년 내내 이 기름이 교구 교회에서 사용된다. 각 교구의 대표 사제들이 이 예배에 참석함으로써 주교와 신부의 일치가 이루어진다(이 성유를 가지고 사제가 예식을 집례할 경우 주교가 직접 예식을 집례한 것과 동일한 효력을 갖는다-역자 주). **Easter Triduum**(three days:주님이 체포되어 수난 당하신 3일-역자 주)은 목요일 석양 무렵에 시작되었고 이날은 교회력에 있어서 시작되는 가장 성스런 날이었다. 목요일에는 모든 교인들이 예수님이 성찬을 베풀고 수난을 당하심으로 우리에게 주신 은혜를 기념하는 성체 성사가 베풀어졌다. 때로는 **세족식**도 포함되었었다(요 13:3-17). 예배의 마지막에는 제단의 보자기는 물론 모든 십자가 형상이나 상징물들을 치우거나 덮어서 부활절 전야까지 그대로 두었다.

네델란드의 개혁교회는 예외지만, 전통적으로는 성찬식은 성금요일 또는 **성토요일**에 행해지지 않았다. 고대 성금요일의 의식은 계속적으로 기도문을 낭송하고 **십자가를 경배**하여 그 앞에 무릎 꿇거나 입맞추었으며 **탄식**의 노래를 불렀다(렘 1:12). 또 세족 목요일에 봉헌된 것을 가지고 성찬을 베풀기도한 것 같다. 페루에서 온 17세기 의식인 "세시간"(Three Hours)은 예수님이 십자가에서 한 마지막 7마디의 말에 기초하고 있었다. 테네브레(Tenebrae) 예배는 성주간의 마지막 하루 또는 삼일동안 지켜졌으며, 이 때에는 주어진 성경일과의 시편이나 수난기사를 읽고, 특별히 크게 만든 촛불을 하나하나 꺼 나갔다.

부활절 전야는 부활절 철야로 한 해의 절정을 이루게 되는데 이때 교인들은 어둠 속에 모여서 부활을 축하하였다. 이때 전통적으로 새 불을 점화하고 특별히 큰 유월절 촛불을 밝혔으며, 고대의 부활절 환호(Easter Exsultet: 부활절 전야에 하는 것으로서 "하늘의 권세를 찬양하라"하는 내용을 담고 있다-역자 주)를 노래하고, 주로 구약에서 따온 아홉 개의 성경일과를 읽고, 세례를 위해 물을 축복하며, 부활절 성만찬을 거행하였다.

고대의 **부활절 주간**(Easter week) 동안은 주로 새로 세례를 받는 이들에게 세례의 의미를 가르쳤다. 이것이 이른바 **신비교리**(Mystagogical Catechesis)이다. 4세기의 신비교리 강의를 모은 것이 현재에도 존재하는데, 여기에는 예루살렘의 시릴(Cyril), 암브로스(Ambrose), 크리소스톰(Chysostom), 그리고 몹수에스티아의 테오도레(Theodore of Mopsuestia)에 의한 것들이다. 이것들은 대단히 중요한 문서로 여러 지역의 행사와 또 거기에 대한 여러 가지 해석들을 찾는데 큰 도움이 된다. 유월절 바로 다음 일요일에는 부활절에 새로 세례 받은 사람들이 이제는 당당한 교회의 일원이요 또한 교육받은 그리스도 몸의 구성원이 된 표시로서 흰옷을 벗었다(당시에 수세자는 물세례를 받은 직후 물에서 나올 때에 거듭난 표시로써 흰옷을 입었다-역자 주).

초기 몇 세기 동안 두 번째로 중요한 행사는 **오순절**(pentecost)이었다. 이것도 부활절처럼 유대인의 잔치일에서 유래되었다. "일곱 번째 안식일 다음날은 50일째가 되는 날이다. 이날에 너희는 새롭게 추수한 것 중에서 소제를 여호와께 드리되"(레 23:16). 주후 1세기 중 언제인가부터 오순절날 유대인들은 시내산에서 받은 십계명을 회상하게 되었다. 사도 바울은 이것을 성령의 강림과 비교했다. "돌에 써서 새긴 죽게 하는 의문의 직분도 영광이 있어…. 하물며 영의 직분이 더욱 영광이 있지 아니하겠느냐"(고후 3:7-8). 기독교인들에게 있어서 오순절은 마치 교회의 생일을 기념하는 것과 같다. 강한 바람과 함께 불의 혀같은 것이 제자들에게 임하여 각기 다른 방언으로 말하기 시작하였던 때(행 2:1-41)를 기념하는 날이다. 사도행전은 아주 초기 성령이 충만한 교인들의 행적을 기록한 책이다.

오순절도 역시 통합적인 축일(unitive feast)로 시작되었고 처음에는 예수님 **승천**의 기념도 그 행사 안에 포함되었었다. 터툴리안(Tertullian)은 그리스도가 오순절에 하늘로 올라갔다고 주장했다.[17] 또 4세기 전반에 유세비우스(Eusebius)는 "오순절의 존엄과 거룩함"에 대하여 얘기했는데, "오순절은 7주간 계속되었으며 성경이 기록하고 있는대로 우리의 구세주가 하늘로 승천하시고 성령이 내려오신 날이다."[18] 주후 4세기까지 성령 강림절은 예수님의 승천과 성령 강림을 동시에 기념하다가 4세기말에 이르러 나뉘어 기념하게 되었다. 사도 규약(Apostolic Constitutuions)은 부활절 후 40일을 "주님의 승천하심을 기념하는 잔치일"로 가장 적합하다고 기록하고 있다. 과거 사건이 일어난 정확한 날짜를 찾아내는 근거가 된 것은 성경으로서 사도행전 1장 13절의 예수님이 제자들을 가르치던 "40일 동안"이라는 상징적인 말에서 승천하신 날짜를 찾아낸 듯하다. 전에 하나였던 잔치는 승천일(Ascension)과 오순절날(Day of Pentecost)로 나뉘어졌다. 그리스도는 하늘에 계시며 성령은 지상의 거룩한 교회에 함께 하였다. 성령은 추상적인 것이 아니라 실제 경험할 수 있는 매일의 현실이었다.

　　4세기 무렵 교회력에 있어서 세 번째로 중요했던 것은 **주현절**(Epiphany)이다. 주현절의 유래는 모호하지만 이것이 유대인의 잔치가 아니었던 것만은 분명하며, 이집트의 것으로 추정된다. 주현절의 날짜는 예수님의 잉태일이 그분께서 돌아가신 날과 같은 날짜라는 믿음과 관련이 있다. 그래서 주님의 탄생일을 1월 6일로 볼 때에 수태일은 4월 6일이 된다.

　　주현절은 여러 의미를 지니는데 모두 다 하나님을 증거하는 그리스도이신 예수님 사역의 시작과 관련된다. 주현절은 그리스도의 출생에 관해 언급하며(두 복음서가 이 사건으로부터 시작됨), 동방박사들에 관해 언급하고(서방에서), 예수님의 세례 받으심에 관해 언급하며(다른 두 복음서가 이 사건으로부터 시작됨)과 예수님께서 행하신 첫 번째 기적을 언급하는데, 이 첫 기적에 대하여는 요한복음에서 "예수께서 이 처음 표적을 갈릴리 가나에서 행하여 그 영광을 나타내시매(ephanerosen) 제자들이 그를 믿으니라"(요 2:11)라고 기록하고 있다. 모든 사건의 주제는 예수님이 인간에게 하나님을 나타내 보이시는 것이므로 고대 교인들은 "신의 현현(Theophany)"이라는 말로도 불렀고 동방 정교회 중에는 아직도 이 말을 사용하는 경우도 있다. 요한복음의 처음 부분에도 이와같은 사실을 밝히고 있다. "본래 하나님을 본 사람이 없으되 아버지 품속에 있는 독생하신 하나님이 나타내셨느니라."(요 1:18). 일부의 교회에서는 1월 6일에 복음서를 읽기 시작함으로써 한해의 첫날이라는 것을 명백하게 표시한다.[19]

주현절은 4세기 전반에 로마에서부터 나뉘어졌다. **크리스마스**란 말이 처음 나타난 것은 주후 354년경의 로마 문서인데 여기서는 12월 25일을 "유대 베들레헴에서 그리스도가 나신 날"이라고 기록하고 있다. 원래 12월 25일은 동지 이후 해가 다시 커지기 시작할 때의 "정복되지 않는 태양"(Unconquered Sun)이라는 이교도의 잔치일이었다. 크리스마스는 점차 주현절 행사의 중요한 부분을 차지하게 되었다. 크리소스톰은 주후 386년 크리스마스날 안디옥(Antioch)의 교인들에게 "크리스마스는 생겨난 지 얼마 되지 않았습니다. 그러나 빨리 성장했고 많은 열매를 맺었습니다"라고 말했었다.[20] 그 다음 주현절 날에 대해서는 "이 날은 예수님이 세례를 받은 날입니다. 그런데 왜 주현절이라고 부릅니까? 예수님께서 우리에게 분명하게 나타내 보여진 것은 출생 때가 아니라 그가 세례를 받을 때였읍니다. 그 때까지는 사람들이 그를 모르고 있었읍니다"라고 설명했다.[21]

주현절은 크리스마스보다 훨씬 전부터 지켜져 왔으며 그 의미도 더 깊다. 주현절은 단순히 그리스도의 나심을 축하하는 행사가 아니라 성육신의 목적 전체를 의미하고 있다. 그리스도이신 예수님 안에 하나님이 나타나심은 예수님의 탄생과 사역의 초기부터 시작된다(예수님께서 세례를 받을 때 하나님은 그를 '나의 아들, 내 사랑하는 자'라고 불렀다). 그 능력의 표적과 가르침은 복음서에 기록되어 있어서 주현절 이후의 절기(Season after the Epiphany)에 예루살렘에서의 마지막 사건까지 예수님의 모든 업적과 가르치심을 기념할 수 있게 되었다.

주후 380년 스페인 공의회는 "12월 17일부터 1월 6일 주현절까지 모두 교회에 가야한다"고 선언하였다.[22] 후일 이것은 대강절로 발전되며 그때까지도 스페인 사람들은 크리스마스를 절기로 지키지 않았었다. 5세기에 와서 고울지방(Gaul)에서는 40일간의 주현절 준비 기간을 가졌었다(이것은 사순절과 비슷하고 대강절과 같은 기간이다). 로마는 크리스마스 전 4주일 간의 대강절을 인정하게 되었다.

부활절이 각기 다른 사건을 기념하는 여러 개로 나뉜 것과 똑같이 크리스마스도 분리되었다. 예수님은 유대 소년으로서 생후 8일 만에 할례를 받고 이름을 지었다. 누가는 "할례할 팔일이 되니 그 이름을 예수라 하니"(눅 2:21)라고 기록하고 있다. 따라서 1월 1일은 예수님의 **할례받으심**(Circumcision)과 **명명**(Name of Jesus)을 기념하는 날이 되었다. 로마 가톨릭에서는 지금 이것을 **마리아 축일, 하나님의 어머니**(Solemnity of Mary, Mother of God)를 위한 행사로 지키고 있다. 누가복음 2:22-40 에는 생후 40일 후인 2월 2일 예수님을 데리고 예루살렘 **성전에 보이신**(Presentation in the Temple, 정화, 혹은 성촉절:Candlemas) 이야기가 있다. 누가복음 1:26-38 기록을 보면 **수태고지**(Annunciation)는 크리스마스 9개월 전 3월 25일쯤 엘리사벳이 아이를 가진 지 6개월 후 마리아가 엘리사벳을 **방문**(Visitation)한 것은 5월 31일 세례요한이 태어나기 바로 전이었음을 알 수 있다. 세례 요한은 6월 24일 수태고지 3개월 후, 예수님 탄생까지는 태양이 점점 약해지게 되는 하지 때였다. "그는 흥하여야 하겠고 나는 쇠하여야 하리라"(요 3:30). 이 모든 발전은 누가복음 1장과 2장을 종합한 것을 기초로 하였다.

교회력 특히 유동적이었던 주기(변동되는 날짜와 크리스마스 주기)는 기본적으로 4세기말에 확정되었다. 그 이후에 이루어진 주된 발전은 **성자 축일**(어떤 특정한 날을 정해 성자들의 죽음을 기념-역자 주)이다. 즉, "폴리갑의 순교"는 2세기의 순교자들을 기리는 날이다. 근본적으로 이것은 믿음의 용사들을 기리는 날이다. 터툴리안 (Tertullian)은 "기념일이 되면 마치 생일을 기념하듯이 죽은 자를 위해 제물을 드린다"고 말했다.[23] 결국 영원으로의 탄생(죽음)이 시간으로의 탄생보다 중요했다. 유동적인 주기는 성자들의 기념일로 인해서 점차 모호해졌는데, 특히 성자들의 유물이 이곳 저곳으로 이동하기 시작하면서 더욱 그러했다. 결국에는 각 지역에 있는 순교자들의 기념일 목록이 다른 지방의 성자들의 이름과 합쳐졌다.

4세기 이후 중요한 것은 **삼위일체 주일**(Trinity Sunday)이다. 삼위일체 주일은 오순절날 바로 다음 일요일이고 주후 1000년경 처음 소개되었다. 다른 잔치들과는 달리 삼위일체 주일은 역사적인 사건과는 관계없는 신학적 교리를 나타내는 주일이다. 9세기에 와서 11월 1일이 **제성절**(All Saints Day)로 정해졌다. 제성절은 원래 봄이었던 것이 주후 835년 로마가 고울 교회(Gallican)의 의견을 받아들여 추수 때로 바뀌게 되었다. 바로 이때에 또한 **성모 승천축일**(Assumption)이 8월 15일로 정해져 서방교회에서 두루 지켜졌다. 13세기에는 삼위일체 주일 지난 첫 목요일이 "**그리스도의 몸**"(Corpus Christi) 축일로 정해졌다. 이보다는 훨씬 후 로마 천주교는 12월 8일을 마리아의 **원죄 없는 잉태**(Immaculate Conception, 18세기), **성심**(Sacred Heart, 19세기), 그리고 **그리스도 왕**(Christ the King, 20세기)등을 의무적으로 준수하게 되었다.

요약해 보자. 주후 386년 크리소스톰(John Chrysostom)의 설교는 예배력(Liturgical Year)을 일목요연하게 표현하고 있다.

"만일 그리스도가 육신으로 나시지 않으셨다면 세례를 받지 못했고 따라서 주현절이 있을 수 없습니다. 그가 십자가에 죽고 다시 살아나지 않았다면 유월절이 무슨 뜻이 있습니까? 그가 성령을 보내지 않았다면 오순절도 있을 수 없습니다."[24]

4세기 때에는 가장 오래된 절기인 주현절, 부활절, 오순절 날에서 그 관련성에 따라 크리스마스, 성금요일, 승천일 기타 등이 분리되었다.

그레고리 딕스(Gregory Dix)는 이러한 발전은 4세기 때의 교회가 점차 시간과 화해하고 종말에 대한 강렬한 기대를 버리게 되었다고 해석하였다.[25] 그러나 지금 우리가 보면 시간과의 화해는 불가피했다. 사람들은 자기가 바라는 것을 스스로 알고 보고 경험하기를 원하고 있다. 예배는 곧 인간의 이런 면에 기초를 두고 있다. 4세기에 이루어진 것이란 교회가 기독교인이 경험한 중심을 이루는 실제 사건-예수님의 오심, 부활, 성령이 함께 하심-을 더욱 극적으로 표현하게 된 점이다. 종말론에 대한 열정은 콘스탄틴 대제가 기독교를 공인한 후 훨씬 줄어들었다. 그러나 시간을 역행하는 기독교인의 상상력도 변함없이 결실을 맺어 성육신의 인식을 강화시켰다. 4세기에 이루어진 변화가 오늘날에도 생생하게 남아 있음을 볼 때 그들이 기독교 신앙과 인간의 경험에 거짓없이 충실했음을 분명히 볼 수 있다.

대체로 교회력(Church year)은 초기 교회의 삶과 믿음을 만족하게 반영하고 있으며, 지금까지도 거의 변하지 않고 지켜지고 있다. 근대에 와서 교회력을 제도화하고 말끔히 정리하려고 노력해 보았으나 만족할만한 것이 못되었다. 고대 교회력에는 특히 오순절날 이후 다른 기념일까지 사이에 시간적인 간격이 컸었지만 고대 교회력은 기독교인의 경험과 능력의 핵심을 꼭 잡고 있어 그리스도가 하나님을 밝히 보여주심, 죽음에서 일어나심, 그리스도가 성령을 보내셔서 교회와 함께 하게 하심을 생생하게 나타내 주었다.

16세기 개혁자들은 이 교회력에 대해 여러 가지 새로운 시도를 했었다. 마틴 루터(Martin Luther)는 이렇게 말했다. "주일과 주님께 관계된 축일만 지키고, 모든 성자들의 축일은 없앨 것… 우리는 정화일(아기 예수를 성전에 보이신 날)과 수태고지일을 주현절과 그리스도의 할례일처럼 그리스도와 관련된 축일로 인식한다."[26] 원래 성공회에서는 성경에 언급된 성자축일과 제성절을 지켰다.

스코틀랜드 교회는 보다 급진적이어서 1560년판 훈련지침서에서 제자들, 순교자, 성녀, 크리스마스, 할례일, 주현절, 정화일, 마리아 등에 관한 잔치를 비난했다. 성경에 보면 이런 것들은 명령도 아니며 확신할 수가 없기 때문에 교회 행사에서 제외되어야 한다는 주장이었다. 더 나아가서 이들은 이런 행사를 구태여 고집하는 사람들, 가르치는 사람들은 시(市) 당국으로부터 처벌을 받아야 한다고 주장했다.[27] 85년 후에 웨스트민스터 디렉토리(Westminster Directory)는 이와 동일한 정서를 나타낸다. "세상에서 거룩한 날이라고 불리는 축일들은 하나님의 말씀에 아무런 근거를 갖고 있지 않은 것들로서, 지속되어서는 안 된다."[28] 그러나 이 책은 "공적인 대 금식"(Public Solemn fasting) 혹은 "공적인 감사"(Public Thanksgiving)는 하나님의 판단 혹은 하나님의 자비에 근거하고 있다고 하여 강요하였다.

웨슬리(John Wesley: 1703-1791)는 항상 실용주의자여서 "현재에 유익한 목적이 없는 것"으로 여겨 대부분의 축일들을 폐지시켰다.[29] 그의 교회력은 다음의 절기를 포함하고 있다. 대강절로 지키는 주일 네 번과 크리스마스, 크리스마스 이후 열 다섯 번의 주일들, 부활절, 부활절을 전후한 주일들, 성금요일, 부활절, 부활절 이후 5주일, 승천일, 승천일 다음 주일, 성령 강림절, 삼위일체주일, 삼위일체주일 다음의 25주일. 웨슬리의 일기를 보면 그는 개인적으로 제성절을 좋아하고 있었다. 그 후 웨슬리의 교회력과 성경일과는 미국 감리교도에게서 곧 잊혀져 버리고 말았다.

1920년대와 30년대 와서 미국 개신교 사이에 교회력에 대한 새로운 관심이 일게 되었다. 이 기간 동안은 예배에 대한 심미적인 접근이 두드러지게 나타난다. 교회력을 재조정하려는 노력이 **신정절**(Kingdomtide)을 만들어 내었다. 신정절기는 보스턴 신학 대학 교수인 아담스(Fred Winslow Adams)의 역할이 컸던 것 같다. 신정절은 기독교 출판 연방위원회에서 1937년과 1940년 발간한 『교회력』에 처음 나타났었다. 1937년 판에서는 교회력의 후반부 6개월을 신정제로 지킬 것을 제시하고 있지만, 1940년에는 이것이 성령강림절(Whitsuntide: 성령강림축일 1주간 또는 그 1주간의 처음 3일간)과 신정절(Kingdomtide), 이렇게 둘로 나뉘어진다.[30] 그것이 후일에는 감리교인들만 신정절을 지켰고 연합 감리교 달력은 이것을 제거해 버렸다. 미국 장로교인들도 비슷한 시도를 잠깐 했었다.

1956년 스코틀랜드 출신 목사 알렌 맥아더(Allan McArthur)의 제의에 의해 가을에 "성부 하나님(God the Father)"의 절기를 지켰으나 4년만에 폐지되었다.[31]

제2차 바티칸 공의회 이래 교회력에 대한 관심이 높아졌고 절기를 지키는 것이 기독교인의 삶을 어떻게 형성하고, 삶의 모습을 실제 비추어 주는가를 진지하게 평가하게 되었다. 그 첫 번째가 **로마력**(Roman Calendar)으로써 이것은 교회력상으로 1970년의 첫 주인 1969년 11월 30일자로 로마 가톨릭 교회에서 사용되기 시작했다. 로마력은 기독교인들이 시간을 어떻게 사용하는가를 주의 깊게 연구한 결과로 나온 열매였다. 로마천주교의 이러한 개혁은 대부분의 내용이 세계의 주요 개신교회들에서 채택되거나 수정 채택되었다.

로마 가톨릭의 가장 혁신적인 개혁은 주현절 이후의 몇 주간과 오순절 이후의 주간들을 구분하지 않고 "연중"(Season of the year) 혹은 **평상시**(Ordinary Time)의 일부로 처리한 것인데, 이것은 거신교회들에 의해 채택되지 않았다. 확실히 이 절기들을 약화시킨 것은 현실적인 접근이었다. 그러나 다른 변화들은 광범위하게 받아들여졌는데, 이 중에는 주현절 이후의 일요일을 **주의 세례일**로, 한해의 마지막 일요일을 **그리스도 왕** 주일로 지키는 것 등이다. 루터교회는 참회의 수요일(Ash Wednesday: 사순절의 첫날, 옛날 이 날에 참회자 머리에 재를 뿌렸다)전의 일요일을 예수님의 산상변모일(the Transfiguration of the Lord)로 지켰는데, 이는 미국 감리교회와 많은 미국 개신교회들에서 채택되었다(로마 가톨릭은 15세기 이래로 산상변모일을 8월 6일에 지키고 있다). 400여년만에 처음으로 초교파적인 달력의 기본적인 윤곽이 만들어져 신교와 로마 가톨릭 모두가 지키게 되었다. 개신교와 로마 천주교 사이에는 로마 가톨릭이 대축일(Solemnities)이라고 부르는 대부분의 대축일들에 관해서는 기본적인 합의가 있으나, 부속 축일들을 준수하는 것에는 별로 합의된 것이 없고, 성자들의 기념일 등에는 더욱 합의된 것이 없다. 가장 최근에 나온 교회력은 가장 오래된 교회력, 즉

4세기에 작성된 교회력에 대한 주의깊은 연구와 그 구조 및 의미를 회복하려는 시도의 산물이다. 새 교회력은 가장 오래된 교회력이 그랬듯이 기독교 신앙의 우선성을 증언하는 것에 강조점을 두고 있다.

교회력					
APB.	11-15	HCY.	13-15	SWR.	#6, 9-11
ASB.	15-29	LBW.	9-12	TP.	172-91
BAS.	14-33	LW.	8-9	WB.	167-75
BCO.	126-32	MDE.	40-45	WBCP.	vii-xv
BCP.	15-33	Sac.	58-75	WS.	130-36
Bofs.	172-82	SBCP.	xi-xv		

2. 교회력의 신학

초기 수세기 동안 어떻게 교회 절기를 지켜왔는가는 자세히 이야기하였다. 그것은 기독교 예배에 있어서 종종 그러하듯이 첫 4세기 동안의 교회의 체험을 잘 이해하면 핵심을 찌를 수 있기 때문이다. 이것의 의미를 되살펴 보는 것은 의미있는 일이다.

초기 교회의 교회력이 하나님께서 이미 이루신 일과 성령을 통해서 계속 일하심에 중점을 두고 있다. 교회력의 핵심은 우리를 위해 행하신 모든 일에 있다. 우리가 해야 하는 모든 것은 단지 하나님께서 행하신 일을 받아들이는 것이다. 그럴 때에 비로소 우리는 자유롭게 된다. 교회의 예배력은 우리 노력의 보잘 것 없음과 우리를 위한 하나님의 승리를 보여준다. 간단히 말해서 교회력이란 인간이 자신의 힘으로 만들 수는 없고 오직 받아들이기만 할 수 있는 하나님의 은총을 계속적으로 기억하게 하는 것이다. 그래서 피어스 파쉬(Pius Parsch)는 그것을 "은총의 교회력"이라 불렀다.[32] 한해 동안을 걸쳐서 여러 절기와 기념일은 구원이 여러 가지 양상으로 우리에게 주어지는 선물임을 기억하게 한다. 교회력은 우리가 최우선적으로 해야할 것이 무엇인지 우리 스스로 결정하는 데 도움을 준다. 초기 교회의 시간 리듬에 맞게 절기를 지키는 것이 이것을 가능하게 하는 중요한 수단이다.

간단히 말하면 은총의 교회력은 그리스도이신 예수님이 다시 오실 때까지 그를 나타내 보이고, 성령이 교회와 함께 하심을 증거한다. 교회력은 선포이자 또한 감사이다. 유대인이나 기독교인이 기도할 때 감사를 드리는 것과 똑같이 교회력도 하나님이 하신 놀라우신 일을 선포하고 감사하는 것이다. 기독교인과 유대인은 추상적으로 하나님을 찬양하지 않는다. 그들은 하나님이 이루신 일을 말함으로써 찬양하는 것이라 생각하여 감사하는 과정에 의해 하나님이 이루신 일을 기억하고 그를 영화롭게 한다. 그러므로 교회력(liturgical year)은 기독교인의 기도와 하나님과의 관계의 본질을 나타낸다. 그 힘은 매일의 기도와 함께 반복을 통해 생겨난다. 매년, 매주, 매시간마다 하나님의 일하심을 기념함으로 우리의 이해도 깊어지게 된다. 하나님의 일을 나타내 보임으로써 자신을 중심으로 하는 천박한 영성(spirituality)에서 구제될 수 있다.

절기를 지키는 것도 자칫하면 우상 숭배의 눈속임이 될 수도 있다. 단지 예배에 치장을 하여 멋지게 보이도록 하는데 시간을 쓰기가 쉽다. 잘못된 동기를 위해서 절기를 지키는 것은 안 지키는 것보다 못하다. 왜냐하면 우리는 결국 하나님보다는 우리 자신의 눈속임을 예배하게 되고 말기 때문이다. 우리가 하나님께 더 가까이 가도록 시간의 구조를 이용할 때 절기에 따라 하는 행사가 복음 전체를 만나도록 하는 목적을 잘 이루어 낼 수 있다.

어떻게 시간이 우리를 하나님께 가까이 가게 할까? 교회력은 우리 스스로 구원사의 모든 과정을 다시 체험하게 하는 수단이다. 과거의 구원을 회상할 때 그 사건은 현재로 되살아나서 구원의 힘을 갖는다. 기억하는 행동이 원래의 사건을 그 의미와 함께 우리에게 다가오게 한다. 그래서 우리는 "주님의 죽으심을 오실 때까지 전하기"를 계속하게 된다. 구원의 역사를 되풀이해 말하는 여러 행동이 하나님께서 과거 사건에서 우리를 위해 주신 은혜를 새롭게 얻도록 한다. 예수님의 출생, 세례, 죽음, 부활 모두가 공동의 재연을 통해 우리에게 주어진다. 이러한 사건들은 과거로부터 동떨어져 있는 지식이나 정보가 아니라, 예배를 통해 구원의 역사를 반복함으로써 우리 개인의 역사의 한 부분이 된다. 그러므로 그리스도는 우리의 구원을 위해 성금요일마다 다시 죽으시게 된다. 또한 우리는 부활절마다, 주일마다 부활의 증인이 된다.

교회력은 하나님이 우리에게 찾아오시는 중요한 방편이다. 우리는 매번 매주일, 또는 매일 하나님과 좀 더 깊이 만나게 된다. 올해는 그리스도가 세례를 받으신 사건의 일면을 깨닫고, 내년에는 또 다른 것을 깨달을 수 있다. 따라서 교회력은 우리가 하나님의 은혜를 받도록 하는 항구적인 은총의 수단이다.

교회력은 하나님이 우리를 위해서 하신 일에 관한 것이며, 그 전체 구조가 우리의 일이 아니라 하나님의 일에 주의를 돌린다. 하나님께서 행하시는 일은 변화하는 사건들, 즉 기독교인들이 예배드리는 모든 시간과 장소에 따라 바뀌는 사건과 필요성을 통해 여러가지 방법으로 알려진다.

대강절(Advent)은 그리스도가 과거에 우리에게 주신 은총에 감사하고, 그가 다시 오실 것을 기대하는 때이다. 여기에는 공포와 약속이 함께 포함되어 있다. 크리스마스에는 하나님이 그리스도이신 예수님으로 오셔서 자신을 내어주심을 이야기한다. **크리스마스 절기**는 주현절을 통해서 계속 이것을 기념한다.

주현절(Epiphany) 이후의 절기는 그 동안 무시되었었다. 이 기간 동안은 예수님께서 놀라운 기적과 가르침으로 하나님을 우리에게 나타내 보이심을 기념한다. 이 절기는 **예수님의 세례**부터 시작이 된다(이때 예수님이 하나님의 아들임이 선포되었고 그의 사역이 시작된다). 주현절 이후 일요일에는 예수님이 하나님을 나타내 보임으로써 그의 영광을 알게 한 기적과 가르침을 계속하여 읽는다. 이 절기는 주현절 이후의 마지막 일요일 또는 예수님께서 또 한 번 "나의 아들, 내 사랑하는 자"로 선포되었던 **산상변모일**(Transfiguration)에서 끝난다.

사순절(Lent)은 예수님의 마지막 예루살렘 여행 및 그리스도의 수난과 죽음에서 보이는 사랑의 자기 희생적 성질을 기억하는 절기이다. 그리스도가 부활절(Easter)에 부활하신 주님으로서 우리에게 제시될 때 모든 것은 변한다. **부활절 절기**는 부활절 전야에서 시작되어 오순절(Pentecost) 날에 끝난다. **승천일**은 그리스도의 역사적인 가시적 존재의 끝이자 신성한 가시적 존재의 시작을 기념하는 날이다.

오순절 이후의 절기는 예수님께서 영광으로 오시는 날까지 새 언약 교회의 긴 장정기간을 뜻한다. 구약과 신약은 모두 우리로 하여금 하나님의 끊임없는 구원의 사역들을 상기하도록 한다. 오순절 이후 마지막 일요일은 또한 왕이신 그리스도(Christ the King)께서 우리에게 모든 것의 완성을 기대하게 한다. 그리스도가 왕으로 오실 때는 인간의 실패와 업적이란 아무 소용이 없게 된다. 여기에 큰 위안이 있다. 그 다음 주는 예수님의 강림절이 되고 한 해가 다시 새롭게 시작된다.

그리스도론적인 작은 잔치는 우리가 막 깨닫기 시작한 전도적 가치가 있다. 예수님의 이름, 성전에 바쳐지심, 수태고지, 예루살렘을 방문하심 등은 그리스도론적인 내용들이고 그리스도의 완전한 인간성과 그가 인간 사회의 형식대로 산 사람임에 주의를 기울인다. 제성절도 그리스도론적이다. 제성절은 성자들의 덕이 아니라, 사람과 함께 일하고 하나님의 목적을 완성하신 그리스도의 사랑에 근거하고 있다. 성자를 기념하는 가장 큰 가치는 무리에게 항상 증인들을 남겨 두시는 그리스도를 그들을 통해 다시 인식하게 되는 데 있다. 만약 성자들 각각을 기념하는 것이 이와 같은 점을 깨닫도록 하는데 도움이 된다면 그것도 또한 가치 있는 일이다.

실제적인 교구 교회 생활에서 교회력은 회중들이 사용하는 많은 달력 중의 하나에 불과하다. 그 중에는 국가의 달력도 있는데, 교회에서 기념할 만한 사건이 있으면 종종 그것을 끼워 넣게 된다. 영국에서는 어머니 주일, 추수 잔치, 또는 기념주일 등이 있는데, 기도와 찬송을 통해서 이들을 인식한다. 미국에서는 오히려 어머니의 날, 독립 기념일, 노동절, 그리고 추수감사절 등이 교회에서 인식되지 않는다. 또 소수인종 그룹들은 자기들만의 축일을 통해서 민족적 정체성을 유지한다(성 패트릭 기념일 등). 교회의 생활은 또한 학년도(academic year)에 의해 영향을 받는데, 예컨대 부모들은 자녀의 방학에 맞추어서 휴가계획을 짜야 한다. 회계연도(financial year) 또한 교회가 무시할 수 없는 하나의 현실임에 틀림없다.

좀더 직접적으로 보면, 개교회들은 자기들만의 독자적인 **실제적 교회 연중계획**을 작성하는데, 이것이 회중생활의 구조를 제공한다. 시골의 많은 교회들이 지키는 연중 행사중의 하나는 귀향주일(Home Coming Sunday) 인데, 이 때에는 전에 그곳에서 살던 사람들이 돌아와서 예배를 드리며 함께 음식을 나눈다. 이때에는 주로 친척들이 묻혀있는 교회의 부속 묘지에서 이러한 모임을 가지게 된다. 보다 더 일반적인 것은 연중 부흥회이다. 이는 보통 일주일 정도 설교집회가 있으며 흔히 이 집회는 성만찬으로 끝맺게 된다. 집결의 날(Rally Day)은 한해 주일학교의 첫 주일을 말하며, 헌신주일은 회중의 사역을 지지하기 위해서 헌금을 거둔다. **성탄절 행렬**은 모든 세대가 함께 참여하는 연중 행사이다. 종종 주일날들은 다양한 형태의 자선이나 또는 좋은 일을 추진하기 위한 자금을 모으기 위해 이용된다. 많은 개신교회들은 10월 첫 주일을 **만국 성만찬 주일**(World Communion Sunday)로 지킨다.

이 모든 것들은 개교회 회중의 생활에 있어서 매우 중요한 사건들이다. 사실 그들은 하나님의 행동보다는 인간의 활동에 더 많은 관심을 기울이지만, 세상에 대한 회중의 사역이라는 측면을 강조하는 것이 사실이다. 우리들 자신에 초점을 맞추는 실용적인 달력은 언제나 우리를 넘어서서 우리를 향하신 하나님의 사역을 강조하는 전통적인 교회력과의 균형을 맞출 필요가 있다. 이렇게 하는 것만이 궁극적으로 우리의 사역을 다른 사람을 위한 사역으로 만든다.

3. 교회력의 기능

기독교 예배 의식은 일반순서(ordinary:통상의식)와 고유순서(propers:고유의식)로 구성된다. 일반순서란 매주일 변함없이 사용되는 것들로서, 주기도문, 헌금, 사도신경, 송영 등과 같이 늘 같은 형식으로 행해지는 것을 일컫는다. 반면에 고유순서란 매주마다 바뀌게 되는 요소들을 말한다. 매주 다른 성경본문을 읽고 여러 가지 찬송과 기도를 하며 다른 내용의 설교를 들을 수 있는 것 등이다.

고유순서의 중요성은 이것이 기독교 예배에 다양함과 흥미를 주는 점이다. 일반 순서(의식)란 언제나 일관된 것이므로 만일 특별 순서가 없다면 그 예배는 매우 따분한 느낌을 주고 말게 된다. 반면 예배에 있어서 일반 순서가 갖는 일관성이 없다면 예배는 무질서하게 되고 만다.

다양성(Variety)은 기독교의 예배에 있어서 대단히 중요한 요소이다. 복음의 기쁜 소식은 너무 크고 길어서 간단한 예배나 절기로 모두 설명되어질 수 없다. 회중들이 예배를 드리기 위해서 모일 때마다 그것은 다른 사건이 된다. 이전에도, 이후에도 똑같은 사람들이 예배를 보게 되지는 않는다. 국가나 지상의 여러 집단들처럼 지역 공동체도 매주 똑같을 수가 없다. 기독교의 예배에서는 매주 일요일 또는 특별한 날이 이미 다른 경우임을 인정하는 데에서 이 점을 반영하고 있다. 참석하는 사람이 똑같더라도 크리스마스는 부활절이 아니며 부활절 후 주일이 노동절 전 주일과 같을 수 없다. 같은 꽃이 놓여져 있어도 결혼식과 장례식이 같을 수 없다. 일요일 저녁 예배가 아침의 예배와 같을 수 없다. 왜냐하면 저녁에는 사람들의 긴장이 풀린 분위기 속에 있을 수 있기 때문이다. 마찬가지로 두 가족의 식사가 똑 같을 수 없다. 예배의 경우도 마찬가지로 각각의 예배는 독특하다.

예배가 영원한 복음과 우리의 계속되는 매일의 삶과 관련되는 만큼, 다양성은 기독교 예배에 있어서 매우 중요한 특성이다. 근래 기독교 예배가 혹평을 받는 이유 중 하나가 지루함 때문이다. 그러나 이러한 비판이 타당한 경우는 예배가 그 본질에 충실하지 못할 때 뿐이다. 끊임없는 반복의 지루함을 피하려면 기독교 예배 고유의 풍부한 다양성을 충분히 활용해야 한다. 예배의 다양성을 무시하는 것은 지루한 예배를 만들게 될 뿐이다.

기독교 예배가 계속적으로 다양성과 흥미를 갖게 하려면 교회력을 충실히 따르는 이외의 좋은 방법은 없다. 교회력의 구조는 우리가 가진 최고의 생각들을 걸어 놓을 수 있는 나무 못판을 마련해 주며, 상상력을 동원하는 창조적인 자극제가 된다. 어떤 예배계획을 세우려 할 때에 가장 먼저 질문해야 할 것은 "교회력 중에서 언제 그 예배를 드릴 것인가?"하는 점이다. 여기에 대한 대답이 우리가 계획을 세우는데 있어서 가장 첫째이자 최상의 실마리를 제공해 준다.

앞서 말했듯이, 교회력은 기독교에서 대부분의 예배를 위한 기초가 된다. 표 3에 인쇄된 달력은 표준 성구집에 나와있는 달력으로서, 북미의 많은 교회들에서 현재 사용하고 있으며, 다른 교회들이 사용하는 달력과도 유사하다.[33] 독자들은 이 책을 계속 읽어 나가는 동안에 이 달력을 자주 참고하게 될 것이다.

표준 교회력

대강절 절기
대강절 첫째 주일부터 넷째 주일까지

성탄절 절기

성탄절 전야/성탄일
성탄절 후 첫째 주일
신년 전야/신년 첫날 또는 예수님의 거룩한 이름
성탄절 후 둘째 주일
주현절

주현절 이후의 절기(혹은 평상시)
주현절 후 첫째 주일(주의 수세일)
주현절 후 둘째 주일부터 주현절 후 여덟째 주일
주현절 후 마지막 주일(산상변모 주일)

사순절 절기
참회의 수요일
사순절 첫째 주일부터 다섯째 주일
성주간(수난/종려 주일, 성월요일, 성화요일, 성수요일, 성목요일, 성금요일, 성토요일)

부활절 절기
부활절 철야
부활절
부활절 저녁
부활절 둘째 주일부터 부활절 여섯째 주일
승천일(부활절 후 여섯째 목요일)
부활절 후 일곱째 주일
오순절

오순절 이후 절기(또는 평상시 또는 그리스도 왕국 절기)
삼위일체 주일(오순절 후 첫째 주일)
오순절 후 주일들
그리스도 왕(오순절 후 마지막 주일)

특별한 날들

성전에 보이심(2월 2일)
수태고지(3월 25일)
엘리사벳의 마리아 방문(5월 31일)
성 십자가(9월 14일)
제성절(11월 1일 혹은 11월 첫째 주일)
추수감사일

영국의 섬들에 있는 많은 교회들에서는 상이한 달력들이 사용되었다. 이것은 1967년 연합 예전 그룹(Joint Liturgical Group)이 만든 달력이었다.[34] 이 달력은 다음과 같이 구성되어 있다. 성탄절 전 9주일(대강절 4주일 포함), 성탄절 전야와 성탄절, 성탄절 후 1주일 혹은 2주일, 주님의 현현절, 주현절 후 6주일(혹은 성탄절 후 8주일), 부활절 전까지 9주일(참회의 수요일과 사순절 5주일 포함), 종려주일과 성주간의 다른 날들, 부활절, 부활절 후 6주일, 승천일, 오순절(성령강림절), 오순절 후 22주일(혹은 삼위일체 주일 후 21주), 이렇게 해서 오순절 후 마지막 주일로 모든 절기가 끝난다.

어느 경우이든 달력은 두 가지 주기에 의해 기초하고 있다. 한 주기는 부활절의 부활에서 절정을 이루고 있으며, 또 하나는 성탄절의 성육신에 초점을 맞추고 있다. 대강절과 사순절은 준비와 기대의 절기로서 역할을 한다. 성탄절과 부활절 절기들은 그것들이 기념하는 사건들을 경축하는 절기다. 주현절 이후의 절기와 오순절 이후의 절기는 의미에 있어서 덜 부각되며 실제로는 평상절기(Ordinary time)로 기능한다.

교회에서 교회력을 지키는데는 세심한 주의가 요구된다. 대강절, 사순절, 그리고 부활절 주일들의 숫자는 일정하다. 성탄절 절기는 1주 혹은 2주가 된다. 주현절과 오순절(평상절기) 후의 주일 숫자는 일정하지 않기 때문에 교회들은 이 절기 때에 성경본문을 선택하는 것이 다양하다. 대부분의 북미 개신교회들에 있어서 주현절 이후 절기의 마지막 주일(참회의 수요일 직전의 주일)은 언제나 주현절 이후 마지막 주일이 된다(산상변모주일). 여기에 해당하는 교회들과 로마 천주교는 대강절 직전 주일을 그리스도 왕(Christ the King) 주일(오순절 후 마지막 주일)로 지킨다.

주일과 축일들에 관해 대강절을 제외한 매 절기들은 특별한 날로 시작해서 특별한 날로 끝난다는 것을 염두에 두면 편리하다. 성탄절 절기는 성탄절 전야로 시작해서 성탄절과 주현절로 이루어지며, 주현절 이후 절기는 주의 수세일로부터 시작해서 산상변모일로 끝나고, 사순절은 참회의 수요일로부터 시작해서 성 토요일로 끝난다. 부활절 이후 절기는 부활절 전야로 시작해서 부활절을 거쳐 오순절까지이며, 오순절 이후 절기는 삼위일체주일로 시작해서 그리스도 왕 주일로 끝난다. 흰 예복과 흰색의 천들이 이 모든 특별한 날에 사용된다. 다만 참회의 수요일, 성 토요일, 그리고 오순절만은 예외이다.

그 외의 기타 다른 날들은 익숙지 않거나 약간의 문제점들이 있다. 주현절을 크리스마스 후 첫 주일 또는 주님의 세례일과 결합하여 1월 첫 주에 기념하는 교회도 있다. 주님의 세례일은 주현절과 긴밀한 관계가 있지만 서구 기독교인들에게는 새 잔치일이며, 1월 6일(주현절)후 첫 번째 주일에 기념한다.

종려 주일과 수난 주일은 하나로 간주된다. 이 때는 보통 예수님의 수난에 대한 성경을 읽게 된다. 부활절 전야는 부활절 바로 전날 저녁 또는 밤에 행해진다. 승천일은 괜찮다고 생각되면 부활절의 7번째 주일에 기념할 수 있다. 오순절 날은 부활절 절기의 50번째 날인 마지막 일요일로서 초기의 위치를 회복한다. 부활절 절기는 한때 오순절 절기로 알려졌었다. 만성절(All Saint's Day)인 11월 1일이 주일이 아닐 때, 어떤 교회들은 11월 첫째 주일을 만성절로 지키기도 한다. 종교 개혁 주일은 10월 마지막 주일에 지켰었으나 지금은 대부분의 교회에서 없어졌다. 그 대신에 신·구교가 함께 계승했던 만성절을 종교 개혁 주일 대신 기념하는 것도 무리가 없을 것 같다.

기독론적인 소축일(Minor Christological feasts)들을 지키는 교회들의 경우에는 다음의 선택이 가능하다. 이들 축일을 위한 색깔은 흰색이다. 예수님의 거룩한 이름(Holy Name of Jesus)은 예수님의 인간성 및 완전한 성육신을 상기시킨다(눅 2:15-21 참조). 성전에 보이심(Presentation, 2월 2일)은 전통적으로 정화일(Purification) 또는 성촉절(Candlemas)이라고 불렸는데, 이는 그 해에 사용될 초들이 이때에 축성되기 때문이다. 예수님이 주님이심을 가장 먼저 선포한 사람은 나이가 든 안나와 시므온이었다(눅 2:22-40). 성수태고지일-어떤 국가에서는 성모일(Lady Day)이라고도 함(3월 25일)-에는 하나님의 뜻을 이룰 때의 미천한 사람의 힘을 주목해 보게 된다. 성모방문축일(Visitation, 5월31일)은 두 여인의 대화에서 성육신하심과 마리아의 노래를 보도록 한다. 마리아의 노래는 성모찬가(Magnificat)라고도 불리며 기독교의 사회 신조의 본질을 이룬다(눅 1:39-56). 성 십자가(Holy Cross) 혹은 십자가의 승리(Triumph of the Cross, 9월 14일)는 그리스도의 희생에 초점을 맞춘다. 로마 가톨릭은 성모 마리아(1월 1일), 마리아의 남편 요셉(3월 19일), 그리스도의 몸(Corpus Christi), 예수 성심축일, 세례 요한의 출생(6월 24일), 사도 베드로와 사도 바울(6월29일), 성모승천축일(Assumption of Mary, 8월 15일), 성모 마리아의 무염수태(Immaculate Conception, 12월 8일) 등의 많은 절기를 지키고 있다. 성경 일과는 보통 포괄적으로 성경 전체를 다루도록 되어 있으므로, 특별한 이유 없이 주일의 정상적인 성경 봉독과정이 배제되어서는 안된다.

교회력이 기독교 예배의 기초라면 그 일층은 교회력에 근거한 성구집(성경 일과)이다. 최근 개신교 예배에서 일어나고 있는 가장 큰 변화는 성구집 사용이 광범위하게 받아들여지고 있다는 사실이다. 설교의 기초로서 성구집을 사용하는 것은 수 천명의 회중들이 드리는 예배에 영향을 끼치고 있다. 성경 구절을 임의로 선택하는 이전 방법은 하나님의 말씀의 중요한 부분은 없애버리고, 성경을 설교자 자기의 생각대로 고쳐 만드는 결과를 가져왔다. 사회 행동주의자들은 예언서에 있는 구절에, 보수주의자들은 목회 서신에 있는 엄격한 구절에 치우치는 경향이 있는 듯 하다. 그러나 두 경우 모두 자기가 좋아하는 성경 구절을 선택한다는 것은 곧 성경을 고쳐 쓰는 것과 같다. 자유주의자나 보수주의자 할 것 없이 개인적인 기호대로 하나님 말씀을 수정하는 죄를 저질렀다.

제2차 바티칸 공회의 이후 시대에서 가장 유용한 발전은 초교파적인 성구집(ecumenical lectionary)을 발간한 일이다. 제2차 바티칸 회의 이후 로마 가톨릭 교회에 의해 시작된 초교파적인 성구집은 7년간 한 사람의 직원과 개신교도, 가톨릭교도, 유대인들로 구성된 800여명의 고문들에 의해 현재의 형태로 만들어졌다. 로마 가톨릭을 위해서 『성경일과』(The Lectionary)라는 이름으로 출판된 이 성구집은 모든 기독교 역사상 가장 주의깊게 연구된 작품이었다. 성공회(BCP 888-931), 루터교회(LBW 13-41), 장로교회(WB 167-75)는 각기 자기들의 번역을 만들었다. 『표준 성경일과』(Common Lectionary)는 1983년에 출판되었는데, 이러한 변화들을 개선시키려는 하나의 시도이며, 특히 주현절 이후 절기에는 긴 구약의 본문들을 읽혀지게 하려는 시도였다. 이것은 미 연합 감리교, 장로교, 연합 그리스도의 교회, 그리스도의 제자교회, 그리고 다른 북미 개신교회들에서 채택함으로써 로마 가톨릭 주일 성경일과의 수정판 중에서 가장 널리 사용되는 것이 되었다.

초교파적 성경일과는 어떻게 이루어져 있는가? 새 성경일과는 3년을 주기로 하도록 되어 있고, 각 해는 A. B. C.로 이름을 붙였다. C해는 1989년과 같이 3으로 나머지 없이 나누어지는 해이다. 교회력은 일반적으로 전년의 11월 27일과 12월 3일 사이에 시작되어 1년을 주기로 작성된다. 따라서 대강절은 일반달력으로는 1989년 12월이지만 교회력으로는 이미 1990년도에 해당되며 A해이다.

성경일과는 매주 세 가지의 본문을 보도록 되어 있다. 첫째는 구약, 둘째는 사도 서신, 셋째는 복음서이다. 부활 절기 동안은 부활과 함께 새 창조 이야기를 담은 사도행전을 읽는다. 크리소스톰은 사도행전이 "부활의 증거"이기 때문에 부활절 후 절기동안 읽는다고 했는데, 어거스틴은 아프리카에도 이런 관습이 있다고 한 적이 있다. 가끔 사도서신 대신 요한계시록을 읽는 경우도 있다. 3년 동안 신약 대부분과 구약의 상당히 많은 부분을 읽게 된다.

여기에는 두 가지 원칙이 있는데, 복음서는 교회력을 반영하도록 하고, 구약 본문은 복음서의 입장에서 보도록 한 점이다. 따라서 이 성구집의 약점은 구약을 그리스도론적 측면에서 접근하므로써 구약의 교훈을 본래의 의미와는 전혀 다른 내용으로 왜곡할 수 있다는 점이다. 이는 『표준 성경일과』가 고쳐야 할 약점이다. 한편 사도 서신은 순서대로 책의 처음부터 끝까지 계속 읽는다(lectio continua). 예를 들면, 고린도전서는 주로 주현절동안 읽혀진다. 세번째 본문은 A해는 마태복음을, B해는 마가복음을, C해는 누가복음을 읽고 각 해의 일정 부분은 제4복음서로 채워진다.

이 새 성구집은 3년 동안 성경 전체를 다 읽을 수 있는 가장 포괄적인 방법을 제공하고 있다. 3년 후에는 또다시 새로 시작한다. 세 개의 예외가 있다. 종려주일, 수난주일과 성 금요일에는 성경의 수난기사를 다 읽으며, 특히 극적 형태로 읽는다. 부활절 철야 때는 9개의 본문이 주어지며, 그 중에 7개는 구약에서 채택된다.

예배를 계획할 때에 물어야 할 되는 두 번째 질문은, 성경일과가 예배에 어떤 영향을 주느냐 하는 점이다. 성경일과는 주일 예배에 많은 영향을 끼친다. 그것은 개회기도, 시편, 찬송, 찬양대, 기악, 설교, 그리고 시각자료(만일 사용될 경우에) 등에 영향을 끼치게 된다. 성경일과는 몇 달 전 혹은 한해 전에 예배를 준비할 수 있게 한다. 특히 미리 준비해야 할 필요가 있는 음악 종사자와 미술가들에게는 대단히 유용하다. 성구집에서 다른 순서들에 영향을 끼치므로 각 순서들에 끼치는 효과를 간단히 살펴보는 것이 중요하다.

개회기도(opening prayer)는 그 날의 성경이 강조하고 있는 바가 무엇인가를 분명히 하는데 효과적이고 회중들에게 그 날의 주제가 무엇인가를 주목하도록 할 수 있다. 로마 천주교의 성례서에는 주일이나 특별한 경우를 위한 개회 기도가 제시되어 있다. 성공회는 고대에 쓰던 **"본기도"**(collects)를 개회기도로 사용하는데, 성공회는 그것을 "전통적"이고도 "현대적인" 언어로 사용하고 있다(BCP 158-261). 루터 교회에서는 "그 날의 기도"라는 용어를 사용한다(LBW 13-41).

시편은 그 날 말씀에 대한 응답이나 해설로 사용된다. 로마 천주교, 성공회, 루터 교회, 연합 감리교에서는 성구집에 있는 말씀과 관련된 성시 몇 편을 골라 예배에 낭독한다. 성시는 응답적인 성격을 갖는 것으로서 성경일과의 기능을 하는 것은 아니지만 그날의 말씀과 일치되는 내용이라야 한다. 미 연합 감리교는 회중들이 사용할 수 있도록 시편을 노래로 응답할 수 있도록 하였다(UMH 738-862).

모든 교파 나름대로 절기, 축일 및 특별한 경우에 알맞는 찬송을 제시해 놓았다. 이들 대부분의 찬송가들은 주제와 성구에 따른 목록표를 가지고 있다.

아무도 바하(J.S Bach)가 성구집이나 교회력에 맞춘 위대한 합창곡이나 기악곡을 작곡했는지에 관심을 두지 않았었다. 잘 준비하면 합창곡이 말씀과 조화를 잘 이루어 일과에 대한 음악적인 해설이 될 수 있다. 그러나 자주 눈에 띄는 것은 본문과 관계없는 내용을 담은 성구송을 부름으로써 애써 계획한 예배를 망치는 경우이다. 이렇게 하면 좋지 않다. 교회력과 성경일과는 적당한 음악을 계획하고 연습할 수 있는 시간적 여유를 주기 때문에 이것을 잘 활용하면 교회의 음악 종사자들에게는 하나의 축복이 될 수가 있다.

설교만큼 성경일과의 영향을 철저하고도 분명하게 받는 것은 없을 것이다. 새 성구집을 널리 사용하게 되면서부터 설교를 위한 몇 가지 중요한 변화가 생겨났다. 첫째, 성경 사용을 돕기 위해 주석서나 다른 형태로 최상급의 성경 연구 지침서가 많이 출판되었다.[35] 둘째, 성구집은 설교자들이 전에 그들이 해오던 것보다 폭 넓게 성경을 선별하여 설교할 수 있게 하였다. 이는 설교자가 주어진 세 가지 본문 모두에 대해 설교해야 한다는 뜻이 아니다. 어떤 때는 주어진 세 개의 본문이 서로 관련되지 않을 때도 있으며, 종종 제 2독서는 더욱 그러하다. 그러나 주어진 본문 중 어느 하나에 관해 설교를 한다고 하더라도 설교자는 그 본문을 깊이 연구하여야 하며, 자기에게 친숙하지 않은 많은 하나님의 말씀에 관해 생각하여야만 한다. 셋째, 교회력과 성경일과를 철저하게 지키다 보면 자신이 그리스도론을 깊이 연구하고 있음을 깨닫게 된다. 누구든지 설교하는 사람은 본인이 먼저 그 마음에 남들이 말하는 예수님이 누구인가에 대해 결정하지 않고는 주님의 세례일, 변화산의 사건, 종려 주일, 승천일, 제성 기념일, 만성절, 왕이신 주님에 대해 설교할 수 없다. 많은 설교자들이 성구집을 참고로 하면 설교의 내용을 향상시킨다는 데에 의견을 같이했다. 그리고 주어진 본문이 회중의 때와 장소에 너무나 적절하게 맞아떨어지는 것을 경험하고 놀라게 된다.

마지막으로 성구집과 교회력으로부터 도출되는 **시각적인 요소**를 살펴보지 않을 수 없다. 시각적인 요소들이 비록 말로 주어지는 본문과 다른 형태이긴 하지만 이 역시 예배의 고유의식과 일반의식의 요소들을 가지고 있다. 소파에 놓인 베개의 색깔만 바꿔도 거실 전체가 새로와진 느낌을 받는 것처럼, 직물, 그림, 그리고 다른 시각요소들을 사용함으로써 매주 새로운 예배환경을 접할 수 있다. 그리고 만일 프로젝트를 사용할 경우에도 벽의 색깔에 구애받지 않고 그것을 사용할 수 있다. "아하, 오늘은 시스틴 예배당(Sistine Chapel)처럼 꾸미자. 다음 주 성경일과를 위해서는 베드로 성당이 좋겠다." 하는 식으로 원하는 대로 설계를 하고 꾸밀 수가 있다. 우리의 상상력만 열려 있다면 얼마든지 새로운 환경을 만들 수 있다.

지난 수년간 예배에 대하여 발견한 것 중 몇 가지는 결정적인 것처럼 보인다. 1966년에는 깃발을 사용하는 교회가 거의 없었지만 지금은 사용하지 않는 교회가 거의 없다. 복음이 시각적으로 선포될 수만 있다면 이와 같은 일들을 하지 말아야 할 이유가 어디에 있겠는가? 복음을 인식시키는데 더할 수 있는 새로운 시도들이 지금 전개되고 있다.

어떻게 시각적 보조물을 이용할까? 가장 간단한 개념은 단색(pure color)을 사용하는 것이다. 색은 각 경우에 따라 일반적인 기대감을 형성한다. 예를 들면 누구든 장례식에는 타는 듯 환한 색깔의 옷을 입지 않는다. 전통적으로 보라, 회색, 푸른색, 검은색, 흙색 등은 대강절, 사순절 등의 참회 기간 때 사용할 수 있다. 흰색은 주님의 세례일이나 부활절과 같이 그리스도론적인 성격이 강한 사건 내지 절기에, 노란색과 황금색 역시 그러한 때에 사용할 수 있다. 빨강색은 오순절 같이 성령과 관계된 날 또는 순교자의 기념일 때 사용될 수 있다. 초록색은 주현절 이후 또는 오순절 이후 절기와 같이 덜 두드러지는 절기에 사용하면 좋다. 그러나 봄의 미묘한 생각이 시간에 따라 가을의 짙은 색조로 변해 가듯, 구태여 초록 한 가지 색을 계속 사용할 필요가 없다. 세족 목요일이나 부활절 전야는 아무 색도 사용하지 않고 그대로 두는 편이 큰 의미가 될 수도 있다.

단색으로 많은 효과를 얻을 수 있다. 그러나 색조와 질감을 고려할 필요가 있다. 거칠은 질감의 푸른색이나 회색이 자주색 실크보다 더 사순절에 적합하고, 부활절에는 거칠은 흰색 천보다 아주 정교하게 짠 빛나는 금색천이 더 어울릴 수 있다.

강단이나 독경대에 늘어뜨린 천, 목사가 입는 예복과 스톨의 색과 질감도 큰 효과를 가져올 수 있다. 경우에 따라서는 천 한 폭 전체를 큰 기처럼 걸어놓을 수도 있지만, 늘어뜨린 천으로 제단을 가리는 것은 좋지 않다.

깃발은 교회의 어디에라도 걸 수 있다. 점차 깃발의 크기가 커져서 15피트 이상 큰 것도 있다. 깃발은 절기에 따라 바뀌어져야 한다. 부활절 때의 교회 모습은 사순절 때의 그것과는 달라야 한다.

포스터 안내판, 플래카드, 기타 그림들도 강력하게 복음을 표현할 수 있다. 사진은 값싸게 확대될 수 있다. 아주 축약된 몇 마디, "주여 우리가 어느 때 주를 보았습니까"(마 25:37) 또는 "무릇 지나가는 자여 너희에게는 관계가 없는가"(예레미야애가 1:12) 등은 강력한 메시지가 될 수 있다. 그러므로 경우에 적합한 말을 찾도록 해야 한다. 근처의 미술 상점에 가 보면 교회가 간과하고 있는 수많은 자료가 있음을 볼 수 있을 것이다. 그 지역에 세워진 포스터나 안내판 등에 쓰여진 "땅에는 평화", "내 아들", "그는 부활했다." 등의 문구는 쉽게 잊어버리지 않게 된다.

　　4개의 초가 함께 있는 대강절 화관, 사순절의 베일(veil), 종려 나뭇가지, 부활절의 촛불 등과 같은 어떤 물건은 특별한 절기를 의미하기도 한다. 별, 가시면류관, 불꽃 등의 상징도 각기 절기를 의미할 수 있다. 장식품을 없애는 것도 경우에 따라 큰 효과가 있을 수 있다. 꽃도 촛불도 없는 성주간은 오히려 많은 것을 시사해준다.

　　그러나 주의해야 할 것이 있다. 이 색이나, 직물, 형상 또는 물건 중 어느 것도 장식물이 아니라는 점이다. 만일 장식물로 사용된다면 이것들은 가치 없는 것이 되고 만다. 그러나 복음을 인식시키는 데에 한 차원을 더하기 위해 이용된다면 이것들은 상당한 노력과 비용을 들일만한 가치가 있다. 한 번의 설교를 위해서도 많은 노력이 필요하다. 설교와 마찬가지로 비록 단 한번만 사용될지라도 그 공동체의 넓은 지역에서 모은 것들을 복음을 제시하기 위한 시각적 형태로 사용한다면 이는 바람직한 일이다.

　　무엇보다도 그리스도인들은 할 수 있는 모든 수단을 써서 구원의 복음을 전하도록 요청받았다. 교회력과 그것에 근거한 성경일과는 이러한 일에 결정적인 자료가 된다. 교회의 시간에 맞추는 것이 훌륭한 그리스도인을 만들 수 있다면 그러한 훈련이 제공할 수 있는 가능성을 모두 탐구해 보는 것도 가치있는 일이라 여겨진다.

주)

1) Cyril Richardson, ed., ***Early Christian Fathers*** (Philadelphia: Westminster Press, 1953), p.96.
2) Kirsopp Lake, trans. ***The Apostolic Fathers*** (Cambridge: Harvard University Press, 1965), 1, p.331.
3) Henry Bettenson, ed., ***Documents of the Christian Church*** (New York: Oxford University Press, 1952), p.6.
4) Richardson, ***Early Christian Fathers***, p.287.
5) Lake, ***Apostolic Fathers***, 1, p.397.
6) Bettenson, ***Documents***, p.27.
7) Richardson, ***Early Christian Fathers***, p.174.
8) James Conaldson, ed., ***Ante-Nicene Fathers***, hereafter ANF(New York: Charles Scribner's, 1899), u, p.469.
9) John Chrysostom, ***Baptismal Instructions***, Paul W. Harkins, trans., ***Ancient Christian Writers*** (Westminister, Md.: Newman, 1963), 31, p.127.
10) Tertullian, "On Baptism," S. Thelwall, trans. ANF, 3, 678.
11) Eusebius, ***The History of the Church***, trans., G.A. Williamson (Baltimore: Penguin Books, 1965), p.230.
12) ***Egeria's Travels***, ed. and trans. John Wilkinson(London: S.P.C.K., 1971), pp.132~33.
13) Augustine, ***Letters***, Wilfrid Parsons, trans. ***Fathers of the Church*** (New York: Fathers of the Church, 1951), 12, p.283.
14) Thomas J. Talley, ***The Origins of the Liturgical Year*** (New York: Pueblo Publishing Co., 1986), pp.194~203.
15) William Telfer, trans., ***Cyril of Jerusalem and Nemesius of Emesa*** (Philadelphia: Westminster Press, 1955), p.68.
16) Augustine, ***Letters***, 12, pp.284~85.
17) Tertullian, "On Baptism," ANF, 3, p.678.
18) Eusebius, "Lfe of Constantine the Great," E.C. Richardson, Trans., ***Nicene and Post-Nicene Fathers*** (hereafter NPNF), 2nd Series (New York: christian Literature Co., 1890), 1, p.557.
19) Talley, ***Liturgical Year***, pp.129~34.
20) John Chrysostom, ***Opera Omnia***, ed. Bernard de Montfaucon(Paris: Gaume, 1834), 2, p.418.

21) Ibid., 2, p.436.
22) Cited by L. Duchesne, **Christian Worship**, 5th Ed.(London: S.P.C.K., 1923), p.260, n.3.
23) Tertullian, "De Corona," ANF, 3, p.94.
24) Chrysostom, **Opera Omnia**, 1, p.608.
25) Gregory Dix, **Shape of the Liturgy**(Westminister:Dacre, 1945), p.305.
26) "Formula Missae," Bard Thompson, ed. **Liturgies of the Western Church**(Cleveland: World Publishing Co., 1961), p.109.
27) "Book of Discipline," **John Knox's History of the Reformation in Scotland** (London: Thomas Nelson and Sons, 1949), 2, p.281.
28) **The westminster Directory** (Bramcote, Notes., U.K.:Grove Books, 1980), p.32.
29) **John Wesley's Sunday Service**(Nashvilel: United Methodist Publishing House, 1984), pp.25~26.
30) **The Christian Year: A Suggestive Guide for the Worship of the Church**, Drafted and revised by Fred Winslow Adams(New York: Committee on Worship, Federal Council of the Churches of Christ in America), 2nd ed.(rev.), 1940, p.9.
31) **The Christian Year and Lectiionary Reform** (London: SCM Press, 1958)
32) Pius Parsch, **The Church's Year of Grace** (Collegeville, Minn.: Liturgical Press, 1964~65), 5 vols.
33) **Common Lectionary**(New York:Church Hymnal Corporation, 1983).
34) **The Calendar and Lectionary: A reconsideration** (London: Oxford University Press, 1967).
35) See several **Proclamatiion** series(Philadelphia: Fortress Press); Reginald fuller, **Preaching from the New Lectionary** (Collegeville, Minn: Liturgical Press, 1974; Gerard Sloyan, **A Commentary on the New Lectionary** (New York: Paulist Press, 1975).

제 III 장

공간의 언어
(Language of Space)

성육신 사건을 근본 교리로 믿는 기독교가 그 예배에 있어서 공간(space)을 매우 중요하게 생각하는 것은 놀라운 일이 아니다. 그리스도는 인류의 역사 속에 찾아 오셨고, 인간들 주위에 머무르셨으며, 유대 땅이라는 특정하고 한정된 장소에 거하셨다. 신약성경에는 예루살렘이라든가 베다니, 갈릴리, 요단강 등 예수님이 머물렀던 장소들의 명칭이 많이 기록되어 있다.

또한 공간은 구속의 역사에 있어서도 중요한 의미를 갖는다. 유대인과 기독교인들의 하나님은 다른 신화의 신들처럼 올림프스산이나 발할라(Valhala) 같은 동떨어진 장소가 아니라, 사람들 사이에서 발생한 사건들에 의해서 알려졌다. 기독교에서 거룩하게 된 장소들은 그 자체가 거룩하기 때문이 아니라 그곳에서 하나님이 인간을 위해 행하신 사건에 의해 거룩하게 된다. 성경을 보면 하나님의 구원하시는 사건들은 들판이나 우물가 또는 마을의 길거리 등 평범한 장소에서 발생한다. 오늘날로 말하자면 그러한 장소들은 시장통과 같은 평범한 장소다. 그러니까 장소가 중요한 것이 아니라, 그곳에서 발생하는 사건이 중요하다.

　　물론 어떤 사건이 발생한 장소는 이제 의미를 지닌 곳으로서 중요한 장소가 된다. 야곱은 평범한 장소에서 꿈을 꾸었으나 깨고 나서는 그 곳을 두려운 곳이며, 하나님의 집이며, 하늘의 문이라고 외쳤다(창 28:17). 그의 꿈이 그로 하여금 모든 사람들이 그 사건을 알 수 있도록 그 곳에 기둥을 세우고 하나님의 집이라는 이름을 붙이게 했다. 우리는 이제까지 예수님의 삶과 죽음의 극적인 사건이 일어났던 시간과 장소들을 회상함으로써 4세기의 예루살렘이 어떻게 기독교인들의 예배를 형성했나 하는 것을 살펴보았다. 4세기의 순례자들은 삭개오가 예수님을 보기 위해 올라갔던 뽕나무(평범한 나무이나 거룩한 장소가 되었던)를 보았다. 유럽은 마침내 그리스도이신 예수님의 사건이 있었던 장소들에 의미를 부여함으로써 그곳들을 순례지로 지정하였다. 이러한 사실들은 공간의 언어가 설득력이 있음을 증명해준다. 성육신의 종교는 이 땅에 그 근거를 두고 있으며, 하나님과 인간은 공간의 어느 한 장소에서 만난다. 그곳은 광야의 수목이 될 수도 있고, 또는 예루살렘 성전과 같은 장엄한 곳이 될 수도 있다.

　　어떤 기독교 공동체라도 성육신하신 분의 예배를 위한 장소를 필요로 한다. 그 예배 장소는 어느 곳도 좋으나 그리스도의 몸(교회)이 어디에서 모이는지 알도록 표시된 어떤 장소여야 한다. 영국의 선교사들은 단순히 십자가를 세우는 것만으로 예배의 장소를 결정했다. 그러나 점차 예배를 위한 장소에는 벽과 지붕이 만들어 졌으며, 예배자들의 편리와 만족을 위한 곳으로 조직화되었다. 이러한 공간의 조직을 우리는 건축물이라고 하며, "교회"라는 단어는 "신자들의 몸"이라는 뜻과 동시에 하나의 건물을 의미하게 되었다.

　　건축물과 기독교인들이 드리는 예배 사이에는 서로 밀접한 관계가 있다. 교회 건축물은 기독교 예배의 형식을 반영할 뿐만 아니라, 동시에 기독교 예배를 형성하며, 또 때로는 잘못 형성하기도 한다. 교회 건물은 공동체가 함께 예배할 수 있는 환경과 안식처를 제공함으로써 기독교인의 예배를 반영한다. 이것은 축구팬들이 영하의 날씨에도 관중석에 앉아 있을 수 있는 것과는 전혀 성질이 다른 문제이다. 건물은 예배의 편의를 제공하는 동시에 예배의 형태를 형성하는 데에 눈에 보이지 않는 작용을 한다. 첫째로, 건물은 그 안에 모인 사람들로 하여금 예배의 의미를 깨닫게 해준다. 바로크 양식의 교회 건물에서 승리주의에 배치되는 설교를 한다고 생각해 보라! 오직 안수 받은 성직자만 접근할 수 있는 고딕 양식의 예배당에서 만인사제주의를 강의해 보라! 둘째로, 예배의 형식과 모양을 규정할 수 있는 기초를 제공한다. 음향효과를 고려하지 않은 건물 안에서는 훌륭한 회중찬송을 기대할 수 없으며, 고정된 의자로 인해 모든 사람이 정연하게 앉아있을 때에는 움직임을 요구하는 예배순서는 가질 수 없다. 이와 같이 건축물은 우리에게 기회와 제한성의 두 가지 가능성을 제시해준다. 어떤 가능성은 열려져 있고 어떤 가능성은 닫혀져 있다. 우리는 건물이 없어서 예배에 어려움을 느낄 수 있는가 하면 또 건물 때문에 예배에 어려움을 겪게 될 수도 있다.

이같이 공간의 구성 방식이 기독교 예배를 반영하며 형성하는 데에 미치는 영향력은 대단한 것이기 때문에 우리는 왜, 그리고 어떻게 공간이 예배에 있어서 그렇게 중요한 의미를 가지는지 살펴보아야 한다. 여기서는 첫째로 이론적인 탐구와 다음으로는 역사를 살펴보고, 교회 건축의 역사를 통하여 실제적인 결론을 끌어내고자 한다. 그리고 마지막으로는 공간이 교회 음악과 시각 예술에 미치는 영향에 대해 논하고자 한다.

1. 예배 공간의 기능

어떻게 공간의 구성 방식이 기독교인의 예배를 반영하는가? 여기에 대해 대답하기 위해서 우리는 "예배란 그리스도의 이름으로, 공적(public)으로 말하고 행동하고 접촉하는 것"이라는 기독교 예배의 기능적 명제로 돌아가야 한다. 우리는 예배에 있어서 하나님을 위해 말하고, 하나님께 말하고,

하나님을 위해 다른 사람들과 교제한다는 내용이다. 이러한 정의는 기독교인의 예배를 지나치게 단순화시키는 경향이 있으나, 예배는 동작이요 행위이기 때문에 공간을 필요로 한다는 사실을 분명하게 보여준다. 이 중요한 통찰력은 보다 추상적인 예배의 정의들에서는 분명하게 드러나지 않는다.

그러면 하나님은 인간의 언어와 인간의 행동을 통해서 자신을 우리에게 계시하시고, 또 인간은 인간의 언어와 행동을 통해서 하나님께 자신을 바친다는 사실을 긍정하는 것으로부터 이야기를 전개하자. 이러한 일들은 하나님께 의지하는 예배를 통해 일어나며 동시에 인간의 언어와 인간의 몸을 통해 일어난다.

어떻게 하나님이 언어를 통해 자신을 우리에게 계시하시는가? 하나님은 인간의 입을 통해 하나님의 말씀을 우리에게 들려주신다. 이러한 사실은 우리에게는 매우 생소한 것으로 느껴진다. 그러나 이러한 방법은 그 어떤 것보다 하나님의 인간에 대한 신뢰를 잘 표현하는 방법이며, 성경에 의해 반복적으로 증언되는 하나님의 방법이다. "나는 나의 말을 너의 입 속에 넣어준다"(렘 1:9). 또한 말주변이 없는 사람에게는 "나는 네가 말할 때에 너를 도와줄 것이다"(출 4:15)라고 말씀하신다. 성경적인 신앙에서 볼 때 하나님은 자신의 말을 전달하기 위해서 인간을 부르신다.

한 사람이 다른 사람들에게 의사전달을 하는 데에는 지극히 작은 몇 가지의 필요 사항들이 요구된다. 그 중의 하나로서 훌륭한 의사 전달을 위해서는 이야기하는 상대방을 계속적으로 눈을 마주하여 볼 수 있어야 한다. 가장 훌륭한 의사전달을 위해서는 그 사람의 옆이나 뒤를 보거나 또는 녹음테이프를 듣거나 하는 것이 아니라 그 눈을 바라보아야 한다. 눈을 마주하는 것은 다른 사람들에 대한 사랑의 표시이며, 대화의 가장 중요한 부분이다. "예수는 그 부자 청년을 눈여겨 보셨다. 그리고 그를 사랑스럽게 보셨다"라고 마가는 우리에게 말한다(막 10:21). 곧 상대방을 바라보는 것은 사랑의 행위이다.

공간적으로 볼 때 이것은 말하는 사람과 듣는 사람 사이에는 직선거리가 요구됨을 의미한다. 말하는 사람은 어느 정도 높은 곳에서 말하는 것이 필요하다. 그래야만 듣는 사람들은 앞사람의 머리 때문에 시야의 방해를 받지 않는다. 그러나 너무 높은 것은 시선에 방해가 되며, 오히려 벽을 쌓는 것이 된다. 또한 기둥이나 칸막이들도 방해가 된다. 청중과 설교자는 얼굴과 얼굴을 마주 대하여야 한다. 얼굴과 얼굴을 마주 대하는 최선의 공간은 마치 설교자로부터 청중 한 가운데 있는 사람에까지 직선으로 이은 것 같은 수평선상에서 형성된다. 이러한 구조를 가진 건축물로는 회당을 들 수 있다. 회당은 사람들이 하나님의 말씀을 읽고 해설하는 것을 듣기 위해 모인 곳이었으며, 기독교인들이 복음을 듣기 위한 모임의 장소로 사용하던 곳이었다.

말하는 사람과 청중들 사이에 그어진 수평축을 따라 전달되는 언어를 통하여 하나님은 자신을 인간에게 계시하신다. 만일에 이것이 예배의 공간구성의 전부라면 교회의 공간설계는 의외로 간단해진다. 그러나 하나님은 단지 우리의 입을 통한 하나님의 말씀으로만 자신을 계시하시는 것이 아니라, 우리의 행위를 통해서도 자신을 계시하신다. 이 사실이 기독교인의 예배를 위한 공간적 요소들이 복잡해지는 원인이다. 왜냐하면 우리는 말씀을 받을 수 있을 뿐만 아니라 성례를 집행할 수 있는 공간을 제공해야 하기 때문이다. 하나님은 이 두 가지 방법을 통해 자신을 우리에게 계시하신다. 모든 훌륭한 교회 건축물은 이 신성한 두 가지 형태를 조화시켰다. 교회 건축의 모든 역사는 하나님의 이름으로 말씀을 선포하는 것과 하나님의 이름으로 교제하는 것을 훌륭히 할 수 있는 공간을 구성하는 역사였다. 성례전은 언제나 인간적인 차원과 수준에서 이루어진다.

만약 음성 언어의 통로가 수평축을 따라 이루어진다면, 펼쳐진 손은 수직축을 따라 이루어진다고 할 수 있다. 인간의 음성은 인위적으로 멀리까지 나갈 수 있지만, 인간의 손은 그렇지 못하다. 하나님은 오직 1야드(1야드는 약0.9144m 정도-역자 주)밖에는 뻗칠 수 없도록 인간의 팔을 작게 만드셨다. 따라서 다른 사람들이 우리에게로 나아와야만 하며, 이는 우리를 중심으로 하나의 원을 만들 때에 가장 효과적으로 된다. 이러한 하나님의 계획으로 사람들은 수직축을 중심으로 한 원 안에 모여들게 된다. 이러한 수직축은 제단이나, 세례반이나, 또는 단순히 한 개인이 될 수도 있다. 거기에서 비로소 우리는 둘러 선 공동체에게 다가갈 수 있다(하나님이 우리의 손을 통해 우리들에게 다가오신다).

달리 표현한다면, 우리는 예배를 위해서 회당의 유형과 다락방의 유형을 동시에 필요로 한다. 우리의 언어를 통해 하나님의 말씀이 훌륭히 전달될 수 있고, 또한 우리가 손을 뻗어 닿을 수 있는 공간을 필요로 한다. 우리의 손은 새신자에게 세례를 베푸는 손이 될 수도 있고, 머리 위에 얹는 손이나, 두 사람의 손을 결합시키는 손이나, 성만찬 때에 주의 몸을 떼어주는 손이나, 축복과 화해의 손이나, 장례를 집례하는 손이 될 수도 있다. 우리는 하나님을 위해 다른 사람들과 교제한다. 우리는 다른 사람들과의 진정한 교제를 위해 그들 곁에 가까이 가야한다. 한 여인이 예수님의 옷자락을 만짐으로 능력이 그녀에게 전달된 것처럼, 우리가 다른 사람들의 머리나 입술이나 손을 만질 때에 능력이 그들에게로 전달된다. 그러나 우리의 목소리와는 달리 손을 뻗칠 수 있는 거리는 한정되어 있다. 우리는 하나님이 우리의 행동 안에 자신을 계시하실 때, 그것을 가깝게, 또한 한 곳으로 집중시킬 수 있는 공간을 필요로 한다.

어떻게 우리는 공간 조직에 있어서 수직축과 수평축을 조화시킬 수 있는가? 예배의 형태를 결정하는 문제의 핵심이 여기에 존재한다. 하나님과 인간의 관계는 수직적으로 표현되며 인간과 인간의 관계는 수평적으로 표현되기 때문이다. 역사적으로 이 양자 사이에 존재하는 긴장을 해결하여 온 여러 가지 방법들을 앞으로 살펴보고자 한다.

그러나 인간은 어떠한 언어들을 가지고 하나님께 다가가는가 하는 문제 역시 고려되어야 한다. 여기에 공간적인 필수요건이 요구된다. 기도와 찬양은 어디에서든지 사람이 모인 곳에서 하나님께 드려질 수 있다. 무엇보다도 교회는 사람들이 함께 모이는 장소이다. 퀘이커 교도들의 표현을 빌리면 촛불은 많이 모일수록 더 밝아진다. 기독교인들은 그들이 예배하기 위해 모인 곳에서 하나님과 대화할 수 있다고 보는데, 이를 위해서는 최소한의 공간이 요구되어 진다. 오래된 전통적 교회들은 "하나님은 높은 곳에 계신다."고 주장한다. 아마도 그들의 주장대로 한다면 하나님은 지붕 어느 곳의 어두 침침한 구석이나 강단의 구석진 곳에 계신 분이다. 그러나 오늘날 사람들은 하나님이 멀리 거룩한 곳에 계신 분이 아니라 예배자들 가운데 계신다고 믿는다. 어떤 건축가는 이것을 주장하기 위해서 회중석들의 한 가운데에 십자가를 설치해 놓았다. 또한 교회 건물은 교우들이 그리스도의 이름으로 서로 대화를 나누는 데 필요한 공간이 있어야 한다. 우리의 이웃을 향해 나아갈 수 있는 공간이 반드시 필요하다.

물론 우리는 하나님을 만질 수 없으나 하나님의 이름으로 서로를 만질 수는 있다. 최근에는 평화의 인사(passing of the peace)라는 순서가 서로 포옹을 하거나 악수를 함으로써 예배중에 화해와 사랑을 표현하는 중요한 상징이 되었다. 이외에도 고백의 기도 후에 하나님의 용서를 선포하는 것이 있는데, 이 때에는 그냥 말로써만 하는 것보다는 동작을 곁들이면 훨씬 효과적이다(예를 들면 옆 사람의 이마에 십자가를 그어주는 방식 등). 또한 발을 씻어주는 것은 극적인 성격을 띤 절기 행사이다. 그리고 화해의 예배에서 하나님을 위하여 다른 사람을 만져주는 행위도 실행될 수 있다. 이 모든 것들은 사람들이 예배를 통해 서로 접근할 수 있도록 하기 위한 것이었다.

하나님의 이름으로 말하고 교제할 수 있게 만드는 공간의 구성 요소들은 더욱 세분될 수 있다. 대부분의 예배는 6개의 예배 공간과 서너 개의 예배 중심을 필요로 하는데, 여기에서 예배 중심이란 그곳으로부터 예배가 인도되는 교회의 가구를 뜻한다. 예배에 필요한 물질적 요소들은 대단히 개수가 적고 또 단순하다. 그러나 이 요소들은 서로 분리해서는 이해될 수 없는 것이기 때문에 다른 것들과의 관계성 안에서 이해되어야 한다. 만약에 교회를 하나의 완전한 문장이라 한다면 한 문장을 구성하고 있는 단어들을 따로 따로 분리해서는 그 의미를 이해할 수 없는 것과 같다.[1)]

최근 수년동안에 우리는 예배 공간의 핵심으로서 **모임의 공간**(gathering place)이 얼마나 중요한가를 인식하게 되었다. 예배 공동체가 예배드리기 위해서는 먼저 모여야 한다. 함께 모이는 행위야말로 회중이 취하는 행위 중에서 가장 중요한 행위이다. 영웅적인 초대교회 시대에는 모이는 행위 자체가 순교자를 만들기도 했었다. 어느 시대를 막론하고 그리스도의 몸을 형성하는 것은 모든 사람이 참여하는 예배의 첫 행위이다. 그러므로 공동체를 바깥 세상으로부터 일시적으로 분리하는 공간이며 그 안에서 개인들이 공동체를 이루는 공간인 모임의 공간에 교회를 설계할 단계에서부터 세심한 관심이 기울여져야 한다.

예배 공간의 두 번째 구성요소는 '활동 공간'이다. 기독교인의 예배는 적지 않은 움직임을 요구한다. 19세기의 신앙부흥 운동가들이나 오늘날의 교회 지도자들은 사람들을 영적으로 움직이게 하기 위해서는 그들을 육체적으로도 움직이게 해야 한다고 말한다. 기독교인들은 휴식 없는 순례자들처럼 보인다. 모이는 사람들은 자기의 자리가 있어야 하며, 더욱이 행렬이나 결혼식, 장례식, 세례식, 헌금, 성찬식 등 이 모든 것들은 움직임을 통해서 이루어진다. 움직임은 예배에서 중요한 요소이며, 그러므로 통로나 교차 통로 등은 주의 깊게 설계되어야 한다.

가장 큰 예배공간은 '회중들의 공간'이다. 교회는 근본적으로 사람이 모이는 곳이다. 그러나 이교도들의 성전은 이와 반대로 돈을 성전 안에, 사람은 성전밖에 두고 있다. 그러나 우리는 교회 밖의 세상을 향해 돈을 사용하며, 사람을 교회 안에 둔다. 퀘이커교도들에 의하면 만남의 장소는 오직 회중이 모일 수 있는 작은 공간이며, 하나님의 임재는 하나님의 백성들 가운데에서 일어난다. 제2차 바티칸공의회의 「전례에 관한 법령(Constitution on the Sacred Liturgy)」에서는 교회의 예배 속에 그리스도가 임재하시는 방법의 하나를 다음과 같이 설명하고 있다. "그는 교회가 기도하고 찬양할 때에 임재하신다. 왜냐하면 '그는 두 세 사람이 내 이름으로 모인 곳에는 나도 그들 중에 있느니라' 고 약속하셨기 때문이다"(마18:20). 오늘날 우리는 또한 그리스도께서 우리 가운데 있는 가난한 이들과 함께 계신다는 사실을 첨가해야 한다.

'찬양대의 공간'은 가장 다루기 어려운 예배공간이다. 특히 예배에 있어서 찬양대의 역할이 분명히 밝혀지지 않을수록 문제는 점점 더 어려워진다. 이 공간은 연주자들과 무용가들을 수용하는 데에도 필요하다. 성가의 본 기능과 부수적 여러 가지 기능들에 따라 공간의 위치와 설계가 결정된다.

세례반(baptismal font)이나 세례우물(baptismal pool)의 관점에서 세례를 언급하는 것은 용이하다. 그러나, 우리는 **세례의 공간**(baptismal space)에 관해서는 생각이 잘 미치지 못한다. 가장 큰 문제는 세례가 교회의 한 구석에서 사적(private)으로 행해지는 경우이다. 그러나 세례는 공동체의 식구가 하나 더 늘어난다는 의미에서가 아니라, 세례와 함께 우리가 죽고, 부활하고, 그리스도와 연합한다는 사실이 세례를 통하여 계속 증거된다는 의미에서 전 공동체의 행위이다. 결혼식과 같이 세례는 교회의 전 공동체와 가족 공동체 및 대부모가 한 사람의 세례에 대하여 특별한 사랑의 관심을 갖고 모인 가운데 행한다. 공간적으로는 세례를 받을 사람이 들어오는 입구와, 세례 받는 공간과, 전체 회중이 참여하고 있다는 느낌을 방해하지 않을 공간이 필요하다. 여기서 세례의 공간은 사람들이 모여있는 원의 중심이 되며, 세례 받는 곳을 중심으로 해서 첫째는 세례 받을 사람과 목사가, 다음으로는 가족들과 대부모, 다음으로 전체 회중이 둘러싼다.

'성소의 공간'(sanctuary space)은 제단의 공간을 갈한다. 보통 이 곳은 교회 안에서 눈에 가장 잘 띄는 부분이며, 그렇기 때문에 우리는 제단의 역할이 사람을 지배하는 것이 아니라 섬기는 것이라는 사실을 망각하기 쉽다. 그러므로 우리는 제단과 회중 사이에 막힌 담을 제거해야 한다. 제단이 너무 높다든가 지나치게 큰 성구, 차단막 등을 설치하여 거리감이 있거나, 또는 거룩한 곳으로 분리시키는 것을 피해야 한다. 이상하게도 성례전이 거의 없는 여러 교단에서는 이 곳이 사람들에 의해 접근되지 않는 장소이며, 높이 그리고 멀리 존재해 있는 공간이다. 이는 그러한 교단들이 매주 제단 주위에 사람들이 모이는 성례전적 교회들보다 더 높고 더 먼 곳에 제단을 두고 있다는 뜻이다.

또한 기독교 예배의 필수적인 요소로는 3-4개의 예배 중심이 있다. 이 장소들은 우리의 예배 속에 그리스도가 계신 것을 알 수 있도록 해준다. 세례반이나 세례 우물은 물을 담을 용기를 필요로 한다는 자연적 사실 때문에 필요하다. 이것은 교회의 마루 바닥의 움푹 패인 곳이 될 수도 있고, 기둥 위에 고정시킨 그릇이 될 수도 있다. 다만 물을 담을 수 있어야 한다는 것이 한 가지 필요성이다. 이 필요성은 대부분의 교회설계에 있어서 숨겨져 있는 사실이다. 열두사도의 가르침은 가능하면 차갑게 흐르는 물을 요구한다. 제2차 바티칸공의회의 법령은 "그의 능력으로 그리스도는 세례식에 임재하시며, 그러므로 어떤 사람이 세례를 베푼다는 것은 그리스도 자신이 베푸시는 것이다."고 말한다.(CSL, par. 7) 물을 담을 수 있는 그릇이 없이는 우리는 세례를 베풀 수도 없고 또한 세례식에 임재하시는 그리스도를 경험할 수도 없다.

그리스도는 또한 "성경이 교회에서 읽혀질 때에 말씀하시는 분은 그리스도 자신이기 때문에 그리스도는 당신의 말씀 가운데 현존하신다."(CSL, par. 7) 엄밀한 의미에서 강대상(pulpit)이나 설교단(ambo)이 교회의 필수품이 아니라 편리품이라고 주장할지도 모른다. 그러나 만약 우리가 하나님의 말씀을 읽고 선포하는 것이 하나님의 백성이 모일 때마다 일어나는 하나님의 현현이라는 것을 믿는다면, 우리는 설교자나 성경을 읽는 사람들의 손이 자유로울 수 있고, 또한 그들이 성경을 읽거나 손에 들고있지 않을 때에 적절하게 성경을 올려놓을 수 있는 설교단의 존재를 인정해야만 한다. 그리스도가 임재하시는 이러한 형태의 시각적 상황은 무시될 수 없다. 이를

위해서는 또한 성경의 제본술도 교회의 예배를 위한 중요한 예술로 활용되어야 할 필요가 있다.[2]

기독교 예배에 있어서 제단의 중요성은 더 이상 강조할 필요가 없겠지만, 제단이 교회 건물의 중심이라거나 또는 그리스도를 상징하는 것은 아니라는 사실을 다시 한번 상기할 필요가 있다. 제단은 성수를 담는 성례반이나 성경을 올려놓기 위해서, 또는 성찬 용기를 두기 위해서 사용된다. 초기 기독교인들이 사용하던 제단은 오늘날 카드놀이를 하는 탁자보다 그리 크지 않았던 것으로 보인다. 그것은 무엇을 올려놓아도 꽉 찰 정도로 작았다. 그러나 제단은 공간을 메우기 위한 장식물이 결코 아니었으며, 건물의 초점을 맞추거나 또는 종교적 상징물도 아니었다. 서구적 문화권에서는 바닥에 성찬 그릇을 놓는다는 것이 매우 불편한 일이었으므로 점차로 제단이 필요하게 되었다.

4세기 후반까지의 초기 교회에서는 예배가 진행되고, 설교자가 위치하게 되는 사회자의 의자(presider's chair)가 교회의 중심부이었다. 그후 로마 가톨릭의 제2차 바티칸공의회에서도 사회자의 자리에 대한 중요성이 다시 인식되었다. 그러나 많은 개신교회에서는 19세기에 유행했던 설교자와 찬송 지도자, 그리고 초청 설교자 이렇게 세 사람이 앉는 3개의 의자를 배열시키는 이상한 형태를 기피하고 있다. 결과적으로 많은 개신교회들은 오늘날 목사의 자리가 두드러지는 곳에 위치하는 것을 주저하고 있다. 제2차 바티칸공의회의 『전례에 관한 법령』(Constitution on the Sacred Liturgy)은 그리스도의 임재가 "목회자의 인격 안에" 현존한다고 말하지만, 과연 우리가 물과 세례반, 설교단과 성경, 제단과 성찬 용기들을 연관짓듯이 그렇게 살아있는 사람을 의자와 연관시켜 생각할 수 있는지는 의구심이 든다. 의자는 그와 같은 기능을 가지고 있지 않으며, 사람들 가운데 나타나시는 그리스도의 임재는 그것을 눈에 보이게 해주는 도구들을 필요로 하지 않는다. 분명히 사회자의 의자는 편리한 것이지만 그것이 보좌로 인식되지 않도록 설계되고 배치되어야 한다.

더 이상의 것은 필요하지 않다. 예배에 필요한 공간과 요소들을 너무 간소화시킨다는 느낌이 있을지 모르나, 우리는 너무 자주 장미꽃에다 금도금을 하는 경향이 있다. 이 밖에 다른 공간들이나 다른 성구들(독경대, 기도탁자, 성찬 차단선 등)은 오히려 우리를 복잡하게 만들고 우리를 혼란스럽게 할 가능성이 있다. 본질적인 것들에 집착하고 말을 아끼는 것이 가장 강력한 형태의 진술이 될 수 있다. 오직 지금까지 열거한 예배의 본질적인 공간들과 중심부들만이 기독교 예배의 기본을 가장 잘 나타내 준다.

2. 예배건축의 역사

기독교인들이 "예배의 공간과 중심부들을 어떻게 배열했는가?"하는 점을 역사적으로 고찰해 보는 것은 우리에게 많은 교훈을 준다. 눈에 잘 띄는 장소나 여러 개의 공간들, 또한 중심부들의 육중함들과 서로 서로의 관계, 그리고 예배의 구심점을 이루는 장소들의 설계들은 교회의 관습과 신학적 투시도를 제공해 준다. 이러한 다양성은 기독교 예배 안에 내재된 다양성을 지적해 준다. 그러나 앞에서 말한 6개의 공간과 3-4개의 중심부들의 영속성은 기독교 예배의 항구성에 대한 보기 좋은 증거가 된다. 우리가 할 수 있는 것은 이러한 다양성과 항구성에 대한 간략한 연구이지만, 그러나 이러한 연구는 실효성이 있는 것으로 밝혀진 다양한 예배의 형태들을 제시할 것이다.[3]

초대교회는 박해기간 동안 임시 변통적인 장소에서 존속해야만 했으나, 몇몇 장엄한 건축물들은 기독교가 불법적인 종교로 여겨질 때에도 간간히 건축되었다. 콘스탄틴 이전의 기독교 예배를 위한 건축물에 대해서는 문서상이나 건축상의 증거를 거의 찾아볼 수 없다. 초대교인들은 개인집에서 예배를 드렸으며, 아마도 그곳은 교회 구성원 중 몇몇 부유한 사람들의 집이었을 것이다. 박해기간 동안에는 기독교인들이 예배를 드렸다는 이유로 죽임을 당할 위험이 항상 있었으며, 이러한 모임을 비애국적이고, 비종교적이라고 생각하는 폭도들에 의해 희생당할 위험이 있었다. 그러므로 기독교인들은 기존의 가정집과 가구들을 사용하여 예배를 드렸고 예배가 끝나자마자 즉시 돌아가곤 했다.

　개인집에서의 모임은 기독교 예배가 공중화됨으로써 사라지게 된 가족적인 분위기와 친밀함이 있었다. 그러나 이러한 친밀한 분위기는 기독교인들이 박해를 받을 때나 또는 소수 종파에서 계속해서 되살아난다(예를들면, 퀘이커 교도들이나 재세례파들, 오늘날 공산국가의 기독교인들). 이러한 가족적인 친밀감과 친근감은 오늘날의 대중적인 교회 안에서는 찾아볼 수 없게 되었다. 그러나 오늘날 훌륭한 교회를 건축하는데 있어 이러한 친밀감이나 친근감을 다시 재현할 필요가 없다고 생각하는 것은 잘못이다. 만약 이러한 분위기를 갖춘 설계를 할 수 있다면 가족적 분위기의 예배는 재현될 수 있다.

　우리는 유프라데스강 유역의 듀라 유로포스(Dura-Europos)에서 놀랍도록 훌륭하게 보존된 가정교회의 본보기를 발견할 수 있다. 그 곳은 주후 256년경에 파괴된 당시의 기독교 예배처의 기초부분이었다. 이 집은 한 벽이 제거되어 두 방이 성찬을 위해 합쳐졌음을 보여준다(그림1).[4] 한쪽 끝에는 조그마한 강대상이 보이는데, 아마도 제단용 탁자나 감독의 자리로 사용된 것으로 보인다. 반대편 쪽의 방은 세례를 주기 위한 곳으로 쓰여졌으며 뚜껑이 씌워진 세례반이 있고, 벽은 프레스코화법의 벽화들로 장식되어 있다. 이러한 것들을 통해 우리는 일찍부터 예배의 여러 가지 기능들을 위해 각종 공간들이 분명하게 배치되어 있었음을 알 수 있다. 이러한 형식은 이후의 모든 교회의 건축에 반영되었다.

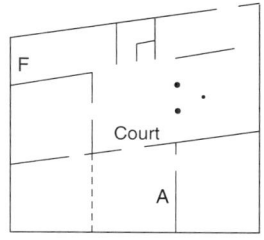

〈그림 1〉

4세기에 이르러 기독교는 합법적인 종교로 공인을 받게 되었을 뿐 아니라, 콘스탄틴 대제의 지지를 받게 되었다. 로마에는 9개의 교회가 세워졌고, 예루살렘, 베들레헴, 콘스탄티노플에도 교회가 세워졌다. 이러한 훌륭한 건물들에서의 예배는 왕궁의 화려함에 필적하는 것이었으며 박해 때에 몰래 모였던 예배와는 전혀 그 양상이 달라지게 되었다. 황제의 건축가들은 로마의 공회당(바실리카)이나 법정과 같은 매우 발전된 건물의 양식을 교회 건축에 적용시켰다. 로마의 공회당은 오늘날 미국의 지방 재판소나 고등학교의 강당과 같은 기능을 가지고 있었으며 한쪽 끝이 반원형으로 된 후진(apse)이 없는 직사각형의 건물이었다. 반원형의 끝 부분에는 재판석과 서기석이 있는 강단이 있었다.

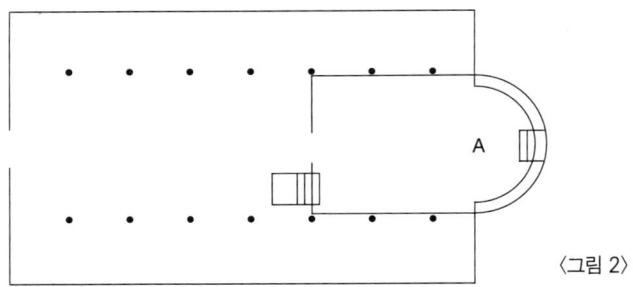

〈그림 2〉

바실리카 양식은 수평축을 따라 설계된 길다란 건물이었다. 4세기의 교회는 이러한 건축양식을 받아들여 자신의 것으로 만들었다.(그림2) 재판장 서기에 감독석이 마련되고 장로들은 감독의 옆자리에 앉았다. 찬양대의 자리는 회중들의 한 가운데에 마련됐으며, 제단은 보통 후진(apse: 제단이 놓여 있는 반원형의 공간-역자 주)과 본당의 경계 지점에 위치했다. 그리고 찬양대는 강단의 끝 부분이나 한쪽 구석에 위치했다. 설교는 감독석에서 하며, 감사 기도자는 강대상을 가로질러 사람들과 마주하여 기도를 드렸다. 건물 안의 다른 부분에는 의자가 없었으며, 교인들은 가장 잘 보고 들을 수 있는 곳으로 움직일 수 있었다.

또한 일찍부터 건물의 중앙부에 있는 수직축을 중심으로 설계된 '**중앙집중식 건축**'의 전통이 있었다. 세례를 위한 별도의 건물인 **세례소**(baptistery) 역시 이러한 기초위에 설계되었는데, 이는 **순교자 기념소**(martyrium)나 또는 순교자의 무덤이나 유골 위에 지어진 성소와 같은 방식이었다. 이 두가지 모두 무덤 위에 기초를 둔 건물이다. 사각형의 본당을 둥근 천장으로 덮은 건축기술의 발달은, 서방의 길다란 회당식의 건축양식에 대신하여 동방정교회들 사이에서 중앙집중식 건축의 점차적인 적용을 가져왔다. 때로는 둥근 지붕으로 덮인 회중 공간의 중심부와 성화로 장식된 3개의 후진의 부분을 가진 건축양식이 발전되었다(그림 3). 사람들은 제단을 둘러싸고 있는 성화들을 통해서 예배의 신비와 경외감을 갖게 된다. 이는 동방정교회의 예배가 회중의 공간과 성소의 공간 두 곳에서 동시에 진행되는 것을 나타내 준다.

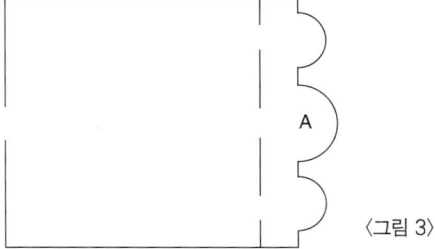

〈그림 3〉

성인들의 **성화**(icon)가 회중석 주위에 배치됨으로써 회중은 모든 천상의 존재들이 함께 한 가운데 그들과 함께 예배를 드린다는 것을 상기하게 된다.

이에 반해 서방교회들은 직사각형의 길다란 건축양식을 부분적으로 계속 발전시켜 나갔다. 고딕의 둥근 지붕의 최대 넓이는 약60피트(1피트는 약 30.48cm정도-역자 주)이었으나 벽기둥을 증가시켜 길이로 넓혀갈 수 있었다. 그러나 이것은 예배를 더욱 복잡하게 만들고 여러 가지 의식을 추가함으로써 신부들과 그 밑의 성직자들을 지나치게 전문화시키는 결과를 가져왔다. 이러한 특징은 성소의 공간이 회중들의 공간으로부터 가장 멀리 떨어지도록 제단을 뒤로 물러나게 만드는 것에서 가장 두드러지게 나타났다.

중세에는 고도로 전문화된 교회들이 나타난다. 순례자의 교회, 수도자들의 교회, 대학교회, 대성당, 설교를 위한 교회, 평범한 교구교회 등이 그것이다. 그 중 가장 대표적인 교회로서 수도자들의 교회를 들 수 있다. 오랫동안 이 수도원 공동체는 일곱 가지의 주간 예배 의식과 밤의 의식을 지키며 찬양하는 것을 계속해왔다. 커다란 공동체들은 약 1,000명 이상의 회중을 수용하고 있었기 때문에 훌륭한 기능을 가진 건물들, 특히 수도원식 예배에 적합하게 설계된 건물들이 늘어난 것은 결코 놀라운 일이 아니다. 공동체 모두가 찬양대였기 때문에 가장 중요한 공간은 찬양대석이 차지하였으며, 그들은 두 줄로 나누어 서서 시편을 교창했다. 이러한 길다란 찬양대석의 결과로 교회 안의 교회가 만들어지게 되었으며, 때로는 칸막이에 의해 본당으로부터 분리되는 경우도 있었다(그림 4). 수도원 공동체에 있어서 이러한 것은 기능적 배열의 일종에 속했다. 성소의 높은 제단은 미사를 위해 사용되었고, 다른 제단들은 개인적인 미사를 위해 곳곳에 분산되어 배치되었다. 이밖에도 다양한 배열들이 수도원 공동체를 위해 계획되었는데, 독일에서는 후진(apse) 부분에 찬양대가 자리했고, 스페인에서는 본당 중앙의 벽으로 막은 공간에 찬양대가 자리했다. 또한 대성당들은 거의 유사한 양식들로 설계됐으며, 종종 죽은 사람의 영혼의 안식을 위해 드리는 미사를 위해 특별히 공간을 세분하기도 했다.

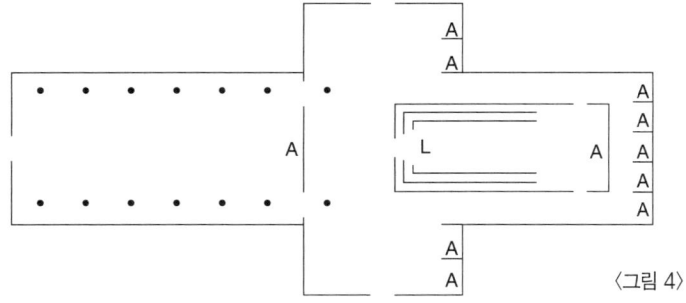

〈그림 4〉

3. 공간의 언어   *113*

이렇게 전문화된 교회가 형성됨에 따라 대부분의 마을 사람들이 예배를 드리는 교구 교회가 균형을 잃게되는 결과를 가져왔다(그림5). 이 건물들은 성직자들과 영주의 가족들을 위해 커다란 막으로 가리워진 특별한 공간(chancel, 강단)을 배치하였다. 대다수의 회중들은 수도사들이나 성직자들이 아니고 평신도들이었나 그들은 미사를 드릴 때 신부의 맞은 편에 서서 겨우 미사를 드리는 모습을 얻어볼 수 있도록 본당에 자리잡게 되었다.

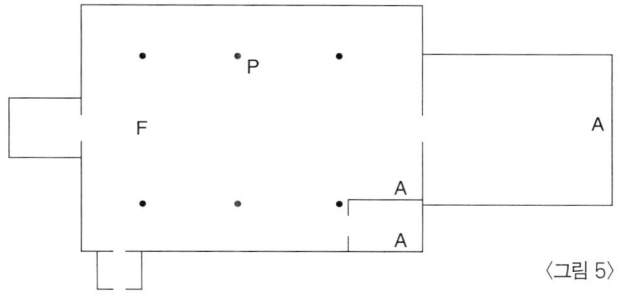

〈그림 5〉

수도원과는 달리 각 교구 교회들은 세례반을 가지고 있었으며, 중세기 말에 이르러서는 세례와 결혼식이 교회의 입구에서부터 시작되었다. 교회의 중앙부분은 조각들, 그림들, 그리고 신앙의 가르침과 격려를 의미하는 채색 유리들로 온통 치장되어있었다. 14세기에 이르기까지 중앙부분에는 의자들이 놓여져 있지 않았으며, 회중들은 그들이 가장 잘 보고 들을 수 있는 곳으로 움직일 수 있었다. 교회 안에 의자를 설치했다는 것은 회중들이 예배드리는 동안 앉을 수 있다는 것을 의미하는 동시에 회중들이 이제 더 이상 움직일 수 없게 되었다는 것을 의미한다. 그리하여 회중들은 그들의 개인적인 헌신을 위해 예배를 드리게 되었다. 16세기 로마가톨릭 주교는 성직자와 회중들을 분리하는 것에 대해 이렇게 말한다. "교회 안의 회중들은 사제와 성직자들이 강단에서 무엇을 하고 있는 가에는 거의 관심이 없다.... 회중들은 아침 예배나 미사를 진정으로 들으려 하는 것보다는 오직 미사에 참석하고 그들 자신이 침묵 속에서 기도를 드리기를 원했을 뿐이다."[5] 교구 교회는 수도원에서 기능적으로 한 것처럼 본당과 강단(chancel)을 분리시킴으로써 오히려 피해를 입게 되었다. 중세 교구 교회는 개인적인 헌신을 위해서는 훌륭한 구조를 가졌으나, 회중들이 보다 적극적으로 예배에 참여할 수 있어야 한다는 점에서는 매우 불합리한 구조를 갖게 되었다.(CSL, par. 4)

중세 시대의 또다른 발전은 공간의 부분적 배열과 성구들의 배치와 예배 활동 등 모든 것에 상징적 의미를 부여한다. 이 환상적이고도 느린 변화는 그러한 요소들이 처음에는 기능적인 목적에서 고안되었으며 명백한 목적을 가지고 있었다는 사실을 상실하게 만든다.

종교개혁과 가톨릭 내에서의 종교개혁은 예배공간의 배열에 현저한 변화를 가져왔다. 매일의 공중예배에서 찬양대의 공간을 필요로 하지 않는 예수회 교단(The Jesuits)은 로마 가톨릭을 화려한 미사와 화려한 교회의 건축에로 이끌었다. 제단은 장중한 찬양대에 방해받지 않고 다시 한번 중요한 위치로 부각되었으며, 화려하게 장식된 설교단들은 다투어 주의를 끌게 되었다.

교회의 건축에 대한 개신교의 시도를 개괄적으로 말하는 것은 매우 어려운 문제이다. 개신교는 그들의 목적을 위해서 옳고 그름을 가리지 않고, 많은 유형의 건물들을 교회 건축의 원시적인(초대교회의) 유형들로 생각하였다. 강단과 회중석이 엄격히 구분된 교회 안에서 모든 신자들의 제사장직에 관하여 가르친다는 것은 불가능하지는 않을지라도 매우 어려운 일이었다. 중세 교회들은 모든 성도들이 성찬을 받기 위해 집례자의 자리로 나아가게 하거나 또는 모든 예배를 본당에서 드릴 수 있게끔 설계되었다. 가끔 강단은 간단한 벽으로 가려져 있거나 또는 아예 없애 버린 경우도 있었다.

17-18세기에 개신교가 수많은 새로운 교회들을 지었을 때, 그 교회들은 모두 특색이 있는 것들이었다. 그중 대다수는 중앙집중식 건물이었다.

3. 공간의 언어 **115**

그림6은 왼쪽에서 오른쪽으로 독일, 네델란드, 그리고 스코틀랜드의 다양한 교회양식을 보여준다.

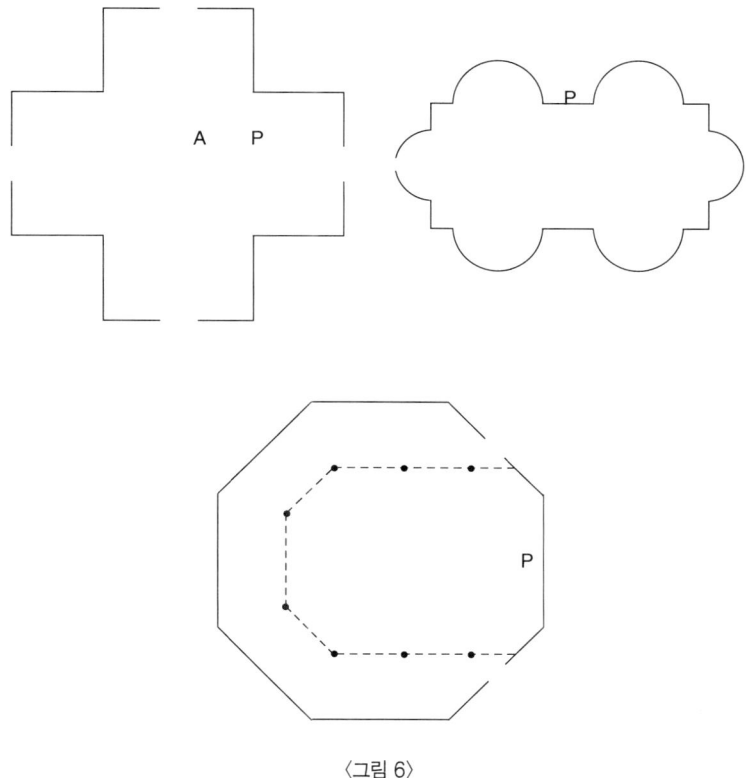

〈그림 6〉

이러한 다양한 시도는 18세기 미국에서도 계속되었다. 그림7의 맨 위 그림은 영국 국교회에 의해 시도된 회중 교회의 전형적인 집회 장소를 보여주고 있다. 그리고 맨 아래 그림은 퀘이커 교도들의 집회장소로서 남자들과 여자들 사이에 움직일 수 있는 칸막이가 막혀져 있다.

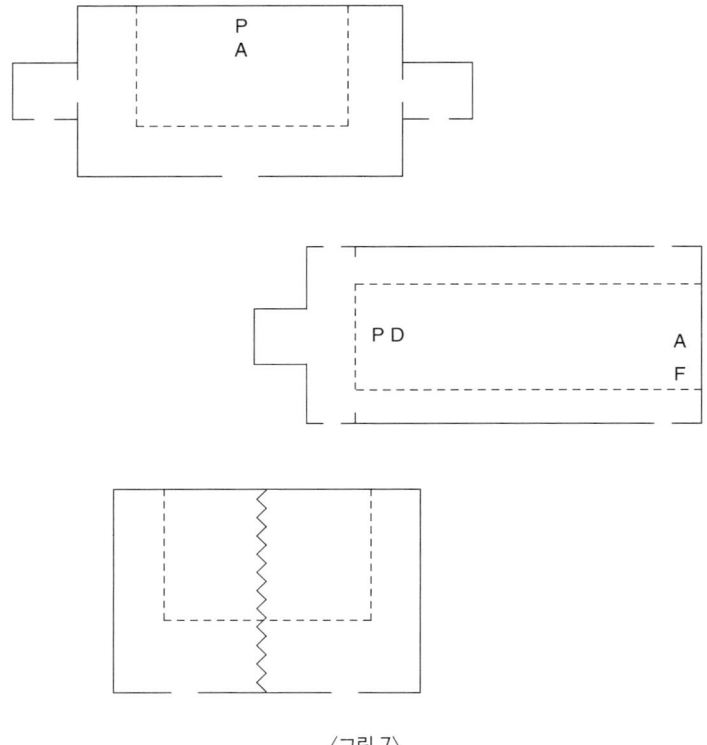

〈그림 7〉

　위의 그림들이 나타내는 예배공간의 공통점이 있다면 무엇인가? 강단(chancel)이 없어졌다. 강단은 거의 3세기동안 개신교의 교회건물에서 사라졌다. 그 대신 회중들의 공간이 확대되고, 찬양대석이 줄어들거나 없어졌으며, 성소의 공간은 축소되거나 사라졌다. 퀘이커 교도들의 예배소는 전적으로 회중들의 공간과 활동공간으로 되어 있다. 개신교 건물의 특징은 설교자의 목소리를 많은 사람들이 들을 수 있도록 발코니를 만든 것이었다. 이 발코니는 전 공동체가 움직이기 어려운 상태에서도 말씀의 성례전에 참가할 수 있도록 해주었다.

19세기에는 이와 반대되는 색다른 경향이 생겨났다. 캠브리지 운동의 낭만주의는 영어 사용권 국가중 많은 곳의 교회가 중세시대를 낭만적인 눈으로 바라보도록 만들었고, 교회 건축을 새로운 중세형으로 해야한다고 외쳤다(그림8을 5와 비교하여 참조). 반면에 부흥 운동은 설교단과 대규모 찬양대를 강조하며 음악당의 무대와 같은 배열을 고안해 내었다(그림9).

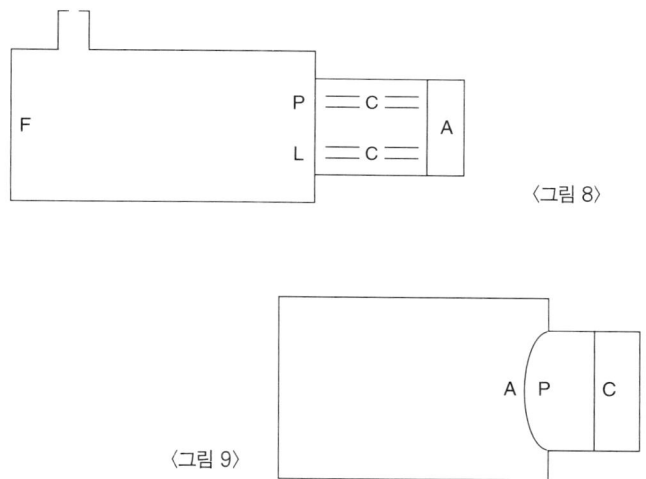

〈그림 8〉

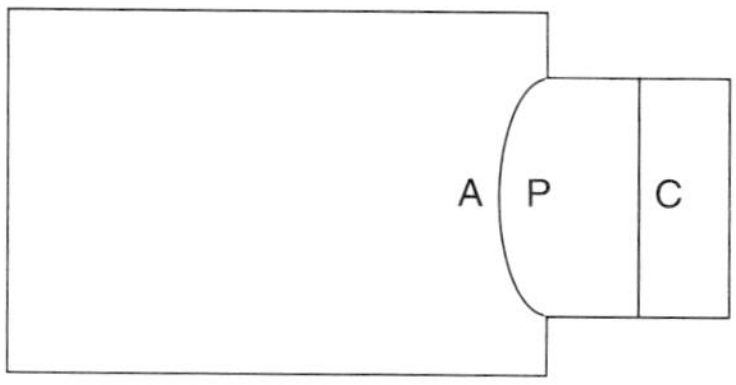

〈그림 9〉

제2차 바티칸 공의회 이후로 최근에 많은 변화가 일어났다. 이 변화들은 공통적으로 중앙집중식 설계를 반영한다. 물론 거기에는 선포된 말씀이 잘 전달되는 것과 사람들이 동심원을 중심으로 모일 수 있도록 배열하는 절충이 필요했다.

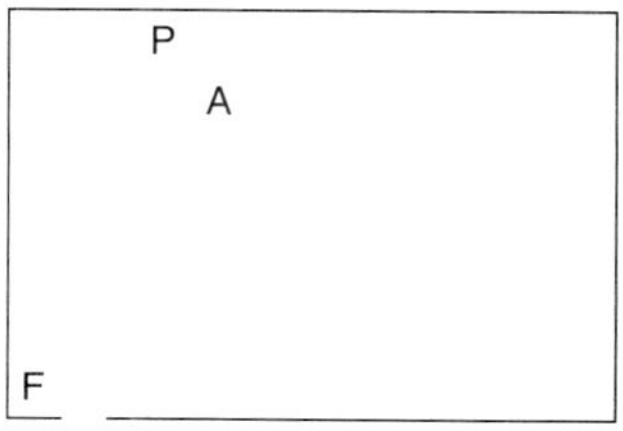

〈그림 10〉

그림 10은 오늘날 개신교나 로마천주교회에서 나타나는 배열방식을 보여준다. 개신교는 세례반을 회중의 앞에 위치시키는 것을 더 선호하나 이는 새로운 로마 가톨릭 교회의 건물에서도 나타나는 현상이다. 로마 가톨릭은 예배인도자의 좌석을 앞에 위치시키는 것을 더 선호하나 개신교회는 지나치게 지배적인 성직자의 좌석에 대한 반동을 보이는 추세이다. 그러나 양측 모두 회중석과 함께 제단을 중심으로 모이는 중앙집중식 형태를 보인다.

오늘의 교회 건축에 있어서 나타나는 몇 가지 특성들은 경제적 필연성이나 또는 새로운 건축기법에 따라 나타나고 있다. 그러나 건물의 측면을 낮게 만드는 것이나, 특정 방향을 지시하지 않는 내부 공간, 이동가능한 의자 등은 초대교회에서 가정교회가 지녔던 친밀감과 환대성(hospitality)을 회복하려는 신중한 노력을 보여준다.

예배 공간에 있어서 이처럼 급격하고 다양한 변화를 통해 오늘 우리는 어떠한 실제적인 결론을 내릴 수 있는가? 어떤 특정한 유형을 보편화시키는 것은 매우 어려운 일이며 동시에 많은 문제들을 일으키게 될 것이다. 교회의 예배 공간의 변화들을 비판적인 관점에서 바라본다면 감탄과 아울러 비판이 따라올 것이다. 우리 시대는 다른 시대들보다 더 많은 판단 기준을 가지고 있다. 그러나 만일 우리가 현재 20세기 후반의 관점을 가지고 있다는 한계성을 인정한다면, 기독교 예배를 위한 공간을 새로 짓거나 개축을 하는 사람들을 위한 실제적인 관련성의 기준을 어느 정도 발견해 낼 수 있게 된다.

첫 번째 기준은 **효용성**(utility)이다. 한 건물이 예배자들에 의해 감탄을 받기 위해서가 아니라, 예배자들이 얼마나 그것을 유용하게 사용할 수 있는가 하는 점이다. 이 문제는 건물이 얼마나 말소리를 효과적으로 전달하며 하나님의 이름으로 하는 사귐에 기여하는가의 정도를 파악함으로써만 해결될 수 있다. 만약 심한 공명으로 음성이 잘 들리지 않는다면 아무리 성례전을 집행하기에 좋은 건물이라 하더라도 훌륭하게 지어졌다고는 할 수 없다. 한편으로 소리 전달의 기능이 훌륭히 수행되나 서로 근접하기 어려운 발코니에 의해 사람들이 떨어져 있어서 친교를 나눌 수 없다면, 그 건물 역시 마찬가지이다. 이상적인 설교, 완전한 성례전의 기능을 동시에 만족시킬 수 있는 교회가 필요하다. 이와 같이 효용성의 기준은 모든 필요를 다 충족시키는 데에 있다. 교회는 사용하기 위해 지어진 것이지, 관람객들의 탄성이나, 예술사가들의 기록을 위해 지어진 기념물은 결코 아니다.

기독교 예배를 위해 공간을 가장 유용하게 구성하는 것은 **단순성**(simplicity)에 달려 있다. 분명한 것은 예배의 기초와 본질적인 것에 관해 우리가 이해할 때에만 이렇게 예배당을 지을 수 있다. 절제와 훈련이 중요한 요소이다. 많은 교회들은 불필요한 요소들에 돈과 노력을 낭비하고 기본적으로 필요한 것에는 관심을 기울이지 않기 때문에 파멸을 자초하고 있다. 여섯 가지의 필수적 예배의 공간들과 3-4개의 예배 중심들에 대한 관심은 우리의 단순성 훈련의 핵심부분에 속한다. 정지할 때를 아는 것이 가장 중요하다. 건축물에 대해 논하기 이전에 예배에 대해 논하는 것이 필요하다. 지금까지 교회 건축위원회들은 교회가 무엇이며 예배는 무엇을 하는 것인지에 관해 알려고 하지 않고 임의적으로 결정을 함으로써 일을 잘못 처리해 왔다. 예배의 본질에 대한 지식이 없이는 아무리 훌륭한 건축가라 하더라도 예배에 적합한 건물을 설계할 수 없다. 그들이 할 수 있는 것은 고작해야 매력적인 외관을 설계하는 것일 뿐이다.

교회건축의 역사에 대한 연구를 통해서 우리가 알게 된 것은 기독교 예배의 환경과 필요성들은 시대에 따라 변한다는 사실이다. 지난 수년동안의 사건들은 특히 건물의 **융통성**(flexibility)이 갖는 중요성을 보여준다. 기독교 예배의 항구성에도 불구하고, 이 항구성을 표현하는 외적인 유형들을 형성하고 변화시키는 강력한 요소들이 존재한다. 오늘날 취급하기 가장 어려운 교회들은 예배의식의 변화에 대한 참된 의미를 받아들일 수 없었던 짧은 기간 동안에 지어진 교회들이다. 오늘날 교회건축에 고려할 가장 중요한 요소는 변화를 솔직하게 받아들이는 것이다. 존 러스킨(John Ruskin)의 낭만주의적인 말, "우리가 교회를 지을 때에 그것을 영원히 짓는다고 생각하도록 하자"는 것은 구시대에 속한다. 오히려 오늘날 우리는 이렇게 말해야 한다. "우리가 교회를 지을 때에 지나치게 미래에 얽매이지 말자." 왜냐하면, 우리는 얼마 안 되어서 이 양식이 곧 바뀌리라는 것을 알고있기 때문이다. 고정된 의자나 묵직한 설교단, 고정된 찬양대석들은 모두 변화가 용납되지 않았던 한 시대에만 속하는 것이다. 역사와 최근의 경험은 다음 시대에서는 인정받을 수 없지만, 한 세대 안에서는 무엇이 명백한 진실인가를 밝혀준다. 우리는 우리 이후의 세대에 우리의 의지를 결정적인 것으로 강요해서는 안 된다. 그들은 역시 그들 나름대로의 특성을 가지고 있다.

역사적 고찰을 통해 알게 된 또 하나는 **친밀성**(intimacy)이라는 요소이다. 친밀성은 초기교회의 가장 중요한 요소였으며 많은 개혁의 전통 속에서도 거듭 재발견되었다. 오늘날 이 친밀성의 문제는 교회건축에 있어서 열심히 연구되고 있는 과제이며, 또한 예배하는 모든 공동체에 의하여 매우 중요시된다. 오늘날 기념물적인 건축양식에 반대하는 경향이 생겨난 것은 교회건물이 회중들을 지배하는 것이 아니라 공동체를 위해 봉사하는 것이라는 점을 사람들이 알게 되었다는 데에 기인한다. 이것은 모든 예배자들로 하여금 자신이 예배의 무대 위에서 회중들 사이에 파묻힌 외로운 방관자가 아니라 예배의 중요한 위치를 담당하고 있다는 사실을 느낄 수 있게 해주는 보다 작은 규모이고 경제적인 건축양식을 의미한다.

인간의 심성은 예배에 **심미성**(beauty)을 결부시킨다. 심미성은 딱히 뭐라고 말하기 어려운 요소이며, 어떤 사물과 장소가 아름다운지에 관해서 의견의 일치를 이루어 내기가 힘든 것이 사실이다. 본질적인 것만이 예배장소를 아름답게 만드는 항구적인 요소이며, 나머지 것들은 건축가가 자기 시대에 통용되는 아름다움의 기준으로 만들기는 하지만 그것은 언제든지 변화될 수 있는 것들이다.

건물의 효용성, 단순성, 융통성, 친근성, 그리고 심미성은 교회의 건축물이 오늘날의 교회에 어떠한 공헌을 하고 있는가를 판단하는 데에 가장 좋은 기준이다. 물론 이 기준은 13세기의 대성당이나 1920년대의 도시 교회들에게는 적합하지 않다. 단, 과거의 여러 유산들에다가 현대를 향한 솔직함과 직접성의 추구를 더한다면 우리는 새로운 방향을 설정할 수 있을 것이다.

예배 공동체의 교회설계나 공간 배열에 대해 책임을 진 사람은 예배 공동체에 새로운 생명을 줄 수 있는 기회를 얻은 사람이다. 한 교회를 설계하는 것은 교회 갱신을 가능하게 하는 촉매제가 될 수도 있고, 동시에 가파른 지옥이 될 수도 있다. 설계의 과정은 짓는 과정보다 더 중요하다. 무엇보다도 교회는 곧 회중을 의미하며, 건물을 의미하지는 않는다. 그러나 훌륭한 교회 건물은 공동체가 된다는 의미를 사람들로 하여금 발견하고, 또 재발견하게 해 주는데 도움을 준다. 교회를 설계하는 과정에는 상당한 통찰력이 필요하며, 적절한 설계를 위해서는 충분한 시간을 아끼지 말아야 한다.

그러나 건물은 역시 중요하다. 왜냐하면, 그것이 일단 지어진 후에는 여러 세대에 걸쳐서 그 안에서 행해지는 예배의 형태를 그 건물의 유형대로 형성하기 때문이다. 건물이 항상 모든 것을 지배한다고 볼 수는 없지만, 적어도 우리는 건물의 장단점이 지닌 강력한 힘을 인식하여야 한다. 이러한 설계는 우리의 생애를 넘어서 오래 남아 있을 것이기 때문이다. 우리가 더욱 주의를 집중하여 예배를 연구하고 검토할수록 우리는 하나님의 이름으로 말씀을 선포하고 행동하며 서로 교제하는 목적을 잘 수행할 수 있는 유용한 도구로서의 교회를 설계하고 지을 수 있을 것이다.

3. 예배음악과 공간

공간은 예배에 관한 많은 요소들을 결정하지만 우리가 자칫 간과하기 쉬운 것 중의 하나는 그것이 음향효과에 어떠한 영향을 미치느냐 하는 문제이다. 대부분의 교회들의 음향의 환경은 각각 특색이 있으며 그 중 몇 가지 유형은 매우 중요하다. 앞장에서 언급한 바와 같이 소리는 시간 안에 존재한다. 그러나 사람들이 예배 공간을 설계할 때에 소리와 공간의 상관관계를 자주 간과하는 경향이 있기 때문에 그것은 다시금 강조되어야 할 필요가 있다. 교회는 사용하기 위해 짓는다. 사람들은 항상 사람들이 없는 텅빈 공간을 인식하지만 사실은 교회당에 회중들이 모일 때 교회건물은 비로소 제 기능을 발휘한다. 사람들이 모이는 행위 그 자체가 벌써 소리를 전제로 하는 것이며, 종종 교회는 종을 치는데 이는 사람들을 세상으로부터 불러모으는 것으로서 시작의 행위에 해당한다.

소리는 시간 속에 존재하는 동시에 공간 속에 존재한다. 여기서 우리의 관심은 교회 안의 예배의 성격을 형성하고 결정하는 '공간 안에서의 소리의 효과'를 밝혀내는 일이다. 몇 가지 실례들을 들어보는 것은 우리에게 도움을 줄 수 있을 것이다. 중세 석조건물의 커다란 내부와 딱딱한 표면은 음성이 제대로 들리게 하기 위해서 찬양에 가락을 붙여서 산문적으로 낭송하는 것을 필요로 하였다. 시편은 항상 단조로운 가락의 제창으로 불리워졌다. 이러한 방법은 소리가 메아리치는 음향 환경에 적응하기 위하여 고안된 방법이었다. 반면에 영국에서 회중들의 노래가 장엄한 중세 교구의 교회들보다는 비국교도들의 작은 모임에서 더 발전되었다는 것은 결코 우연한 일이 아니다. 찬송가는 영국 국교도들에 의하여 불려지기 시작했지만 조합교회의 신자들과 감리교도들이 주로 찬송을 사용하였다. 그들이 모였던 작고 친밀감이 있는 예배처는 모든 사람들이 "무대"에 서 있다는 것을 느끼게 함으로써 회중 찬송을 발전시킬 수 있었다. 소리의 공명이 심한 대성당과 같은 곳에서 퀘이커교도들이 침묵 속에서 하나님을 기다리는 모습을 상상한다는 것은 어려운 일이다. 그것은 작은 가정집과 같은 곳에 더 어울리며, 넓은 장소는 그 예배의 의미를 잃어버리게 만든다.

예배에 포함되는 소리의 범위는 매우 넓다. 사람들이 모일 때 그들은 서로 간에 어떠한 영향을 미치게 될 것인가? 발소리, 목소리, 의자를 움직이는 소리, 아기가 우는 소리, 어린이들이 칭얼거리는 소리들이 예배 안에 섞여 있다. 이 소리들은 사람의 몸에서 파생되는 자연스럽고 당연한 소리여서 억압될 필요가 없다. 때로는 제거되어야 할 성가신 소리들이 밖으로부터 들어오며, 전등이나 난방기, 냉방기에서 들려오는 잡음과 같이 흡수되어야 할 내부의 기계 소음들도 있게 된다.

보다 결정적인 문제는 구두로 전달하는 음성이다. 소리가 반사되는 딱딱하고, 곡선의 벽을 가진 교회 안에서 설교한다는 것은 매우 어려운 일이다. 소리의 울림이 하나님의 말씀을 듣는 것을 방해해서는 안 된다. 또한 지나친 방음도 마찬가지이다. 지나친 방음장치는 사람들이 혼자서 노래를 하고 있다는 느낌을 갖게 하며 따라서 그들은 노래를 멈추어 버린다. 지나친 방음 효과는 오르간 음악의 명쾌함을 상당히 감소시키기도 한다. 불량한 음향 장치는 설교자와 또한 연주자들을 실망시킨다. 설교자는 울림이 없는 것을 원하지만, 오르간 연주자는 약간 울리는 소리를 좋아한다. 이 양자의 조화는 항상 필요하다.

예배에 영향을 미치는 많은 음향효과의 요소들이 있지만 우리의 주된 관심은 음성과 음악에 있다. 음성과 음악에 대해서는 이 책의 후반부에서 자세하게 언급된다. 그러나 여기에서 특히 공간에 의하여 영향을 받는 교회음악 일반에 관하여 몇 마디 언급하는 것이 유익할 듯하다. 건축이 공간에 의해 구성되는 것처럼 음악은 소리에 의해 구성된다.

교회음악의 주된 기능은 사람들이 예배 분위기 속으로 더욱 깊이 들어가도록 인도한다. 지금도 미국 교회의 거의 모든 찬양대실에는 찬양하는 사람은 갑절로 기도해야 한다는 어거스틴의 경구가 붙여져 있다. 그러나 음악에 대해 지나치게 흥미를 갖는 것에 대한 어거스틴의 경고는 찬양대실에 붙여져 있지 않다. 갑절로 기도해야 한다는 말은 확실히 진리이다. 그러나 동시에 노래할 때에 자신이 무엇을 하고 있는지를 올바로 알아야 한다. 또한 율동은 예배를 보다 효과적으로 진행하기 위해 추가될 수 있다. 악보 없이 그냥 어울려 부르는 것은 매 시간마다 진부한 찬송만을 부르도록 만들지만, 찬송가를 보고 노래하는 것은 보다 깊은 주의를 갖도록 해준다. 음악은 그것이 없을 때보다 더 깊이 예배에 참여할 수 있도록 해주기 때문에 음악은 예배에 있어서 매우 중요한 요소라고 할 수 있다. 음악이 없는 가족 예배를 경험한 일이 있는 사람은 음악이 얼마나 참여 의식을 강하게 해주는지 알 수 있다.

또한 음악은 평범한 설교와는 달리 감정적 효과를 통해 예배에 도움을 준다. 음악은 박자, 음조, 음량, 선율, 화음, 운율과 같은 다양성을 통해서 우리의 감정을 강하게 표현할 수 있도록 해준다. 우리는 말하는 것보다 노래를 통해서 우리의 감정을 보다 잘 표현하고 있으며 전달할 수 있다. 음악은 그것이 없을 때보다는 있을 때에 감정을 생생하게 전달할 수 있다.

음악은 또한 그 자체가 가진 본질적 아름다움을 통해 예배에 공헌한다. 그러나 우리는 비록 아름다움이 예배에 있어서 상당한 위치를 차지한다해도 아름다움의 창조가 예배의 목적은 아니라는 데에 주의해야 한다. 대부분 음악은 아름다운 미적 본질을 지니고 있으면서도 또한 각 개인이 자기들의 예배를 표현하는 전달수단의 기능도 하고 있다. 그러므로 음악회를 평가하는 기준으로 한 교회의 예배를 평가해서는 안 된다. 교육을 통하여 어떠한 것이 세련된 사람들을 위하여 훌륭한 교회음악인가를 알고 있는 많은 사람들이 한편으로 사람들의 감정의 표현과 환경에 따라 어떠한 음악이 적합한 것인가를 배워야 한다는 사실을 깨닫지 못한 경우도 있다. 사람들의 문화적 수준은 매우 다양하며, 이 여러 상황 속에서 음악은 각각 적절히 사용되어야한다. 따라서 음악은 각각의 문화적, 상황적인 여건에 따라 여러가지 차이를 나타내게 되는 것이다. 그러므로 만일 회중의 문화와 상황에 적합한 음악을 채택하지 않는다면 우리는 선곡에 있어서 우월주의(elitism)에 빠지고 말 것이다.

음악의 기능 중 다른 하나는 아무리 우리의 음악적 소양이 빈약하다 할지라도 음악이 우리가 아름답다고 여기는 그 어떤 것을 제공해 준다는 데에 있다. 그러므로 사람들은 음악적 소양이 뛰어난 다른 사람들이 노래하는 것을 듣는 것보다는 자신이 참여하여 노래를 부르는 것을 더 좋아하게 된다. 다행하게도 우리는 찬양대의 노래와 회중들의 찬송을 동시에 한 예배에 적용시킴으로써 이 둘 중 어느 하나를 선택해야 하는 입장에 서지는 않는다. 회중 찬송은 회중들 자신이 최선을 다하여 하나님께 찬양을 드릴 수 있는 기회를 제공하며, 이러한 노력은 다른 사람들의 찬양을 듣기만 하는 입장에서는 만들어 질 수 없다.

이와 같이 교회음악은 감정의 훌륭한 표현과 아름다움을 예배에 더해 준다. 만약에 음악이 예배에 있어서 이렇게 중요한 것이라면, 음악에 결정적인 영향을 주는 교회의 건축 역시 중요하다. 예배를 드릴 때 교회건물은 그 자체가 하나의 악기의 구실을 한다. 소리는 마치 다른 악기들에서처럼 교회 안에서 반사되기도 하고 흡수되기도 한다. 실제로 어떤 연주회장은 지붕을 조절하는 장치를 구비함으로써 사방의 벽의 소리를 보다 잘 흡수하거나 또는 반사할 수 있게 건축되어 있다. 이러한 방식은 교회의 건축에도 사용되어야 한다. 사람들이 많이 모여있을 때에는 소리가 그만큼 더 흡수된다. 마치 악기와도 같은 다양한 교회건물의 기능은 다른 형태의 음악에 영향을 미친다. 그것은 여러 종류의 교회음악을 강화하기도 하고 약화시키기도 한다.

악기음악(instrumental music)의 필요성은 악기들의 다양한 발전과 여러 악기들을 복합적으로 사용하는 기술을 발달시켰다. 보통 밝고 생기 있는 소리들을 가진 악기가 발전되었고 약간의 진동을 가진 악기들이 애호되었다. 그러나 언어의 전달을 방해할 만큼의 진동 있는 악기들은 지양되었다. 피아노나 오르간 이외의 여러 악기들의 사용을 위해서는 보다 넓은 공간을 필요로 하게 되었고 보통 이것이 찬양공간의 일부였다. 찬양대와 연주자가 멀리 떨어져 자리하는 것은 비합리적이기 때문에 그들은 서로 가까이 자리잡는 것이 좋다. 이러한 유동성(flexibility)은 특히 찬양대의 공간을 구성함에 있어서 매우 중요하다. 찬양대의 의자들 사이에 첼로를 고정시키는 것은 어려운 일이며 피아노를 위층으로 옮겨간다는 것도 어려운 일이기 때문에 이 공간의 구성은 매우 어려운 문제이다. 교회의 내부는 매우 주의 깊게 설계되어야 한다. 그래야만 찬양대의 찬양소리가 교회의 구석을 돌아서 나오는 것을 피할 수 있으며, 10만 달러나 하는 파이프 오르간이 수랑(transept: 십자가형의 교회에서 십자가 양 날개에 해당하는 공간-역자 주)에 사장되는 것을 막을 수 있다. 연주를 얼마나 잘하느냐 하는 것보다 건물의 표면과 재료가 기악을 듣는 데에 더 큰 영향을 미친다.

공간은 또한 **합창음악**(choral music)에도 영향을 미친다. 합창은 공간의 유형에 따라 큰 영향을 받는 대표적 예이다. 우리는 교회를 짓기 전에 성가의 기능이 무엇인가를 생각해 보아야 한다. 불행하게도 우리는 보통 합창이 단순히 목소리들이 혼합된 것이라고 생각하고 있으며, 찬양의 기능이 예배에 미치는 영향을 생각하기보다는 어떻게 하면 더 크고 좋은 찬양대 공간을 지을 수 있는가 하는 것에만 시간과 노력을 쏟고 있다. 그러나 우리가 찬양대의 주된 기능이 무엇인가를 진지하게 고려할 때에, 비로소 우리는 다른 네 가지 예배공간과의 상관성 하에서 찬양대의 공간을 구성할 수 있게 된다.

만약 찬양의 주된 기능이 찬양을 통해서 말씀의 선포를 도와주는 것이라면(회중을 *향한* 찬양) 찬양대는 회중들을 마주하는 곳에 위치하여야 한다. 그러나 성가는 보는 것보다는 듣는 데에 의미를 갖고 있기 때문에 이러한 위치는 문제점을 내포하고 있다. 회중들의 시선을 끌기 위해서 목사가 찬양대와 경쟁을 하여서는 안되며, 특히 설교할 때에는 더욱 그러하다. 만약 찬양대의 주된 기능이 아름다움을 제공하는 것이라면(회중을 *爲한* 찬양) 덜 눈에 띄는 공간도 무방하다. 최근에는 찬양대의 주된 기능 중 하나가 회중 찬송을 인도하는 데에 있다는 것이 점차 인식되고 있다.(회중과 *함께* 찬양) 이는 특히 새로운 찬송이나 어려운 찬송을 부를 때에 더욱 그러하다. 이처럼 회중이 찬송하는 것을 도와주는 기능은 찬양대가 회중의 뒤에 위치할 때에 가장 훌륭하게 성취된다. 이들 중 어떠한 경우에도 찬양대는 가능한 한 회중과 가까이 있어야 하며, 심지어는 회중과 섞여 앉는 것도 가능하다. 옛 바실리카 양식의 교회 구조에서 찬양대석이 회중석의 앞부분에 위치해 있으며 3면이 회중들에 의해 둘러싸인 구조는 오늘날 위의 3가지 경우 모두를 위해서 권장할만하다. 마지막으로 성가가 때때로 배경음악으로 사용되어 분위기를 연출하는 것은 교회음악을 단순한 여흥물로 전락시키기는 것이 된다. 이 경우에는 찬양대와 찬양대 공간은 모두 없어지는 것이 좋다.

어떤 위치에 찬양대가 놓이느냐에 따라서 찬양대와 회중이 어떤 느낌과 의미를 가지고 찬송을 듣느냐가 결정된다. 그러므로 찬양대의 위치가 오늘날 예배 공간의 구성에 있어서 가장 어려운 문제이다. 이상적으로 말하자면 찬양대의 기능은 매주 바뀔 수 있으므로 찬양대의 위치는 유동적인 것으로 취급되어야 한다. 예를 들어 수난일 같은 경우에는 성가가 완전히 생략될 수도 있다. 또한 어떤 교회에서는 성가를 오직 특별한 경우나 종교 음악회에서만 사용할 수도 있다. 어떠한 경우에든 찬양대의 위치는 회중의 위치와 밀접하게 관련되어 있어야 한다. 그래야만 어떤 사람은 예배의 참여자로, 어떤 사람은 방관자로 나타나는 것을 지양하고 찬양대와 회중이 서로 하나가 될 수 있다. 예배는 모든 사람이 참여해야 한다.

무엇보다 중요한 것은 **회중찬송**(congregational song)이다. 이러한 유형의 음악에서는 모든 회중이 자기의 감정을 표현할 수 있는 기회를 갖게 된다. 회중찬송의 가장 중요한 기준은 아름다움이 아닌 감정의 충분한 표현이다. 회중찬송은 예배자들의 가장 깊은 감정과 생각을 표현할 수 있어야 한다. 이러한 요구조건을 충족시킬 때에 회중찬송은 굉장한 아름다움을 창조할 수 있다.

회중찬송은 **시편송**(psalmody: 시편을 노래하는 것), **찬송가**(hymnody), 그리고 **예배음악**(service music: 글로리아 파트리나 상투스처럼 노랫말이 확정된 예배찬송)으로 분류된다. 어거스틴은 찬송을 "노래로 하나님을 찬양하는 것"이라고 하였지만, 더 좁은 의미에서 볼 때에 대부분의 찬송은 멜로디가 있는 운율시이다. 그런데 찬송가는 그 형태와 내용에 있어서 매우 다양하다. **복음송**(Gospel song)은 비형식적이고 고도로 개인주의적인 형태이다. 화니 크로스비(Fanny Crosby)의 "인애하신 구세주여"나 "예수로 나의 구주삼고" 등이 대표적 예이다. **성무일과송**(office song)은 매일의 공동기도에서 불려지기 위해서 음악과 노랫말로 이루어져 있으며, 삼위일체를 찬송하는 구절로 끝나는 것이 보통이다. (한국 찬송가에는 나타나 있지 않은 찬송으로서) "태양과 함께 내 영혼 이제 깨어서"나 "나의 하나님, 이 밤에 모두가 당신을 찬양합니다" 등은 영어로 쓰인 것 중에서 잘 알려진 것들이다. 이에 해당하는 많은 찬송들이 요한 매슨 닐(John Mason Neal) 등에 의해서 라틴어로부터 영어로 번역되었다.

회중찬송의 중요성은 절대 무시되어서는 안 된다. 칼톤 영(Carlton R. Young)은 말하기를, 우리는 종종 찬양대가 마치 회중인 것처럼 취급하는 경향이 있으나, 오히려 회중을 마치 찬양대인 것처럼 취급하여야 한다고 하였다. 성가 합창제의 경우를 제외하고 찬양대는 언제나 회중을 보조하는 것에 지나지 않는다. 찬양대는 오직 회중이 성취하기 어려운 것을 하기 위해서 존재하거나 또는 회중이 더 노래를 잘 부르도록 도와주기 위해서 존재한다. 합창음악은 회중찬송의 대치물이 아니다. 회중찬송이 효과적으로 되기 위해서는 음향시설이 좋아야 한다. 만일 예배당 건물이 소리를 너무 잘 빨아들인다면 회중은 자기의 목소리가 너무 튀어나올 것을 염려하여 당황하게 된다. 딱딱한 바닥과 벽은 노래부르는 것을 잘 도와줄 수 있다. 그리고 회중은 발코니나 수랑(transcept) 등의 장소에 앉음으로써 전체 회중으로부터 고립되어서도 안 된다. 이러한 배열은 교창(resopansorial singing)에는 좋지만 대부분 수도원 공동체 등에 적합하며 일반 교회에는 적합하지 않다.

음악은 신체예술이다. 우리가 스스로를 억제하기 때문에 이것을 알지 못하지만, 사실 음악은 우리의 온몸 전체를 감정으로 이끈다. 아이들은 불행히도 춤을 추지 말도록 교육받는다. 좀 더 큰 아이들은 음악소리를 들을 때 종종 춤을 춘다. 때때로 크리스챤들은 예배의 주요한 부분으로서 **예배율동**(liturgical dance)을 하기도 한다: 2세기에 알렉산드리아의 클레멘트는 기도가 손과 발을 사용하는 것이라고 말했다. 쉐이커교도들(Shaker, 몸을 흔들며 찬송하는 사람들-역자 주)은 19세기에 그들의 예배에서 춤을 중요한 부분으로 만들었다. 그들은 오직 나이 많아 늙어서 춤을 출 수 없게 될 때에만 춤추는 것을 포기하였다. 아프리카에 있는 어떤 기독교인들은 예배에서 드럼은 물론 손발을 이용한 춤을 사용하는 것이 자연스럽다는 것을 발견하였다. 미국의 개신교도들이 손뼉을 치고 발을 구르는 것을 자연스러운 교회음악의 한 부분으로 인식하였던 자기 조상들로부터 그것들을 없애버린 것은 불과 한 두 세대에 불과하다. 많은 동방정교회들에서는 서방교회가 회중석 의자를 도입하기 이전의 상태처럼 회중들이 예배시간에 이곳저곳으로 옮겨다닌다.

우리의 온 몸은 **자세**(무릎을 꿇거나, 서있거나, 앉아있는 상태)나 제스쳐(포옹, 빵을 뗌, 십자가 표시를 그림), 그리고 **움직임**(성만찬 대로 이동함, 모임, 봉헌을 함)등의 다양한 방법을 통하여 예배에 참여한다. 최근에는 고대 교회에서 있었던 전체 회중의 **행렬**(procession)이 적당한 음악이 깃들여진 형태로 회복되었다. 심지어는 천 종류도 예배의 중요한 부분이 된다. 이는 절기에 대한 우리의 이해와 또한 거기에 대한 우리의 역할을 표현해 주며, 동시에 의미있는 움직임을 촉진하거나 제한하기도 한다.

예배댄싱은 최근에 더욱 보편화되었다. 많은 점에서 이는 공연을 하는 훈련되고 능숙한 찬양대와 비교될 만하다. 가능하다면 회중도 찬양대의 음악을 따라 부르듯이 적극적으로 이에 동참하여야 한다. 회중석이 움직일 수 없는 장의자로 꽉 들어차 있는 곳에서는 회중의 예배댄싱이 지극히 제한될 수밖에 없다. 다시 한번 말하지만 건물이 일단 한번 지어지고 난 후에는 그것을 바꾸기가 대단히 어렵다.

침묵(silence) 역시 예배의 중요한 한 부분이다. 때로는 아무 소리도 없을 때에 많은 것을 교감할 수 있게 된다. 침묵을 효과적으로 사용하기 위해서는 훈련이 필요하다. 죄를 고백하거나 방금 읽은 성경 본문에 관해 묵상

할 때, 또는 봉헌을 위한 중보기도 등에서 모든 예배자들이 함께 집중할 때에 좋은 효과를 보게 된다. 훈련이 안된 사람들의 생각없는 모임이 아무런 의미를 가져올 수 없는 반면에, 훈련된 침묵은 강력한 공동체적 행위가 될 수 있다. 방해받지 않고 지속하기 위해서 침묵은 교회 외부의 소음이나 또는 교회 내부의 기계 돌아가는 소리 등으로부터 차단되어야 한다. 이처럼 침묵을 위해서도 공간은 대단히 중요하다.

4. 예배예술

공간은 또한 기독교 예배의 중요한 요소 중의 하나인 **시각예술**(visual art)의 배경을 마련해 준다. 세계적인 건축가 랄프 크램(R. A. Cram)은 건축을 가리켜 "예술의 종합"(nexus of the arts)으로 즐겨 불렀다. 이것은 사실이며, 건축은 음악, 춤, 조각, 그림 기타 시각 예술과 공예 등 모든 예술의 거주지가 된다. 그러나 건축은 다른 예술의 주거지 이상이어서 기독교인이 하나님과 그들의 관계를 표현하는 것을 돕기도 하고 방해하기도 한다.

여러 가지 시각 예술은 기독교 예배에서 어떤 기능을 갖는가? 어떤 교회들은 시각예술을 전혀 예배에 사용하지 않았다. 때로는 초대교회, 종교개혁 때에도 시각 예술에 대한 강한 반감이 있었다. 그러나 이러한 **성상파괴**(iconoclasm)는 그 자체로서 눈에 보이는 형상(visual images)들이 갖는 힘이 얼마나 큰가를 증명하는 것이었다. 한편 시각 예술이 허용되기는 하였지만 단순히 장식으로만 사용되어 예배에 기여하지 못하고 시각적인 배경에 그치는 경우도 있었다.

우리는 일반적인 의미에서의 종교 예술과 **예배 예술**(liturgical art, 가끔 제의 예술이라고도 하는데, 특히 비기독교적인 예를 볼 때 그러하다)을 구분해야 할 필요가 있다. 아주 간단하게 말하자면 예배 예술은 예배에 사용되는 예술이다. "종교 예술"이란 훨씬 범주가 넓어서 어떤 의미에서는 주일학교 안에 있는 그림들이나 반 고호의 풍경화 또는 추상화를 포함시키기도 한다. 폴 틸리히(Paul Tillich)는 표면적인 관찰을 넘어서는 심도를 지닌 모든 예술을 "종교적"이라는 말로 표현하려고 했었다.[6]

예배 예술의 가장 중요한 기능은 우리에게 **거룩함의 현존**을 깨닫게 하고, 평범한 눈으로는 볼 수 없는 것을 볼 수 있게 한다. 예배 예술은 하나님을 실재하도록 하지는 못하더라도 하나님을 우리의 의식에 오시도록 한다. 사진을 통하여 우리가 우리 곁에 있지 않은 사랑하는 사람을 생각하게 되는 것처럼, 예배 예술도 보이지 않는 하나님의 모습을 향해 우리의 눈을 열게 한다. 사진과 예배 예술이 다른 점은 예배 예술은 부재(absence)가 아니라 실존을 깨닫게 하는 점이다.

가장 적절한 예배 예술은 종교적 힘을 가지고 있어서 더욱 놀라운 잠재력을 갖는다.[7] 종교적 힘은 일상적인 것 이면에 있는 영적인 것을 통찰케 해주는 힘이다. 근래 교회 예술의 대부분은 이 종교적 힘을 갖지 못하고 있다. 예배 예술은 이 세상의 사물들을 이용하여 비물질적인 것을 표현해야 한다. 만약 그림이나 조각이 사람이나 사물의 표면을 재생하는데 그친다면 예술가가 아무리 기교가 있더라도 표면 이상을 볼 수 없게 된다. 예수님의 머리를 그린 수많은 그림들이 있지만 예수님의 인간성을 표현하고 있을 뿐 그 너머로 우리를 이끌지는 못한다. 한편 로알트(Rouεult)의 그림은 우리가 마치 고통 당하는 하나님 앞에 마주선 것과 같은 감동을 느끼게 한다. 19세기와 20세기초 뉴멕시코와 콜로라도의 화가들이 그린 예수님의 그림은 기술적으로는 그에 뒤떨어지지만, 같은 시대의 쉐이커교도(Shakers, 18세기 중엽 미국에서 일어난 그리스도교의 한 교파, 예배 때 몸을 흔들며 춤을 춘다)들이 예배 무용에 큰 공헌을 한 것과 같이 그들도 특별한 종교적 힘을 가진 예배 예술을 창조하였다. 그들이 그린 그림의 얼굴 모습은 원시적이고 거칠지만 사람들로 하여금 그에게 예배하고 싶은 경건한 마음을 불러일으킨다. 한 조각의 나무나 캔버스에 그려진 그들의 그림은 학문적이고 예술적인 기교를 넘어서서 확신과 통찰력을 가지면서 놀라운 힘을 발휘한다. 우리

내부의 눈은 이런 예술에 의해 감동을 받으며 이로써 우리는 보는 것과 믿는 것 사이에 얼마나 깊은 관계가 있는가를 발견하게 된다.

과거에 예배 예술을 없애버린 사람들도 예배 예술의 종교적 힘을 분명하게 알고 있었다. 그러나 그들은 무지한 사람들이 예술이 비추어 주는 영상과 예술 자체를 혼동할 것을 염려했었다. 이것은 오늘날 우리가 직면하고 있는 우상숭배 치고는 가장 덜 위험한 편이다. 예배 예술이 우리로 하여금 자기 중심적인 감정이나 자기 중심의 본성에 빠져들지 않도록 할 수 있다면 그것은 훨씬 더 악한 형태의 우상숭배도 파괴해 버릴 수가 있다.

또 하나 예배 예술이 갖는 특징은 그것이 **공동체적 성격**(communal nature)을 띄고 있다는 점이다. 예술가에 의하여 표현된 예배 예술은 예술가 개인의 경험이 아니라 공동체 전체의 통찰이다. 훌륭한 예배 예술이란 주제의 독창성 때문이 아니라 그것이 공동 사회의 경험을 표현하기 때문에 중요성을 갖는다. 이 말은 예술가가 모두 기독교인이어야 한다는 말은 아니다. 고대 지하 묘지(Catacombs)에서부터 오늘의 프랑스에 이르기까지 성공적인 예배 예술은 종종 기독교 공동체의 조심스런 지도하에 비 기독교인들에 의하여 만들어졌다. 많은 신자들이 만족할만한 예배 예술을 창작하지 못하는 이유는 그들의 시적 영감이 개인의 상상력에 그치고 공동체의 것에 이르지 못하기 때문이었다. 건축가가 공동체의 생활을 파악하지 않고는 훌륭한 교회를 설계할 수 없듯이, 예술가도 공동체의 삶을 이해하지 못하고는 훌륭한 예배 예술을 만들어 낼 수 없다.

예술가가 이해해야 하는 공동체의 삶이란 한 세대의 것만이 아니고 여러 세대를 거쳐 축적된 전통을 간직한 공동체를 의미한다. 전통은 지난 수 세대가 하나님의 역사하심을 어떻게 경험하고 기뻐했었는가를 반영하는 일이다. 이것을 시각적인 형태로 표현한 것이 예배 예술이다. 과거의 경험은 항상 오늘날의 예배 예술을 창조하는 출발점이다. 이 말은 예배 예술은 불변이라는 뜻이 아니다. 역사를 연구해보면 예배 예술에 늘 새로운 형태와 내용이 소개되고 있음을 쉽게 발견할 수 있다. 그러나 이 모든 다양함 안에는 늘 원래의 내용으로 돌아가려고 하는 강력한 일관성이 있다. 이것은 마치 다른 시대의 기독교인들의 말과 행동을 꼭 그대로 닮고 싶어하는 것과 같다.

과거로부터 이어받은 어휘의 일부는 시각적인 상징의 형태를 갖게 된 것도 있다. 총기 규제나 환경운동, 그리고 여성운동 등에 관한 자동차 범퍼 스티커 예술을 생각해 보라. 생각해 보면 각각의 상징은 곧 우리로 하여금 그와 의견을 같이하도록 하는 설득력을 갖는 것을 알 수 있다. 교회는 오래 전부터 이와 동일한 종류의 시각적 상징을 사용해 왔다. 가시 면류관, 말구유, 타오르는 불꽃 등의 상징은 수세기에 이르는 동안 사람들이 공통으로 가지고 있는 신앙을 전달해 주었다. 그러나 상징은 오래가지 못한다. 석류나 공작을 보고 부활을 생각하는 기독교인은 없다. 또한 상징은 우리에게 순간적으로 떠오르는 것이어서 의도적으로 항상 새로운 상징을 창조한다는 것은 쉬운 일이 아니다. 아마 수 천명의 사람들은 동시에 수학에서 사용하는 등식 부호, "="를 남녀 평등의 정당함을 나타내는데 적합하다고 생각한다. 상징은 새로 생겨나기도 하고 사용하던 상징이 없어지기도 한다. 상징이 비밀스런 부호가 되면 없어지게 된다. 상징은 인간들이 경험하는 현실 중 절박하게 중요한 것이 무엇인가를 나타내기 때문에 사용된다. 상징은 시각적일 수도(형상), 청각적일 수도(말), 활동적일 수도(행동)있다. 그러나 어떤 경우이든 우리가 경험하는 현실을 말해주는 것이라야 한다.

이제 예배 예술에서 보통 사용되는 몇 가지 예술을 간단히 살펴보자. 시각예술은 예배에서 두 가지 방식으로 역할을 한다. 어떤 것들은 고정적이고 항구적으로 사용되며, 또 다른 것들은 특정 계절이나 절기에만 사용된다. 개개 사건의 독특성과 공통성이 서로 다른 예배예술에 의해 강조될 수 있는데, 이 때에 예배예술은 연속성과 변화를 동시에 그려낼 수 있다.

예배에 사용되는 고정적이고 영구적인 예술 표현의 하나는 조각이다.

지금까지 동방 정교회(Eastern Orthodox Church)는 일반적으로 조각을 무시하고 평면 예술만을 고집했다. 최근에 이르기까지 개혁 전통을 따르는 자들도 입체적인 형태를 너무 실체적이라는 이유로 꺼려왔다. 그러나 교회에 있는 헨리 무어(Henry Moore)나 야콥 엡슈타인(Jacob Epstein)의 조각 작품에는 종교적인 힘이 넘치고 있음을 부인할 수 없다.

종교 개혁자들은 그림을 예배 예술에 부적당한 것으로 생각하고 있었다. 그러나 중세 교회들은 바닥에서부터 천정에 이르기까지 성스런 과거와 미래의 역사를 주제로 한 그림으로 덮여 있었다. 긴 수염을 가진 하나님의 모습을 그린 그림들도 있었으나 로마 가톨릭은 이를 저열한 것으로 취급했고 이제는 거의 없어졌다. 종교적으로 논쟁의 와중에 있던 시대에는 올바른 교훈을 가르치는 데에는 상상력이 훨씬 덜한 반면에 그 의미가 분명한 그림이 더욱 필요했다. 오늘날 로알트(Rouault)와 선더랜드(Sunderland)는 그림이 얼마나 언어의 범주를 초월하는 방법으로 우리가 예배하는 대상을 이해하도록 하는가를 보여주었다.

그림은 후일 색유리(스테인그라스)에도 적용되었다. 사람이 그린 어떠한 그림도 차가운 돌이나 판지에 비치는 따스한 햇빛의 움직임만큼 아름다운 변화를 주는 것도 없다. 우리는 때로 전달 매개체가 반드시 그림이어야 한다는 고정 관념에 붙들리기 쉽다. 빛은 음악과 같아서 말이나 그림으로 표현할 수 없는 추상적인 그 무엇을 말해준다. 어떤 예배에든 있는 부정할 수가 없는 감동적인 요소를 표현하는 데는 색유리 그림이 가장 적합하다.

교회마다 성찬식이나 세례의 필요한 도구로 바구니 세공이나 유리 제품, 자기, 금속 제품을 사용한다. 이런 여러 가지 예술 형태들은 창조주 안에서 공동 사회가 누리는 기쁨을 표현할 좋은 기회가 된다. 아름다운 바구니, 유리 제품, 자기, 은그릇 등은 거의 모든 지역에서 구입할 수 있다. 지방의 어느 대학이라도 미술과에는 작업실이 있어 교회 사람들이 쉽게 필요한 도구를 직접 생산하거나 살 수 있다.

책 제본은 지금까지 무시되어 왔었지만 발전시켜야 할 가치가 충분히 있다. 만일 우리가 성경과 예식서의 내용을 필수적인 것으로 간주한다면 이에 대한 외적이고 눈에 보이는 증거가 있어야 한다.

절기에 또는 특별한 경우에 사용되는 예배 예술은 직물, 회화 예술, 또는 전자 매체 등의 여러 재료를 포함한다. 근래에는 특히 직물을 이용하는 작품에 관심이 많은 것 같다. 직물은 물론 교회가 생겼을 때부터 사용되던 것이었다. 직물의 매력은 한번 사용하고 더 필요하지 않은 경우 버릴 수도 있다는 점이다. 직물을 다양하게 이용한 작품은 깊은 감명을 준다. 제단 앞에 드리우는 제단 장식보는 설교단이나 성경 봉독대에 늘어뜨릴 수도 있고, 제단 탁자를 덮는 제단 정면의 휘장으로 사용할 수 있다(요즈음은 대부분 제단 탁자를 덮지 않고 있다). 때로는 절기에 맞는 색이나 상징이 사용되기도 한다. 기는 행진 때 들고 가거나 바람이 있는 곳에 두어 휘날리게 하는 것이 본래 특질에 잘 어울린다.

보다 논의의 여지가 있는 것은 제의(vestment)로서 성직자의 보수적 태도에 대한 상징이기도 하다.[8] 야만인이 15세기 북 유럽에서 쳐들어오면서 그들이 입던 바지가 로마에 소개되었을 때, 성직자들은 로마 제국의 복장을 계속 입기를 고수했다. 제의는 판초처럼 생긴 겉옷이다. 장백의(alb)는 흰 삼베로 만든 미사 제복인데 남녀가 같이 입는다. 스톨(Stole)은 공무원들이 두르던 목도리처럼 생긴 좁고 긴 목도리이다. 코우프(cope)는 행렬이나 성체 강복 같은 데에서 고위 성직자가 어깨에 걸치는 외투이다. 미사 제복(Tunic)에서 생겨난 것으로서는 넓은 소매에 양 옆을 튼 부제복(dalmatic)과 소매가 부제복보다 더 넓고 길고 검은 겉옷 위에 입는 중백의(surplice, 의식때 입는 흰옷)가 있다. 어떤 교회에서 주교는 특별한 옷을 입기도 한다. 개신교의 성직자나 학자, 판사들은 중세에 입던 검은 가운을 그대로 입는다. 18세기에는 목에 매는 두 개의 작은 끈이나 띠가 세속사회에서 사용되었는데, 일부 개신교 목사들은 이를 검은 설교 가운 위에 착용하기도 한다. 장백의는 이제 겉에 입는 옷이 되었으며, 여성이나 남성이 공히 사용하기에 적합한 것으로 애용되고 있다. 스톨은 색깔과 질감과 디자인에서 다양하며, 그 아래에 어떤 까운을 입든지 잘 어울린다. 의복은 소통의 수단이며 목사가 무엇을 입느냐 하는 것 자체로서 무엇인가를 회중에게 전달하게 된다.

인쇄 예술에도 직물만큼이나 여러 형태가 있다. 보통은 교회 건물에 들어설 때 받게되는 주보를 보면서 예배에 대한 첫 인상을 갖게 된다. 그 다음에 갖게되는 인상은 찬송가와 다른 예배서를 집어들 때이다. 예배에 사용되는 인쇄물은 단조로운 형태에서 점차 다양하게 발전하기는 했지만 아직 좋은 예를 찾아보기는 어렵다. 교회 안이나 입구에 포스터를 붙여 놓을 수 있지만 어떤 건물에는 깃발이나 포스터가 다른 것보다 훨씬 적합할 수도 있다. 이 때는 적당한 빛과 장소를 잘 고려하여 교회 전체 건물에 조화를 이루게 해야 한다.

전자 매체를 이용하는 방법은 가장 최근의 형태로서 특히 빛과 장소를 잘 선택해야 한다. 활동 사진은 너무 산만해서 대부분의 예배에 쓰여질 수 없다. 그러나 건물이 이를 허용한다면 정지된 영상이 감동적으로 활용될 수 있다. 빛을 적절히 조절할 수 있는 곳에서는 반사판, 전기배선, 투광체를 사용하여 이제까지 알지 못했던 개방된 가능성에 의하여 새로운 차원의 예배 의미를 더 할 수 있다. 오늘날 벽에 전등을 설치해서 무엇이든 원하는 것을 투영시킬 수가 있다. 그러나 이것은 예배를 돕고 강조하는 그 이상이어서는 안 된다. 훌륭한 예배 음악처럼 전기를 이용한 방법도 예배에 조화되는 것이라야 한다.

위에서 살펴본 예술의 여러 형태는 공간이 어떠하냐에 의존되어 있다. 건물이 다양한 예배예술의 효과를 대단히 제고할 수도 있지만 반대로 심각할 정도로 제한할 수도 있다. 좋은 쪽이든 나쁜 쪽이든 공간이 예배에 미치는 영향은 대단히 중요하다. 예수님의 성육신에 기초한 종교가 어떻게 이러한 것들을 외면할 수 있겠는가?

주)

1) 더 자세한 것은 필자의 저서 James F. White and Susan J. White, ***Church Architecture: Building and Renovating for Christan Worship*** (Nashville: Abingdon Press, 1988)를 보라.
2) 역사적으로 저술가(Book Artist)들과 종교적 표현 사이에는 항상 밀접한 관계가 있어 왔고, 그와 같은 점에 있어서는 기독교의 전통이 가장 강하다. 그리고 저술(Book Art)과의 관계에 있어서 예술을 통한 공헌 가운데 가장 가시적인 표현 중에 하나가 제본 분야이다. 역사적인 증거는 명백하고, 그것은 오늘날 매우 생생하게 살아 있는 전통이다. 그러나 그 전통은 이제 교회의 임무보다는 오히려 사적인 후원자들의 지원이나 대학의 도서관을 통해 나타난다.
3) 더 자세한 것은 필자의 저서 James F. White, ***Protestant Worship and Church Architecture***(New York: Oxford University Press, 1964), chs. 3~6장을 보라.
4) 이러한 단순화된 평면도에서 A는 제단,B는 성수반, P는 설교단, C는 찬양대, L은 성경대, D는 독경대이다.
5) ***The Letters of Stephen Gardiner***, ed. James A. Muller(New York: Macmillian, 1933), p.355.
6) Paul Tillich, "Existentialist Aspects of Modern Art," ***In Christianty and the Existentialists***, ed. Carl Michalson(New York : Scribner's, 1956), esp. pp.134~44.
7) Cyril C. Richardson, "Some Reflections on Liturgical Art," ***Union Seminary Quarterly Review*** 8(1953): 24~28.
8) ***The New Westminster Dictionary of Liturgy and Worship***, ed J.G. Davies(Philadelphia: Westminster Press, 1986), pp.521~40.

제 Ⅳ 장

매일 공중 기도
(Daily Public Prayer)

앞의 두 장에서 시간과 공간이 기독교 예배에서 의사 전달의 매개물로써 얼마나 중요한 역할을 하는가를 살펴보았다. 실제로 기독교인이 아닌 사람들은 기독교인의 예배에 대한 인상을 기독교인이 지키는 절기나 교회 건물에서 얻게 되는 경우가 많이 있다. 기독교인들이 유대인 예배에 대하여 갖는 인상도 대부분 이런 관찰에서부터 온다. 시간과 공간이 한 번도 예배를 보러 교회에 온 적이 없는 사람에게도 무엇인가를 전달하고 있다면 그곳에 모인 사람들에게는 더 큰 영향력을 가질 것이 틀림없다.

그러나 기독교 예배를 위해 모인 사람들에게는 두 가지의 다른 의사소통 방법 즉 선포된 말씀(the spoken word)과 행동화된 표징(acted sign)에 의해 더욱 의존하고 있다. 이 두 가지 의사소통 방법이 예배에서 대단히 중요하다는 사실에 우리가 놀랄 일은 아닌데, 그 이유는 사람들이 일차적으로 이러한 방법들을 이용해서 서로 관계를 맺기 때문이다. 말과 행동은 인간의 의사 전달의 기본인 것처럼 또한 예배를 통해 우리가 하나님과 관계를 맺는데 필수적이다. 창조자이신 하나님은 우리를 가장 잘 아시며 말씀

(words)과 행동(action), 즉 우리의 말(speaking)과 만남(touching)을 통해 의사 소통을 하신다. 본 장(章)과 다음 장(章)에서 주로 다루어질 내용은 기독교 예배에서 상당한 비중을 차지하는 의사전달의 기본적 형태로서의 "구어"(口語)에 관한 내용이다. 그리고 난 후에 그 다음 장에서는 행동과 연관된 언어가 성례전의 기초를 구성하는지, 그리고 다른 것들이 어떻게 예배의 형태와 관련되어 있는지에 관해 살펴볼 것이다.

"말씀"이라는 용어는 제 4복음서에서 "Logos"라고 표기되며, 성육신하신 그리스도를 상징하는 중요한 의미를 나타낸다(요1:1,14). 성경에서 "하나님의 손"(the hand of God)이라는 말은 "하나님의 말씀"(the Word of God)이라는 말과 비교해 볼 때 절반밖에 나타나지 않는다. "하나님의 말씀"은 종교개혁과 그 후속 신학(subsequent theology)에서 두드러진 상징이 되었다. 즉 예수 그리스도, 성경, 그리고 인간의 말을 통한 하나님의 의사 소통 같은 것을 언급하는 어휘(term)에서 그러하다. 이들 중 마지막 부분 즉 인간의 언어를 통해 하나님의 뜻을 전하는 일에 대해 지금 논하고자 한다. "말씀"에 의하여 의미되는 하나님, 성경, 설교의 복합성이 얼마나 복잡하고, 그리고 기독교인 생활에 중요한가를 잘 나타내고 있다.

예배의 두 구조는 기본적으로 말로 되어지거나 또는 노래로 불리어지는 언어에 기초하고 있다. 행동의 요소는 존재하기는 하나 부차적인 요소이었다. 이 구조는 매일 공중 기도(daily public prayer)에 의한 예배(본 장에서 다루고 있는 내용이다)와 말씀의 예전(service of the word: 다음 장에서 다루어질 것이다)을 뜻한다. 이 중에서 후자는 대부분의 개신교 예배의 기본적 형식이며, 로마 가톨릭에서도 신부가 없는 곳에서는 점점 이러한 형태로 예배를 드리고 있다.

본 장은 기독교인들이 매일의 삶에서 함께 기도하는 방식을 들여다봄으로써 시작하려고 한다. 이러한 다양한 역사를 조사한 후에 우리는 현존하는 신학적으로 우선되어야 할 것들을 설명할 것이다. 그 다음에는 매일의 공중기도를 계획하고 준비하며 실천하기 위한 목회적 결단을 위해 기초적인 사항들을 제시할 것이다.

1. 매일 공중기도의 역사

초대교회에서 행해졌던 매일의 예배에 관해 우리가 아는 지식은 빈약하다. 다만 정해진 시간에 행해지는 정해진 기도의 다양한 유대교적 관습이 강력한 호소력을 가졌던 것은 분명하다. 신자 개개인을 위한 개인적 헌신이나 경건 생활에 관해서 점진적 발전이 있었던 것을 보여주는 초기의 증거는 명백하다. 1세기말이나 2세기초 열두사도의 가르침은 기독교인들은 하루 세 번 주기도문으로 기도하라고 권면했다. 어떤 이들은 성경의 말 그대로 "쉬지 말고 기도하라"(살전 5:17)로 명령을 실제 원칙으로 생각했었다.[1] 시편 55:17에는 "저녁, 아침, 정오"에 기도하도록 권하고 있으며 다니엘도 하루에 세 번 기도했다(단6:10). 유대인들은 아침에는 양, 저녁에는 다른 것으로 날마다 성전에서 희생제물을 드리고 그때마다 기도했다(출29:38-39). 시편 119:164에는 "주의 의로운 규례를 위하여 하루 일곱 번 찬양하나이다." 62절에 "밤중에 일어나 주께 감사하리이다"고 기록하고 있다.

초기 기독교 저술가들은 하루 몇 번 기도하는 것이 적당한가에 많은 관심을 가지고 있었다. 알렉산드리아의 클레멘트는, 진정한 기독교인이라면 "그의 전 생애동안 기도" 할 것이라고 느꼈다.[2] 터툴리안과 키프리안은 다니엘의 예와 성경에 사도들이 제 3시, 제 6시 그리고 제 9시에 기도했던 여러 예를 들어 하루에 세 번 기도할 것을 강조했다.[3] 키프리안(Cyprian)에 의하면 이처럼 하루에 3번 기도하는 3중적 훈련은 "삼위일체의 성례전"(sacrament of the Trinity)에 해당되었다. 북 아프리카의 터툴리안은 또한 새벽과 저녁에 기도할 것을 주장하였다.

주후 217년경에 씌여진 『사도전승』(Apostolic Tradition)에서 히폴리투스(Hippolytus)는 당시 로마의 기독교 관습에 관해 묘사하고 있다.[4] 그의 기록에 의하면 로마인들은 하루 일곱 번 개인기도 시간을 가졌는데 아마도 열심 있는 신자들은 이를 그대로 행했을 것이었다. 신자들은 하루를 기도로 시작하였으며, 만약에 "말씀"의 가르침이 있는 날에는 모든 사람들이 거기에 참석하도록 권장되었다. 그리스도께서 나무에 못 박힌 시간인 제 9시, 어둠이 덮혔던 정오, 그리스도께서 돌아가신 제 3시, 잠자리 들기 전, 모든 창조물들, 별과, 식물, 물이 모든 활동을 멈추고 고요히 하나님을 찬양하는 시간인 자정, 그리고 베드로가 그리스도를 부인했던 새벽 닭 우는 시간5) 등이 기도와 연관되었다. 이런 일정은 엄격한 형태로 그리스도의 수난과 죽음과 관련하여 구조를 이루며 형성되었다.

히폴리투스의 책에서 개인기도 시간에 대한 언급보다 더 중요한 것은 교훈과 기도를 위한 매일의 모임에 관한 내용이다. 집사(deacon)들이 이 모임에 출석할 것이 강조되었다. "사람들이 모두 모이면 그 모임에 나온 이들은 가르침을 받고, 기도까지 다 마치게 되면 각자 돌아가게 했다."6) 여기서 히폴리투스는 이젠 거의 사라져버린 소위 대성당의 성무일과(cathedral office: 성당에서 매일 드리는 기도회의 성격을 가짐-역자 주) 또는 회중들의 성무일과(people's office)의 시작을 지적하고 있는 듯하다.7) 도시의 큰 교회에서는 말씀을 듣고 하나님을 찬양하며 함께 기도하는 예배가 매일 있었다. 성직자나 도시 일반 사람들이 매일 참석했던 대성당 예배가 있었다는 증거는 주후 4세기 역사에서도 볼 수 있고, 박해가 끝난 후에는 기독교인들에 대한 존경심이 커지게 되었다. 신자들의 성무일과(people's office)가 오늘날 로마 가톨릭 교회의 예전적 삶과 가장 크게 다른 점은, 성찬성례전 예식을 대신해서 매일 그리고 평신도에 의해서 집례될 수 있다는 점이다. 서방에서는 몇 세기 지나지 않아 신자들의 성무일과는 자취를 감추게 되었으며, 성찬성례전을 거행하는 매일의 공적인 예배가 거의 성직자와 수도원 독점물로서 수세기 동안 지켜졌다.

지금까지 4세기 때의 대성당 성무일과에 대해 잠깐 살펴보았다. 가이사랴의 유세비우스는 "전 세계적으로 교회에서는 찬송과 감사, 진실된 기쁨을 드리는 예배를 아침해가 뜰 때와 저녁에 드렸다... 이러한 '기쁨'은 찬송으로 표현되어 세계의 모든 교회에서 불리워졌다"고 말한다.8) 4세기말 『사도 규약』(Apostolic Constitutions)에는 기독교인들에게 "매일 아침 저녁 주의 집에 모여서 시편을 노래하고 기도하라"고 가르치고 있다.[9] 그리고 이 책의 후반부에는 다음과 같은 내용이 기록되어 있다. "저녁이 되면 그대 주교는 교회를 소집하라. 그리고 불을 켤 때 시편을 반복하고 나서 집사(deacon)는 입문자들을 위해 기도하라… 이 절차를 마친 후 집사는 '믿음이 신실한 여러분들이여 함께 주님께 기도합시다'라고 말하라." 초청기도(bidding prayer), 기타 여러 번의 기도, 강복 선언(축도)이 있은 다음에 흩어진다. 아침 예배도 불을 켜지 않는 것 외에는 저녁 예배와 비슷하다. 크리소스톰은 새로 세례를 받은 기독교인들에게 "새벽에 교회에 모여 기도하고 하나님께 모든 일을 고백하라. 그가 주신 모든 것에 감사하라" 또 "저녁에도 교회에 돌아와 하루 동안의 모든 일을 주께 고백하고 잘못에 대한 용서를 구하라"고 가르쳤다.[10]

에제리아(Egeria)는 4세기 예루살렘에서 하루에도 여러 차례 계속해서 드리는 예배에 대하여 자세한 기록을 남겼다. 그녀는 그리스도의 무덤에 세워진 교회에서는 매일 예배가 있었는데, 수도승과 수녀들, 평신도, 성직자와 주교 등 세 그룹으로 나누어 예배에 참석했다는 것을 전해주고 있다. 수도승과 수녀들의 예배는 상당히 길어서 찬송, 시편, 기도가 거의 하루종일 계속되며 평신도들이 참석하기도 했다. 그러나 대부분의 평신도와 성직자는 새벽의 "아침 찬송" 시간에 참석하였고, '사도들의 시간'(Apostolic hours)인 아침 9시(사순절에만), 정오, 오후 3시 예배에 참석하였으며, 등잔불을 점화하는 시간에 드리는 저녁 예배(lucernare라고 불린다)에 참석하였다. 여기서는 시편, 응답송, 찬송, 모두를 위한 기도와 특정인의 이름을 부르며 하는 추모의 기도, 그리고 세례 예비자와 신자를 위한 축복기도를 한 후에 해산한다.[11] "주일"에는 닭이 울기 전 새벽 예배를 위해 모든 회중들이 모여 찬송, 기도, 부활 사건에 관계되는 성경말씀 봉독을 한 후에 찬송을 부르며 골고다까지 행진하고, 시편, 기도, 축복 기도를 한 후에 헤어졌다. 주일 해가 뜰 무렵에 성체 성사가 있으며, 이 때는 여러 번의 설교와 감사 기도를 드린다.

예루살렘이 순례지의 중심으로서 전형적인 형태를 띠고 있다고 볼 수는 없겠지만, 4세기 후반에는 일과 전후에 찬송과 기도를 위해 매일 모이는 것이 대부분 도시들에 있는 주요 교회들에서는 보편적인 양상이었다. 태프트(Robert Taft) 교수가 지적했듯이, "아침 기도의 시간은 새로운 하루를 인한 그리고 그리스도이신 예수님 안에서의 구원을 인한 찬양과 감사이었다... 그리고 저녁 기도의 시간은 기독교인으로서 하루를 마감하는 방식이며, 하루 동안에 은혜를 베풀어주신 데에 대한 감사이고, 그날 잘못한 것에 대한 용서를 구하는 것이며, 안전하고 죄없는 밤을 위해 은혜와 보호를 베풀어 주십사 하고 간구하는 것이다."[12]

매일 드리는 회중들의 예배(daily people's service)는 초기 시리아와 아르메니아인들의 교회에 상대적으로 완전한 형태로 남아있었으며, 서방에서는 이것이 서서히 소멸되어 갔다. 이 예배는 결국 수도원의 일과로 밀려나고 말았다. 이 예배는 다양한 이름으로 알려졌는데, 성무일과(divine office), 매일일과(daily office), 찬양대일과(choir office), 또는 정시의 예배(liturgy of the hours) 등이 그것이며, 이 모두는 하루에 여러 번 드리는 예배 또는 그 중의 하나이고, 개인적인 차원에서 행하는 성무(offices) 또는 시간들이다. 이러한 형태의 수도원적 기도는 예루살렘에서 먼저 시행되었는데, 그곳에서는 수도사들과 수녀들이 시편을 반복하면서 일정한 절차를 진행하였다. 회중들의 성무가 서방에서 사라지기까지 수도원의 성무일과는 성례전이 제외된 형태가 점차 성행하게 되었다. 오직 밀란과 톨레도의 성주간(Holy Week) 테네브레 예배와 그 밖의 예배만이 예외적인 경우에 해당되었다.

수도원 제도는 박해가 끝나고 교회와 제국이 손을 잡음으로써 교회가 영성을 잃게되자 이에 대한 반동으로 일어났으며, 주로 일반인이 이 운동의 주체였다. 5세기의 카시안(Cassian)은 기록하기를, 이집트 수도승들은 일과를 마친 후 하루의 끝 시간과 밤중에 모여서 "미리 정해진 형태의 기도를 하는 규칙을 준수하였다"고 기록하고 있다.[13] 그는 열두 편의 시편을 낭송하고 나니 찾아왔던 천사가 떠나가더라고 하면서 12개의 시편이면 천사에게나 수도사에게 아침예배(matin)로서 충분하다는 전통을 세웠다. 찬송과 기도 외에도 이집트 수도승들은 평일에는 구약과 신약을, 주일과 부활 주간 동안은 서신서와 복음서를 읽었다.

동방에서는 수도원 제도가 발전하면서 매일 드리는 예배 형태가 더욱 다듬어졌다. 바질(Basil)은 그가 4세기에 쓴 『장규』(長規:Long Rules)에서 사도들의 선례를 소개하고 있다. 사도들은 틈틈히 그리고 밤에 기도하였으며, "이른 아침에 기도를 드리므로 몸과 영혼을 한 날의 시작부터 하나님께 봉헌하였다." 그리고 "하루의 일과가 끝나면 주께서 하루 동안 주신 모든 것에 감사하고 잘못을 고백해야"하였으며, "밤에 휴식하는 동안에는 죄 짓지 않도록 나쁜 꿈에 시달리지 않도록 기도하였고," "기도하면서 밝아오는 아침을 맞아야 했다." 그는 요약하기를, "하나님의 영광과 그리스도이신 예수님에게 헌신하는 삶을 선택한 사람들, 즉 수도사들뿐만 아니라 모든 기독교인들은 적어도 이 여덟 번의 성무에 불참하면 안 된다."고 하였다.[14]

크리소스톰은 신앙 공동체의 또 다른 형태를 전해주고 있는데, 그에 의하면, 어떤 곳에서는 "하루를 네 부분으로 나누어 각각의 마지막쯤에 시편과 찬송으로 하나님께 영광을 돌렸으며 예배와 함께 하루를 시작하고 끝마치는 곳도 있다"고 소개하고 있다.[15] 카시안은 『규칙』(Ir.stitutes)이라는 책에서 예루살렘에 있는 수도원들의 아침 예배가 하루에 일곱 번 드리는 예배 중의 하나라고 기록하고 있는데, 이 '일곱 번' 예배의 기원은 다윗이 시편 119:64에서 "하루에 일곱 번"이라고 한 데서 왔음을 알 수 있게 해 준다.[16]

서방에서는 기존의 7번 기도와 잠자리 들기 전 기도를 합해서 일과가 짜여졌다. 6세기 초 성 베네딕트는 전형적인 서방 교회 형태의 일과를 만들었는데(동방 교회의 것과는 약간 차이가 있다), 이 형태가 제2차 바티칸 공의회 직후까지 계속 이어져 왔다. 하루 일과와 밤 기도는 다음과 같다.

저녁기도회 (vespers: 일과를 마친 후 하는 저녁 기도, 만과)

취침기도회 (compline: 잠자리에 들기 전, 종과)

심야기도회 (nocturns or vigil or matins: 밤의 한 중간에)

새벽기도회 (lauds: 이른 아침 해뜰 때, 찬과)

제 1 시과(prime: 새벽과 직후)

제 3 시과(terse: 아침과 정오의 중간, 오전 9시 경)

제 6 시과(sext: 정오에)

제 9 시과 (none: 오후의 한 중간, 오후 3시경)

    이러한 예배들에다가 간단한 예배가 자주 덧붙여졌는데, 이들은 성모 마리아의 예배, 죽은 자를 위한 예배, 연도(litany), 7편의 참회 시로 하는 예배, 그리고 15편의 층계송 예배 등이었다. 이렇게 매일 낮과 밤에 일하고 기도하고 휴식하는 일과는 대단한 열심이 필요했다. 베네딕트는 말하기를, 일과 예배는 모두 하나님에 대한 봉사이며 "이 모든 일로 하나님께서 영광을 받으신다"고 하였다.[17]

    수도원 제도는 일과와 함께 발전하였기 때문에 이 둘은 따로 떼어 생각할 수 없게 되었다. 하루 여덟 번 드리는 일과는 평신도들의 세속 생활과는 점차 유리되었고 수도원이 이러한 형태의 예배를 확립해 나갔다. 교구 성직자들은 수도사들을 본받아서 텅 빈 교회당의 성단소(chancels)에서 하루 여덟 번의 예배를 지켜나갔다. 이처럼 교구교회는 수도원을 모방하는 일이 많았는데, 교회당의 성단소는 수도원의 찬양대에서 따온 것이며, 교회에서 불리워지는 음악도 수도원에서 부르던 성가(chant)와 비슷한 것이었다. 세속적이면서 종교적인 삶의 형태는 오직 한 가지 형태의 일과예배만을 남겨 놓게 되었는데, 이는 바로 수도원적인 일과를 말한다. 성직자들은 이 예배 의식을 지켜야 했으나 평신도들은 이 의무에서 자유로웠다. 실제로 평신도들은 이를 지키지 않았기 때문에 "기독교인들의 공동 기도는 이론상으로는 존재한다 하더라도 실제로는 남아있지 않게 되었다."[18] 사람들 중의 일부는 주중의 예배를 참석했지만 보다 더 많은 사람들은 주일날의 예배에 참석하였다. 그러나 중세기의 예배는 성직자의 전유물이 되었다. 중세 후기에 이르러 부유한 신자들은 공적인 예배나 사적인 예배에서(소리내어) 읽을 수 있는 '프리머'(소기도집) 즉 간략한 예배집을 소유할 수 있었다. 이 예배집은 동정녀를 위한 기도나 또는 죽은 자를 위한 기도 등의 항목이 포함되어 있었다. 자국어로 된 이러한 예배집은 그보다 뒤에 나오는 종교개혁 예배를 위한 준비를 돕는 역할을 하였다.

당시의 예배가 보통 사람들을 위해서는 적절한 역할을 하지 못했지만, 그러나 종교적인 공동체들의 예전적 삶을 위한 심층적인 방향을 개척하는 데는 대단한 작용을 하였다. 종래 대성당 기도회에서 시편들 중 몇 편을 골라보던 것과는 달리 베네딕트는 매주 시편집 전체를 낭송 할 수 있도록 새 제도를 만들었다. 성가합창을 수도원 찬양대와 나누어 교송하는 것이 수도원 기도회(성무일과)의 중심이었다. 주중에 늘 시편을 읽는 것은 수세기 동안 많은 사람들에게 생활의 일부가 되었다. 수도원 기도회에서는 성경을 끊임없이 읽어 성경을 읽는 것이 과거 대성당에서처럼 단지 교화를 목적으로 하던 데에 그치지 않고 마치 운동가를 훈련하는 것처럼 철저하고 꾸준히 계속 되었다. 4세기에 이르러서는 예배 찬송도 점차 다양해지게 된다. 교부의 짤막한 설교와 해설, 성자나 순교자들의 이야기, 여러가지 기도, 응답 찬송, 초대기도 등이 수도원 기도회의 내용을 이룬다.

중세기 동안도 예배 의식의 변화는 계속 된다. 성직자들의 이동이 많아지고 대학의 발전과 설교 시간이 짧아지면서 예배는 12세기에 들어서 교황 교회의 예배 형식인 『근대 성무 일과』(moderum officium)를 많이 적용하게 되었다. 이 새로운 형태의 예배에서는 성구집 낭독을 줄이고 대신 찬송을 많이 부르고 과거의 교회력을 수정했다. 프란체스코 수도회가 출현하면서 이런 예배 형태는 더욱 간략하게 되어 여행하면서도 예배 드릴 수 있을 정도로 간단하게 된다. 예배를 구성하는 내용도 달라져서 성경을 많이 읽던 것을 훨씬 줄이고 성자들을 위한 잔치가 많아졌다. 따라서 예배는 매주 규칙적으로 시편과 기타 성경을 낭송하던 형식에서 점차 잔치일의 연속 같은 형태로 바뀌어지게 되었다.

구조상에 있어 변화보다 한층 더 중요한 것은 실제예배의 변화였다. 13세기까지는 성직자들과 소성직자들(minor clergy)들, 그리고 공동체가 외운 내용 또는 책에 있는 내용을 말로 하거나 아니면 노래로 부르는 일종의 합창 예배(choral office)가 발전하였다. 그후 여행할 기회가 신장되고 공부할 수 있는 여건이 늘어나면서 일과 기도서(breviary)가 생기게 되었다. 이것은 혼자서 말하고 노래할 수 있도록 돕는 역할을 하였기 때문에 편리하였지만 반면에 전체 공동체가 함께 합창으로 예배드리는 대 원칙을 파괴하는 역할도 하였다. 이러한 예배의 혁명적인 변화는 16세기에 이르러 예수회(the Jesuits)에 의해서 새로운 체제를 갖추게 되어, 합창으로 낭송해야 하는 예배 형식에서 완전히 벗어나 합창이 없는 교회가 출현하게 된다.

혼란스러울 정도로 많은 잔치일과 복잡한 규율들은 어떤 개혁을 필요로 하였고, 이 개혁에 있어서 가장 성공적인 것은 스페인의 추기경이 시도한 것으로서『Francisco de Quinones』인데, 이는 1535년에 처음 만들어졌고 1536년에 개정되었다.[19] 이 예식서는 일시적으로 유행하다가 1558년에 사용이 억제되었고 1568년에는『로마일과의식서』(Roman Breviary)에 의해 대치되었다. 200년이 채 안된 모든 다른 일과의식서들은 소수만 남고 나머지는 모두 수도원일과기도서(Monastic Breviary)로 대치되고 말았다. 그러나, 성직자들과 종교인들의 압도적 다수가 통일성을 요구하였으므로 1568년의 일과의식서는 1911년 교황 비오 10세에 의해 약간의 수정을 가한 것을 제외하고는 1970년대까지 그대로 사용되었다.

제2차 바티칸 공의회의『거룩한 전례의 헌장』(Constitution on the Sacred Liturgy)은 당시의 일과의식(liturgy of the hours)을 철저히 개혁하도록 명령하였다. 이 헌장에 의하면 아침기도회와 저녁 기도회는 "매일의 일과 중에서 가장 중요한 두 요소이다. 그러므로 이것들은 중심 일과로 여겨져야 한다... 심야기도회(matin, 한 밤중에 하는 기도)는... 아무 때나 할 수 있으며, 1시과(prime)는 지양하여야 하고... (제3시과와 제6시과와 제9시과)는 하나만 선택해서 지키면 된다"(CSL, par.89). 그러므로 하루 일과가 재조정되었을 뿐만 아니라, 시편도 일주일마다 다 읽던 것을 4주일로 연장하였다. "성경 읽기"는 더 "풍부한 양의 본문이 제공"되었는데, "엄선된" 교부들의 글뿐만 아니라 "역사적 사실과 일치하는" 성인들의 무용담도 제공되었다.(CSL, par.92) 『헌장』(the Constitution)은 일과 시에 라틴어로 말하는 것을 포기했을 뿐만 아니라 회중들에게도 "성무일과를 반복할 것"을 권장하였다.(CSL, par. 100)

이 결과로 인해 1971년에 『성무일과의식』(The Liturgy of the Hours)이 출판되었는데, 이에 따르면 하루는 옛날의 새벽기도회(lauds)와 저녁기도회(vespers)를 중심으로 지켜지기 때문에 수도원의 성무일과와 비슷하며 바깥 세상의 평신도들에게도 친숙한 형태로 되었다. 성경일과는 성경을 중심으로 하되 교부들이나 성자들의 언행록 등도 하루 중 언제든지 자유롭게 읽힐 수 있도록 하였다. 대낮 시간의 기도를 택할 수도 있는데 이는 "하루 일과의 한 중간에 기도하는 전통을 보존하는 것"이 되기도 한다.[20] 취침기도회(compline)는 하루의 맨 끝에 오게 된다. 새로운 『성무일과의식』은 "수도원적 특징을 가지고 있으며... 대중적인 경건의 예배 형식이 아니라 묵상으로 하는 기도이고... 사제들과 종교인들이 개인적으로 하기에 적합한 형태"라는 점에서 거센 비난을 받았다.[21] 진실로 평신도들을 위한 예배를 회복할 과제가 로마 가톨릭 교회에서 충족되지 않은 채로 남아 있게 되었다.

종교개혁자들은 매일의 성무일과를 개혁함에 있어서 훨씬 더 강력한 단계를 밟아 나갔다. 16세기에 매일 성무일과는 거의 전적으로 성직자들과 수도원만의 전유물이었다. 이 작은 집단의 종교적 필요성이 다수의 사람들을 위한 지배규범으로 자리잡게 되었다. 초기 대중들의 예배가 친숙하고도 대중적인 시편이나 찬송 그리고 기도들로 이루어져 있었던 반면에, 수도원적 생활은 시편 전체를 매주 돌아가며 읽도록 하고 또 이는 시편을 성경 봉독을 위한 하나의 제스쳐로 만드는 결과를 가져왔다. 이러한 수도원적 형태가 서방에서 광범위하게 그리고 유일하게 알려져 왔기 때문에 초대교회 일반 대중들의 예배는 거의 비슷할 것이라는 생각이 광범위하게 받아들여져 왔다. 이는 예배에 관한 매우 중대한 오해인데, 왜냐하면 개신교가 매일의 예배를 개혁하려 함에 있어서 수도원과 유사한 구조를 도입시키도록 하며,

또 이러한 노력들을 기도와 찬양보다 더 중요시하도록 유도하기 때문이다.

대중들로 하여금 매일의 성무일과를 지키도록 회복함에 있어서 제기되는 문제점에 대해 여러 명의 종교개혁자들이 서로 다른 해결책을 내놓았다. 이들 해결책들은 몇 개의 범주로 구분될 수 있다: 정식 교구교회 예배, 교구교회 안의 단체를 위한 예배, 특별 단체를 위한 예배, 그리고 가족 예배 등이다. 수도원적 공동체가 사라졌듯이 그러한 예배가 모두 사라져 버릴 가능성도 존재한다.

매일 성무일과를 교구교회에서 사용하도록 적용하는 시도들도 많이 있었다. 쮜리히에서는 개혁자 쯔빙글리(Ulrich Zwingli)가 매일 성무일과를 시작하였는데 이 예배는 주로 성경봉독과 주석으로 구성되어 있었으며, 강조점은 교육에 있었다. 쮜리히의 사람들은 할 마음만 있으면 일주일에 14번의 설교를 들을 수 있었다. 이는 후일에 영국 청교도 목사들을 위한 모임의 한 모델이 되었는데, 이 모임은 일종의 "예언" 집회였으며, 이 모임에서는 설교자가 본문을 주석하면 아무나 자유롭게 질문할 수 있었다. 수도원의 경건생활은 교육적 측면이 약했으며, 그러므로 거의 전적으로 교육에 초점이 맞추어진 쯔빙글리의 매일 성무일과는 이러한 수도원적 경건생활에 대한 하나의 논리적인 귀결이라고 볼 수 있다.

개혁자 마틴 부처(Martin Bucer)의 치하에서 스트라스버그는 수도원적 성무일과를 폐지하고 모든 사람들을 위한 교구교회의 성무일과를 발달시켰다. 이는 예배를 번역하고, 찬송을 작곡하며, 아침과 저녁 두개의 기도회만으로 단순화시키는 작업들을 포함하였다.[22] 1526년의 『스트라스버그 시편집』(the Strasbourg Psalter)은 10년 후 퀴노네스(Quinones)에 의해 이룩된 개혁, 즉 교창을 폐지하고 라틴어 성무일과의 본질적 구조만을 유지하도록 하는 개혁을 예견케 하였다. 성경봉독과 성경주석은 더 많이 첨가되었다.

마틴 루터는 더욱 보수적이었다. 1523년과 1526년에 그는 두 개의 성무일과 즉 축일이 아닌 평일에는 성경봉독, 시편, 성구송(canticles), 찬송,

주기도문, 짧은 기도, 신앙고백, 그리고 설교 등으로 이루어진 심야기도회(matins)와 저녁기도회(vespers)를 회복할 것을 제안하였다.[23] 비록 이러한 예배형태가 평신도들을 위해 고안된 것이기는 하지만, 루터는 학교와 대학들이 심야기도회(matins)와 저녁기도회(vespers)를 지키는 것에 관한 특별한 관심을 가지고 있었던 것으로 보인다.

매일 성무일과는 오늘날 외견상으로 보이는 것보다도 더 오래 루터교 전통에 존재하였다. 바하(J.S. Bach) 시대 라이프찌히(Leipzig)의 삭손시(Saxon city)에는 주중 매일 여러 번의 기도회 모임이 있었으며, 또한 별도의 참회예배 및 설교가 있었다. 바하 시대의 사람들은 아마도 이렇게 외쳤을 것이다. "매일 공적인 예배가 드려지는 도시에 사는 사람들은 행복하다... 드레스덴(Dresden)과 라이프찌히들은 다행이다. 왜냐하면 이들 두 도시들에서는 설교와 기도회가 매일 열리기 때문이다."[24] 그러한 예배는 18세기의 마지막 무렵에 비로소 사라졌으며, 로마니아(Romania) 일부지역의 루터교에서는 20세기까지 이러한 예배들이 살아남았다.

1978년에 출판된 『루터 교회 예배서』(Lutheran Book of Worship)란 책에 보면 "아침기도: 심야기도회(Matins)," "저녁기도: 저녁기도회(vespers)," "일과 후의 기도: 취침기도회(compline)"가 첨가되었는데, 이는 루터의 영향이며, 이들 각각은 곡조(musical setting)와 함께 노래로 하도록 되어있다(LBW 131-60). 아침 기도 시간에는 성가 영창, 기도서 등의 송영 성구, 매일 성경, 찬송, 기도, 설교, 헌물 및 부활의 축복(주일에만)을, 저녁 기도는 불을 켜는 것부터 시작하여 성가 영창, 찬송, 송영 성구, 매일 성경, 설교와 봉헌을, 잠자리 들기 전 기도는 고백과 성가 영창, 간단한 성경 읽기, 응답 찬송, 기도, 송영 성구, 감사 기도로 되어 있다. 두 가지 예배를 위해 응답기도(Responsive Prayer), 연도(Litany), 매일 기도문(Propers for Daily Prayer), 매일기도 시편 및 매일의 성경일과가 준비되어 있다(LBW, 161-92).

종교개혁의 매일 성무일과는 영국교회로 전개된다. 1549년과 1552년의 『공동기도서』(Book of Common Prayer)의 주 설계자인 대주교 토마스 크랜머(Thomas Crannmer)는 유럽 대륙의 종교개혁자들과 퀴노네스(Quinones) 추기경의 작업들에 대해 익히 알고 있었다. 그는 중세기 영국의 사룸 예배의식서(Sarum Breviary)에 있는 심야기도회(matins), 새벽기도회(lauds), 그리고 1시과(prime)를 통합하여 아침기도회(matins)로 만들었으며, 저녁기도회(vespers)와 취침기도회(compline)를 통합하여 저녁기도회(Evensong)로 만들었다. 1552년 판 『공동기도서』에는 "아침 기도회"(Morning Prayer)와 "저녁 기도회"(Evening Prayer)로 이름이 붙여졌다. 하루의 중간에 있는 기도회들은 모두 사라졌다. 크랜머는 "서문"(Preface)에서 자기의 목적을 분명하게 밝혔는데 여기에서 그는 심지어 퀴노네스(Quinones)의 말을 그대로 따라하기도 하였다. 그는 "사람들이 (매일 교회에서 읽혀지는 성경말씀을 들음으로써) 하나님을 아는 지식에서 점점 더 유익을 얻기를 바라고, 그분의 진정한 종교로부터 우러나오는 사랑으로 불타오르기를" 희망하였다.[25] "고대의 교부들은" 매일의 성경일과에서 체계적으로 "성경 전체"를 읽었다고 (잘못) 믿으면서 크랜머는 모든 "영가(anthem), 응답송(responsories), 초대송(invitatories: 찬송하도록 초대하는 말로서 주로 아침 기도회에서 교송으로 사용된다—역자 주), 그리고 성경봉독에 있어서 연속적으로 읽는 것을 저해하는 모든 것들"을 제거해 버렸다.[26] 그는 "규칙은 많지 않고 쉽다"고 주장하며, 예배를 드림에 있어서는 오직 성경과 기도서 이 두 가지만 있으면 된다고 하였다. "모든 것은 오직 한 가지 목적만으로 사용되기 때문에" 국가적인 통일이 강구되었다.

그의 예배 형식은 대단히 간단하다. 한 달에 시편을 한 번씩 통독하되, 아침저녁에 각각 몇 장씩 보아서 월초에 새롭게 읽기 시작한다. 성경은 차례대로 통독하되(lectio continua: 연속 읽기) 창세기, 마태복음, 로마서에서 시작하고, 구약과 복음서는 새벽 예배에, 구약과 사도서간은 저녁 기도 시간에 보도록 되어 있다. 기타 그의 책에 있는 규칙들은 사룸 예배 의식(Sarum Breviary office)의 요소를 혼합하여 만든 것으로, 주기도문, 짤막한 응답의 노래, 영광송(Gloria Patri)이 덧붙여진 시편, 2개의 성경 읽기,

성구송(canticle), 자비를 구하는 기도(Kyrie), 신조(creed), 주기도문, 응답송(versicles), 그리고 마무리하는 3개의 짧은 기도문(collect) 등이 있다. 1552년 개정판에는 회개의 서언(prelude)이 첨가되었는데 이는 성경에서 회개하는 내용들을 모아 만든 구절들과 고백에의 부름, 일반적인 고백문, 용서의 선언 등으로 이루어져 있다. 이런 형식은 이미 퀴노네스(그가 만든 심야기도회의 양식)와 유럽의 종교 개혁자들에게서도 발견된다. 1662년의 『공동기도서』에는 예배 마지막 부분에 보충기도와 영가(anthem)를 위한 규정 등이 첨가되었다. 매일 성무일과를 노래로 부르는 것은 영국의 대성당 교회들의 예배와 다른 교회들의 예배를 구별짓는 요소이다.

크랜머가 이룩한 성공에 대해서는 이견이 있을 수 없다. 매일의 예배를 제공하는 것 이외에도 아침과 저녁의 기도회는 3백년 동안 영국 교회 주일 예배의 표준이 되었다. 연도, 주님의 만찬으로부터 도출된 말씀의 예전, 그리고 설교가 주일 아침 기도회에 덧붙여졌는데, 다소 불필요한 중복이 있기는 하지만 이는 19세기까지 지속되었다. 그러나 영국에서 대중적인 성만찬 경건과 매주 성만찬은 18세기 감리교와 19세기 '쪽복음주의자들'(Tractarians)이 출현하기까지 기다려야만 했다.

아침과 저녁의 기도회는 대중적으로 널리 퍼졌으며 이는 이해할 수 있는 일이었다. 이 두 개의 예배는 많은 양의 성경구절을 포함하고 있었으며, 회중적 참여도도 높았다. 특별히 시편과 영가를 노래하는 부분에 있어서 회중의 참여도는 더욱 높았다. 찬송가가 부족한 것은 예배의 약점이었다. 크랜머는 중세기의 공식적인 찬송을 번역할 적당한 시인이 없음을 한탄하였다. 매일의 성무일과는 주일날 성만찬에 의해서 보충되도록 의도되었기 때문에 설교나 봉헌을 포함하지 않는다. 크랜머의 아침과 저녁 기도회는 영국 사람들에 의해 수세기 동안 사랑을 받았으며 성례전적인 경건 대신에 풍부한 성경적 경건으로 사람들을 먹여주었다. 이러한 예배가 대중적인 사랑을 받을 수 있었던 이유는 의심할 바 없이 1549년 판의 『공동기도서』에 나타난 아름다운 영어와 이러한 크랜머의 영어구사 능력 때문인데, 그는 이 때에 "잘못되고 비뚤어 나간"(erred and strayed) "진노와 분노"(wrath and indignation) 등 주의 깊게 균형 잡힌 운율과 구어체를 사용하였다.

크랜머의 작업이 얼마나 훌륭한가 하는 점은 400년 넘게 지나도록 두 개의 예배의식에 있어서 거의 개정작업이 이루어지지 않고 사소한 변화만 있었다는 사실이 입증해 준다. 오랜 세월이 지나 1979년에 미국에서 출판된 『공동기도서』는 매일 성무일과에 있어서 괄목할 만한 발전을 가져왔는데, 이는 110 페이지(BCP 36-146)에 이르는 자료들을 포함하고 있다. 가장 중요한 변화를 꼽는다면 현대는 사회도 마찬가지이듯이 다양성의 시대라는 것을 솔직하게 인정했다는 점이다. 같은 예배를 "전통적인" 언어와 "현대적인" 언어로 동시에 프린트했다는 사실을 통하여 성공회(the Episcopal Church) 안에서의 다양성을 분명하게 인식하였다. 미국의 『공동기도서』에는 처음으로 다양한 선택사항들이 포함되어 있다. 짧은 한 낮의 예배나 상징적으로 빛을 가져오는 것이 포함된 "저녁 예배의 순서" 등이 그것이다. 이외에도 교회력에 기초한 2년 주기의 성경일과는 예배에서의 성경 본문을 제공해 준다(BCP 934-1001). 그러나 예배의 개회를 위한 말, 성구송(canticle), 짧은 기도문 등에 있어서 더 많은 선택사항을 제공하고 있는 것을 제외하고 예배의 기본적인 형태는 1552년에 크랜머가 확립한 이래로 두드러지게 변화하지는 않았다. 1980년의 영어판 『대체예배집』(Alternative Service Book 1980)은 성구송 및 아침과 저녁의 기도회에 있어서 더 많은 선택사항들을 제공하는 일 외에는 기본적으로 보수적인 개정이었다(ASB 48-95).

다른 교단들은 최근에 다양한 형태의 예배들을 만들어 내었다. 가장 의욕적인 것은 미국 장로교회의 『매일성무일과』(Daily Prayer, SLR #5)인데, 이는 교회력 주기 전체를 위한 풍부한 자료들을 포함하고 있다. 1989년에 출판된 『미 연합감리교회 찬송가』(United Methodist Hymnal)은 최초로 아침과 저녁의 "찬양과 기도" 순서를 도입하고 있다(UMH, 876-79). 이 모든 것들은 고대 교회의 예배 형태를 회복하려는 사려 깊은 시도들이다. 새 장로교 예배는 물론 종교개혁 시대에 만들어진 다른 예배들과도 다르게 성경봉독이 선택사항이 되었으며, 가장 새로우면서도 동시에 가장 오래된 고대의 매일 성무일과 형태를 띤 이들 예배는 우선 순위를 기도와 찬양에 두고 있다.

교구 교회 안의 모임들을 위한 주중 예배의 다양한 형태들이 다양한 개신교회들 안에서 발전되었다. 이는 17세기와 18세기의 경건주의라고 알려진 운동에 의해 발아되었다. 경건주의는 교구 안에서 성경공부와 기도를 위한 주중의 모임을 고취시켰다. 이는 초기 감리교회의 속회모임에서 모방되었는데, 이 속회는 영적 관리와 찬송 부르기, 그리고 기도를 위해 모이는 모임이었으며, 이들 대부분은 자발적인 것이었다. 19세기에 이것은 주중의 기도모임이 되었으며, 미국 개신교회 예배의 중요한 요소가 되었다. 이들은 평신도들이 중심이 될 뿐만 아니라(퀘이커 교회를 제외하고는) 공적인 예배에서 말할 수 있는 기회를 여성들에게 제공해 주는 최초의 사건이었다. 이들 비공식적인 예배들은 주일날 목소리를 낼 수 없는 사람들에게 목소리를 낼 수 있도록 해 주었으며, 여성들에게 힘을 실어주고, 결국에는 그들을 개혁운동에 동참시키는 계기가 되었다. 주중 기도회 모임의 정치적 결과는 참으로 지대하였다.

개신교의 다양한 교회들은 많은 목적이 있는 공동체들을 만들어 내었는데, 이 공동체들이 매일의 성무일과를 기초하여 자연스러운 것이 되게 하였다. 영국에 있는 '리틀 기딩 커뮤니티'(the Little Gidding community)는 17세기에 하루의 단위로 하여 매일 마다 기도하는 주기를 가진 공동체로서 이러한 관습을 20년 이상 지속해왔으며, 최근에 다시 부활되었다. 그들의 하루는 기도예배로 시작되며 많은 양의 회중 찬송이 있는 비슷한 예배로 하루를 마무리한다. 18세기에 모라비아 교도들은 매일 모여서 함께 살면서 기도와 찬송으로 예배하는 독신 남자 혹은 독신 여자들의 "찬양대" 제도를 발전시켰다. 위임을 받은 개인들에 의해 그치지 않는 중보기도를 매 시간마다 한 것도 주목할 만 하다. 매일 기도하는 성무일과는 미국의 쉐이커(Shakers) 같이 많은 이상주의적 공동체들에 있어서 보편적인 현상이었다.

종교개혁의 중요한 경향 중 한가지는 매일의 성무일과를 가정에서 지키도록 하는 것이었다. 개정 예배는 영국 청교도, 스코틀랜드 장로교, 빅토리아누스 시대의 성공회 교도들, 그리고 그들과 관계 있는 미국의 교파들의 예배에 있어서 중요한 한 부분이 되었다. 스코틀랜드의 『가정 예배 지침서』(Directory for Family Worship)는 1647년에 출판되었는데, 매일 기도와 찬양과 성경봉독을 하며, 그것을 어떻게 적용할까 하는 것에 관해 회의하는 유형에 관해 수록하고 있다. 이러한 매일기도의 형태를 지시하기 위해 기도에 관한 많은 수의 책자와 모음집들이 그 후 250여 년 동안에 출판되었다. 죠지 엘리오트(George Eliot)의 『아담 베데』(Adam Bede)와 같은 빅토리아 시대의 소설들이 가정 안에서 주기적으로 기도와 시편가와 성경봉독을 매일 실행하는 사례들을 제공하고 있기는 하지만 당시에 가정예배가 얼마나 유행하였는가를 문서로 제시하기는 쉽지 않다. 이러한 유형은 오늘날에도 전혀 사그러들지 않았으며, 『다락방 훈련』(The Upper Room Discipline)과 같은 이에 관한 자료집들이 많이 있다.

		매일 성무일과		
APB.	29-40	MDE.	46-104	Also : *Liturgy of*
ASB.	45-95	SBCP.	1-92	*the Hours, 1971*, 4
BAS.	36-143	SLR.	#5	vols.
BCP.	37-155	UMH.	876-79	(Roman Catholic)
LBW.	131-92	WB.	56-61	
LW.	208-99	WBCP.	391-441	

2. 신학적 반성

매일 성무일과에 관해서 중요한 것이 무엇인가를 알기 위해서는 기독교인의 삶의 정체성의 빛 아래에서 그것을 보아야 한다. 말할 것도 없이 대다수의 기독교인들은 그러한 형태의 예배를 실천하지도 않았고 그리워하지도 않았다. 그렇다고 해서 그것이 단지 하나의 경건한 선택사항일 뿐이며, 그러한 것을 좋아하는 사람들만을 위한 것이라고 결론을 내릴 것인가? 아니면 많은 그리스도인들이 그 동안 박탈당해 왔던 중요한 필요성을 매일 성무일과가 충족시켜 주는가?

다른 형태의 기독교 예배들이 가진 역동성을 우리가 살펴본다면, 하나님께서 사람들에게 당신 자신을 어떻게 자비로 주신 것에 대한 탁월한 표현이 그러한 예배들에 들어있는 것을 보고 놀라게 될 것이다. 보통 주일의 말씀의 예배는 성경봉독과 설교와 음악과 다른 예술행위들을 통해서 하나님의 말씀을 선포하는 것이다. 성찬성례전 역시 빵과 잔으로 이루어진 행동을 통하여 하나님의 자기를 주심에 강하게 초점이 맞추어져 있다. 이러한 예배들이 찬송과 시편송과 기도의 요소들을 포함하고 있는 것이 사실이지만, 이들의 관심은 다른 곳에 있다.

매일의 성무일과는 이와는 다른, 그리고 보다 개인적인 것에 초점을 맞추고 있는데, 그것은 다름 아닌 매일의 삶의 한 가운데서 하나님께 대한 찬송을 통해 드리는 우리의 응답이다. 그것은 말씀과 성례전에 대한 응답일 뿐만 아니라, 떠오르는 태양, 가족간의 사소한 언쟁, 그리고 일상사의 지루함 등 모든 일상경험 전체에 대한 우리의 응답이기도 하다. 그러므로 그것은 우리의 언어를 하나님과 공유하는 것이다. 이것을 충분히 공동체적인 것으로 만들기 위해서는 보편적인 형식을 사용해야 하지만, 우리들 각자가 우리가 드리는 감사, 우리가 표현하는 불평불만, 우리가 찬송하는 기쁨들을 스스로 가져와야 한다. 일상의 삶에서 우리들 자신을 표현하는 이러한 능력이 매일의 공적인 기도(public prayer)를 독특한 것으로 만든다.

이러한 종류의 예배가 가지는 중요성 중 많은 부분은 균형을 유지하는 것이다. 이는 여러 단계를 포함한다. 매일의 기도회와 일주일 간격으로 드리는 주일 예배의 리듬을 함께 하여 균형을 이룰 필요가 있다. 주일의 말씀의 예전과 성찬 성례전이 가지는 서로 다른 역동성에 관해서 앞에서 언급한 바 있다. 물론 쯔빙글리가 쮜리히에서 했던 것처럼 매일 설교를 할 수도 있고, 일부 로마 천주교회와 성공회가 그러하듯이 매일 성찬성례전을 가질 수도 있다. 그러나 매일 하는 것보다는 매주 하는 것이 더 바람직하게 보이는 예배에 보다 더 친밀한 기도가 보태어질 때에 우리는 기도와 찬송에 초점이 맞추어진 예배가 갖지 못한 역동성을 가질 수 있다.

또한 공적인 기도와 개인적인 기도 사이의 균형에 관한 문제도 제기된다. 우리가 개인적인 기도에 관해서는 언급한 바 없지만 공적인 기도에는 하루 중 다른 때의 개인적인 기도가 동반되는 것이 보통이다. 이들 양자는 서로를 대체할 수 없으며, 서로를 보강해 준다. 그렇다면 우리는 개인적인 기도를 전혀 다른 대상으로 볼 것이 아니라 같은 막대기의 다른 쪽 끝으로 보아야 한다. 개인적인 기도는 공적인 기도를 위한 에너지와 초점을 가져다 준다. 그러나 공적인 기도는 사적인 기도가 기도하는 기독교 전체와 연결되도록 균형을 잘 유지해 준다. 본질적으로 많은 목소리들의 집합체는 기독교인의 기도로 하여금 '기독교적인' 것이 되게 한다. 우리는 다른 사람들에 대항해서 기도하는 것이 아니라, 그들을 위해서 기도하고 그들과 함께 기도한다. 그리고 우리는 우리의 개인적인 기도가 온전히 기독교적인 것이 되게 하기 위해서 공적인 기도의 훈련을 할 필요가 있다. 그렇지 않으면 우리가 하는 기도는 엉뚱한 곳으로 빗나가서 개인적인 환상을 말하는 탈선의 목소리가 될 소지가 있다.

이러한 맥락에서 매일의 공적인 기도회는 일종의 기도학교라고 볼 수 있다. 이는 우리들에게 어떻게 기도할 것인가를 가르치며, 우리가 1세기에 살든지(눅 11:1) 아니면 현대에 살든지 우리가 필요로 하는 모든 것을 올바로 구할 수 있도록 도와준다. 이 기도는 우리에게 어떻게 존이나 앨리스를 위해 기도할 것인가를 가르쳐주지는 않지만, 그들이 도움을 필요로 할 때에 그들에게 다가가도록 우리를 가르쳐 준다. 1662년의 『공동기도서』에 수록된 "인간의 모든 처지와 상황"을 위한 기도는 지금 볼 때에 다소 배타적으로 보이기는 하지만 기본적 의도는 기도를 통하여 다른 모든 사람들의 옆에 있도록 기독교인들을 가르치는 일이다. 이처럼 공동기도는 우리 자신의 삶의 한계를 초월하기 때문에 어떻게 기도할 것인가를 우리에게 가르쳐 준다.

우리가 고려해 볼 필요가 있는 세 번째의 유형의 균형은 기도 및 찬양과 성경읽기 사이의 균형이다. 위에서 언급했듯이 수도원의 환경은 쉬지 않는 기도를 훈련하도록 권장한다. 여기에는 주간 단위로 시편을 찬송하고 연간 단위로 성경을 읽는 것이 포함되어 있다. 이것은 수도원 공동체에는 적합하였을지 모르지만, 개신교 종교개혁자들에게 단 한가지의 모델만을 제공하였고, 개혁자들은 이것을 평신도들에게 이것을 적용시켜서 교육을 매일 예배의 주요 기능으로 삼도록 하는 경향이 있었다.

고대 회중들의 예배는 이와 달리 교육을 초신자 교리와 주일 예배에 해당되는 것으로 인식하였다. 이는 매일의 공적인 기도를 자유롭게 만들어서 기도와 찬송에 집중하게 함으로써 그 본래의 목적에 맞게 하는 것이었다. 그후로 모라비아 교도들 같이 일부 공동체에서는 특정 찬송이 해당 그룹에 속하는 표징으로 작용하게 될 때에는 그러한 찬송을 부르지 않게 되었다. 찬송가 중에서 많은 수는 교육적인 목적을 더 많이 가지고 있다. 친숙함은 우리로 하여금 우리 자신의 개인적인 느낌과 취향을 노래하게 한다. 그러므로 매일의 공동기도회가 성경과 교육에 초점을 맞추도록 할 것인가 아니면 그 기도회가 근본적으로 다른 목적을 위해 작용하도록 할 것인가에 대한 주도면밀한 결정이 반드시 내려져야 한다. 확실한 것은 성경읽기가 개인적인 차원에서 이루어질 수 있고 또 그렇게 되어져야 하는 반면에, 매일의 공동기도 모임은 다른 우선되는 목적을 가지고 있다는 사실이다.

3. 목회적 관심

매일의 공적 기도회가 가지는 가치는 그것이 사람들과 현재의 상황에 적용될 수 있다는 데에 있다. 모든 최근의(예배집의-역자 첨가) 개정들은 사물을 사람들과 그들의 상황에 적용함으로써 융통성을 강조하는 경향을 보이고 있다. 이는(기존의 예배집에다가-역자 첨가) 많은 선택사항들과 대체요소들을 첨가한다는 것을 뜻한다. 만일 이러한 새로운 형태를 기준으로 판단한다면 적용성(adaptability)은 하나의 프리미엄이 된다. 각각의 공동체는 자기 자신의 고유한 삶의 방식을 가지고 있으며 이는 그 공동체가 어떻게 함께 기도할 것인가 하는 데에 반영되어야 한다. 고등학생 집단의 수련회에서는 대학생들이 하는 방식으로 함께 기도하도록 기대할 수 없다.

기본적으로 단순성(simplicity)은 현대의 개혁에 있어서 중요한 요소로 인식된다. 단순성은 또 다른 바람직한 요소인 친밀성(familiarity)과 밀접히 연관된다. 매일 기도의 핵심은 친숙하고도 의미있는 것들을 언어로 표현해야 하는 데에 있다. 이러한 의미에서 '만트라'(mantra: 기도문에 외우는 주문 따위- 역자 주) 또는 동양 종교에서 하듯 반복구절을 사용하는 것도 적절하다고 보여진다. 우리는 결코 주기도문의 깊은 바닥에까지 자신을 몰입하지 않는다. 시편 23편이나 다른 잘 알려진 시편들도 깊은 의미들이 있고 우리는 그 의미들을 다 깨닫지 못한다. 어떤 기도들과 찬송들은 우리를 더 깊은 곳으로 계속적으로 인도한다. 단순하면서도 친숙하지 않은 매일 기도회의 구조는 우리 시대에 점점 더 선호되고 있다.

친숙함은 또한 간결함(brevity)을 추구한다. 만일 10분이 적당하다고 할 때에 20분은 두 배로 좋다는 것을 의미하지 않는다. 참으로 좋은 매일 기도는 기도의 길이에 있지 않고 우리의 관심을 얼마나 반영하는가에 달려있다. 짧은 예배는 또한 더 많은 사람들로 하여금 바쁜 생활 가운데서도 잠시 멈추도록 이끄는 힘이 있다.

최근에는 매일 기도에 더 많은 행동 또는 동작(actions)이 가미되어져야 한다고 인식되고 있다. 악수나 포옹을 통한 평화의 키스 같은 것들, 저녁에 큰 초에 점화하는 의식, 또는 온 몸과 감각으로 호소하는 것 등은 단지 입술만이 아니라 온 몸으로 하나님을 예배한다는 것을 분명하게 보여준다.

매일 기도만큼 시대에 의해 영향을 받는 예배도 없다. "때의 예배" (Liturgy of the Hours)라는 용어가 벌써 이것을 보여준다. 다른 시대에 사는 사람들은 서로 같지 않다. 그들은 서로 다르게 행동하며, 다르게 느끼고, 그리고 다른 필요들을 느끼고 있다. 이처럼 외면상의 차이는 사람들이 서로 다른 시간에 어떻게 기도하는가 하는 것과 무관하지 않다. 공적인 기도를 계획하거나 준비하는 사람은 인간이 시대마다 서로 다르다는 사실에 대해 민감할 필요가 있다. 이것이 호소의 한 부분이며 또한 매일 공동기도가 주는 도전이다.

주)

1) *Didache*, 8, in Cyril Richardson, ed., *Early Christian Fathers*, p.174.
2) Clement, *The Stromata or Miscellanies* 7, 7; ANF, 2, 354.
3) Tertullian, *On Fasting* 10, *On Prayer* 25; Cyprian, *On the Lord's Prayer* 34.
4) Bernard Botte, *La Traditiio apostolique de Saint Hippolyte* (Munster, W. Germany: Aschendorffsche, 1963) for introduction, text, notes, and French trans. English trans.: Geoffrey Cuming, *Hippolytus: A Text for Students with Introduction, Translation, Commentary, and Notes* (Bramcote, Notts., U.K.: Grove Books, 1976).
5) Gregory Dix, ed., *The Treatise on the Apostolic Tradition of St., Hippolytus of Rome*, 36(London: S.P.C.K., 1968), p.63.
6) Dix, ed., *Apostolic Tradition*, 33, p.60; cf. also 35, p.61.
7) George Guiver introduces the latter term, which seems, the most appropriate. *Company of voices*(New York:Pueblo publishing Co., 1988), p.53.
8) Eusebius, *Commentary of Psalm 64*, verse 10. *Patrologiae Graecas* (Paris: J.P. Migne, 1857), 23, p.640.
9) *Apostolic Constitutions*, 2, 59; ANF, 7, 423; 8, 35; ANF, 7, 496.
10) John Chrysostom, *Baptismal Instructions*, 17, trans. Paul W.

Harkins, ***Ancient Christian Writers*** (Westminster, Md.: Newman Press, 1963), 31, pp.126~27.

11) ***Egeria's Travels***, 24, ed. and trans. John Wilkinson(London: S.P.C.K., 1971), pp.123~24.

12) Robert Taft, ***The Liturgy of the Hours in East and West*** (Collegeville, Minn.: Liturgical Press, 1986), p.56.

13) Cassian, ***Institutes of the Coenobia***, 2, 3; NPNF, 2nd series, 11, p.206.

14) Basil, Question 37, ***Ascetical Works***, trans. Sister M. Monica Wagner, C.S.C.,(New York: Fathers of the Church, 1950), pp.309~10.

15) Chrysostom, ***Homilies on First Timothy***, #14; NPNF, 1st series, 13, p.456.

16) Cassian, ***Institutes***, 3, 4; NPNF, 2nd series, 11, 215.

17) Benedict, "The Rule," ***Western Asceticism*** (Philadelphia: Westminster Press, 1958), p.327.

18) E.C. Ratcliff, "The Choir Offices," In W.K. Lowther clarke and Charles Harris, eds., ***Liturgy and Worship*** (London: S.P.C.K., 1932), p.266.

19) J. Wickham Legg, ed. ***The Second Recension of the Quignon Breviary***(London: Henry Bradshaw Society, 1908), vol. 35; and J. Wickham Legg, ***Liturgical Introduction with Life of Quignon*** (London: Henry Bradshaw Society, 1912), vol. 42.

20) ***Liturgy of the Hours: The General Introductiion***(London: Geoffrey Chapman, 1971), p.35, par. 77.

21) Taft, ***The Liturgy***, p.316.

22) Hughes Oliphant Old, "Daily Prayer in the Reformed Church of Strasbourg, 1525~1530," ***Worship*** 52(1978): 121~38.

23) Cf. "Formula Missae" and "Deutsche Messe," in Bard Thompson, ed., ***Liturgies of the Western Church*** (Cleveland: World Publishing Co., 1961), pp.120~21 and 129~30.

24) Guther Stiller, ***Johann Sebastian Bach and Liturgical Life in Leipzig*** (St. Louis: Concordia, 1984), p.55.

25) ***The First and Second Prayer Books of Edward Ⅵ*** (London: J.M. Dent, 1952), p.3.

26) Ibid., p.6.

제 V 장

말씀의 예전
(The Service of the Word)

우리는 앞장에서 한가지 종류의 예배에 관해 살펴보았는데, 그것은 매일의 공적 기도(daily public prayer)로서, 주로 구어(口語)로 이루어진 예배형태이다. 이제 우리는 또 다른 형태의 예배에 관해 살펴보려고 하는데, 이는 말씀의 예전이며, 이 역시 주로 구어로 된 예배이다. 비록 매일의 공중 기도와 말씀의 예전 이 두 가지 예배가 모두 행동보다는 언어로 행해지지만, 구어가 주된 의사전달의 형태이다. 공동체의 공동기억이 회상되고 강화되는 것은 주로 구어에 의해서이다.

본 장의 주제는 주님의 만찬 또는 미사의 전반부를 포함하지만 말씀의 예전 또한 일부 퀘이커 교도들을 제외한 대부분의 개신교 진영에서는 정상적인 주일 예배의 형태이기도 하다. 그러므로 본 장의 이름을 "주일 예배"라고 붙이고 싶은 유혹이 들기는 하지만, 이 형태의 예배는 주중에 거행되는 성만찬성례전의 한 부분으로서, 그리고 부흥회나 집회 등 다양한 경우에서 거행되기도 하므로 "말씀의 예전"(the Service of the word)이 가장 정확한 명칭이다. 미사의 전반부로서 사용되는 다른 이름들은 '전 미사'

(foremass), '전 성만찬'(ante-communion), '비 성만찬 예배'(synaxis 혹은 '모임의 예배'라고 부를 수 있다), 또는 '전 감사례'(proanaphora) 등이다. 일반적인 개신교 예배로서 이 예배의 용어는 '주일 예배'(Sunday service), '아침 순서'(morning order), '설교 예배'(preaching service), 그리고 '하나님의 예배'(divine service) 등이 있다.

본 장은 본 예배가 주님의 만찬 예배 또는 성찬성례전 없는 예배에서 역사적으로 다양하게 나타나는 모습을 추적해 보는 것으로 시작하려 한다. 그리고 나서 우리는 문제가 되는 신학적 원리들을 연구한 다음에 현대의 목회적 관점에서 역사적으로 신학적으로 숙고해 보려고 한다.

1. 말씀의 예전의 역사

우리는 유대교의 회당예배를 살펴보는 것과 함께 말씀의 예전에 관해 논의하려 한다. 교회는 유대교로부터 과거를 기억하는 수단으로서의 시간의 리듬이나 정신을 이미 받아들여 왔다는 것을 살펴본 바 있다. 또한 앞으로도 우리는 유대교 예배의 구조와 그 저변에 깔린 정신이 기독교 예배를 가능하게 했다는 것을 반복해서 보게 될 것이다.

유대교의 회당예배와 그 정신이 기독교의 말씀의 예전을 이루는 기초가 되었다. 그래서 우리는 회당예배가 충족시킨 기능은 과연 무엇인가를 질문해보아야 한다. 이상하게도 그것은 민족적인 기능을 충족시키기 위해 시작되었던 것으로 보이는데, 그 민족적인 기능이란 다름 아닌 바벨론 포로기에 이스라엘 민족이 생존해 남도록 하는 것이었다. 회당예배의 기원에 관한 분명한 정보가 있지는 않지만 회당예배는 유대인들이 바벨론에 포로로 잡혀갔던 주전 6세기 경에 나타나기 시작하였다. 예루살렘의 성전은 파괴되었고 그곳에 중심을 두었던 국가적인 예배는 갑작스럽게 중지되었다. 당시 예루살렘에서 드렸던 것과 똑같은 희생제사를 드릴 수 있는 곳은 어디에도 없었다. 이스라엘 사람들을 생존하게 할 수 있는 새로운 출발이 있어야만 했다.

　　미국에 이민 온 사람들이 민족적인 그룹을 만드는 것과 같이 회당은 이스라엘에게는 곧 생존의 기능을 의미한다. 이스라엘은 그들이 누구인가를 기억함으로써 주체성을 잃지 않고 그들은 선택된 민족이며 하나님이 그의 선민에게 어떤 일을 하셨는가를 기억했다. "우리가 이방에 있어서 어찌 여호와의 노래를 부를꼬"(시137:4) 하고 탄식하던 그들은 회당 예배를 창안해 냈다. 이스라엘에게 있어서 생존은 곧 하나님의 행하심을 기억하는 능력이었고 이런 능력이 그들을 세계에서도 독특한 민족이 되게 했다. 하나님의 행하심을 기억하는 가장 좋은 방법은 가르침과 함께 기도하는 일이었다. 회당 예배가 제사를 목적으로 시작되었는지 교육을 위한 것이었는지는 T.V.가 교육을 위해 있는지, 오락을 위한 것인지를 말하는 것만큼이나 어려운 일이다. 하나님께서 하셨던 일을 기억하고 이를 즐거워하는 것이 예배인지 교육인지는 그다지 중요하지 않다. 그 결과는 마찬가지이기 때문이다. 수많은 왕조들이 칼에 의해서나 또는 병합되어서 사라졌지만 이스라엘인에게는 예배가 있었으므로 그들은 살아남을 수 있었다. 이 기억하는 능력은 세대가 지나면서 예배에 의해 더욱 강해지고 바벨론의 독재자조차도 그들을 정복할 수 없었다.

　　이스라엘 사람들은 하나님의 행하신 일에 대한 기억을 모아 글로 남기는 것이 유대인을 독특한 민족이 되도록 한 하나님의 역사를 기억하도록 하는 데 유용하다는 생각을 하게 되었다. 이 기록을 가지고 회당에서 가르침으로써 대단히 좋은 결과를 얻었다. 특히 이 기록을 소리내어 읽고 생각해 보고 그 곳에 모인 사람들이 함께 즐길 때 하나님의 행하심에 대한 기억을 생생하게 할 수 있었다. 처음 회당의 모임은 예배를 염두에 두고 시작한 것은 아니었을지도 모른다. 그러나 점차 예배로 발전되었고 회당예배가 계속되었다. 망명 생활을 하며 고향을 그리던 유대인들이 모여서 읽고 생각하고 하나님이 그들을 위해 하신 일을 기뻐하였고 그렇게 함으로써 그들의 주체성을 새롭게 할 수 있었다.

이런 종류의 예배나 교육을 위해서는 성전이나 제사장이 필요하지 않았고 아무라도 예배를 인도할 수 있었다. 열 명 정도가 모이는 어느 곳에서도 회당이 될 수가 있었다. 필요한 것은 성경과 사람뿐이었다. 그러한 예배에 있어서 평신도 지도자의 역할이 중요하다는 것은 아무리 강조해도 지나치지 않다.

회당 예배는 하나님이 하신 일에 중심을 두었다. 유대인들은 그들 역사의 기록인 성경을 통해서 뿐 아니라 이 역사를 즐기는 노래인 시편을 통하여, 그리고 그 역사에 대한 하나님의 복을 기원하는 기도를 통하여 그리고 그 역사를 회상하는 설교를 통하여 하나님이 하신 일을 기뻐하였다. 마침내 하나님의 하신 일을 회상하던 기도는 그가 하시기로 약속하신 일에 대한 기대가 되었고 하나님이 하실 것을 간구하는 형태를 취하게 되었는데 이것이 기도의 자연적 발전이었다. 시대가 변함에 따라 기도는 찬송과 간구와 함께 신앙고백의 기능을 가지게 되었다. 유대인들이 하나님이 그들에게 율법을 주시고 선지자들을 통하여 말씀하셨다는 것을 기억해 가면서 율법서와 선지서들을 봉독하는 것이 예배의 기본형태였다.

그리하여 예배는 하나님이 언약하셨던 한 백성의 공동 기억들을 가르치고 전달하는 한 방법이 되었다. 유대인은 그 언약을 기억함으로써 생존할 수가 있었다. 지난 과거를 회상하는 것만이 아니고 과거의 사건을 통해 알게 된 살아 계신 하나님을 현재 예배를 통하여 만나게 된다. 과거의 사건이 되풀이됨으로 현 실재가 되어 그들은 하나님의 구원 능력을 거듭 경험하게 되었다. 사람들은 예배를 통해 전체 구원의 역사를 믿게 되었다. 개인의 삶은 공동의 기억을 되풀이해 말하는 예배에 참여하면서 바뀌었다. 이것은 마치 청소년이 가족 사진을 여럿이 모여 보면서 자기를 발견하게 되는 것과 같다. 회당 예배의 중심은 하나님이 당신의 백성들을 위해 행하신 일을 공동체의 공동적인 기억과 일치시키는 일이다. 그리고 선포된 말씀은 이를 통해서 그러한 일이 이루어지는 매개물이 된다.

이러한 회당의 예배는 당시 대부분이 유대인이었던 초기 기독교인들에게 친숙한 예배형태이었다. 우리는 누가복음 4:16-28의 기록을 통해 나사렛의 회당에서 행해졌던 이 예배의 단편들을 잠깐 살펴보려고 한다. 예수님께서는 이사야 선지자의 글을 읽으셨고, 설교하시기 위해 앉으셨다. 비시디아 안디옥에 있는 회당에서는 "율법서와 예언서를 봉독한 후에, 회당장이" 바울과 그 일행에게 설교를 요청하였다(행 13:15). 이것이 가장 초기의 기독교인들에게 온전히 친숙했던 예배의 형태이었다. 그들의 주님이 정기적으로 거기에 참여함을 통하여 그것을 허락하였으며(눅 4:16), 사도들은 그것을 충분히 활용하였다.

유대교로부터 개정한 기독교인들 또한 그러한 공적인 예배의 형태에 친숙하였으며, "가정집에서"(행 2:46) 성만찬성례전을 거행하면서도 동시에 계속해서 회당의 예배에도 참석하였을 것이다. 그러나 오래지 않아서 기독교인들은 회당에서 추방당했으며, 2세기 중반에는 이러한 두 종류의 예배가 합쳐져서 거행되었고, 이는 처음에는 어색하게 시작되었지만 곧 지배적인 예배형태가 되었다. 회당예배의 형태가 다락방의 예배형태에 접목되었거나, 아니면 두 가지의 예배요소가 합쳐졌을 것인데 말해진 언어와 행동화된 표징이 그것이다. 6세기부터 16세기까지 말씀의 예전과 성만찬성례전이 성금요일 같은 특별한 경우를 제외하고는 분리할 수 없는 예배형태가 되었다.

비록 말씀과 성례전이 합쳐진 것은 더 이른 시기였겠지만, 여기에 대한 최초의 기록은 2세기 중반 로마에서 기록된 순교자 저스틴(Justin Martyr)의 『첫 번째 변증문』(First Apology)이다. 저스틴은 성례전 모임의 두 가지 예를 들고 있는데 그 중 하나는 세례 직후의 것이다. 이때 새로 세례를 받은 사람은 (아마 부활절일 것이다) 성찬만성례전을 위한 모임으로 안내되며, 수세자를 위한 기도와 평화의 입맞춤이 있은 후 곧 성만찬 성례전이 시작되었다. 입교의식(initiation)이 거행될 때에는 그 식이 말씀의 예전을 대신하였지만 성만찬성례전은 대치되지 않았다. 또 하나 저스틴이 들고 있는 예배는 보통 주일 예배였던 것 같다.

"보통 기독교인들 사이에서 주일이라고 불리는 날에는 도시나 시골에 사는 사람들의 집 중 어느 한 곳에서 모임이 있고 이때는 사도들의 기록이나 예언자들의 문서를 시간이 허락하는 한 읽고 읽기를 끝마치면 설교를 맡은 사람이 모임에 참석한 사람들에게 고생한 일들을 본받도록 권한다. 그리고는 모두 일어서서 기도를 드린다. 그리고 전에 말한 바와 같이 기도를 마치면 빵과 포도주와 물을 함께 나눈다."[1]

요즘 식으로 표현하면, 구약과 신약을 봉독한 후 설교, 중보의 기도 또는 신자들의 기도, 즉 다른 사람들을 위한 기도가 있었다. 성경 낭독의 분량은 경우에 따라 다르기는 했으나 반드시 성구집에서 몇 편을 골라서 읽는 것이 원칙이었다.

히폴리투스는 2, 3 세대가 지난 후 이러한 자세한 내용을 간접적으로 확실히 해 주었다. 그는 특별한 행사였던 세례와 서품식의 성만찬성례전에 대하여 설명하고 있다. 이 둘 중 어디에도 말씀의 선포에 대한 언급은 없는데, 만약 어떤 다른 의식이 성만찬 성례전에 앞서 있을 때는 분리되었음이 분명하다. 오늘날에도 성금요일 같은 경우에는 말씀의 사역을 성만찬 성례전과는 분리해서 간략하게 행하고 있다(SAC. 211-22; BCP, 276-82; LBW-Ministers Desk Edition, 138-43). 이는 안톤 바움스타크(Anton Baumstark)가 한 발견을 설명해 준다. 다시 말해서 "대축일의 절기들에 있어서 가장 오래된 요소들일수록 가장 오래까지 지켜지는 경향이 있다"는 말이다.[2] 오늘날조차도 성금요일 예배의 처음 부분은 저스틴에게서 본 것과 같은 두드러진 단순성을 볼 수 있는데, 그 내용은 성경 봉독, 시편 찬송, 설교, 중보의 기도 등이다. 성금요일에 드리는 중보의 기도의 형태조차도-기도에의 초대, 무릎꿇고 드리는 침묵의 기도, 모든 사람이 서서 드리는 요약된 기도 등 - 초기의 것 그대로였다. 초기 말씀의 예전은 모든 순서가 가장 기초적이고 필수적인 것들로만 이루어졌다. 어거스틴은 "내가 교회에 도착하자마자 의례적인 인사를 나눈 후 바로 강론이 시작되었다"고 빈약하고 갑작스런 예배의 시작에 대하여 말한 적이 있다.[3]

그러나 이런 단순한 형태가 오래도록 그대로 남아있을 수는 없었다. 만일 우리가 강물의 침전을 생각한다면 예배의 지층도 차근차근 쌓여지는 것을 쉽게 상상할 수 있을 것이다. 이러한 모습을 상상함으로써 우리는 예배가 발전되어 가는 과정을 쉽게 짐작해 볼 수 있을 것이다. 예배 순서가 변경되기도 하고, 제외되는 경우도 있었는데, 특별히 4세기에는 율법서와 예언서의 구약봉독이 예배순서에서 빠지게 되었다. 또한 6세기 말에는 "예비자들 (catechumens: 세례 받지 않는 자들- 역자 주)의 해산"이라는 순서가 동방에는 남아있지만 서방에서는 사라지게 되었다. 예비자는 예배에 참석하여 말씀을 들을 수는 있으나 '신자의 기도'나 '평화의 입맞춤,' 그리고 성만찬 성례전의 그 어떠한 순서에도 참석할 수가 없었다. 중보의 기도 혹은 신자들의 기도도 7세기에 오면 로마의식(Roman rite)의 말씀의 예전에서는 사라지게 된다.

최초의 지층의 나머지 부분은 그대로 남아 있었는데 이들은 인사와 사도서신 봉독, 응답의 시편, 복음서 그리고 설교 등이다. 시간이 지나면서 점차 예배요소가 첨가되었는데, 특히 예배의 시작부분이 그러했다.

두 번째 지층은 기본적으로 찬양과 기도 등을 포함한 예배 도입부분에 관한 것이었다. 이러한 순서들이 첨가된 시기는 기독교인들이 공공연하게 예배를 드릴 수 있게 되면서부터 예배가 보다 정교한 형태로 발전하게 되는 5세기였다. 그 순서들 중 다수는 예배를 시작하려고 사제가 제단(altar table)에 오를 때와 모든 참석자들이 예배를 위해 자리를 잡으려 하는 행동들을 나타내는 것들이었다. 각 순서의 중요성과는 상관없이 침묵 가운데서 행해지는 행동들은 언제나 음성이나 합창을 동반했던 것으로 보인다.

분명히 이런 여러 가지 발전들은 세계 여러 지역에서 각기 다른 때에 일어났으므로 이를 한 묶에 모두 말하기는 대단히 어려운 일이다. 그러므로 여기서는 서방 로마교회 의식의 발전에 윤곽만을 살펴보기로 하겠다. 우리는 앞에서 어거스틴이 참석했던 예배의 시작이 얼마나 간략했는가를 보았다. 그러나 그가 죽은 지 불과 몇 십 년만에 로마에서는 예배의 준비 단계가 상당히 정교하게 되었는데 이들은 지금까지도 지켜지고 있는 것들로서, 입당송(Introit), 자비를 구하는 기도(Kyrie), 영광송(Gloria in excelsis), 그리고 짧은 기도(Collect) 등이다. 이러한 예배 발전 과정에서의 두 번째 지층은 관계가 없는 결합처럼 보인다. 입당송(Introit)은 미사의 맨 첫부분에 해당하는 것으로서 음악에 맞춘 시편인데, 성직자가 제단으로 행진하는 동안 불려졌다. 5세기말 종래의 신자들의 기도가 로마에서 연도(여러 번의 간구와 각각의 간구에 대하여 응답이 있는 기도의 형태)로 대치되어 성경 봉독과 설교 전에 위치하였다. 그 응답은 "키리에 엘에이손"(Kyrie eleison: "주여 자비를 베푸소서")이었다. 7세기 초에는 간구하는 기도들(petitions)이 로마의식에서 사라지게 되었다. 오직 남은 것은 자비를 구하는 기도(Kyrie)뿐이었다. 신자들의 기도와 연도가 계속하여 없어짐으로써 로마 교회의 말씀의 예전에는 중보의 기도가 남지 않게 되었다. 세 번째로 첨가된 것이 영광송(Gloria in excelsis: "지극히 높은 곳에서는 하나님께 영광") 또는 대송영(greater doxology)으로서 보통 노래로 불려졌다. 서방교회에서 말씀의 예전의 일부가 된 영광송과 같은 역할을 하는 것으로서, 동방교회에는 "삼성송"(Trisagion: "세 번 거룩")이 있었다. 짧은 기도문(collect), 마침기도(oration), 개회기도(opening prayer)가 생겨남으로 인해 예배 의식의 전반부 도입부분은 점차 완성되었다. 서방형식을 따르면 짧은 기도문(collect)은 (1)하나님께 대한 찬양, (2)하나님의 속성에 대한 관계절, (3)간구, (4)결구(result clause), (5)마지막 송영으로 이루어져 있다. 짧은 기도문(Collect)은 시작예식을 종결 짓고 그날의 말씀으로 들어가는 역할을 한다. 짧은 기도문은 또한 성만찬 성례전의 많은 부분 중의 하나이기도 하다. 짧은 기도문의 수집은 위대한 성례서들(great sacramentaries) 혹은 미사본문의 중요한 부분을 차지한다.

요약해보자. 5세기와 6세기에는 예배의 도입부분에 있어서 대단히 정교해졌다. 간결한 인사와 직접 성경 낭독으로 들어가던 방식은 사라지고,

그 자리에 입당송의 장중하고도 음악이 깃들인 행렬, 자비를 구하는 기도, 영광송, 그리고 짧은 기도문 등의 순서가 되었다.

그러나, 중세 초반기에 서서히 축적되어진 세 번째 층이 있다. 오늘날에도 예배를 인도하는 사람은 교회에 들어가 공예배를 시작하기전 몇 분 동안 성물실(sacristy)에서 준비하는 시간을 갖는 것이 보통이다. 본래는 성물실에서 개인적으로 갖던 준비기도가 점차 성소에서 이루어지게 되었다. 이 시간은 인간의 무가치함을 사죄하며 자기가 인도하게 될 예배가 하나님께 드릴만한 예배가 되기를 간구하는 특별한 특성을 갖는다. 이런 기도는 지금도 마찬가지이지만 개인적이고 주관적이며 내면적인 것이다. 이러한 것들은 본질적으로 그 자체가 나쁜 것은 아니지만 개인적인 기도의 기능이 합쳐져서 공예배가 된다면 예배의 성격은 크게 달라지게 된다. 그 변화는 매우 느리고 희미하며 종교회의에서 논란할 것도 결정될 성질의 것도 아니다. 그러나 지금까지는 함께 모여 하나님이 하신 일을 기뻐하던 모임을 이제는 전능하신 이 앞에 그들의 죄를 고백하며 슬퍼하는 모임으로 변화시켜 버리고 말았다. 동방 교회에서는 이런 현상이 별로 없었지만 서방 교회에서는 의식하지도 못하는 사이에 이런 변화가 이루어져 버렸다.

그 결과 개회 기도의 준비 의식을 말씀의 선포의 맨 앞부분에 덧붙여 시편 43편으로 시작하였다. 그중 4절은 교송하기 좋은 말씀이었다. "나는 하나님의 제단에 올라가나이다." 14세기에 시편은 삼위일체의 축복과 함께 시작되었다. 준비 기도 다음 제단 아래에서 드리는 것이 고백의 기도와 사죄의 선언이었는데, 이는 사제가 예배를 시작하기 전 행하는 정화의 단계이다. 고백 기도에서 참회하는 말은 중세와 종교 개혁 때와 근대 성만찬의 경건성을 형성토록 하였다. 입당 전에 사제 제단으로 올라가며 제대(altar-table)에 키스하는 동안 드리는 짤막한 기도가 따르기도 하였다.

이외에도 중세에 생겨난 의식에는 응답의 찬송인 층계송(gradual)이 있었는데 이것은 구약을 봉독한 후에 부르게 되었다. 층계송은 구약 봉독이 없어지면서 그 대신 서신서 봉독 다음으로 옮겨졌고, 나중에는 점차 짧아져 한 구절로 되었다. 그 후에 할렐루야 또는 영창(참회하는 행사 때)이 첨가되고 속창이라고 불리는 영창이 중세기에 많이 불리어지다가 1570년에는 없어지게 된다.

중세 서방 교회에서는 니케아 신조(Nicene Creed)가 설교 바로 다음에 있었다. 이것은 그리스도의 신성을 부인하는 아리우스설에 대한 반동으로 생겨난 것이며 여기에는 성례전 기도의 선언적인 성질은 빠져 있다. 신조(신경)를 예배에서 말하기 시작한 것은 스페인에서부터 시작되어 샤를마뉴 대제 (역자주: 서로마 제국 황제, 742-814)에 의해 크게 발전되었으며 로마에서는 11세기 초에 받아들여졌고 동방교회 성만찬 예전의 한 순서가 된 것은 6세기부터였다.

이러한 일련의 발전이 16세기에 말씀의 사역으로 나타났는데, 종교개혁자들은 이것을 조금씩 변화시켰고, 가톨릭의 반동 종교개혁(counter-reformation)은 거의 변화를 가져오지 않았다. 다음 표는 여러 가지 예배 형식이다. ( )는 전에는 있었으나 없어진 순서들을 나타내고 있다.

처음3세기	4-6세기	중세
인사 (greeting)		시편43
	입당송(introit)	고백기도
	(연도), 키리에 응답송	
	영광송(Gloria in excelsis)	
	짧은기도문(Collect)	
(구약봉독)		
(시편찬송)		
서신서낭독		
(시편찬송)	층계송(gradual)	(속창: sequence)

영창(tract)

복음서봉독
설교
(예비자들의 해산)　　　　　　　　　　　니케아 신조
(신자들의 기도)

    좋든 나쁘든 간에 종교개혁자들은 무거운 참회적 요소를 많이 포함하면서도 구약성경 봉독과 중보기도를 배제시킨 중세기적 예배형태를 받아들였다. 만일 그들이 예배의 역사에 관해 좀더 충분한 지식을 가졌더라면 중세기의 예배를 개혁하는 데 있어서 보다 더 많은 자유를 가졌을 것이다. 그러나 그들은 역사에 대한 지식이 충분하지 못했으므로 진리에 의한 자유함을 누리지 못했다. 종교 개혁자들은 설교와 회중의 찬송 및 자국어로 진행하는 예배 의식을 발전시키는 데 크게 공헌하였다. 1523년에 발행된 루터의 『미사예식서』(Formular Massae)를 보면 그는 예배 형식을 바꿀 필요성을 별로 느끼지 못하였던 것 같다.[4] 다만 예배에서 음악적인 요소들인 입당송, 기도송(Kyrie), 영광송, 층계송, 알렐루야, 노래로 부르는 신경 등을 대단히 좋은 것으로 생각하고 있었다. 루터는 개회 기도 및 성경적인 근거가 없는 속창을 없앴으나 층계송 이후에 특별히 회중 찬송을 독일말로 부를 것을 권했다. 그는 말씀이 예배 중 가장 중요하다고 주장하였고, 1525년 『독일 미사』(Deutsche Messe)에서 보다 많은 독일어의 찬송과 설교 후의 주기도문을 독일어로 설명하여 이해를 돕도록 하였다.[5]

    비록 루터가 의도하지는 않았지만 길고도 느린 과정을 통하여 말씀의 예전 또는 "비 성만찬 성례전 예배"(ante-communion)가 루터교에서 주일 정규 예배형식으로 자리잡게 됨으로써, 오랜 동안 결합되어 왔던 말씀과 성례전을 두 동강으로 갈라놓고 말았다. 18세기의 계몽운동은 대부분의 루터교에서 매주 성만찬 성례전 예배에 종지부를 찍게 하였다. 1978년에 출판된 새로운 『루터교 예배집』(Lutheran Book of Worship)은 6세기의 예배

형태로 되돌아가고 있다. 여기에는 "고백과 용서를 위한 간단한 순서"가 예배 시작 전에 있고, 음악으로 예배를 드릴 수 있는 3가지 형태가 제시되어 있다(LBW, 57-119). 성만찬 성례전이 없을 때의 예배순서는, 입당송, 인사, 키리에, 영광송, 기도문, 처음 성경 낭독, 시편, 두 번째 성경 낭독, 알렐루야 또는 영창, 복음서 낭독, 설교, 찬송, 신앙고백(신경), 헌금, 기도(중보의 기도일 수 있다), 주기도, 축복기도로 되어 있었다. 이러한 형태는 6세기 기독교인들에게 익숙한 것이었다.

개혁교회 전통에서는 초대 교회가 따랐을 것이라는 가정에 근거하여 더욱 큰 변화가 있었다. 먼저 1542년에 존 칼빈(John Calvin)이 작성한 "고대 교회 관습에 따른 교회기도의 형식"[6](Geneva, Strasbourg, 1545)은 대부분 마틴 부처(Martin Bucer)로부터 온 것이기는 하지만 개혁교회의 예배가 생성된 기초가 되었다. 이 예배는 매우 참회적이고 교훈적이었으며, 중세의 참회적인 기조를 유지하는 것으로 보인다. 그 예배의식은, 우리는 "아무런 선을 행할 능력이 없으며, 늘 비행을 저질러 거룩한 계명을 끊임없이 범하고 있음"을 고백하는 강렬한 참회의 기도로 시작한다. 다음에 사죄의 선언이 따르고 부처가 도입한대로 십계명을 노래한다. 즉석에서 기도가 드려지고 운율을 붙인 시편을 낭송한다. 그리고 나서 조명을 위한 특별기도가 드려진다. 이 기도는 당시 사람들에 의해 초대교회 예배에서 일반적으로 행해졌던 것이라고 여겨졌던 것인데 개혁교회 예배의 두드러진 특징으로 자리잡았다.[7] 그 다음 성경 봉독과 설교가 따른다. 목회자의 긴 중보의 기도, 간구, 그리고 주기도문 석의와 축도가 뒤따랐다.

칼빈은 매주일마다 성만찬 성례전을 거행하는 것이 좋다고 생각했지만 매주 성례전 거행에 익숙하지 않은 보수적인 제네바의 관리들에 의해 저지당하고 말았다. 그러나 개혁 교회의 전통에서 주일 예배의 모델은 성무일과 보다는 말씀의 선포에 중점이 놓여졌다는 점이 중요하다. 시편을 노래하는 것은 개혁교회의 전유물이 되었는데, 이는 엄격한 참회와 훈련의 성격을 띠는 예배의 성격에 부드러움을 가미하였다.

『웨스트민스터예배 규범』(Westminster Directory)은[8] 영국, 스코틀랜드, 그리고 아일랜드의 국가교회들의 예배에 청교도적인 영향을 끼쳐서 스코틀랜드에서 제작된『공동 예배집』(Book of common Order, 1564)의 권위를 종식시키면서 15년 동안이나『공동기도서』(BCP)를 대치하였다. 이 '예배규범'은 기도집보다는 간단하고 예배집보다는 상세한 것이었다. "하나님의 공적예배"(Public Worship of God)를 위한 순서는 다음과 같다. 목사가 회중에 대한 예배에의 부름을 하고, "인간의 사악함으로 인해 인간은 감히 하나님께 가까이 갈 가치도 없음을, 그리고 하나님의 크신 일을 감히 할 능력이 전혀 없는 지극히 연약함"을 상기시키는 기도를 드린 후, 성경봉독이 뒤따른다(보통 신구약에서 한 장을 계속읽기-lectio continua-의 방식으로 읽는다). 그 다음에 시편 찬송과 중보의 기도, 목회자가 드리는 긴 고백과 중보의 기도, 설교, 감사의 기도, 주기도, 시편 찬송, 축복기도로 끝맺는다. 이러한 말씀의 예배가 수세기 동안 영어를 말하는 개혁교회 전통의 예배에 기본적 구조를 제공하였다. 설교는 명백히 예배의 지배적인 행위였다. 중세기적인 참회적이고 변증적인 접근이 두드러지게 보이기는 하지만, 그래도 구약성경의 봉독이나 회중 시편찬송의 제고, 그리고 설교의 중요성 등에 있어서는 소득이 있음이 분명하다.

1984년의 장로교『주일 예배』(Service for the Lord's Day, SLR #1)는 초대교회 예배형태에 대한 역사적 이해를 충분히 반영하고 있지만 여전히 종교 개혁적 경향을 띠고 있다. 그 구조는 다음과 같다. 모임, 예배에의 부름, 찬송, 시편송 또는 영가, 고백과 용서, 찬송의 행위, 평화, 조명을 위한 기도, 제1독서, 시편, 제2독서, 찬송 또는 영가나 영창, 복음서 봉독, 설교, 찬송 또는 영가, 신조 또는 신앙의 확인, 중보의 기도, 봉헌, 감사기도, 주기도, 영가 또는 시편 또는 찬송, 권면과 축도, 해산.『주일예배』는 매주일 성만찬성례전을 거행하도록 권면하고 있지만 보편적으로 시행되지는 않았다.

영국 국교회 개혁가들에 의해서는 다른 결정들이 이루어졌는데, 이들은 대륙의 개혁자들이 이미 시행했던 20여년간의 자국어 예배 경험을 기초로 하여 많은 도움을 받을 수 있었다. 기본적으로 사룸(Sarum)의 말씀의 예배(영국의 salisbury 사원의 예배형식에다가 중세기 로마의식을 가미한 예배형태로서, 1457년에 영국, 웨일즈, 아일랜드 등 거의 영국 전역에 널리 퍼진 예배의식이다— 역자 주)를 보수적으로 개정한 크랜머의 1549년의 예배의식은 입당 시편송과 함께 시작한다. 그 뒤에 주기도, 그 날의 특별기도, 왕을 위한 특별기도,[9] 사도서신 봉독과 복음서 봉독이 뒤따른다. 그 후에 니케아 신조와 설교가 온다. 여기에서 예배는 권면과 성만찬 성례전으로 진행한다. 두 개의 항목이 성만찬 성례전 부분으로 옮겨졌다. 중보의 기도는 삼성송(Sanctus) 직후에 오며, 고백이 수찬(communion)보다 앞에 위치한다. 1552년의 개정판에서는 개혁교회의 방향이 갑자기 흔들리게 된다. 입당시편이 사라지고, 십계명이 정화를 위한 특별기도문 직후에 첨가되었다.[10] 중보기도는 설교와 봉헌 직후로 옮겨졌으며, 고백은 권면에 뒤따라 나오게 되었다. 이는 "예배인사"(Sursum corda) 바로 앞의 자리이다. 자비송은 사라졌고 영광송은 성만찬 성례전에서의 축복기도 직전으로 밀려났다. 성만찬 성례전이 거행되지 않을 때에는 일반적인 중보의 기도 직후에 예배를 끝맺도록 예배지침은 정하고 있다. 이는 1000년 동안 지켜오던 말씀과 성례전의 일치로부터 양자의 분리를 허용하는 것이었다. 이러한 아침기도와 연도에 뒤이어 설교가 뒤따라 나오는 '비성례전 예배'(ante-communion) 또는 '두 번째 예배'(second-service)가 3세기 동안 시행되었고, 성만찬 성례전은 대부분의 교구교회에서 자주 시행되지 않았다.

그후 세월이 흘러 이러한 형태의 예배를 원래대로 회복하려는 점차적인 시도가 있었다. 가장 최근에 개정된 미국의 성공회 기도서(BCP, 316-409)는 구약봉독과 시편을 회복하고 죄의 고백을 약화시킴으로써 커다란 진전을 보이고 있다. 말씀의 예전은 "하나님의 말씀"이라고 제목이 붙여졌으며, 예배인사, 정화를 위한 특별 기도문, 십계명 혹은 율법의 요약(Rite one), 자비송 또는 삼성송, 영광송, 그날의 특별기도, 두 개 혹은 세 개의 성경 봉독(사이사이에 시편이나 찬송 또는 영가), 설교, 니케아 신조, 회중들의 기도, 선택사항인 죄의 고백, 그리고 평화를 포함하고 있다. 한마디로 말해서 이는 6세기의 예배형태이다. 이와 비슷한 변화들이 역시 다른 나라들의 『공동기도서』(BCP)들과 1980년의 『보충 예배집』(Alternative Service Book)에서 이루어졌다.

퀘이커 예배는 설교를 반드시 필요로 하지 않는다. 그들 예배의 중심은 침묵하면서 하나님을 기다리는 것이다. 한참 동안은 침묵한 후 누구든지 일어서서 성령이 인도하는 대로 말할 수 있다. 여기서는 엄격한 훈련이 필요하고, 성급하게 말을 하거나 서로 말을 나누는 것을 대단히 꺼려하는, 지금까지 우리가 살펴보았던 어떤 예배 형식과도 상당히 다른 형태의 예배이다.

감리교는 성공회의 아침 기도, 연도, 성만찬이 생략된 설교중심 예배를 받아들였다. 『북미 감리교회의 주일 예배 (1784)』(Sunday Service of the Methodists in North America)에는 사도신경을 뺀 것을 제외하고는 큰 변화가 없었다.[11] 감리교 예배의 큰 변화는 찬송을 많이 부르게 함으로써 예배 의식이 훨씬 따뜻한 느낌을 갖게 된 것이다. 한편 약간의 영국 감리교도들은 성공회의 아침 기도 형식을 그대로 지키고 있었다. 웨슬레는 미국의 상황을 제대로 판단하고 있지 못했다. 따라서 말씀의 예전이 인쇄된 예배집은 웨슬레가 죽은 다음해인 1792년부터 사용되지 않게 되었다.

19세기에는 어떤 변화가 일어났는가? 19세기에 나온 『계율(the Disciplines)』이라는 감리교회의 법전에는 그 윤곽만을 아주 간단히 말하고 있다. "아침 예배는 찬송과 기도, 구약성경 중 한 장과 신약성경 중 또 다른 한 장을 읽고, 설교를 한다." 월 1회의 성만찬성례전이 부가되기는 했지만 이는 결국 말씀의 예전이라기보다는 아침기도회와 비슷한 형태라고 보아야 할 것이다. 19세기의 감리교 예배는 개척자 전통의 부흥운동에 가깝게 접근해 갔다.

20세기 초에 부흥운동의 열기가 식어가면서 감리교는 점차 유미주의로 방향을 전환하였고, 20세기 중반에는 역사주의로 흘렀다. 에큐메니즘의 시대가 도래하면서 교회들은 기독교 예배의 초대교회적 뿌리를 회복하는 것에 공동관심을 갖게 되었다. 연합감리교회의 "말씀과 식탁의 예배"(A Service of Word and Table, UMH, 2-31)는 이것을 반영하고 있다. 성만찬성례전이 포함되지 않는 "예배의 기본적 형태"는 모임, 인사, 찬송, 개회기도 및 찬양, 조명을 위한 기도, 제1독서, 시편, 제2독서, 찬송, 복음서 봉독, 설교, 말씀에 대한 응답(예: 그리스도의 제자에로의 초대, 세례, 혹은 신조), 관심들과 기도, 고백, 용서의 확신, 평화, 봉헌, 감사기도, 주기도, 찬송, 축도와 파송, 그리고 해산 등이다.

19세기에 미국 서부지역에서 생성된 개척자 전통(Frontier Tradition)은 말씀의 예전에 관해 전혀 다른 접근방식을 도입하였다. 기본적으로 서부개척지대의 기독교인들은 교회에 다니지 않는 사람들을 대상으로 사역을 하였으며, 그들을 기독교로 개종시키기 원하였다. 그래서 불신자들을 대상으로 하는 예배의 형식이 필요하였다. 이는 천막집회로 발전되었고, 광대한 지역으로부터 대중들을 불러모아 놓고, 설교와 영적 지도와 회심자들의 세례, 그리고 마무리하는 성만찬성례전 등을 시행하였다. 그러한 새로운 척도는 개척자 지대의 사람들에게는 효과를 나타내었으며 점차 동부해안의 좀더 조용하고 안정된 지역의 예배생활에도 적용되었다.

그 결과는 말씀의 예배에 있어서 3부의 구조를 지닌 형태로 나타났는데, 이는 현대 대부분의 개신교에서 가장 보편적으로 나타나는 예배형태이다. 또한 이는 매주 일요일마다 텔레비전을 통해 볼수 있는 예배형태이기도 하다. 이 예배의 첫번째 부분은 찬송과 함께 시작되는 예배의 도입부분인데, 음악이 대단히 중요시되고 강조된다. 특별한 형태의 찬송이 이 때에 개발되었는데, 이는 바로 복음송으로서, 화니 크로스비(Fanny Crossby)가 가장 잘 알려진 복음송 작사자였다. "자비한 주께서 부르시네," "저 죽어 가는 자 다 구원하고," "예수로 나의 구주 삼고" 등은 그가 쓴 대표적인 곡들이다. 이러한 찬송들은 대단히 자기성찰적이고 고도로 개인적인 찬송으로서, 독실한 신앙을 잘 표현하고 있다. 예배에 있어서 이 부분은 기도와 성경 봉독을 포함하고 있다. 두 번째 부분은 설교인데, 고도로 복음적이어서 영혼들의 회심을 촉구하고, 또 이미 회심한 사람들에게는 헌신을 촉구하는 내용으로 되어있다. 이 예배의 절정은 마지막에 오는 것으로서, 회심한 사람들을 앞으로 걸어나와서 세례를 받거나 아니면 그들이 새로운 존재가 되었다는 어떤 증거를 사람들 앞에서 나타내 보여주는 것이었다. 비록 설교가 예배에서 가장 긴 부분이기는 하지만 다른 모든 부분들도 주의깊게 짜여져 있었다.

오순절 전통은 20세기 초반에 시작되었는데, 예배에 있어서 분명하게 짜여진 구조보다는 자발성을 선호하였다. 이 예배의 가장 극적인 형태는 방언과 통역이다. 그러나 더욱더 중요한 것은 짜여진 형태의 예배보다는 자발적인 찬양, 간증 그리고 성경읽기 등을 통하여 예상치 않은 가능성을 용인함으로써 예배에 있어서의 자유를 고집한다는 점이다.

개신교와 로마 가톨릭 전통들(퀘이커, 개척자 전통 그리고 오순절 전통을 제외한)에 있어서 최근의 발전에 관해 가장 분명한 한 가지를 꼽으라고 한다면 그것은 기독교 역사상 처음 6세기의 예배모습으로 회귀하는 점이라 하겠다. 우리는 지금 종교개혁자들이 예배에 있어서 회개를 강조하고 교훈적이며 훈련을 강조함으로써 예배를 대단히 무거운 분위기로 만듦으로 인해 중세기적인 전제에 사로잡혀 있었다는 사실을 알게 된다. 최근의 예배에서 참회적인 요소를 제거하기는 하여도 많은 사람들은 여전히 꾸중을 듣고, 미안하게 생각하고, 그리고 좀 더 나은 사람으로 고쳐지기 위해 교회에 나간다는 느낌을 지울 수가 없다.

더 새로운(그리고 더 오래된) 예배를 위한 개혁은 제2차 바티칸 공의회로부터 촉발되었다. 그 공의회는 미사에 있어서 단순성과 명료성을 강조하였으며, "성경의 보물들은 보다 아낌없이 열려져야 하며"(CSL, par. 51), 주일마다 설교가 선포되어져야 하고(CSL, par. 52), "복음서 혹은 설교 후에 '공동기도' 혹은 '신자들의 기도'가 회복되어져야 한다"(CSL, par. 53)고 강조하였다. 그 결과는 1970년의 『로마미사』(Roman Missal of 1970)에서 분명하게 나타났다. 그 "미사 순서"는 다음과 같다: 입례송, 인사, 축복의식이나 참회의식 또는 이 두 가지 모두 안 할 수도 있다. 자비송, 영광송, 개회기도, 제1독서, 응답시편, 제2독서, 알렐루야 또는 복음의 환호, 복음서 낭독, 설교, 신앙의 고백, 중보기도(보편지향기도: Sac., 403-13). 이는 위에 언급된 바대로 최근에 개정된 개신교 전통의 예배와 바꾸어도 거의 무방할 뿐만 아니라, 1500백년 전 로마 기독교인들이 예배드렸던 것과 거의 동일한 예배형태이다. 참회를 통한 준비의식은 대부분 사라지게 되었고, 구약 봉독, 응답시편, 설교, 그리고 신자들의 기도는 강조되었다. 우리의 뿌리를 회복하는 작업은 우리에게 날개를 달아준 결과를 가져다주었다.

```
              말씀의 예전(그리고 성만찬 성례전)

APB,  43-64      LBW,  56-120;    Sac.,  403-13    WL,  2-12
ASB,  115-200           126-30    SB,    1036      WS,  19-62
BAS,  174-251    LW,   136-98     SBCP,  306-41    Also: Scottish
BCO,  42-43      MDE,  195-307    SLR,   #1        Liturgy 1982
BCP,  316-93     MSB,  B1-B39     TP,    24-58     (Episcopal
BofS, 8-24       PH,   976-87     UMH,   2-31      Church in
BofW, 96-126     PM,   59-62      WB,    21-42     Scotland)
                                  WBCP,  3-24
```

2. 말씀의 예전의 신학

말씀의 예전이 중요한 이유는 그것이 인간의 언어를 통하여 매개되고 표현되는 하나님의 말씀을 듣고 거기에 응답하는 사건이기 때문이다. 무엇보다도 하나님은 인간에 의해 읽혀지고 선포되는 그날의 성경봉독과 설교를 통하여 우리에게 말씀하신다. 여기에서 하나님께서 행하시는 것은 무엇보다도 말해지는 언어를 통해 행하여진다. 우리는 그 매개물(즉 인간의 언어)과 그것이 가지는 힘 및 한계를 인식하여야 한다. 언어는 예배에서 자신을 주시는 하나의 수단으로서 작용한다. 언어를 통하여 우리는 다른 사람에게 자신을 주며, 하나님은 우리에게 당신 자신을 주신다. 언어는 우리의 생각과 감정은 물론 우리 자신을 표현하는 수단이기 때문에 다른 사람들은 그것을 통하여 서로를 함께 한다. 예배에서 하나님은 인간의 언어를 통하여 하나님 자신의 인격을 우리에게 주시며, 우리는 우리의 언어를 통하여 그리고 하나님의 능력으로 우리 자신을 하나님께 드린다.

구조적으로 볼 때에 이는 이러한 형태의 예배가 주어진 본문을 읽고 설교(만일 행해진다면)를 통하여 그것을 해석하는 것으로부터 발전해 왔다는 것을 의미한다. 이는 분명히 종교개혁자들의 의도였으며 새로운 로마 가톨릭 미사에서도 전보다 더 분명하게 되었다. 종교개혁자가 쓴 특별기도문은 하나님께서 "우리의 배움을 위하여 '모든' 성경이 기록되도록 하셨다"고 선포하고 있다(참조. 롬 15:4). 이 "모든"이라는 말은 두 가지 언약 즉 구약과 신약을 의미하며, 공히 예배의 한 부분을 이루어야 한다고 인식된다. 신앙공동체의 공동의 기억을 공유하기 위해서 성경은 기록되었으며, 그러므로 자꾸만 반복해서 읽혀져야 한다. 성경에 기록된 그 공동기억이야말로 교회에게 자아 정체감을 제공해 준다. 이러한 기억들에 대한 지속적인 반복이 없다면 교회는 단순히 선한 의지를 가진 사람들의 특성없는 집단이 될 뿐 어떠한 진정한 정체성을 가질 수 없게 될 것이다. 성경 봉독과 주석을 통하여 기독교인들은 자기들의 인생을 회복할 수 있고 이스라엘과 초대교회의 경험을 자기들의 것으로 만들 수 있다. 노예로부터의 해방, 정복, 포로됨, 메시아 대망, 성육신, 수난과 십자가, 부활, 그리고 사명. 교회의 생존은 이스라엘 사람들이 그러했듯이 이러한 기억과 희망을 강화하는 데에 달려있다. 예배는 진실로 구원사의 요약과 반복을 통한 "교회의 자기 현현"이다.

물론 이것이 단지 성경봉독과 해석을 통한 과거 사건의 회상만을 의미하는 것은 아니다. 성경에 나열된 사건들을 통하여 기독교 공동체는 모든 역사를 비추는 의미를 파악하게 된다. 성경에 기록된 사건들이 역사에 의미를 제공할 때에 모든 흑백의 역사는 총천연색의 컬러로 새롭게 다가온다. 의미를 전달하는 역사적 사건들은 성경에 연대기적으로 나열되어 있으며 기독교 공동체에 과거는 물론이고 현재와 미래를 해석하는 실마리를 제공한다. 그것은 마치 극작가가 그 연극이 무엇에 관한 것인가를 관객에게 말하기 위해서 연극을 착수하는 것과 같다.

말씀의 예전에 대한 가장 훌륭한 설명은 바로 "성경 예배"(Bible service)이다. 선택적으로 읽혀지든 아니면 연속적으로 읽혀지든간에 성경봉독은 가장 기본적인 일이다. 성경에 기록된 공동기억을 전달하는 것은 이 예배에 있어서 핵심적인 사항이다.

설교의 중요성은 성경의 중심적인 생각과 밀접한 관계가 있다. 설교의 신학에 대한 많은 지침들을 찾아볼 수 있다.[12] 설교는 하나님이 역사의 과정에서 중심이 되신다는 확신에 기초한 의사 전달의 한 형태이다. 설교자는 교회의 권위에 의해서, 성경으로부터, 하나님을 대신하여 그리고 사람들에게 말한다. 하나님의 능력, 성경에 근거함, 교회의 권위, 그리고 사람들과의 관련성 등 네 가지 항목이 설교를 구성하는데 있어서 중요한 요소이다.

우리가 우리 자신의 능력으로 설교한다고 믿는 것은 주제넘은 것이다. 하나님은 그의 말씀을 말하도록 우리의 음성을 사용하신다. 우리가 말하는 음성 자체에는 아무런 능력이 없다. 그러나 하나님의 능력을 통하여 우리의 음성은 치유하고 화해시킬 능력을 가진다. 설교의 본질은 성경에 근거를 둔다. 그렇지 않으면 우리는 설교가 아닌 엄숙한 강의를 하게 된다. 설교와 강의 사이의 차이가 고작 30분이라는 시간의 차이뿐이란 생각은 터무니없는 잘못이다. 비록 학문의 모든 다른 형태의 가르침들이 성경을 해석하는 데 도움이 되기는 하지만, 설교는 하나님의 말씀에 근거를 둔다. 성경일과로부터 얻은 설교의 가치는 그것이 우리에게 좋아하는 성경구절이 주는 사적인 규범이 아니라 하나의 보편적인 규범을 제공해준다는 것이다. 우리는 개인적인 신앙을 설교하는 것이 아니라 교회의 신앙을 설교하며, 교회는 우리를 시험하고 허가함으로써 우리로 하여금 신자들의 우주적 공동체의 신앙을 설교하도록 허락한다. 설교는 들음 없이는 존재할 수 없다. 설교를 듣고 응답할 수 있는 신도의 모임은 설교의 필수불가결한 요소이다. 말씀을 듣는 자들의 참여를 통하여 하나님은 설교로써 자신을 주시는 행동을 실행하신다.

하나님께서 우리에게 성경봉독과 설교를 통하여 말씀하실 뿐만 아니라, 우리도 또한 하나님께 말한다. 이는 기도, 찬송, 시편, 그리고 영창을 통하여 되어진다. 계시와 응답으로서의 예배의 정의는 이 점에서 적절하다. 하나님께서 주도권을 가지시며, 하나님의 말씀에 대하여 우리는 우리의 말로 응답한다. 하나님의 말씀은 공허하게 돌아가지 않는다. 그것은 우리를 일깨운다. 그러나 우리는 하나님이 행하신 것을 기초로 인해서만 응답할 수 있다.

기도는 축원, 찬양, 감사, 고백, 탄원, 중보, 헌신 등 여러 형태를 취한다. 이러한 형태들은 각각 다른 방법으로 작용되지만 그들 가운데 있는 공통점은 창조자에 대한 피조물의 음성이라는 것이다. 우리는 용서를 빌 수도 있고, 찬양을 드리기도 하며 다른 이를 위해 간청할 수도 있다. 그 기능이야 어떠하든지간에 방법은 유사하다. 즉 우리가 기뻐하거나 고백하거나 간구할 때 깊게 느껴진 인간의 필요를 표현한다는 것이다. 기도는 우리에게 우리가 가진 가장 깊은 관심이 무엇이든간에 하나님께 적절한 말을 할 수 있는 기회를 준다. 그것은 모든 예배의 필수적인 부분이다. 말씀의 예전에서 중보기도(intercession)의 중요성을 회복한 것은 신교나 로마 가톨릭교에 있어서 다같이 중요한 발전이다.

서방교회들 사이에서는 시편송(psalmody)의 회복이 진행중이다. 시편은 성경봉독을 대체하는 것이 아니라 성경봉독에 대한 응답으로서 작용한다. 많은 예배들에서 시편이나 성구송은 성경봉독 사이를 엮어주는 역할을 하며 응답으로서 기능한다. 그것들은 들은 것에 대한 회중의 응답이나 혹은 찬양대의 응답으로서 기쁨에 넘친 응답의 형태를 제공한다. 시편은 하나님이 행하신 일에 대한 기이함과 놀라움에 대한 우리의 감탄을 나타내고 있다. 때때로 그것은 깊이 그리고 친밀하게 개인적으로, 그리고 또 다른 때는 구원의 역사의 재현을 나타내기도 한다. 시편은 또한 예배에의 부름이나 찬양으로 시작하는 데에 사용되어질 수도 있지만, 일반적으로 시편은 성경 낭독에 대한 응답으로서 사용된다. 초대교회의 찬송에 더불어 시편 이외의 성경로부터 나온 시적(詩的)인 단편들인 성구송(Canticle)은 시편과 같은 기능을 한다. 누가복음 1장과 2장에서 나온 '마리아의 찬가'(magneficat), '사가랴의 노래'(benedictus), '시므온의 노래'(Nunc dimittis), 그리고 4세기 후반의 '테 데움'(Te Deum: "당신은 하나님이십니다, 우리가 당신을 찬양합니다"라는 노래말을 지닌 라틴어 찬송이다-역자 주) 등이 가장 익숙한 것들이다.

4세기에 있어서 기독교인들은 찬송으로 성경적인 시를 보충하기 시작했다. 기도와 마찬가지로 찬송은 매우 다양한 방법으로 기능을 한다. 찬송 역시 찬양, 감사, 선포, 뉘우침, 간구, 헌신과 그리고 다른 많은 것들이 있다. 기도와 시편처럼 찬송은 보통 하나님께 우리의 마음을 표현하는 것이며, 또한 하나님의 업적들을 반복적으로 되새기는 것이다. 그러나 찬송은 멜로디, 화음, 리듬을 붙임으로써 그 의미를 더하여 주고 있다. 찬송은 참여의 또다른 층을 더함으로써 보통의 말보다는 하나님께 대하여 진술하는 보다 더 강렬한 형태를 제공한다. 이는 음악이 우리의 몸 전체를 포함하기 때문이다. 찬송은 때로 말로 해야 할 순서들을 대신하여 주며, 예배에 있어서 서로 다른 요소들을 연결해 주는 다리 역할을 하기도 한다.

마지막으로 예배에 있어서 우리가 서로 말로 하는 순서가 있는데, 인사, 광고, 다양한 예배지침("....합시다."), 대화, 신조, 그리고 축복과 해산 등이다. 이것들은 단순히 다음 단계로 나아가기 위한 요소로서만이 아니라,

하나님께 향한 우리의 나아감이 가지고 있는 공동체적인 요소를 반영해 준다. 우리는 하나님을 만나기 위해 하나님께 나아가고, 또한 그러기 위해서 우리는 먼저 우리의 이웃을 만난다. 기독교 예배는 하나의 공동체로서 드리는 것이며, 어떠한 공동체라도 그 구성원들이 서로 말하는 것은 당연한 일이다. 인사와 대화는 우리를 격려하는데, 그것은 우리가 함께 교회의 신앙에 대한 충성을 고백할 때에, 신조가 우리로 하여금 서로를 세우는 것을 돕는 것과 마찬가지이다.

하나님은 우리에게 말씀하시고, 우리는 하나님께 말씀을 드리며, 또한 우리는 서로 서로 말을 한다. 이러한 모든 것은 말씀의 예배에 있어서 매우 중요한 요소들이다.

3. 목회적 관점

예배의 지도자가 필요로 하는 실천적이고 목회적인 결정은 역사적이고 신학적인 것에 근거를 두어야만 한다. 실천적인 문제들은 언제나 전통에 따라 다양하다. 로마교회, 루터교회, 감독교회에 있어서 이런 결정들은 주로 예배집에 제공되는 가장 적절한 자료들을 선택하도록 하고 있다. 물론 설교도 가장 적절한 설교를 하여야 한다. 그런데 이러한 교회들조차 특정 절기를 위하여 선택되는 기도에는 가능성을 열어놓고 있는 추세이다(예: 즉흥적인 기도). 이러한 교회들은 예배를 위하여 계획하고 준비하는 데 상당한 시간들을 투자한다. 목회적인 요소들에 대한 결정은, 우리가 지금 교회력상으로 어디에 위치해 있으며, 예배의 장소는 어디이고, 무엇보다도 예배를 드릴 실제적인 회중들은 누구인가 하는 것들을 고려하여 결정되어야 한다.

개혁교회, 개척자 전통, 그리고 감리교회의 전통에 서 있는 회중들을 위해서는 더 많은 결정들이 필요하다. 비록 교단적으로 공식 예식서가 있기는 하지만 많은 목사들은 그들 자신의 예배 순서를 고안하기를 좋아한다.

전부는 아닐지라도 많은 경우 이 때에 되어지는 결정은 예배의 순서에 관한 것들이다. 그러나 이렇게 새로 만들어지는 예배순서들은 역사적이고 신학적인 중요한 문제들을 간과할 뿐만 아니라, 결과적으로 목회적인 차원에서는 실패를 가져오기도 한다. 때로는 이전 목사에게서 그 순서를 물려받게 되는 경우도 있다(그리고 일반적으로 가장 최근의 것이 가장 고치기 어렵다). 그런가 하면 어떤 예배 순서는 모든 지식이 동원되어 조직적으로 고안된 것처럼 보이는 것도 있다.

명백하게 말해서 바른 예배순서가 한 형태로 정해져 있는 것은 아니다. 그러나 예배의 순서를 결정하는 동안 마음에 기억해야 할 몇 가지 중요한 것들이 있다. 첫째로, 우리는 예배의 이러한 형태에 있어서 성경의 구심성(centrality of Scripture)을 깨달아야 한다. 기독교 국가에 있어서 모든 주요한 교회는 예배마다 하나님 말씀의 중요성을 재발견하고 있다. 우리가 설교의 본문으로서 몇 구절 읽는 것으로 만족하던 시대는 이미 지났다. 하나님의 말씀은 그 자체가 말하며, 설교가 있던 없던 간에 성경은 읽혀져야만 한다.

둘째로, 인사에서부터 축도에 이르기까지 예배에 있어서 명백한 진행감(sense of progression)이 있어야 한다. 이것은 지나칠 수도 있다. 예를 들어 주님의 기도가 어디에 들어가야할 지 명백한 지시는 없다. 그러나 우리는 그것이 선포를 위한 하나의 서론적인 형태로 사용되던 방식으로부터 시작해서 헌신의 표현으로 사용되던 방식까지 "흐름" 또는 "운동"의 개념을 가지고 바꿔볼 수 있다.

셋째로, 기능의 명백성(clarity of function)이다. 일반적으로 같은 기능을 가진 예배의 행위들은 일치해야 한다. 설교의 위치가 성경봉독으로부터 얼마나 멀리 떨어져 있는가를 알아보는 것은 놀라운 일이다. 그러나 하나님의 말씀의 봉독과 설교라는 두 가지 행위는 그 기능에 있어서는 매우 밀접하다. 예물을 드리는 것, 봉사 그리고 다른 사람들을 위한 기도는 목적에 있어서 비슷한 유사성을 지닌다. 각 행위의 기능에 관해 질문이 되어져야 한다. 그것은 무엇을 하는 순서인가? 그것의 목적은 무엇인가? 보통 이것은 순서들을 결합하는 데 도움을 준다. 목회적으로 책임적이 되기 위해서는 예배의 순서들이 회중으로 하여금 쉽게 그 예배순서를 따르도록 하기 위하여 분명하게 기능을 정한 후에 순서가 짜여져야 한다.

예배의 순서를 정하는 기본적인 문제 이외에도 몇 가지 공통적인 다른 문제들이 있다. 그 중 첫째는 우리가 보통 예배에 있어서 모임으로부터 해산에 이르기까지 진행되는 과정에서 회중들이 어떻게 상호작용을 하는지에 관해 민감하지 못한 점이다. 그러나 이러한 것들은 예배에 있어서 중요한 부분이기 때문에 간단히 음악으로 처리할 문제가 아니라 보다 사려깊고 주의깊게 계획되어져야 한다. 예배 장소 밖의 공간에서는 서둘러서 안으로 이동하도록 하기보다는 오히려 사람들을 초대하고 환영하는 분위기를 만들고 또 그 안에서 오래 머물며 서로 사교하고 싶은 마음이 일어나도록 하는 것이 좋다.

또 하나의 문제는 예배에 있어서 참회의 순서에 관한 것이다. 이 부분은 공중예배를 인도하기 전 성물실(sacristy)에서 목사나 신부를 위한 개인적인 헌신으로서 의미가 있다. 그러나 이처럼 회개하는 행위가 공중예배를 시작하는 최선의 방법이라고 생각해서는 안 된다. 참회의 순서는 대부분의 예배에서 필요 없는 순서이다. 최근에는 회개 의식이 특별한 절기의 예배 순서(특히 강림절이나 사순절)에 적당한 것이라고 생각하는 경향이 있다. 그러나 회개의 순서가 들어갈 때는 하나님의 말씀을 봉독하고 해석하고 난 후에 그래서 죄의 고백이 왜 필요한지를 회중이 안 후에 그 순서를 포함시키는 것이 더욱 의미가 있다.

최근까지도 시편 찬송(psalmody)은 신교 예배에서 거의 폐지된 부분인 목회의 기도(pastoral prayer)에 해당된다. 할 수 있으면 시편은 노래로 불러야 한다. 여기에는 운율에 맞추어 부르는 것에서부터 독창, 찬양대가 길이를 다양하게 한 시구를 노래 부르고 회중이 후렴에 참여하는 겔리네오(Gelineau)식에 이르기까지 다양한 방법이 있다. 대부분 이러한 방법은 특히 찬양대의 도움으로 쉽게 회중에게 가르칠 수 있다. 시편이 노래로 불러지지 않을 때(만약 그러한 상황이 있다면) 그때는 회중을 절반씩 나누어 서로 교독하도록 해야 한다. 시편은 새로운 에큐메니칼 성경일과(Wb나 Hucc와는 다른)의 번역판에 실려진 시편들을 따라서 해 나가면 보다 편리하고 의미가 있을 것이다.

목회의 기도(pastoral prayer)에 있어서 주요한 문제는 가끔 그것이 모든 것을 행하려고 하다가 다른 아무것도 하지 못하고 끝나버린다는 점이다. 목회기도는 회중의 깊은 감정과 욕구의 폭넓은 표현이 될 수 있다. 어떤 목회자들은 다른 사람들이 하지 못하는 이러한 은사를 가지고 있다. 그러나 대부분의 목회자들에게 있어서 목회기도는 지나치게 부담이 되고 있다. 또 어떤 목사는 혼자서 한꺼번에 고백, 감사, 중재 등 모든 것을 담당하려고 한다. 그러나 만일 우리가 기도의 각기 다른 기능들을 깊이 생각해본다면, 각 기능을 위하여 기도 형식들을 구별하는 것이 더욱 의미있다. 고백의 기도는 제창(unison)으로, 간구는 연도(litany) 형식으로, 중재 기도는 각자가 하도록 하여 기도에 대한 회중의 참여를 유도하는 것이 좋다. 이때 목회기도도 한 가지 기능만을 담당할 때 보다 효과적이 된다. 개혁 교회 전통은 우리에게 이러한 기도 형태를 제시했으나 가끔은 교훈을 하기 위한 방법으로 이 기도를 사용하려는 유혹에 빠지기도 했었다. 그러나 목회 기도가 한 가지 기능을 잘 담당함으로써 많은 것을 기도에 담으려다가 오히려 실패하는 일이 없도록 해야 할 것이다.

찬양대의 음악, 특히 성가의 기능은 문제가 있다. 성가는 만약 그것이 조심스럽게 낭독되어진 성구와 연결하도록 선택되어진다면 말씀 선포의 한 부분으로서 사용되어질 수 있다. 그러나 단순히 어떤 의식을 담당하기 위한 간주곡으로, 혹은 더 나쁘게는 하나의 여흥으로 불러질 때, 그것은 상당히 문제가 있다. 일반적으로 성구가 이해력 있는 설교를 위해 유용한 것처럼 좋은 성가곡을 위해서도 유용하게 쓰여질 수 있다. 성가가 하나님 말씀에 관한 음악적 주석으로 역할을 담당할 때 그것은 예배에 유익한 도움이 될 수 있는 것이다. 그러나 그것은 회중에게 찬송과 노래를 부를 기회를 박탈해서는 안 된다.

신조(Creed)는 서방 예배에서 비교적 늦게 더하여진 순서로서 그렇게 필요한 것은 아니다. 그러나 그것은 교회를 하나되게 만드는 신앙을 함께 고백할 기회를 주고, 특히 교리적인 설교를 한 후 말씀에 대한 적당한 응답으로서 중요한 역할을 할 수 있다. 신앙의 현대적 고백이 어떻게 이러한 방법으로 역할을 감당할 수 있을까 알아보는 것은 어려운 일이다. 사도신경과 니케아 신조는 모든 기독교인에 의하여 참여되어질 수 있고, 삼위일체 주일과 같은 어떤 특별한 경우에는 아마 아타나시우스 신경이 사용될 수 있다. 그 외 다른 모든 신앙 고백들은 종파적이고 지역적이며 분파적이어서 보편적인 교회 신앙의 상징으로 받아들일 가치는 없다고 본다.

드리는 행위(봉헌)는 그것들이 헌금이나 남을 위한 봉사나 기도의 봉헌이든지간에 잘 이행되어지는 것처럼 보인다. 교회의 관심은 궁핍한 가운데 있는 자들을 돕기 위한 데 있는지 모른다. 중재의 기도는 모든 인류들, 즉 교회, 권력에 있는 자들, 그리고(어떤 전통에 있어서는) 죽은 자들, 궁핍이나 재난 가운데 있는 자들, 지역공동체, 세계공동체를 위해서 하는 기도이다. 이것은 예배에 있어서 가장 광범위하고 세계적인 부분이다. 우리의 처지가 다른 불행한 이와 같지 아니하다는 것을 하나님께 감사하기는 그리 쉽지 않다. 중보의 기도는 우리에게 그들의 궁핍에 대하여 마음을 열게 하는 사랑의 중요한 행위이다. 그 시대의 예배의식과 말씀의 사역은 형식에 있어서 계속 발전할 것이고 그들이 교회로 하여금 기억하게 하고 소망을 가지게 하는 기능에 있어서는 여전히 동일할 것이다. 이스라엘의 존속이 회당 예배에 달려 있었던 것처럼, 교회의 존속은 예배의식과 말씀의 사역에 달려 있다.

주)_____

1) Cyril Richarddon, ed., ***Early Christian Fathers***, p.287.
2) 이것은 Baumstark의 유명한 제 2법칙이며, 그의 저서 ***Comparative Liturgiology*** (London: A.R. Mowbray, 1958)의 p.27에서 밝히고 있다. 제 1법칙은 고대적인 요소들이 조만간 보다 현대적인 조항들에 의해 복제되는 경향이 있다는 것이다. 그래서 결국 과잉물(redundancy)이 주목을 받게 될 때, 더 초기의 것들은 제거된다.(p.23)redundancy is eventually noted, the earlier ones are eliminated(p.23.).
3) Augustine, Sermon #324, ***Patrologiae Latina*** (Paris: J.P. Migne, 1863) 38, p.1449.
4) Bard Thompson, ed., ***Liturgies of the Western Church*** (Cleveland: World Publishing Co., 1961), pp.106~22.
5) Ibid., pp.123~37.
6) Ibid., pp.197~208.
7) Hughes O. Old, ***The Patristic Roots of Roformed Worship*** (Zurich: Theologischer Verlag, 1975), pp.208~18.
8) thompson, ***Liturgies***, pp.354~71.
9) Ibid., pp.245~68.
10) Ibid., pp.269~84.
11) ***John Wesley's Sunday Service of the Methodists in North America*** (Nashville: The United Methodist Publishing House, 1984).
12) See John Knox, ***Integrity of Preaching*** (Nashville-New York: Abingdon Press, 1957); Gustav Wingren, ***The Living Word*** (Philadelphia: fortress Press, 1960); Karl Barth, ***The Preaching of the Gospel*** (Philadelphia: Westminster Press, 1963); P.T. forsyth, ***Positive Preaching and the Modern Mind*** (London: Independent Press, 1960); H.H. Farmer, ***Servant of the Word*** (Philadelphia: Fortress Press, 1964); Fred B. Craddock, ***Preaching*** (Nashville: Abingdon Press, 1985); David G. Buttrick, ***Homiletic*** (Philadelphia: Fortress Press, 1987); Richard L. Eslinger, ***A. New Hearing*** (Nashville: Abingdon Press, 1987).

제 VI 장

가시적인 하나님의 사랑
(God's Love Made Visible)

지난 두 장에서 우리는 무엇보다도 예배에서 구어를 통해 들리는 하나님의 사랑에 관해서 토론하였다. 그러나 기독교 예배에 있어서 동일하게 중요한 또 다른 매개가 있는데, 이것은 눈으로 보여지는 하나님의 사랑으로서 성례전이라고 알려진 의미있는 행위들을 사용하는 것이다. 대부분의 기독교인들은 예배 가운데서 일상적으로 성례전을 대하게 된다. 거의 모든 기독교인들의 예배생활에 있어서 성례전은 비록 지배적인 역할은 아닐지라도 대단히 중요한 역할을 수행한다. 따라서 이 책의 나머지 절반은 성례전에 대해 살펴보려 한다. 우선 본 장에서는 성례전 일반에 대해 살펴보고 그 후의 세 장에서는 성례전들을 개별적으로 다루게 될 것이다.

성례전 예배는 상징행위(sign-acts), 즉 의미를 전달하는 행위(action)를 사용하게 된다. 성례전은 행위(actions), 말(words), 그리고 일반적으로 물질을 포함하는 상징적 행위이다. 칼빈은 "성물(element)에다 말씀을 더하라. 그리하면 그것이 보이는 말씀(visible word)으로서의 성례전이 된다."[1]는 어거스틴의 격언을 반복한다. 더 자세히 말하자면, 성례전에서 말씀은 빵이나 포도주, 기름, 그리고 물과 같은 물질을 사용하는 행위의 일부가 된다고 말할 수 있겠다.

기독교 예배에 있어서 선포된 말씀(spoken word: 성무일과 혹은 말씀의 예전에서 나타나는)과 행동화된 상징(acted sign:성례전에서 발견되는)은 서로를 보강해준다. 이것은 마치 악수와 인사말은 서로 상충되지 않으면서 서로의 따스함과 의미를 강화시켜 주는 것과 같은 이치이다. 세례에서 물로 씻는 의식은 우리를 깨끗케 하는 하나님의 행위에 대한 말씀을 강조해 준다. 먹는 것과 마시는 것이 서로 긴밀한 것처럼 기독교 예배에서 말로 하는 의식(speaking)과 동작으로 하는 의식(acting)은 서로 긴밀한 관계에 있다. 우리에게 들을 귀를 주신 바로 그 하나님이 우리에게 볼 수 있는 눈도 주셨기 때문이다.

예배란 사람들이 서로간에 의사소통을 하는 참된 길이다. 입맞춤은 말로 할 수 없는 의미를 전해준다. 또한 말은 입맞춤을 의미있게 해준다. 만일 우리가 한 가지 매개체만을 선택해야 한다면 인생의 많은 아름다움이나 색채를 잃게 될 것이다. 그러나 우리는 고개를 끄떡이거나, 손을 흔들거나, 혹은 껴안음을 통해서도 많은 것을 말할 수 있도록 되어있다. 이러한 상징 행위들은 비록 그것이 작은 것일지라도 우리가 말로써 표현하려는 것보다 의미를 더해준다. 이러한 묵시적 행위들은 우리 자신을 다른 사람에게 표현하려 할 때 우리가 전달하려는 의미나 심지어는 우리 자신이 누구인가까지도 전해주는 수단이 된다. 구어(spoken words)도 의미를 전달하기는 하나, 더 많이 표현하지도, 더 적게 표현하지도 않는다. 다만 정해진 만큼만 표현할 뿐이다.

신약시대 이후 교회는 하나님과 인간 사이의 만남을 표현하는 필수적인 상징행동(sign-acts)들을 찾아내었다. 이러한 상징 행동들은 거룩한 것들을 의미하게 하며, 육체적인 감각으로 파악할 수 없는 하나님의 계시를 표현하는 방법이 되었다. 성례전은 우리로 하여금 '하나님이 선하심'을 맛

보아서 알고(시 34:8), 만져보고, 듣고, 심지어 냄새를 맡도록 한다. 그렇게 하는 중에 물질적인 것이 신령한 것을 싣고 오는 수단(a vehicle of the spiritual)이 된다. 왜냐하면 그 상징행동(sign-acts)이 우리들로 하여금 그것이 나타내고자 하는 것을 경험케 하기 때문이다. 우리가 일상 생활에서 사용하는 많은 상징 행동들이 성례전에서 사용되어지고 있는데, 이때 성례전으로서 어떤 상징 행동을 성례(성사)로 정할 것인가에 대하여 일치된 견해에 이르기란 쉬운 일이 아니다.

보편적으로 예배에서 사용되어질 수 있는 상징 행동의 숫자는 제한되어 있다. 의사전달이 잘되는 상징 행동들을 사용하는 데에 관해서는 강한 편견이 있는 것 같다. 오늘날 보통 사용되고 있는 것들은 아마 기독교 역사에서 어느 시대에서도 친숙했던 것들일 것이다. 상징 행동들은 선포되어진 말처럼 빨리 변하지 않는다. 아마도 이러한 연유에서 출생, 결혼, 병, 죽음과 같은 일생의 심각한 위기들에 있어서 상징 행위들이 매우 친숙하게 보여지는 듯하다.

기독교에는 다음과 같은 경향이 있다. 즉 어떤 것이 처음에 지녔던 상징적 의미가 불명료해지고 나면 후에는 그것을 부적합한 것으로 밀어내 버린다. 이와 같은 일들은 청교도나 로마 가톨릭에서도 마찬가지로 있는 것인데, 행위적인 것을 소홀히 여겨 말로 대신해 버리기도 했다. 식사는 스낵으로 대치되어 버리고, 물로 씻는 행위는 원래 실제로 행해져야 함에도 불구하고 우리가 그것을 말로 해석해 버림으로써 약화되기 되었다. 최근에야 우리는 행위가 그 자체적으로 갖는 상징적인 가치를 충분히 이해하게 되었고, 그 행위가 스스로 말할 수 있도록 하는 데 관심을 갖고 있다.

이 장에서 우리는 교회가 성례전 속에서 경험했던 것에 대한 점진적 발전과정을 추적해 보려한다. 본 내용은 기독교가 여러 세기에 걸쳐 성례전을 통해 경험했던 것을 가장 적합하게 설명하기 위해 신자들이 선택했던 친숙한 용어들에 대해서 토의하려 한다. 그리고 나서 필자는 성례전의 의미에 대한 오늘의 입장을 설명하려고 시도할 것이다. 그리고 다음 장에서는 개별적인 성례전에 대한 실제적인 설명을 하고자 한다.

1. 성례전의 발달과정

성례전은 줄곧 실천되어져 왔으나, 극적인 변화를 가져온 적은 별로 없었다. 대부분의 경우 성례전은 마치 꽃봉오리가 피듯 점진적으로 발전되어 왔다. 또한 성례전에 대한 새로운 이해의 방법(이론)이 몇몇 논쟁의 경우를 제외하고는 급진적으로 전개되지도 않았다. 지금 우리가 필수적이라 인정하는 많은 용어들이 10세기 이전까지만 해도 별로 알려지지 않았었다. 심지어 대부분의 신자들이 성례를 받던 시대에도 성례전의 정확한 종류들이 확정되지 않았었다.

이제 우리는 기독교 성례전의 배경이 되고 있는 유대교의 정신과 의식들을 먼저 살펴볼 필요가 있을 것이다. 유대교보다 더 성례전적 생활을 함축하는 다른 종교를 찾아보기란 어려운 일이다. 유대인들은 실제적인 인간 역사 속에서 하나님의 구체적인 참여와 하나님의 초월성을 동시에 생각하고 있다. 하나님께서는 그의 신적 의지를 나타내시는 사건과 사물을 통하여 자신을 알리셨고, 인간 편에서는 거기에 합당한 행동으로 하나님께 응답할 수 있었다.

이러한 방면에서 기독교가 유대교로부터 받은 가장 깊은 영향은 하나님과 인간이 서로 소통하기 위하여 사용할 수 있는 수단으로서 어떤 행위나 물질적인 대상의 효용을 생각하는 의식구조이다. 그러나 역시 하나님은 피조물과 혼동되지 않는 곳에 여전히 머물러 계신다. 불기둥과 구름기둥, 화산, 만나와 메추라기, 비록 하나님은 이러한 것들 중의 아무 것도 아니지만, 이와 같은 것들은 하나님이 자신을 계시하시는 방법이 되었다. 그리하여 물질적인 것과 영적인 것을 나누는 그릇된 의식들을 피하도록 하였다. 물과 같은 평범한 것조차도 우리를 향한 하나님의 사랑을 표시하는 데 사용될 수 있다. 때때로 그리스도인들은 그들 자신이 하나님보다 더 영적이 되라고 부르심을 받지는 않았음을 기억해야 한다. 영적인 존재를 향해 추구해가는 길은 많은 물질적인 것들을 통하여 난 길이다.

구약성경을 훑어보면 우리는 사람에게 주시는 하나님의 뜻과 목적이 중요하고 극적인 행동 속에서 예언적인 상징표현의 다양한 형태를 보게 된다. 종종 그와 같은 행동들은 어떤 사건을 계시하여 줄 뿐만 아니라 그 사건을 이끌어 가기도 한다. 예레미야는 철로 된 멍에를 만들었고, 엘리야는 진흙 냄비를 부숴뜨렸다. 이러한 행동들은 하나님의 의도를 격렬하게 표현해 주었다. 그것들은 바로 예상된 사건과 하나님의 뜻을 보여준 것이다.

유대교로부터 또한 성사(sacred event)로서의 식사들의 중요한 의미를 찾을 수 있다. 이러한 가장 일상적인 인간의 사회적 활동(식사 의식을 일컬음-역자 주)은 함께 참여하는 유대인들을 하나의 띠로 묶을 뿐만 아니라 하나님을 찬양하고 그에게 감사하는 기회가 되어주었다. 결코 단순한 육체적 필요로서만이 아니라, 이제 식사는 하나님을 공급자로, 주인으로, 그리고 친구로서 만나는 방편이 되었다.

유대교에서는 역시 인간이 하나님께 다다르는 데에 행위(action)를 사용하게 됨을 발견했다. 식탁을 통해서 가진 희생 제사의 실현이 하나님과 관계를 확립하고 유지하는 방법이 되었다. 비록 그 형태나 희생제의 해석은 복잡했으나, 그 중심적 개념은 한 사람의 존재와 주인이신 하나님과 교통하는 것이었다.

이러한 유대교의 의식(mentality)이나 관습들이 없었더라면 기독교의 성례전적 생활은 존재하지 않았을 것이다. 그러나 최초의 기독교인들이 유대인이었기 때문에 유대교의 의식이나 관습은 자연스럽게 기독교인들로 이어지게 되었다. 비록 초대교회 기독교인들이 당시에 많은 이방 우상종교로 둘러싸여 있었지만, 그들은 두 가지를 혼동하지 않으면서 육과 영이 통하는 통로로서 물질(material)을 사용할 수 있었다. 그들의 초월적인 감각이 우상으로 섬기는 일이 없이 영적인 방편으로 물질을 사용할 수 있는 자유를 허락해 주었다. 그것은 우상의 착고를 풀어버리지 못한 '더 연약한 형제들'(고전 8장)을 위하여 주어진 책임에 의해 부드럽게 된 자유였다.

복음서를 통해 예수님과 그의 제자들이 유대교의 성례 형식을 사용했던 것을 볼 수 있다. 예수님의 초기 사역시절에 제자들이 세례를 베풀기 시작하는데(요 4:2) 그것은 유대교에서 개종자들에게 베풀었던 세례가 점차적으로 발전하여 나오게 된 의식이다. 예수님 자신도 요한의 손에 세례를 받으셨는데, 복음서 기자들은 이 사실을 "모든 하나님의 요구"(마3:15)에 부합되는 것으로 설명한다. 다른 유대인들과 마찬가지로 예수님에게도 매년의 유월절이 매우 뜻깊은 절기였던 것은 사실이다. 유월절 식사는 그 자체가 하나님이 유대인들을 구별한 백성으로 다시 부르시는 일련의 상징행동들이었다. 이런 관습들이 바로 예수님과 그의 제자들이 숨쉬던 시대의 분위기였다. 새로운 계약 혹은 새로운 계약을 축하하는 수단들을 세우는데 이러한 친숙한 의식들을 변형시키는 것보다 더 자연스런 것은 없다.

예수님께서 그의 제자들에게 무슨 의도로 그것들을 행하라 했는지는 거의 분명치가 않다. 때때로 우리는 예수님께서 "세례를 주라(마 28:19)", "사하여 주라(요 20:23)" 혹은 "먹고 마심으로 나를 기념하라"(고전 11:24-25)고 친히 하신 말씀을 가지고 논쟁하기도 한다. 반면에 초대교회는 '그의 이름'으로 이러한 의식들을 계속 시행하면서 주님의 뜻을 실현하고 있는 것이라고 생각하였다. 예수님께서 세례 받으시고 죄를 사하시고 만찬을 베푸신 것에 대해서는 의심할 여지가 없다. 이러한 의미에서, 예수님의 행위는 그분의 말의 선포보다 더 확고한 성례전의 기반이 된다. 심지어 더 깊은 수준에서 예수님 자신은 하나님의 가시적 현시(visible manifestation)로 원초적인 성례전 그 자체이며, 교회는 예수님께서 행했던 것은 행하면서 하나님을 나타내라는 성례전적 사명을 단지 계속하고 있을 뿐이다.[2]

교회는 예수님이 돌아가신 그때 이후로 계속해서 예수님의 행위들을 계속 반복했다. 즉 성경들이 문자로 쓰여지기 훨씬 전부터 계속했다. 우리가 성경 속에서 기록되어 발견한 것들은 이미 오래 전에 교회가 찾아서 성례전적 시행을 통해 재현된 것들이다. 성만찬 제정에 관한 말씀들은(막 14:22-14, 마 26:26-29, 고전 11:23-26, 눅 22:15-20) 우리에게 주님의 뜻(성만찬을 행하라는)이 여러 지방에 퍼져있던 교회들에 의해 이미 성취되었다는 것을 설명해 주고 있다.[3] 간략하게 말해서 성례전은 신약성경이 기록되기 전에 이미 예전적인 형태로 교회들 가운데 통용되고 있었으며, 신약성경은 바로 당시의 예전적 관습과 과거를 기억하는 방식인 성례전에 관해 언급하고 있는 책이다.

그렇다면 성경에 기록된 성만찬 제정의 말씀보다는 그리스도께 대한 교회의 순종의 행위야말로 우리가 시행하는 성례전에 대한 기원이며 근거이다. 예수님 자신의 의도에 대하여 교회가 충실히 따르지 않을 이유는 없었다. 세례를 주고(행 2:41), 손을 얹으며(행 6:6), 기도하며(행 2:42), 고치고(약 5:14), 함께 떡을 떼는(행 2:46) 예수님의 추종자들의 사도적인 실행들은 곧 순종의 행위였다. 예수님의 의도를 보여주는 사도들의 이러한 행동들은 빨간 글씨로 기록된 형식(성만찬 제정사를 말함-역자 주)만큼이나 예수님의 의도를 나타내준다. 이것은 또한 우리가 예수님의 상징적 행위들을 해석할 때, 몇 페이지의 제한된 곳에서가 아니라 사도행전이나 서신서 등에서 훨씬 더 많은 내용들을 이끌어 낼 수 있음을 의미하기도 한다.

신약성경 속에는 성례전에 관한 내용들이 풍부하게 기록되어 있다. 그 중에서도 교회의 뜨거운 선교열과 관련되는 세례에 관한 기록들이 가장 많다. 두 번째로는 주님의 만찬에 대한 언급이 많으며, 그 외에도 안수, 치유, 인침, 그리고 용서와 같은 중요한 행위들에 관한 구절들이 넓게 흩어져 있다. 특별히 이러한 예들은 사도들의 행적을 살펴봄으로써 더욱 뚜렷하게 볼 수 있다. 전체적으로 보면 이러한 관련 성구들은 사도 시대 교회의 성례전에 대한 신앙과 실천에 대한 굉장히 풍부하고도 다양한 시야를 우리에게 제공하여 준다. 사도들의 집례의 여러 가지 관점들은 마치 충분히 감정되고 그 모든 면을 빛나게 하는 보석의 여러 다른 면과 같다. 불행히도 교회는 그 역사를 통하여 단지 한 면이나 혹 두 가지 면만을 보려했고 나머지 면은 무시하는 경향이 있었다. 우리는 다음 장에서 균형잡힌 시야를 얻도록 이런 풍부하고 다양한 성경적인 여러 면들을 고찰하게 될 것이다.

여기서 우리는 신약성경의 내용들 중에 성례전적 생활과 교리들만 집중적으로 진술한 특정의 장이 있지 않은 것에 대해 감사하게 된다. 가지각색으로 산재된 구절들 속에서 우리는 넓고 깊이 있게 묘사된 실례를 볼 수 있다. 그러나 우리는 이것들을 체계화시켜 보려는 충동으로 인해 우리는 성경 속에 있는 다양하고 풍부한 배열을 받아들이는 대신에 좁고 협소한 안목으로 조직하려는 유혹을 경계해야만 한다. 성경은 우리에게 예배예전이나 성례전 신학을 직접 제공해 주고 있지는 않으나, 이러한 것들을 구성할 수 있는 기본 토대들을 놓아주고 있다. 교회는 신약성경을 사용하는데, 그때 성경은 율법책으로서가 아니라 성례전 사역을 위한 근본적인 규범으로 사용된다.

우리는 초대 교회의 성례전에 대한 질문을 하는데 있어서 보다 주의를 기울여야 한다. 왜냐하면 오늘날 우리가 생각하는 용어와 내용들은 초대교회 이후에 만들어진 것들이기 때문이다. 성례전을 신학적 논의의 객관적 대상으로 여기기보다는 오히려 경험할 대상으로 여기는 세대들을 향한 우리의 용어들은 쓸데없이 법적이고 기계적 정확성을 띠고 있는 것으로 보인다. 그러나 우리는 반대로 기독교가 시작된 첫 백년 동안 교회가 시행한 성례전으로부터 많은 것을 배울 것이다.

성례에 대한 기본적인 통찰은 희랍어에서 일반적으로 사용한 미스테리온(mysterion)이란 말에 나타난다. "Mystery"에 대한 평상시 번역은 잘못된 것이다. 신약성경이 그 용어를 사용할 때, 그것은 하나님의 비밀스러운 생각과 관련되어 있는데 그것은 인간의 이성을 뛰어넘으며 그러므로, 하나님께서 비밀을 알려주시고자 하는 그들에게 계시되어야만 한다. 마가복음

4:11에서 예수님은 제자들에게 다른 사람에게는 비유로만 주어지나 "너희에게는 하늘나라의 신비(Mysterion)가 주어졌다"고 말씀하신다. 바울은 그 용어를 그리스도 자신과, 사도적 설교와, 영에 속한 말씀으로, 하나님의 감추어진 지혜에 관련하여 사용하고 있다. 우리가 성례전이라 부르고 있는 표징행동(Sign-act)을 의미하는 미스테리온(Mysterion)이란 말은 본래 하나님께서 자신을 우리에게 열어 보여주시는 행위를 함축하고 있다. 이러한 하늘의 신비는 자신을 주시는 하나님의 행위에 완전히 의존되어 있다.

그러나 불행히도 미스테리온(Mysterion)이라는 단어가 라틴어로 번역되는 과정에서 이와 같은 깊은 의미가 상실되어 버렸다. 성례전을 의미하는 라틴어 새크라멘툼(Sacramentum)이란 용어는 군인들에 의해 행해지는 신의 맹세나 혹은 약속 이행의 서약과 관련된 뜻을 가진 단어이다. 그것은 훨씬 더 법적인 용어이며, 미스테리온(Mysterion)이 내포하고 있는 '하나님께서 인격적으로 자신을 주시는' 우주적 차원의 의미를 결여하고 있다. 그것은 단지 서방교회가 3세기 이후 선택한 단어였다.

어떤 용어가 쓰였든지간에 성례전은 초대교회에 의해 논쟁된 것이 아니라 실천된 것이다. 예배에서 물질적인 요소를 사용하는 것을 거부하는 사람들에 대하여 성례전을 변호하는 일이 때때로 있기는 하였지만, 그럼에도 불구하고 다른 영역에서 이단들이 많이 있었던 것에 비교해 볼 때에 이 분야에는 상대적으로 평온했던 것이 사실이다. 우리가 잘 알고 있는 정확한 정의는 잘 알려져 있지 않다. 그 이유는 그것이 무엇을 의미하는지 정의를 내리도록 교회에게 강요한 사람이 아무도 없기 때문이다. 성례전의 정확한 숫자나 또는 입교예식에서 성령이 임재하시는 순간은 언제인가 하는 것이나 또는 성만찬성례전에서 성물이 거룩하게 되는 순간은 언제인가 등의 개념은 교회가 용맹을 떨치던 시기에는 딱히 정립되지 않았었다. 거의 천 년이 지나도록 성례전의 종류가 몇 가지여야 하는가에 대한 의견의 일치는 한 번도 없었다. 어거스틴의 기록에는 세례반, 세례시에 소금을 뿌리는 것, 고해성사시에 재를 사용하는 것, 사도신경, 주기도, 부활절 등과 같은 일들이 언급되고 있다. 한 가지 중요한 것은 이러한 상징적 행위 속에서 하나님이 인간에게 당신 자신을 주셨다는 점이다.

결국 우리가 알고 있는 초대교회의 성례전에 관한 지식은 간접적인 것들이다. 터툴리안은 3세기 초에 "세례에 대하여"(On Baptism)란 짤막한 논문을 썼는데, 그것은 단지 세례의 신학에 대해서보다는 교회가 세례를 어떻게 실천했는가 하는 것에 관한 내용이었다. "고해성사에 관하여"(On Penance)란 논문에서 그는 좀더 신학적인 면을 말하고 있지만 대부분은 실천적인 조언들에 그치고 있다. 우리는 히폴리투스(Hippolytus)에게서 실제적인 의식들을 볼 수 있으나, 거기에도 신학적 해석은 빠져 있다. 암브로스(Ambros), 요한 크리소스톰(John Chrysostom), 몹수에스티아의 테오도레(Theodore of Mopsuestia), 그리고 예루살렘의 시릴(Cyril of Jerusalem)들이 새로 세례 받은 사람들에게 준 강의(설교)는 좀더 자세한 내용을 담고 있는데, 이러한 글들은 새로 세례받은 사람들이 난생 처음으로 그리고 방금 전에 경험한 일들이 과연 무엇인가를 해석하려고 시도한 글들이다. 그러나 그들이 활동하던 4세기 직후의 시기는 매우 호기심을 불러일으키는 시기이면서 동시에 그만큼 위험한 시기이기도 하였다. 우리가 볼 때에 성만찬성례전에서 무슨 일이 일어나는가에 관하여 쓴 이러한 생동감 있는 진술들을 통하여 서방과 동방에서 이루어진 후속적인 발전에 관해 읽는 것은 우리에게 매우 흥미로운 일이다. 그러나 이러한 일은 오늘날 우리들의 관심거리일 뿐 그 당시 그들의 관심거리는 아니었다. 어거스틴은 성만찬성례전에서 이루어지는 그리스도의 현존에 대해 상징적 해석과 실제적 해석을 병행함으로써 우리들을 혼란스럽게 하고 있다. 우리가 보기에는 어거스틴의 그러한 해석이 일관성이 없는 것처럼 보이지만 그러나 그 위대한 사상가에게는 그것이 전혀 문제가 되지 않는다. 분명한 것은 우리의 카테고리가 어거스틴의 카테고리는 아니라는 점이고, 이러한 점에서 우리의 배타적인 언어는 다소 진부한 듯이 보인다. 어거스틴은 성례전에서 경험되는 것은 무엇인가 하는 점에 대해 교회가 다시 번복할 수 없는 몇 가지 방향을 제시하였다. 그는 성례전에 관한 정의를 내리려는 시도를 감행하여, 성례전은 하나의 거룩한 상징으로서 그것이 가리키는 것, 즉 빵은 몸을, 포도주는 피를 나타내 보여준다고 하였다. 그의 주장 중에서 가장 중요한 말인 "보이는 형식"과 "보이지 않는 은총"은 "성례전은 불가시적인 은총의 가시적인 형식"이라는 후기 중세기의 표준적인 정의(그리티안과 롬바르드에게서 보이는)를 형성하였다. 더욱이 어거스틴은 가시적인 성례전 그 자체(sacramentum)와 성례전이 지니는 능력(res)을 구별하였다. 불가시적인 은혜를 떠나서 성례전은 아무런 능력을 가지지 않는다. 오직 이 불가시적인 능력만이 성례전을 효과있는 것으로 만들 수 있다.

도나투스주의자들과의 논쟁을 통하여 어거스틴은 누가 실제로 세례를 받았는지를 분명히 해야만 하였다. 오직 선한 사람만이 좋은 성례전을 베풀 수 있다고 믿었던 도나투스주의자들(그리고 가톨릭의 주교 시프리안)로 알려진 북아프리카의 분리주의자들을 반박하면서 어거스틴은 성례전에 대해 교회가 영원히 보존할만한 약간의 개념들을 제공하였다. 무엇보다도 어거스틴은 그 분리주의자인 도나투스주의자들이 옳지 않은 방식으로 세례를 집행했다고 하더라도, 그럼에도 불구하고 그들이 본래적인 세례를 소유하고 있다고 주장하여야만 하였다. 이는 성례전이 그것을 집례하는 인간의 조건, 즉 집례자의 도덕성이나 그가 가진 신학 등에 의존하지 않고 오직 성례전을 사용하시어 하나님 자신의 목적을 불러일으키시는 하나님께 의존되어 있기 때문이다. 이는 지금까지 제기된 그 어떠한 신학적인 진술보다도 가장 중요하고 가장 논쟁의 여지가 있는 내용이었다. 다른 이들은 그것을 "의식을 통한"(ex opere operate) 교리라고 불렀는데, 이는 하나님께서 인간의 도움이 없이 독립적으로 성례전을 통하여 일하신다고 하는 교리이다. 어거스틴이 이룩한 위대한 공헌은 성례전의 근원이 인간이 아니라 하나님의 행동임을 분명히 했다는 점이다.

비록 도나투스주의자들이 참된 세례 의식을 가졌다해도 그들은 그것을 가톨릭 교회의 법에 상반되게 갖고 있었고, 그럼으로 세례를 통한 유익은 거기에 없다. 완고한 분리주의로 남아있는한 그들은 세례를 받음으로써 자신들이 속하게 되는 공동체의 사랑과 자비가 주어지는 유익을 얻을 수 없었다. 어거스틴은 이러한 정확한 정의에 대한 결론을 분명하게 언급하고 있지는 않지만, 후대 사람들이 판단할 수 있는 씨앗들을 많이 암시하였다. 즉 유효한 성례전(예: 은혜를 주입하는)과 무효한 성례전, 정당한 성례전(예: 교회의 법에 따른)과 정당하지 않은 성례전, 그리고 효력이 있는 성례전(예: 유익을 주는)과 효력이 없는 성례전들을 판단하는 것이다. 어거스틴이 이러한 방향으로 지침을 제공하였고 이는 성례전 신학과 교회법의 중요한 재목으로 자라게 되었다.

초대교회로부터 성례전에 대해 배울 수 있는 것이 무엇인지 다시 한번 요약해 보자. 당시에는 아직 성례전의 종류가 결정되지 않았었고, 어떻게 성례전을 베풀 것인지도 규정되지 않았었다. 한편 부정확한 면이 있기는 하지만 누가 성례를 받으며 누가 성례를 베풀 것인지에 대한 많은 관심이 나타나고 있었다. 신학과 교회법에서 성례전의 법적인 외형이 되어야 할 것이 이 시기에는 거의 발전하지 못했다. 그러나 분명하고 특징적인 것은 그리스도인들이 성례전을 통해 하나님이 자신을 주시는 것을 경험하고, 이러한 상징 행위 안에서 기쁨을 맛보았다. 훨씬 후에 칼빈은 성만찬성례전에 대해 말하기를, "그 비밀은 너무 고매해서 내 생각으로 이해할 수 없고, 나의 말로 설명할 수 없음을 고백하는 것에 대해 나는 부끄럽게 생각지 않는다. 그리고 좀더 분명하게 말하자면 나는 성만찬성례전을 이론적으로 이해하려 하기보다는 몸으로 체험하는 것이라 본다"고 하였다.[4] 이 말은 성례전에 대한 초대 그리스도인들의 증언을 매우 훌륭하게 요약한 것이라 하겠다.

중세기에 더 많은 정의들과 새로운 용어들을 향한 느린 움직임이 있었으며, 12세기와 13세기로 가면서 이 움직임은 매우 빨라졌다. 오늘날 성례전에 대한 우리의 대부분의 접근들은 이때에 이루어진 발전에 의해 대단히 영향을 많이 받아서 그 이전으로 되돌아가는 것은 거의 불가능하다. 이러한 발전이 그렇게 늦게 이루어진 것은 매우 비상한 일이다. 성만찬성례전의 본질에 관한 논쟁이 9세기 중반 프랑스 북부에 있는 코르비의 수도원(Abbey of Corbie)의 두 수도승 라드베투스(Paschasius Radbertus)와 라트람누스(Ratramnus) 사이에 촉발되었다. 11세기에 베렝가리우스(Berengarius)는 성만찬성례전에 대한 믿음에 있어서 수용 가능한 영역에 어떠한 제한이 있다는 것을 발견하고는 깜짝 놀랐다. 그는 자기가 가진 순수한 상징적 접근을 지지하는 사람이 없고, 또 그것을 취소하도록 강요받았다. 그러나 그때까지만 해도 상당한 정도의 자유가 허용되었다. 12세기 후반에 성례전의 숫자에 대해 다양한 견해가 존재하였다. 1140년에 휴(Hugh of St. Victor)는 시편의 축복, 재를 뒤집어쓰는 일, 무릎을 꿇는 일, 신조를 반복하는 일 등 다양한 행위를 성례전으로 인정하는 목록을 만들었다. 간단히 말해서 어거스틴부터 12세기까지는 많은 성례전 교리에 대해 상당한 정도의 자유가 허용되었다.

한편 대중적인 의식들과 경건생활은 계속적으로 변화하였다. 17세기 이후로 고해성사는 급격한 변화를 경험하였는데, 공적으로 행해지던 고해의식이 개개인의 사적인 의식으로 바뀌었다. 천천히 그러나 확실하게 서방교회에서 입교예식(Initiation)은 분리되어 떨어져 나갔다. 더 천천히 교회는 결혼의식을 붙잡아 나갔다. 치유는 오로지 죽음과만 연관되었고, 종부성사(extreme unction)로서 알려졌다. 성찬식의 거행도 평신도의 참여가 거의 이루어지지 않고, 미사는 단지 기념을 위한 하나의 장엄한 장면 정도로 변형되었다. 심지어 서품식조차도 예식을 돋보이기 위한 하나의 악세사리로 변질되었다.

12세기는 성경과 교부들의 가르침을 종합하고, 이제까지 가르쳐 왔던 것을 요약하고, 이러한 지식을 다루기 쉽도록 구분한 시기로서 주목할 만하다. 성례전 신학은 잠깐 반짝하는 발전을 보였다. 가장 영향력 있던 저서는 피터 롬바르드(Peter Lombard)의 것인데, 그는 파리에서 교수와 주교로 있었으며, 1150년에 완성한 그의 저서 『강론』(Four Books of the Sentences)은 거의 500년 동안이나 기독교 교리의 기본적 원서가 되었다.

그것은 이전의 모든 중요한 이론들이 앞으로 더욱 체계화되도록 하는 통로가 되었다. 핵심되는 구절에서 롬바르드는 다음과 같이 말하였다.

자, 이제 새 언약의 성례전이 되었다. 즉 세례, 견진, 빵의 축복인 성만찬, 고해성사, 종부성사, 서품(안수), 결혼예식(혼배성사) 등이다. 이것들 중의 어떤 것은 세례와 같이 죄를 치유하며, 은혜 받는 데 도움을 주고, 또 다른 것들은 결혼과 같이 단순한 절차이며, 또 다른 것들은 성찬과 서품과 같이 우리를 은혜와 사랑으로 이끌어 준다.[5]

반세기 안에 이것은 성례전의 기준이 되는 목록이 되었으며, 계속 이어진 공의회들에 의해 교리가 만들어지도록 했다.

롬바르드는 이러한 7성사 각각에 대한 옛날의 교리를 요약하였다. 어거스틴을 따르면서 그는 "오직 구원을 약속하고 표시하는" 옛 계약(할례와 같은)의 성례전들과, "구원을 가져다주는"[6] 새 계약의 성례전들을 구분하였다. 어거스틴에 의해 개발된 언어를 사용하면서 롬바르드는 성만찬성례전을 "거룩한 것(res)의 표징"(sign)으로 정의하였다. 그러나 어거스틴의 '새크라멘툼'(sacramentum: 우리의 감각으로 보여지는 것)과 '레스'(res: 성례전의 열매)와의 구별은 롬바르드에 의해서 세 가지 측면으로 다시 구별되었다. 즉 외적으로 눈에 보이는 성만찬 자체(sacramentum)와 내적인 열매(res), 그리고 성만찬과 내적 열매(두 가지가 함께 있는 것. 예: 표징과 실제)로 구별하였다. "성례전은 하나님의 은혜의 표징(sign)이면서 또한 보이지 않는 은혜의 표현이라고 불리기 때문에 그 형상을 가지고 있으며 또한 그 자체로 존재의 이유가 있다"고 한 롬바르드의 진술은 그 후의 발전에 대한 하나의 지침을 제공하였다.[7] 그러므로 성례전은 (내적 열매를) 지시할 뿐만 아니라 거룩하게 하며, 이 명제는 그 다음 세기에 더 자세히 추구되었다.

또 다른 면에서 보면 롬바르드는 앞을 보기보다는 뒤를 더 돌아다보았다고 할 수 있다. 13세기가 시작될 무렵 성례전은 오직 그리스도이신 예수님에 의해서만 제정되어야 한다고 여겨졌는데, 그것은 종교개혁때에 폭발적인 논쟁을 불러일으킨 "내적 은혜의 가시적 형태"(visible form of an inward grace)라는 정의에 추가된 개념이었다. 그러나 롬바르드는 그리스도께서 세례와 성만찬을 제정하셨다고 명시하면서 반면에 나머지 성례들은 사도들에 의해 제정되었다는 믿음을 따르고 있으며, 병자들의 종부성사도 "사도들에 의해 제정되었다"[8]고 진술하였다. 그러나 불행히도 롬바르드 이후에는 이 점들이 계속 받아들여지지 않았다.

13세기 신학자들에 의해 다른 문제들이 논의의 쟁점이 되었는데, 특히 집례자와 참여자들의 자격, 그리고 성례전에 있어서 은혜의 효력과 작용에 대한 질문들이었다. 신학적 활동이 매우 활발하게 전개된 시기 동안에 교회의 성례전에 대한 경험은 언어의 차원으로 약화되어 버렸다. 매우 형식화된 언어의 표현은 지속되었고 최근에까지도 계속되고 있으며(경험되기보다는 토론되는 것을 말함-역자 주), 그후의 모든 논의는 이 때에 만들어진 용어들에 얽매여 있다. 15, 16세기에 열렸던 플로렌스와 트렌트 공의회는 13세기에 이루어진 신학적 업적 위에 공적인 봉인을 했을 뿐이다.

이러한 모든 업적에 대한 가장 훌륭한 요약은 1439년 플로렌스 공의회에서 출판된 아르메니안 법령(Decree for the Armenians)이다. 그것은 7대 성사에 대한 관례적 목록을 열거하면서 시작되고 있는데, 성례전은 "모두 은혜를 담지하고 있으며, 올바르게 참여하는 모든 사람들에게 효과적으로 은혜를 주는 것"[9]이라고 하고 있다. 이러한 각각의 성례전들을 위해 세 가지 요소가 필수적이다. 즉 적당한 물질(물과 같은), 정확한 말씀이나 형식("내가 너에게 세례를 주노라..." 같은 세례의 말씀), 그리고 임명된 집례자인데, 이 사람은 반드시 "교회가 자신을 통해 효력을 미치려고 하는 그것을 수행하려고 하는 의도"를 가져야 한다. 즉 그는 성례전을 통해서 교회가 하려고 하는 그것을 할 의사가 있어야 한다. 그것은 심지어 사제라 할지라도 교회가 인정하지 않는 다른 활동을 하거나 또는 세속적인 행동(오락과 같은)을 하는 동안에는 성례를 시행할 수 없다는 것을 의미한다. "이러한 세 가지 성례들-세례, 견진, 그리고 서품-은 그 사람의 영혼에다가 다른 모든 사람들과는 구별되는 어떠한 특성 즉 어떠한 영적인 표징을 지울 수 없도록 각인하기 때문에 그들은 이제 더 이상 옛날의 그 사람이 아니다.[10] 그 공의회는 또한 각 성례전을 위해 적절한 물질, 의식, 집례자, 그리고 받는 사람들에게 수여되는 유익 등을 명시하고 있다.

심지어는 성례전의 숫자에 대해서까지 어거스틴이 일찍이 외친 것은 매우 합당하고 이치에 맞는다. 그리고 실제로 성례전은 모든 중요한 인생의 여로나 고비마다 시행되는 삶의 방향을 다루어 주도록 잘 짜여진 하나의 제도가 되었다. 출생, 성장, 결혼, 안수, 그리고 질병 등은 각각의 성례전에 의해서 표시된다. 사람은 성만찬성례전에서 자양분을 공급받으며, 고해의 성사를 통해서 실패로부터 회복된다. 각각의 성례전이 주는 효능은 그것을 받는 사람이 적절하게 받으면 정해진 은혜를 받는 확신이 있도록 잘 고안되었다.

이런 중세 후기의 발전의 결과는 무엇이었는가? 마침내 교회는 성례전에서 경험하게 되는 것들에 대해 결정을 내리게 되었다. 좋든지 나쁘든지간에 교회는 아리스토텔레스의 철학을 취했고, 교회가 경험하는 것에 대해 합리적인 설명을 줄 수 있었다. 그러나 이것이 또한 그 약점이기도 하다. 우리가 이 시기의 중세 스콜라 철학자들 속에서 깨달은 것은 올바른 합리주의인데, 그것은 경험보다는 합리적 범주를 중요시했다. 성만찬 성례전의 기적을 국지화된 본질(localized substance)로 정의한 것이 이러한 하나의 예이다. 비록 "본질"(substance)이라는 용어가 13세기에는 오늘날보다 훨씬 더 경험적인 성격을 띠고 있다고 하더라도 말이다.[11] 우리는 이러한 은혜의 역사에 대한 합리적인 구분에서 위험을 느끼지 않을 수 없는데, 그것은 인간의 지나친 지식에서 오는 위험, 하늘의 신비를 철학적 방법으로 해석하려는 경향 등이다.

삶의 생애 과정을 포괄하는 성례전적 체계는 인간의 현명함에 의해 만들어진 빛나는 산물이었다. 하지만 바로 그 점이 문제였다. 실체가 우리의 철학으로 파악되지 않고 경험되지 않는 방식으로 터져나올 때에 인간의 창조성에는 한계가 생기게 된다. 특히 종교개혁시대 이후로 로마 가톨릭 교회는 성례전을 취급함에 있어서 지나치게 깔끔하고 지나치게 법적인 방식으로 대처하였고, 효용성의 문제를 지나치게 강조하여, 18세기에는 그 강박관념이 극에 달했었다. 성례전이 가진 '의식을 통한'(ex opere operato) 교리에 내포된 하나님 의존성은 때때로 기계적인 해석, 그리고 거의 자동적으로 주어지는 은혜라는 뜻으로 곡해되기도 하였다. 준(準)성사는 훨씬 더 자유스러웠다. 식탁의 축복, 성수의 사용, 구제, 등은 숫자가 정해져 있지 않았으며, 이러한 일들이 주는 효능은 그것을 실천하는 사람의 내적 성질 등에 따라서 부수적으로 따라올 수 있었다(ex opere operantis). 더욱이 성례전의 전체적인 체계는 안수받은 성직자의 사역으로 확실하게 제한되어 있었다. 오직 세례와 결혼성사만이 평신도에 의해 집례될 수 있었으며, 서방에서는 보통 감독만이 견진과 안수를 집례할 수 있었다. 여성은 오직 비상시에 세례를 베풀 수 있었으며, 남성과 함께 결혼성사를 집례할 수 있었다.

심지어 성례전적 제도에 대하여 회의를 품는 사람이라 할지라도, 비록 그들이 또한 하나님께서 역사하시는 방법을 어떻게 그렇게 잘 알 수 있느냐고 회의를 품는다 하더라도, 여전히 성례전적 제도가 인간의 필요들을 돌봄에 있어서 포괄적이고 철저함을 가지고 있다는 점에 대해서만큼은 인정하지 않을 수 없다. 논쟁의 소지가 있는 것은 후기 중세기에 성례전의 숫자를 일곱으로 제한한 것, 그리고 이 일곱 개의 성례전이 모두 그리스도에 의해 제정되었다는 믿음으로서, 그러한 일곱 개의 성례전은 밀접하게 맞물려 있는 하나의 통전적인 구조를 이루고 있었다. 누군가가 하나님께서 어떻게 당신 자신을 주시는가 하는 빛나는 주제를 다루고 있을 때에 깔끔한 철학적 정리와 구분을 가지고 신성이 지닌 경외와 두려움을 대치하기에는 적합하지 않다는 것을 우리는 인정해야만 한다.

성례전 제도에 대한 반동은 마틴 루터에게서 폭발하였다. 루터의 성례제도에 대한 가장 맹렬한 공격은 「교회의 바벨론 포로」(1520)에서 제기되었는데, 그 속에서 그는 로마 교회가 미사를 보호하기 위해 세운 벽들을 깨뜨리기 시작하였다. 이 책은 격한 비판적 감정에서 쓰여졌으므로 논리적인 해석이라기보다는 전반적인 성례제도에 대한 강력한 공격을 가하고 있다. 그 강도는 측량하기조차 힘들 정도인데, 그것이 그 후 개혁자들의 성례에 대한 생각을 바꿔 놓았다. 성례전 제도의 필요성을 반대하는 퀘이커나 구세군 같은 소그룹 집단을 제외하고는, 모든 주류 개혁자 그룹들은 루터의 마지막 결론인, 예수님은 세례와 성만찬을 창시하셨고, 따라서 성례는 이 두 가지뿐이라는 결론을 받아들였다. 루터는 후기 중세기의 선배들이 했던 것보다도 더 협의의 개념을 적용하여, 성례전은 신약에 주님의 말씀이 기록된 것들뿐이라고 하였다. 다시 말하자면, 그리스도께서 분명하게 명령하신 것만이 성례전이 된다는 것이다. 루터도 고해에 대해서는 고민을 가지고 있었다. 왜냐하면 요한복음 20:23에 주님의 명령이 흡사하게 나오기 때문이다. 만일 루터가 그리스도 한 분 만이 아닌 다른 제도를 받아들이던 12세기의 자유를 가지고 있었더라면 종교개혁은 다른 방향으로 갔을 것이다. 그러나 그는 "그리스도에 의한 제정"이라는 13세기의 조건에 자신을 속박시키고 말았다.

루터의 공격은 트렌트 종교회의(1545-1563)로 하여금 "만일 누구든지 새로 제정된 성례전들이 우리 주 그리스도이신 예수님에 의해 제정된 것이 아니라든지 혹은 성례전의 숫자가 일곱보다 많거나 적다는 것을 주장하면 그는 파문을 당해야 한다"[12]고 결정하도록 이끌었다. 트렌트 회의는 모든 7대 성사가 어떻게 제정되었으며, 혹은 교부들의 대립된 견해들에 대해 자세히 다루지 않았다. 개신교도들은 역시 고집스럽게 오직 두 개의 성례전만이 신적인 권위를 가진다고 주장하였다. 불행히도 성례전의 숫자가 알려지지 않는다거나 또는 성례전 중의 일부는 그리스도의 추종자인 사도들 자신의 실천에 의해 제정된 것이라는 식의 합의는 더 이상 가능하지 않게 되었다. 후기 중세기의 성례전에 관한 정의들은 가톨릭교회는 물론 개신교회들에게도 이러한 탈출구를 닫아버렸다.

비록 루터가 성직 중심주의나 아리스토텔레스의 철학이나 그의 작품의 정당성 등을 개탄했다 하더라도 그는 성례전 제도를 폐지하기를 원했던 것 같지는 않다. 그러나 그는 그 제도를 산산조각내었고, 그 후 그 조각들은 개신교 안에서 다시 결합되지 않았다. 루터와 그의 동시대 사람들은 자신들이 생각하는 것만큼 초대교회에 대해서 잘 알지 못했고, 오늘날 우리가 알고 있는 것보다는 훨씬 더 적게 알고 있었다. 그리고 체제를 개혁하려는 그들의 열정 속에서 그들은 때때로 성례의 인간적 측면과 그것들이 삶의 출생시부터 종말까지 가장 깊이 있는 인간의 필요에 이바지한다는 것을 간과해 버렸다. 모든 성례전들이 다 성경적이 아니라는 것을 인정한다 하더라도 그것들이 영원한 인생의 필요에 포괄적인 방식으로 목회적 상담을 제공한다는 것을 알아야 한다.

성례전 제도의 한 부분에 가해진 압력은 다른 부분을 왜곡시켰다. 고해성사 제도가 폐지되었을 때에 죄를 뉘우치는 죄인이 어떻게 고해성사가 부여해 주던 구체적인 용서의 확신을 얻을 수 있겠는가? 그 결과 성만찬성례전이 회개의 성례로 되어버렸고, 그 과정은 이미 중세 후기의 경건생활에서 발전되어 왔다. 종교개혁 이후에도 개신교의 성만찬성례전은 고해성사와 감사의 두 가지 기능을 다 수행하게 되었다. 결국 고해성사 제도가 폐지되었다고해서 죄의 용서에 대한 인간의 깊은 요구가 사라져 버린 것은 아니었으며, 그러므로 그 기능은 성만찬성례전으로 전가되었다. 개신교 성례전에 대해 더 명확히 얘기하면 2개 반(半)의 성례가 있는 셈이다. 즉 세례와 참회적 성만찬이다.

성례전으로서의 견진성사를 폐지한 것 역시 동일한 문제가 된다. 세례에 재결합시키는 대신에 종교개혁은 그것을 교리교육을 끝낸 사람들이 그 과정을 졸업하기 위해 표현하는 식의 하나의 교육적 경험으로 변질시켜 버렸다. 기독교교육의 많은 부분이 그러한 의심스러운 해결책 위에 세워졌다. 중세기에 견진성사의 효과를 합리화시켰다면 그러한 현상은 그다지 나아지지 않았으며, 적어도 가톨릭교회는 견진을 인간의 교육행위가 아니라 하나님의 선물이라고 여겼다.

결혼예식은 유지되었지만 성례전으로서 유지된 것은 아니었다. 실제적으로 안수예식이 성례전으로 취급되지 않게 되었는가 하는 점에 관해서는 논란이 있을 수 있다. 칼빈조차도 그것을 모든 사람들을 위한 하나의 성례전으로 인정하였다. 대부분의 개신교도들은 안수를 지울 수 없는 특성을 주입하는 것으로 생각하였기 때문에 설령 그들이 안수 받은 후에 세속적 직업을 가졌다 하더라도 다시 목회로 돌아오면 재안수를 하지 않았다. 역설적이지만 개신교는 세속적인 직업으로 들어가는 유사한 통과의례를 결코 개발하지 않았다.

개신교는 성사로서의 치유를 상실한 데에 따른 대가를 지불해야만 했는데, 그러다 보니 하나님께서 건강을 회복시켜 주시기를 갈망하는 인간의 기본적 필요를 다스리기 위해 기괴하고도 특이한 노력을 드러내기도 하였다.

성례전에 관하여 종교개혁이 성취한 것이 무엇인가? 그 결과들 중 상당수는 의도하지 않은 것들이었으며, 특별히 성례전적 예배를 기독교 삶의 중심으로부터 주변으로 밀쳐낸 것이 더욱 그러하다. 이러한 현상이 회복된 것은 훨씬 후대에 이르러 초기 감리교회, 그리스도의 제자교회, 그리고 옥스퍼드 운동(Oxford Movement)에 의해서였다. 루터는 삶의 방식(life-style)으로서 세례에 대한 다소 심오한 통찰을 제안하였으나 그의 계승자들에 의해서조차 정당하게 받아들여지지 않았다. 칼빈은 이성과 성경주의와 거룩한 신비(성례전-역자 주) 앞에서의 경외감을 동시대인들보다 더 잘 융합시켰다. 이 점에서 그는 초대교회의 이해에 가장 가까웠고 그러한 유산을 남겼으며, 이는 웨슬레에 의해 공명되었다. 평신도들이 자주 성만찬에 참여하도록 회복하려는 개혁자들의 시도는 커다란 유익을 가져올 수 있었으나 평신도들이 부정기적으로 성만찬에 참여하던 중세의 성만찬 관습에 비해 지나치게 급진적인 변화였기 때문에 성공하지 못했다. 불행하게도 개혁자들 또한 중세 후기에 출생한 인물들이었기 때문이다. 그러나 그들은 단순화된 자기 나라 말로 하는 예식을 통하여, 더 많은 회중의 참여, 회중 찬송, 잘 교육된 평신도, 말씀 선포에 대한 새로운 강조 등 분명히 많은 유익을 성취하였다.

아마 종교개혁은 지나치게 극적이었는데, 왜냐하면 그 폭발력에도 불구하고 성례전에 대한 어거스틴과 중세의 사상이 버려진 것보다는 보존된 것이 더 많았기 때문이다. 심지어 화체설을 거부함에 있어서도 루터는 여전히 성만찬을 주님의 공간적 임재의 관점에서 생각하는 데에 자신을 몰두하였다. 그리고 많은 개혁자들은 하나님의 행위로서 성례전을 생각하면서 "의식을 통해서(ex opere operato)" 은혜가 주어짐의 본질을 보존하였다. 대부분 개혁자들은 성례전에 있어서 하나님이 주 행동자요, 인간은 하나님이 성례를 통해서 주시는 은혜를 받는 자이다. 칼빈은 성례전들을 "보증과 징표를" 주시는 그리스도의 행위 안에서 "우리의 작은 용량 안에 가장 잘 받아들여지는 가현적 표시"(visible sign)라고 보았다.[13] 이런 접근은 하나님이 우리를 향한 그의 뜻을 이루기 위해 이 세상의 물질적 요소와 행동들을 사용하신다고 주장하는 점에 있어서 명백히 성례전적인 것이다. 성례전의 효력은 우리에게 달려있지 않으며, 성례전은 오직 은혜의 선물이다. 비록 성례전을 통해 주시는 하나님의 은혜를 받거나 또는 그것을 거절하는 것은 인간의 자유이지만, 성례전을 통해 은혜를 주시는 분은 분명 하나님이시다.

18세기는 보다 더 미묘한 변화를 맞게 되는데, 성례전 신학에 있어서는 종교개혁시대보다 훨씬 더 강력한 변화를 맞게 된다. 그것은 계몽주의의 비신성화 경향과 함께 찾아왔는데, 계몽주의는 하나님께서 자신의 뜻을 실현하시기 위하여 현실에 개입하시거나 혹은 물질적 요소나 행위를 사용하신다는 것에 대해 반항하였다. 이러한 계몽주의의 영향은 하나님께서 자신의 목적을 성취하기 위해 성례전을 통하여 역사하신다는 로마 가톨릭과 종교개혁자들의 전통적 견해를 서서히 침식시켰다. 비신성화의 경향은 성례에서 하나님의 역할을 격하시키고 인간의 역할을 극대화시키도록 하였다. 성경절대주의(Biblicism)는 예수님께서 말씀하신 대로 두 가지의 성례전만을 굳건히 받아들였다.

대부분의 개신교회들에 있어서 두 개의 성례전은 단지 경건한 기념의식 정도로 되어버렸다. 성례전은 하나님께서 과거에 행하신 일들을 사람들에게 기억시키는 하나의 순간이었다. 성례전은 도덕적으로 보다 더 노력하도록 사람들을 자극하는데 있어서 대단히 강력하고 실제적인 가치를 가진 것으로 인식되었다. 그러나 비신성화된 개신교에 있어서 강조점은 하나님께서 지금 행하시는 것에 있는 것이 아니라, 과거에 행하신 것을 기억하는 데 있었다. 그 매개체는 바로 인간으로서, 인간인 우리가 기억하고, 우리가 행동한다. 이와 같은 인간화 경향은 신교가 갖는 특징 중의 하나이다.

비록 성만찬에 대한 쯔빙글리의 이해에는 그러한 조짐들이 분명하게 나타나지 않지만, 1525년에 쓰여진 그의 논문 "세례에 관하여"(Of Baptism)에는 이러한 발전의 징후들이 나타나고 있다. 그러나 18세기가 흐르면서 전통적인 가톨릭 및 하나님께서 성례전 안에서 역사하신다는 개념을 추종하는 종교개혁의 개념을 추종하는 그룹과 성례전은 기본적으로 경건한 기념행위에 불과하다고 믿는 그룹 사이에 실질적인 분열이 일어났다. 후자는 영국 국교회의 주교로부터 침례교의 선구자들까지 개신교도들을 광범위하게 포함하고 있다. 심지어 벤 프랭클린(Ben Franklin)까지도 기도서(prayer-book) 개정작업에 몰두하면서 예수님을 기념함으로써 얻게 되는 실질적 유익을 기록하였다. 이것은 급진적 합리주의이다. 만일 보수적 합리주의가 아리스토텔레스 철학의 뼈대 안에서 중세의 신앙심을 형성하였다면, 18세기의 합리주의는 겉으로 드러난 모습 이외에 내면적으로는 아무 것도 없다고 하는 엄격하게 비신성화 된 세례를 창조하였다.

하나님은 더 이상 성례전을 베풀지 않으셨고 그것은 온전히 인간들의 손에 의해 행해졌다. 따라서 성례전은 대단히 제한되었는데, 그 이유는 성례전에 있어서 모든 것을 기억하는 인간의 능력을 향상시키려는 인간의 열정에 의존하기 때문이었다. 자주 이러한 능력은 실패하기 마련인데 고작해야 하나님을 기억하고 행실을 고치기 위한 열정적인 노력 정도를 만들어내는 정도이기 때문이다. 이는 일종의 겟세마네 타입의 경건("그리스도께서 너를 위해 돌아가셨는데... 너는 좀더 나은 사람이 될 수 없느냐?")이며, 그 열정은 자주 깨어지고 만다. 그 결과는 개신교 전통들에서 성례전적 예배의 급격한 후퇴로 이어졌으며, 예컨대 루터교의 예배는 18세기 말까지만 해도 일부 지역에서는 매주 성만찬 성례전이 시행되었었다.

"의식을 통한"(ex opere operato) 교리가 가지는 가치는 분명하다. 만일 성례전들이 단순한 기념의식에 지나지 않는다면, 성례전들은 살아있는 예배의 중심에 위치하지 못하고 오직 예수님께서 "이것을 행하라"고 말씀하셨기에 형식적으로 행하는 것이 되고 말 것이다. 전통적으로 성례전들의 목적은 선한 윤리적인 행위를 이끌어내는 것이 아니라 인간이 하나님께 접근하도록 하는 데 있다.(물론 이는 변화된 행동을 가져오는 것이 사실이다)

오늘날 개신교에는 하나님이 자신을 주시는 은혜의 수단으로서 성례전들을 사용하시고 하나님은 그 안에서 역사하신다는 전통적 관점을 갖고 있는 루터와 칼빈 그리고 웨슬레를 따르는 사람들과, 성례전은 하나님께서 이미 행하셨던 일들을 단지 인간이 기념하도록 자극하는 것에 불과하다는 계몽주의의 비신성화적 경향을 따르는 사람들 사이에 실질적인 분열이 있다. 이 차이는 적어도 종교개혁자들과 동시대의 로마 가톨릭교회 사이의 차이만큼이나 크다. 그러나 지금은 다행스럽게도 양쪽의 주장이 변화를 수용하지 않을 정도로 닫혀있는 것이 아니라, 양쪽에서 변화가 시작되고 있는 조짐들이 보이고 있다. 오늘날 우리는 성례전 속에서 하나님이 자신을 주시는 행위를 보다 명확히 보고 있으며, 또한 성례전의 인간적인 측면을 보다 더 발견해 나가고 있다.

2. 성례전의 새로운 이해

최근 서구 기독교권에서는 성례전을 이해하는 데 있어서 중대한 변화들이 일어났다. 이런 변화들은 교파를 초월하여 기독교 세계의 여러 곳에서 신앙과 실천 두 영역에 걸쳐 일어났다.

성례전의 실천에 있어서 가장 분명한 변화들은 제2차 바티칸 공의회 이후에 로마가톨릭 교회에서 일어났다. 그러나 그러한 변화는 20세기 초에 들어서 천주교인들이 약 1000년만에 처음으로 매주 영성체를 시행하면서 이루어졌다. 예배운동(The Liturgical Movement)은 변화를 더욱 촉진하였는데, 특히 성경연구의 증가, 더 증대된 회중의 참여, 그리고 공동체로서의 교회 개념 등을 확고히 붙잡는 것 등에 있어서 그러하다. 제2차 바티칸 공의회는 교리의 선포(특별히 교회와 성례전에 관하여)와 예배에 있어서의 광범위한 변화를 통하여 이러한 과정을 가속화하였다. 제2차 바티칸 공의회의 예배집 개정작업은 비록 눈에 띄는 것은 고해성사와 치유성사이기는 하지만 어떻든 각 성례전의 외적인 형식에 있어서 중대한 변화를 가져왔다. 성례전을 취급함에 있어서 강조점이 법적인 용어들(특별히 효용성과 정규성)로부터 사람들의 생활에 있어서 주어지는 열매들(효용성)에 대한 관심으로 옮아간 것은 보다 덜 눈에 띄는 변화이다.

개신교 안에서도 동일하게 중요한 변화들이 성례전적 경건의 심화와 함께 광범위하게 전개되었다. 최근에는 일년에 네 번 행해지던 성만찬이 한달에 한번 혹은 매주 행해지는 것을 볼 수 있다. 성만찬이 주일예배의 정규 순서로 회복됨에 따라 회중의 행위로서의 세례에 대한 관심도 따라서 높아졌다. 눈에 띄지는 않지만 중요한 것은, 예배를 가르침으로서의 지적인 경험 또는 감정적인 출구로 생각하던 것에서부터 이제는 예배가 몸, 감정, 그리고 지성을 총괄하는 우리의 전존재적 사건임을 깨닫게 되었다는 것이다. 모든 기독교인들 사이에서 인간과 인간 그리고 하나님과 인간 사이의 만남에 있어서 상징행위가 매우 중요한 역할을 한다는 사실이 인식되었다. 많은 사람들은 참회의 수요일(Ash Wednesday)에 재를 뿌리는 것과 같은 감정적인 상징행위는 교리적 설교만큼이나 예배에서 중요하다는 것을 깨달았다. 아마도 이러한 변화들이 가져온 충격은 단지 예배보다는 더 광범위한 무엇에 대한 인식의 반영일 것이다. 즉, 우리는 온전히 인간이 된다는 것이 무엇을 의미하는가 하는 것을 좀더 깨닫게 되었다. 성례전에 대한 관심이 다시 일어난 것은 성례전들이 얼마나 심오하게 인류학적인가 하는 것을 보여주며, 이는 인간이 된다는 것은 무엇인가 하는 것을 성례전들이 얼마나 근접하게 보여주는가 하는 것을 의미한다.

성례전의 상징적 가치에 대하여 새로운 관심이 모아지기 시작하였는데, 이는 성례전들이 얼마나 잘 상통(communicate)하게 하는가 하는 것이다. 우리가 오직 효용성의 관점에서만 접근한다면 세례를 줄 때에 마치 약을 몇 방울 떨어뜨리듯이 그렇게 물을 몇 방울 떨어뜨림으로써 세례를 베풀 수 있으며, 이는 여전히 유효한 세례이다. 그러나 만일 우리가 상징적 가치에 관심을 가진다면 훨씬 더 많은 양의 물을 보여주고, 그 물의 소리를 들려주고, 그리고 심지어는 대신 느끼게 함으로써 세례가 씻음과 정결케 하는 의식이라는 본질에 훨씬 더 분명하게 다가갈 수 있을 것이다. 예배를 인도하는 책임자들에게 있어서 새로운 관점은 분명한데, 말하자면 예식의 질(quality of celebration)이다. 하나님께서 행하시는 것을 인간의 용어로 우리가 행할 때에 얼마나 잘 소통하는가? 이러한 관점에서 볼 때에, 성례전에서 우리가 행하는 것의 상징적 가치를 고양하는 것이 있다면 그것을 상세하게 하는 것이 중요하다. 성례전이 가지는 인간적 측면 그 자체는 성례전이 영적인 실재를 나타내고 소통함에 있어서 그것들이 얼마나 정상적인 인간적 형태를 취하느냐 하는 점에서 보여진다. 이는 예배를 인도하는 사람들로 하여금 그들 자신의 목소리와 몸을 통하여 영적인 실재와 소통하게 할 때에 충분히 민감해야 할 무거운 책임을 깨닫게 한다.

성례전 실천에 있어서의 변화는 종종 성례전에서 경험하는 것이 무엇인가하는 성례전 이해에 대한 새로운 관점을 반영해 준다. 이 시대에 있어서 가장 중요한 약진은 독일 마리아 락(Maria Laach) 수도원의 베네딕트파 수도사이면서 신학자인 카젤(Odo Casel)로부터 시작되었다. 카젤의 신비신학(mystery theology)은 기독교 예배를 기본적으로 과거사건의 실재를 우리가 재제정(re-enactment)함으로써 예배에서 그것이 다시 우리에게 제공되는 하나의 시간적 신비사건이라고 하였다. 그는 13세기 이래로 내려온 많은 철학적 용어들을 피하면서, 구원사에 대한 교회의 공동체적 회상을 통하여 각각의 기독교인이 이러한 사건에 어떻게 접근할 수 있고 "우리 자신의 거룩한 역사"를 살아나갈 수 있는가 하는 것에 집중하였다.[14]

전쟁 이후의 진전된 신학적 발전은 네덜란드와 벨기에의 신학자들인 슈넨베르그(Piet Schoonenberg)와 쉴레벡스(Edward Schillebeeckx)와 연관된다. 쉴레벡스의 『그리스도, 하나님과의 만남의 성례전(Christ, the Sacrament of the Encounter with God)』은 제2차 바티칸 공의회 즈음에 나온 성례전적 신학에 있어서 가장 영향력 있는 책이다.[15] 그 안에서 쉴레벡스는 그리스도를, 우리가 그를 통하여 하나님을 만나는 근원적인 성례전으로 제시하였다. 가시적인 성례전이란 그것을 통하여 우리가 하나님과의 은혜로운 인격적인 관계를 경험할 수 있는 것을 말한다. 쉴레벡스가 사용한 범주는 인격적인 인간의 관계이며, 이는 고정된 사법적인 용어가 아니다. 이 점에서 칼빈의 통찰력이 제기되며, 그렇지 않은 곳에서는 현대 현상학적인 철학이 전면에 떠오르게 된다.

성례전에 관해서 여러 다양한 요소들이 새로운 접근방법을 형성하였다. 성경적인 연구는 성례전들에 대한 성경적 증거의 풍성함과 다양함에 대한 우리의 이해를 조명하며, 역사적인 연구는 성례전에 대한 그리스도인들의 경험과 반응이 발전되어 온 과정을 살핀다. 에큐메니즘은 기독교 각 교파들이 기꺼이 자신들의 특별한 경험을 함께 나누어 가지며, 다른 분파들의 경험을 서로 교환할 수 있도록 촉구하였다. 신약성경과 초대교회의 공통 유산에 대한 증대된 이해의 바탕 위에서 해묵은 논쟁들을 피하게 되었다. 현대 커뮤니케이션 이론, 문화인류학적 연구, 그리고 사회학적 연구는 성례전에 있어서 인간의 영역을 분명하게 하였으며, 어떻게 인간이 자신을 다른 사람들 및 하나님과 관계시키는가 하는 점에 관한 보다 심오한 이해로 이끌었다.

이러한 모든 요소들이 주어졌을 때, 우리는 어떻게 현대 기독교인의 삶에서 성례전의 역할을 가장 잘 표현할 수 있는가? 실천과 이론 그리고 경험과 이해는 항상 함께 와야 한다. 다양한 이질적인 색깔들과 직물로 짜여진 실들을 가지고 일정한 패턴을 구성하는 것이 단순하지 않은 것과 마찬가지로, 짧은 분량에 명쾌한 가르침을 조합해 내는 것은 어려운 일이다. 그러나 이 장의 남은 부분에서는 가능한 한 간단하게 현대 기독교인들을 위해 성례전이 의미하는 바가 무엇인가를 현대적으로 진술해 보려고 한다. 우리는 여기에서 모든 성례전을 통칭해서 말할 것이다. 모든 요소가 각각의 구체적인 성례전에 동일하게 적용되는 것은 아니다. 서로 공통점을 많이 가지고 있기는 하지만 성례전들은 명백히 다르다. 오직 소수의 기독교인들만이 안수를 받지만, 세례는 모든 사람이 다 받는다. 이 장에서는 일반화시켜서 말하지만 뒤에 나오는 장들에서 구체적으로 진술됨으로써 적절하게 조절되어야 할 것이다.

대부분의 기독교 역사가 그러했듯이 현재로서 나는 성례전의 숫자를 정하지 않는다. 성례전의 숫자가 일곱이라는 것은 두 개라는 것만큼이나 인위적인 것이다. 그리고 기독교가 시작된 이래 최초의 12세기 동안의 성례전은 나머지 8세기 동안에 기독교가 선택했던 것보다도 훨씬 더 풍부했던 것으로 보인다.

무엇보다도, 성례전에 관한 모든 만족할만한 이해는 "하나님이 성례전 안에서 역사하신다"(God acts in sacraments)는 믿음으로부터 출발해야 한다. 말하자면, 성례전은 인간의 도덕성이나 능력 또는 의도에 의존하는 것이 아니라 하나님께서 성례전을 만드셨고 사용하신다는 사실에 의존한다는 뜻이다. 외적이고 가시적인 형식은 다소 인간에 의해 형성되었으며 시대마다 구체적으로 다를 수 있으나, 내적인 은혜는 오직 하나님께 의존한다. 비록 하나님이 주시는 것에 대해 인간이 방해를 할 수는 있으나 성례전 그 자체(res)와 성례전의 열매는 오직 하나님께 달려있다. 이 점에서 우리는 성례전에 내포된 신적인 은혜의 객관성에 대해 말할 수 있다.

물론 이는 어거스틴이 도나투스주의자들과 논쟁할 때에 그렇게도 강력하게 사용했던 용어이다. 성례전은 집례자의 도덕성에 따라 좌우되는 것이 아니라 오직 하나님께만 의존된다. 인간에게는 성례전을 베풀 자격과 의무가 없다. 오직 하나님만이 그것을 하신다. 그러므로 비신성화의 입장은 성례전을 인간에게 의존하게 하고 그 과실을 성례전에 임하는 사람의 노력의 정도에 따라 달라지게 하기 때문에 심히 불만족스럽다. 이는 성례전에 있어서 주시는 분인 하나님과 받는 쪽인 사람의 역할을 혼동하게 한다. '의식을 통한'(ex opere operato) 교리의 어떤 형태는 비록 하나님의 행위를 인간이 저항할 수 없도록 강제로 주입시키거나 또는 인간을 완전히 수동적으로 만들지는 않지만, 성례전에서 하나님께서 역사하신다는 가장 중요한 개념을 파수(把手)한다는 점에 있어서 필수적으로 보인다.

칼빈이 분명하게 보았듯이 성례전은 우리를 하나님께로 인도하기 위해 하나님에 의해 고안된 하나님의 생각이다. 칼빈은 말하기를, "우리의 자비로우신 주님이… 우리들의 처지로 당신 자신을 낮추셨고… 그는 우리를 당신 자신에게로 이끄시기 위해서 심지어는 이러한 이땅의 몸으로 낮추시기까지 겸손하게 되셨고, 영적 축복의 거울로서 우리 앞에 육신이 되신 당신의 몸을 놓으셨다"고 하였다.[16] 하나님께서는 우리를 가장 잘 아시고 우리들의 신앙이 강해져야 함을 가장 잘 아신다. 그리고 창조주께서는 우리 피조물들에게 어떻게 말을 걸어야 할 것인지조차 잘 아시며, 그래서 성례전들은 행동하시는 하나님의 방법이 되는 것이다. 성례전들은 경건한 기념 행위보다 훨씬 그 이상의 것이다. 왜냐하면, 칼빈이 말했듯이 하나님이 "가시적인 것들 아래에서 영적인 것들을 나누어주시기 때문이다."

둘째로, "하나님은 성례전 안에서 역사하셔서 자신을 주신다.(God acts in the sacraments in self giving.)" 하나님께서 성례전을 주도하신다. 성례전을 통하여 우리에게 주어지는 것은 어떤 추상적인 관념이나 에너지의 기계적인 주입이 아니라, 하나님의 생명이 우리 속에 들어옴으로써 이루어지는 은혜로운 인격적인 관계이다. 우리는 하나님 자신을 선물로 받는다. 기독교는 하나님이 사랑이시고 사랑의 본질은 자신을 주는 것이라고 선포한다. 하나님께서는 여러 다른 성례전들 속에서 다양한 방법으로 시간과 사건에 상응하는 형식을 통하여 일하시며 자기자신을 우리에게 주신다. 즉 어떤 성례전에서는 용서와 화해를 주시고, 다른 성례전에서는 용납함을 주신다. 선물은 우리 자신을 다른 사람에게 주는 인간적인 방법이다. 성례전에서 하나님은 이보다 더 행하신다. 정말로 성례전들 속에서 하나님이 우리에게 주어졌으므로, 우리는 우리 자신들을 보다 넓고 깊은 방법으로 이웃들에게 줄 수 있다. 하나님께서 하나님 자신을 우리에게 주셨을 때 우리는 함께 예배를 드리는 동료와 하나가 되고, 모든 세상을 위해 봉사할 수 있게 된다고 성만찬에서 말한다. 그러므로 성례전들은 하나님께서 먼저 자신을 우리에게 내어주신 능력으로서 우리가 행하는 모든 것을 변화시키는 힘을 갖고 있다.

하나님께서 자신을 내어주시는 것은 결코 성례전들에만 한정된 것이 아니다. 신구약 성경 전체가 과거에 하나님께서 인간에게 자신을 내어주신 것에 대한 연대기이다. 그것은 거만한 자들이나 권력자들에게가 아니라 불쌍하고 천한 자들을 위해서 종종 예상치 못한 방법으로 이루어졌다. 하나님은 창조를 통하여, 율법과 예언을 통하여, 그리고 선택받은 자들의 공동체 속에서 우리에게 자신을 내어 주셨다. 하나님께서는 "자기를 비어 종의 형체를 가진..."(빌 2:7) 인간 예수 속에서 우리에게 당신 자신을 주셨다. 성경은 과거에 하나님께서 스스로를 내어주신 것에 관한 기록이다.

성례전은 하나님께서 스스로를 인간에게 내어주신 제3의 언약(third testament)이다. 성례전들을 통하여 하나님께서는 하나님 자신을 우리에게 오늘 여기 현실에 임재하심으로 내어주셨다. 과거 사건들의 실재는 우리들이 성경을 읽고 해석하는 가운데 현재화하게 된다. 마찬가지로 과거와 현재의 행동들은 성례전 속에서 우리들에게 전달된다. 그러나 그것들은 하나님께서 스스로를 내어주심에 대한 또 다른 약속을 형성한다. 세 가지의 모든 약속, 즉 구약, 신약, 그리고 성례전들은 우리들로 하여금 자신을 내어주심으로 우리들을 잘되게 하려 하시는 하나님의 뜻을 알게 해 준다.

셋째로, "성례전을 통하여 하나님은 눈에 보이는 사랑으로써 우리에게 하나님 자신을 내어주신다.(Through the sacrament, God's self giving occurs as love made visible.)" 기독교인들에게 있어서 하나님께서 스스로를 내어주신다는 것은 하나님께서 사랑을 주시는 것으로 이해된다. 하나님은 사랑이시다. 사랑 안에 거하는 자는 하나님 안에 거하는 것이고, 하나님께서 그 안에 계신다(요일 4:16). 어떤 방식으로든 자신을 명확히 표현하지 않는 사랑이란 존재하지 않는다. 사랑과 같이 강력한 인간적인 감정은 우리가 사랑하는 사람들과의 관계 속에서 행하는 행동들에 반영된다. 사랑은 우리의 사랑의 대상에게 자신을 드러낼 수 있는 상징 행위들을 끊임없이 추구한다. 그것은 포옹이나 키스와 같이 애정깊은 행태를 나타낼 수도 있고, 선물을 주는 속에서 드러날 수도 있고, 또는 어떤 사람을 위해 음식 대접을 함으로 명백히 드러날 수도 있다. 사랑을 명백하게 하는 방법으로써 편지를 쓰거나 병문안을 가거나 전화를 하기도 한다. 이런 보이는 상징 행위들은 사랑과 동일시된다. 우리는 어떤 남성 또는 여성이 우리에게 어떻게 행동하느냐에 의하여 그가 우리를 사랑하고 있다는 것을 알게 된다.

이것은 추상적인 원칙이 아니라 실제로 사람들이 행하는 방법일 뿐이다. 우리는 보는 것을 필요로 한다. 그리스도이신 예수님 안에서 하나님은 충만한 당신의 사랑을 우리에게 보여주셨다. 그러나 우리는 이 사랑을 계속해서 보아야 하고 또 보고 싶어한다. 성례전 안에서 하나님은 그리스도이신 예수님의 역사적 성육신을 통하여 이미 당신을 주시는 일을 하셨던 그것을 계속해서 현재에, 그리고 가시적으로 우리에게 보여준다. 사랑은 우리 삶의 변화하는 상황과 환경을 따라 다양한 방법으로 스스로를 표현하게 된다. 사랑이신 하나님은 우리가 일생동안 남을 사랑하며 살아갈 수 있게 하기 위하여 자신을 우리에게 내어주셨다. 스스로를 내어주는 또 다른 방식은 교회 공동체가 우리의 건강회복을 위해 기도하는 것을 통해 증명된다. 사랑은 우리가 성직 수행을 위하여 받은 은사들을 공동체가 기뻐할 때에 눈에 보이게 된다.

이런 저런 방법들 속에서 하나님의 사랑은 행위를 통하여 우리에게 분명하게 드러난다. 마치 우리가 악수나 키스 또는 포옹을 통하여 우리의 사랑을 표현함으로써 다른 사람들이 우리의 사랑을 인식할 수 있게 되는 것처럼 우리는 성례전들을 통하여 하나님의 사랑을 알게 되는 것이다. 우리는 인간적인 사랑을 행동으로 표시함으로써 그 사랑을 분명하게 나타낸다. 그것은 하나님의 사랑과 다를 바가 없다. 행위와 사랑 사이의 차이는 곧 사라지고 키스는 사랑 자체가 된다. 행위는 감정의 한 부분이기 때문이다. 참으로 사랑의 행위는 구체화된 사랑이다. 성례전들은 가시화된 하나님의 사랑인 것이다.

넷째로, "하나님께서 자신을 사랑으로서 내어주신 것은 공동체 안의 사랑의 관계를 통하여 가시적으로 보여지게 된다.(God's self-giving as love is made visible through relationships of love in community.)" 비록 성례전들이 수직적인, 즉 인간과 하나님과의 관계를 내포하고 있지만, 그것들은 또한 수평적인 관계, 즉 인간과 인간의 관계를 항상 포함하고 있다. 성례전들은 철저히 관계적이다. 그것들은 공동체 안에 있는 삶에서 성장한다. 성경의 내용 전체를 통하여 하나님께서는 신실한 사람들의 공동체 속에서 그리고 그 공동체를 통해서 행동하고 계신다. 성례전들은 공동체 안에서 그리스도인들이 사랑과 믿음과 소망 안에서 하나되게 하는 기능을 수행하게 한다.

성례전들은 두 가지 방법으로 공동체 안에서 사랑의 전달 수단으로서 사용된다. 그것들은 새로운 사랑의 관계를 형성시키며, 또한 현존하는 사랑의 관계들을 유지시키고 성숙하게 한다. 두 사람이 결혼을 통해 자신을 상대방에게 줄 때 하나님께서는 공동체를 통해 그들을 지원해 주시고 축복해 주심으로써 그들의 사랑의 관계를 강화시킨다. 신앙공동체를 떠난 성직수임식은 곧 우스꽝스럽게 될 것이다. 세례와 견신례를 통해서 하나님께서 우리를 그리스도의 몸과 연합시킴으로써 우리는 공동체 안에서 사랑의 새로운 관계로 나아간다. 죽음은 이미 하나님의 은혜에 의해 우리가 싸우는 교회로부터 승리한 교회로 옮겨가는 또 하나의 전이과정이다. 하나님께서는 공동체로 하여금 연약함 속에 있는 우리를 간절한 사랑으로 보살피게 한다. 삶의 여정 전체를 통하여 하나님께서는 우리에게 자신을 제공하신다. 성만찬은 우리를 양육하시며, 화해는 우리가 곤경에 처했을 때 우리를 일으킨다. 이런 모든 상징행위들을 통하여 새로운 사랑의 관계를 형성하거나 또는 교회 안에 현존하는 사랑의 관계를 유지함을 통해 우리는 믿음과 사랑과 소망 안에서 세워져가게 된다.

어느 경우든지 이러한 사랑의 관계가 열매를 맺도록 공동체의 행위 안에서 역사하시는 분은 하나님이시다. 믿음의 공동체는 성례전의 외적이고 가시적인 형태를 수행하기 위해 행동한다. 그러나 성례전은 하나님의 사랑을 주시는 내적인 열매(res)가 없이는 의미가 없다. 공동체가 보이는 형태로 표현되는 하나님의 자신을 주시는 선물을 받으려고 함께 모일 때에 성례전과 그 실재는 함께 경험된다. 그러한 상징행위에 의하여 교회는 새로운 또는 새롭게 된 사랑의 관계를 통하여 우리의 사랑을 풍성하게 한다. 물론 그러한 사랑은 하나님의 온 세상을 향하여 선교에 임할 때에 흘러 넘치게 된다. 하나님께서 하나님의 말씀을 들리게 하기 위해서 설교자들을 사용하시는 것처럼 하나님은 하나님의 사랑이 보여지게 하기 위해서 성례전들을 사용하신다. 성례전에서 하나님은 공동체 안의 사랑의 관계를 통하여 자신을 주시는 사랑이 가시적으로 보여지게 행동하신다.

이러한 일들의 대부분은 우리가 다음 장에서 전통적인 성례전들을 하나씩 연구하는 동안에 더욱 분명하게 드러날 것이다. 비록 우리가 각 성례전의 외형을 어느 정도 상세하게 다룰 것이지만, 우리의 근본적인 관심은 우리가 행하고 있는 성례전 자체에 있는 것이 아니라 각 경우에 있어서 하나님의 사랑의 실재가 어떻게 명백하게 나타나는가 하는 데에 있다. 우리는 우리가 다양한 일이나 형식이나 직무에 몰두해 있을 때 궁극적으로 문제가 되는 것은 성례전을 통하여 우리가 무엇을 행하는가 하는 것이 아니라 하나님께서 그것들을 통하여 무슨 일을 행하시는가 하는 것임을 기억해야 한다.

주)
1) "Tractus on John," 80, 3; NPNF, 1st series, 7, p.344; and John Calvin, Institutes, Ⅳ, xiv, 4, *Library of Christian Classics* 21, p.1279.
2) The central thesis of E. Schillebeeckx, *Christ the Sacrament of the Encounter with God* (New York: Sheed and Ward, 1963).
3) Cf. Joachim Jeremias, *Eucharistic Words of Jesus* (New York: Scribner's 1966), pp.106~37.
4) Calvin, *Institutes*, Ⅳ, xvii, 32, p.1403.
5) Text in Elizabeth Frances Rogers, *Peter Lombard and the Sacramental System* (Merrick, N.Y.: Richwood, 1976), Ⅳ, ii, 1, p.85.
6) Ibid., Ⅳ, ⅰ, 6, p.82.
7) Ibid., Ⅳ, ⅰ, 4, p.80.
8) Ibid., Ⅳ, xxiii, 3, p.221.
9) Text in Ray C. Petry, ed., *A History of Christianity* (Englewood Cliffs, N.J.: Prentice-Hall, 1962), p.324.
10) Ibid., p.325.
11) 이러한 용어와 변화하는 의미의 중요한 논의는 Piet Schoonenberg, 의 "화체설: 역사적으로 이 교리가 어떻게 결정되었는가?" 성례전에 대한 교회의 딜레마*The Sacraments, an Ecumenial Dilemma* (New York: Paulist Press, 1966), *Concilium* 24, 78~91.
12) "Canons and Dogmatic Decrees of the Council of Trent," in Philip Schaff, ed., *The Creeds of Christendom* (Grand Rapids, Mach. : baker, n.d.), 2, p.119.
13) Calvin, *Institutes*, Ⅳ, xvii, 1, p.1361.
14) Burkhard Neunheuser, ed., *The Mystery of Christian Worship and Other Writings* (Westminster, Md.: Newman Press, 1962), p.124.
15) See also Schillebeeckx's *The Eucharist* (New York: Sheed and Ward, 1968).
16) Calvin, *Institutes*, Ⅳ, xiv, 3, p.1278.

제 VII 장

입교의식
(Christian Initiation)

　그리스도인으로 태어나는 사람은 아무도 없다. 사람은 윤리적이고 신앙적인 헌신을 포함하는 독특한 삶의 양식을 통하여 믿음의 공동체의 일부가 됨으로써 비로소 그리스도인이 된다. 우리 존재의 이러한 변화는 성례전에 의해 표시되는데 이 성례전은 하나님께서 우리를 믿음으로 불러오시기 위해서 행하시는 일들을 선포하는 역할을 한다.

　이 장에서 우리는 믿음의 공동체 안으로 우리를 가입시키시기 위해서 하나님께서 행하시는 방식을 그리스도인들이 어떻게 이해하고 경험하는가 하는 것에 관해 살펴보게 될 것이다. 기독교 입교예식에서 가시적으로 표현되는 하나님의 사랑은 다양한 단계와 상징행위들을 포함한다. 이러한 단계들에는 세례예비과정(교육과정, 초신자 교리, 심사), 실제적인 물세례 과정, 견진 혹은 회원으로 받아들이는 절차와 첫번째 성만찬으로 이루어진 다양한 후속 절차 등을 포함한다. 그리스도인을 만드는 총체적인 의식과정은 기독교 입교의식과 하나님과의 만남이라고 하는 개인적인 부분을 모두 포함한다.

실제와 이론, 의식(rite)과 이성(reason), 그리고 예배학과 성례전 신학 사이에 한계를 정확히 긋는 것은 언제나 어려운 일이다. 그러나 그것이 이 장에서 우리가 시도하려는 과정이다. 먼저 우리는 과거에 기독교인들이 기독교 입교의식을 통하여 무엇을 해 왔으며 또 현재에는 무엇을 하고 있는가를 살펴볼 것이다. 그런 다음에는 이러한 다양한 행동들에 대한 그들의 이해를 검토하고, 마지막으로 목회적인 목적을 위한 어떤 결론을 도출해 낼 것이다.

1. 기독교 입교의식의 발전

입회(또는 입교)와 화해에 관한 실제적 변화와 발전은 최근에 나타난 현상들이다. 우리는 다시 한번 유대교 안에서 그 근원을 살펴보는 것이 좋으리라 본다. 그 기원은 예언적인 상징주의(Prophetic Symbolism)와 하나님을 만나 뵙기 위해 사용되는 행동 및 물질들에 있다. 물질적인 것이 영적인 것에 영향을 줄 수 있다는 유대인들의 신앙은 성례전에 있어서 핵심적 요소가 되었다.

입회에 있어서 가장 지혜로운 유대의 전례는 할례(Circumcision)인데, 이스라엘과 하나님 사이에 맺어진 언약을 상징하는 것으로써 남자들에게 행해졌다. 옛 율법(현재 그리스도인들이 보는 견지에서)에서 행한 이 의식은 낳은지 8일 된 아이로 하여금 하나님을 자신의 신이요 왕으로 평생 섬기겠다는 영적 관계를 맺는 것이었다. 할례가 구원을 약속하고 보증하게 된다는 것을 기독교 저술가들이 부인할지 몰라도 하나의 상징적 행위를 통해 하나님의 자녀가 되게 하는 것이라는 그 개념은 아직도 존속한다.

1세기 유대교가 남녀 이방인 개종자들에게 실시했던 개종자의 세례(proselyte baptism)에 대하여는 의문의 여지가 많다. 분명한 것은 유대교에서 개종자들에게 세례를 베풀었다는 사실인데, 그 세례가 기독교로부터 모방해 간 것 같지는 않다. 1세기 쿰란 공동체(Qumram Community)는 영적인 정결의 표시로 매일 물로 씻는 의식이 행해졌다. 물로 씻는 것은, 결국 벧전 3:21("세례는 육체의 더러운 것을 제하여 버림이 아니요 오직 선한 양심이 하나님을 향하여 찾아가는 것이라.")에서 볼 수 있는 것처럼 자연적인 정결의 표이다. 이에 대하여 사도행전 22:16에도 "주의 이름을 불러 곧 세례를 받고 너의 죄를 씻으라."고 언급이 되고 있다.

기독교 세례는 예수님 뿐만 아니라 다른 많은 사람들에게 세례를 베풀기도 한 세례 요한(John the Baptist)의 영향이라는 점에 대해서는 의심할 여지가 없다. 바울 사도는 "요한이 회개의 세례를 베풀며 백성에게 말하되 내 뒤에 오시는 이를 믿으라 하였으니 이는 곧 예수라"(행 19:4) 고 말했다. 이것을 올바르게 잘 요약한다면 요한의 세례는 회개의 세례이며 종말론적인 대망(eschatological expectation)의 세례라고 하겠다. 그것은 윤리적이면서 미래에 대한 예상(anticipatory)이었다. 교회는 예수님께서 일치의 일부분으로서 요한의 세례에 자신을 복종하였던 것을 결코 잊지 않았다. 마태복음 3:15에는 "이와같이 하여 모든 의를 이루는 것이 합당하니라"고 말씀하셨다. 이와 같이 예수님 자신이 세례를 받았고 그의 제자들에게 세례 베풀기를 허락하심(요4:2)으로써 세례에 대하여 최고의 권위를 부여하였다. 게다가 예수님은 그의 세례에 자신의 고난과 죽음(막10:38, 눅12:50)을 동일시했다. 이같이 세례는 그리스도의 희생적 죽음의 표상이 되었다. 세례에서는 출생과 죽음이 공히 표현된다.

교회가 사유하고 있는 다른 의식들은 안수(laying on of hands)와 도유 혹은 기름을 붓는 것(sealing or anointing with oil)이다. 이러한 의식은 다같이 능력과 축복의 전수(창 27장의 이삭이 야곱을 축복하는 것, 혹은 창 48장의 야곱이 그의 손자들에게 축복하는 것)나 권위를 증명하는 의식(사무엘이 다윗에게 기름 부은 것, 삼상 16:13)들이었다. 제사장적이고 왕적인 권위는 기름을 사용하는 의식과 연결되어 있는 듯이 보이는데, 이 두 상징은 "왕 같은 제사장"(벧전 2:9, 계 5:10)에 세움받은 사람들을 위하여 성령의 은사를 임하게 하는 것이었다. "기름 붓다"와 "그리스도"(헬라어), 그리고 "메시아"(히브리어)란 낱말의 관련성은 서로 떼어놓을 수 없는 관련성이 있다(메시아와 그리스도라는 의미는 "기름부음 받은 자"라는 뜻-역자 주).

신약성경 시대에 로마제국 안에서 유행했던 여러 이교도들의 신비종교들이 행했던 입회 의식이 기독교에 끼친 영향에 대하여는 매우 불확실하다. 분명히 이런 비밀 집단들의 입회 의식 안에서 기독교의 입회 의식(또는 입교 의식)이 공존하고 있었지만 그러나 이교도의 입회 의식은 오히려 교회를 혼란하게 하는 결과를 가져다주었다. 순교자 저스틴(Justin Martyr)은 이교도 의식들을 진정한 기독교 의식들에 대한 "사악한 귀신들"의 모방으로서 일축시켰다.

신약성경은 그 자체가 실제적인 입회의식들에 대하여 지극히 간략한 예를 제공하고 있으며 화해에 대해서는 더욱 그렇다. 그러나 신약성경에 제시된 예들은 그후 계속되는 모든 발전들을 위하여 결정적 근거가 되는 것이다. 사도행전 8:35-38에 나오는 에디오피아 내시에게 빌립이 베푼 세례가 세례에 대한 가장 상세한 설명이라 할 수 있다. 37절이 어떤 사본에는 빠졌지만 다른 사본들에서는 기록되어 있다. 사도행전의 내용은 다음과 같다.

이 성경말씀부터 시작하여 빌립은 예수님의 복음을 전했습니다. 그들이 길을 가다가 물 있는 곳에 이르렀습니다. 그때 내시가 "보십시요. 여기에 물이 있습니다. 내가 세례를 받는데 무슨 거리낌이라도 있습니까?" 하고 말했습니다. 〔빌립은 "당신이 온 마음으로 믿는다면 허락된 것입니다." 하고 말했습니다. "나는 그리스도이신 예수님이 하나님의 아들이심을 믿습니다." 라고 대답하였습니다.〕 빌립이 마차를 세우게 하고 내시와 함께 물에 내려가 그에게 세례를 베풀었습니다.(괄호한 부분 〔 〕은 NEB 안에 있는 각주)

빌립이 내시를 가르친 것은 초신자 교리(catechesis)의한 형태이다. 여기에 내시의 신앙고백이 뒤따르게 되는데 그는 정확한 신조의 고백을 하고 있다. 그런 후에 그들은 "물 속으로(into)" 내려가 빌립이 내시에게 세례를 베푼다. 이는 오늘날 실시하는 것과 마찬가지로 세례의 필수 불가결한 핵심이 된다.

신조의 내용은 통합적인 삼위일체 전체가 아니라 삼위일체의 두 번째 위(성자 예수 그리스도)에 촛점을 맞추고 있다. 성경의 다른 본문들은 가장 초기의 기독교 세례가 "예수의 이름으로" 행해졌음을 보여주고 있다(행 2:38, 8:12, 16, 10:48, 19:5, 22:16). 바울은 로마서 10:9에서 짧은 신조를 진술하고 있는데, "만약 당신이 '예수님은 주님이시다' 하고 당신 입으로 고백하고…" 아울러 빌립보서 2:1에 "모든 입으로 '그리스도이신 예수님은 주님이시다' 하고 고백하게 하여"라고 반복하고 있다. 이와 같은 내용은 마태복음 28:19의 "아버지와 아들과 성령의 이름으로 그들에게 세례를 주고"라는 삼위일체적 세례 의식에 비추어 보면 문제가 있다 하겠다. 아마도 이는 실제 예전적 실천의 발전에 있어서 두 번째 단계를 보여주며, 실제 사건보다 수 십년 후에 복음서 기자가 이것을 기록하면서 주님이라는 단어로 기록하였다. 이는 『열두 사도의 교훈집』(*Didache*)에 의해서도 확증되었는데, 이 문서가 작성된 이후 모든 세례의식에서 사용된 동일한 세례문구가 정확하게 여기에서도 사용되고 있다.

안수에 대한 증거는 좀 더 복잡한 편이다. 에디오피아 내시에 관한 기록에서는 이것에 대하여 아무런 언급이 없지만 이 행위는 사도행전 안에서 모호하고도 대립되는 구절로 자주 등장하고 있다. 현대에는 세례를 받을 때에 성령을 받는 것과의 관계에 대하여 의문이 제기돈다. 사도행전 2:38은 회개, 세례, 죄의 용서, 그리고 성령의 선물을 연결시키고 있다. 그러나 가이사랴에서는 분명히 세례 이전에 성령이 임하였다(행 10:47). 반면 사마리아에서는 새롭게 세례 받은 자들이 후에 안수를 받을 때에 비로소 성령을 받았다(행 8:17). 에베소에서는 세례 후에 "바울이 그들에게 안수하였을 때, 성령이 그들에게 임하였다.(행 19:6)" 이 두 사실은 다음과 같이 설명될 수 있겠다. 성령과 세례는 직접적이며 밀접한 관계를 가지고 있고, 안수나 기름부음(anointing or sealing, 고후 1:22, 엡 1:13, 4:30)은 세례받은 자들 안에 성령의 내주하심을 강조함으로써 이러한 관련성을 입증하려는 것으로 보인다.

베드로전서가 세례에 관한 설교가 아닌가 하는 추측이 있다. 베드로는 "전에는 백성이 아니더니 이제는 하나님의 백성"으로서의 "갓난아기"(2:2)인 수신자에게 말하고 있다. 여기에서 노아 홍수의 물이 "세례의 물"로 예시되고(3:21), 그런 시사는 오늘날까지 내려온 세례의식에 반영되었다. 그리고 모든 세례는 깨끗한 양심과 비교되어진다(3:21).

실제적인 문제는 교회가 시작될 즈음에 발생되기 시작하였다. 히브리서는 이미 세례를 받은 배교자의 질문을 야기시킨다. "한번 하늘의 은사를 맛보고 성령에 참여한 바 되고… 타락한자들은 다시 회개케 할 수 없나니"(6:4-6). 타락자를 어떻게 다룰 것인가 하는 문제는 그 이전에도 교회를 어지럽혀 왔다. 주후 2세기 경 『헤르마스의 목자(The *Shepherd of Hermas*)』에서는 이에 대해 좀더 관대하였다. 소수의 사람들이 세례를 초월한 회개를 부인하는 것을 알고 있으면서, 저자는 "위대하고 거룩한 부르심〔세례〕후에 만약 사단에 의해 시험받아 죄를 범하게 되면, 그는 한번까지는 회개할 수 있지만 만약 그가 반복하여 죄를 범하고 회개한다면 무익한 것이다"라고 말하고 있다.[1]

현대에 들어와서 신약성경이 유아세례에 대해 어떤 입장인지에 대한 여부가 가장 고민거리가 되어왔다. 신약성경 안에는 유아세례에 대하여 찬성이나 반대의 아무런 명백한 설명이 없다는 점에는 모두가 동의한다. 유아세례를 시행하고 있는 사람들은 온 집안 전체가 세례 받은 것을 말하는(행 16:15, 33, 18:8, 고전 1:16) '가족'(oikos)이라는 말을 가족의 모든 사람 즉 어린이와 심지어 거주하는 종들을 모두 포함하는 것으로 확신하는 데 있는 것 같다. 당시에는 대개 아버지들이 온 가족의 종교를 결정하였기 때문에 집안 전체에 있는 모든 사람들에게 세례를 베풀었다는 것은 물론 의심할 여지가 없다. 유아세례를 반대하는 사람들은 세례를 받기 위해서는 세례 받는 사람(막 16:16, 행 2:38)의 회개와 신앙이 있어야 하는데, 유아들에게는 이것이 불가능하므로 유아 세례를 반대하고 있다.

역사적인 증거를 찾아본다면, 비록 그것이 신약성경 시대에 시행되었다는 주장을 위한 약간의 신학적인 근거가 있다고 할지라도 "유아세례는 단지 3세기부터 확실하게 증명할 수 있다"[2]는 쿠르트 알란드(kurt Aland)의 주장에 우리는 동의하게 된다.[3] 반박할 수 없는 가장 오래된 역사적인 증거는 3세기 초의 터툴리안의 문맥에 나타나는데 그는 후에 그들의 후견인들을 당황하게 만드는 "어린 아이들"의 세례를 개탄하고 있으며, 한편 그와 동시대에 히폴리투스(Hippolytus)는 "어린 아이들"에게, 그리고 "그들 스스로 말하지 못하는" 유아에게 먼저 세례를 베풀도록 분명하게 말하고 있다. 히폴리투스는 유아세례가 오랫동안 계속되어 온 친숙한 관행이라고 분명히 말하고 있는 것이다. 그렇다면 이는 얼마나 오래된 관행인가? 과연 사도들도 유아세례를 시행하였는가? 우리는 이에 대하여 부정적인 증거도 긍정적인 증거도 가지고 있지 않다. 어떻든 유아세례는 5세기에 이르러 두루 퍼졌다. 그 이후 모든 그리스도인들은 유아세례를 실시하여 왔다.

2세기 교회는 신약성경 이야기들이 우리에게 부여하는 힌트를 초월하여 입교의식에 대하여 더욱 상세한 사항들을 말해 준다. 『디다케(Didache)』는 "주의 이름으로" 세례를 받지 않은 사람들이 성찬에 참여하는 것을 금하고 있다. 세례 받으려는 사람들은 금식을 해야 했다. 세례는 흐르는 찬 물에서 베풀어지는데 그러나 이런 조건이 안될 때에는 "아버지와 아들과 성령의 이름으로 수세자의 머리에 세 번" 물을 붓는다.[4] 순교자 저스틴(Justin)은 이에 대해 좀더 상세하게 전해주고 있다. 세례예비과정(catechumenate)은 가르침과 "그것을 따라서 살겠다"는 약속, 기도, 그리고 금식을 포함하고 있다. 세례는 "물이 있는 곳"에서 베풀어지며 수세자들은 성 삼위의 이름으로 씻음받는다. 그런 다음 세례받은 사람들은 교회로 인도되며 난생처음으로 공중기도, 평화의 입맞춤, 그리고 성만찬 등을 나누게 된다.[5]

훨씬 더 많은 정보가 바로 다음 세기에 터툴리안(Tertullion)의 논문 "세례에 관하여 (On Baptism)" 안에서 나타나고 있으며, 그의 다른 저술 가운데서도 곳곳에 산재되어 있다. 터툴리안은 세례받으려는 사람들을 위한 엄격한 훈련을 제시하고 있는데, 여기에는 "기도, 금식, 그리고 무릎꿇기, 온 밤을 지새우는 철야"들이 포함된다.[6] 그는 세례를 위한 가장 장엄한 기회는 부활절(Pascha)이라 한다. 어느 때라도 가능하지만 오순절은 두 번째로 좋은 시기라고 한다. 정상적인 집례자는 감독이지만, 안수받은 장로나 집사도 참여할 수 있다. 그러나 "심지어 평신도도 세례를 집례 할 수 있는데 이는 자기가 받은 것을 나눌 수 있기 때문이다."[7] 세례 직전에는 "사탄과 그의 허식과 졸개들"에 대한 단절이 있어야 한다. 수세자들은 "우리 주님이 말씀하신 것보다 더 강력한 질문들"[8]을 받은 후에 "3번 물에 잠기게 된다." 그리고 마치 아론이 제사장직에 들어갈 때에 모세가 기름을 부었던 것처럼 "성유로 기름을 붓는다." 그 다음에 "마치 야곱이 그의 손자들을 축복했듯이 축복과 간구와 성령이 임하시기 위하여 손을 얹는다."[9] 그러나 약속된 땅의 상징(출 3:8)인 "젖과 꿀을 혼합한 것"으로 새롭게 세례주는 의식이 구약성경의 또 다른 전례에 나타나고 있기도 하다.

히폴리투스(Hippolitus)는 이 모든 것들에 대해 우리에게 더 광범위한 내용들을 제시하여 주고 있는데 특히 3년 동안 지속되는 길고도 엄격한 세례예비과정을 소개하고 있다. 이 수련기간 중에 세례예비자(catechumen)는 예배시간에 말씀을 들을 수는 있으나 세례받은 자들과 함께 기도할 수 없고, 평화의 입맞춤도 안되며, 성만찬도 참예할 수 없다. 훈련이 좀 된 예비자들은 매년 따로 검증을 받는다(이는 후에 '심사'-scrutinies-라고 하는 의식이 되었다). 그들은 매일매일 축사가 포함되는 강력한 준비의 과정을 통과하였다. 그리고 예비 신자들은 우리가 지금 성금요일(Good Friday)과 성토요일(Holy Saturday)이라고 부르는 날에 금식하였다.

입회과정은 부활절 전야에 철야하면서 성경을 봉독하고 교훈하는 것 후에 절정에 다다르게 된다. 새벽 즈음에는 물에서 기도하고 예비 신자는 탈의하고, 감독은 악마를 내쫓는 기름을 예비하면서 감사 기도를 드린다. 그때 사탄을 부인한 후에 각 예비신자는 악마를 내쫓는 기름으로 기름 부어지고, 물에 들어가서 사도신경(오늘날에 이르기까지 서방에서는 세례시에 사도신경을 사용한다.)의 내용에 관한 세 가지의 질문을 받게 된다. 매번 성삼위에 대한 신앙을 확고하게 한 후, 예비신자는 세례를 받는다. 세 번 씻은 후, 남자든 여자든 물에서 나와 감사의 기름으로 기름브음을 받는다. 그리고 옷을 다시 입은 후 세례 받은 사람들은 교회 회중을 만나고, 거기에서 감독이 각자에게 손을 얹고, "당신의 성령으로 가득차게 할만큼 가치 있는 사람들로 만드소서"라는 기도를 하나님께 드린다.[10] 그런 후 감독은 거룩한 기름(성유)을 붓고 각자의 머리에 안수를 한다. 마지막으로 감독은 각자의 이마 위에 성호를 그어 인을 치고 그리고 평화의 입맞춤을 한다. 새로이 신자(the faithful-아직 세례를 받지 않은 예비자와 구별해서 사용하는 말이다 역자 주)가 된 수세자들은 이제 처음으로 회중과 연합하여 기도, 평화의 입맞춤, 성만찬에 참여하게 된다. 부활절의 경우에는 대개 3개의 잔이 사용되는데, 즉 물("세례반의 물), 우유와 꿀, 그리고 포도주가 든 잔들이다. 우리가 보는 대로 모든 의식은 다양한 순서를 포함하고 있는데, 기름부음, 씻음, 안수함, 성호긋는 것, 포옹(평화의 입맞춤), 그리고 먹고 마시는 것 등은 모두 접촉을 통해 의미를 전달하게 된다.

니케아공의회 이전(Pre-Nicene)의 다른 자료들은 약간의 내용을 더하여 준다. 3세기 "사도의 가르침"(Didascalia Apostolorum)은 "여자들에게 기름 붓기 위하여 여 집사의 사역이 필요하다"고 역설하고 있다.[11] 에제리아(Egeria)는 4세기 후반 예루살렘에서는 사순절(Lent)이 시작될 때 부활절에 세례받을 사람들의 명단이 미리 주어진다고 말했다.[12] 그들의 생활양식(life-styles)에 대해 질문한 후에, 하루에 3시간의 가르침과 축귀가 시행된다. 5주간이 지나면, 그들이 감독에게 가서 한 사람씩 암송해야 하는 신조를 받게 되는데 감독은 그들이 얼마나 이해하고 있는 지를 시험한다. 에제리아는 부활절 철야에 대하여 생소한 것은 아무 것도 언급하지 않았고, 단지 부활절 주간의 8일간에 대해 언급하고 있으면서, 이때 새롭게 입교하는 사람들이 처음으로 경험하게 될 모든 성례전에 관해 그들에게 설명하였다.

다행히도 입교의식의 성례전에 관한 신비교리(Mystagogical Catechesis)의 방법에 관한 여러 가지 실례가 밀란(Milan)에 있는 암브로우스(Ambrose), 예루살렘의 시릴(Cyril) (혹은 그의 후계자), 그리고 요한 크리소스톰(John Chrysostom)과 안디옥에 있는 몹수에스티아의 테오도레(Theodore of Mopsuestia)에 의해 쓰여진 강론에 남아있다. 암브로스는 새 그리스도인들에게 '에바다'(Ephphetha)의 의미를 설명하고 있는데, 이것은 귀와 코가 영적으로 열리는 것을 의미하는 신앙적 의식이었다(막 7:34). 그리고 나서 "당신은 그리스도의 경주자로서 기름부음을 받았는데, 이는 이 세상의 싸움에서 이기기 위해서이다."[13] 세례 후에는 세족식이 있는데 암부로스는 로마교회가 이 의식을 시행하지 않는다는 것을 알고 있었다.

시릴은 더욱 자세한 내용을 상징적으로 설명하고 있다. "당신들은 모든 것을 벗었노라 당신들은 악령을 쫓는 기름으로 머리털에서부터 발끝까지 부었노라. 그리고 선한 감람나무인 예수그리스도의 동역자가 되었노라."고 말한다.[14] 테오도레는 또다른 세부적인 내용들을 첨가하고 있는데, 후견인의 역할과 세례받은 자들이 빛의 옷을 입게 되었음을 말하고 있다. 요한 크리소스톰은 자기를 부정한 후 "오, 그리스도여 이제 나는 당신의 봉사자가 됩니다"라고 서약하는 것에 대해 언급하고 있다. 그는 서방 교회의 "○○○, 내가 성부와 성자와 성령의 이름으로 네게 세례를 주노라"라고 하는 형식과는 대조적으로 "○○○은 성부와 성자와 성령의 이름으로 세례를 받노라"라고 하는 전형적인 동방 교회의 세례형식을 사용하고 있다. 크리소스톰 역시 수세자의 머리가 물 속으로 세 차례 들어갔다 나왔다는 것을 말하고 있다.[15]

이 예식에 있어서 가장 복잡한 부분은 기름부음(anointing)과 성호긋기(sealing)에 대한 다양성이다. 기름부음은 기름으로 몸을 뒤덮는 것인데 이것은 마치 오늘날 목욕할 때 비누를 사용하는 것과 마찬가지로 세례를 받으려는 사람이나 운동경기를 준비하는 사람에게 행하는 예비행위를 의미하기도 한다. 성호굿기 혹은 십자가의 표식을 하는 것은 새로이 세례를 받은 사람에게 인을 치거나 또는 결정적인 자아정체감을 가져다준다. 초기 시리아의 의식들은 제사장직과 피로 맺어지는 관계성과 성령의 선물 등을 가져오는 세례전 도유의식만을 포함하고 있다는 점에서 의외로 여겨진다. 4세기 초에 이미 일부 지역에서 세례 후에 오는 의식들이 성령의 선물과 연관되어졌다. 암부로스는 "영적인 인침으로 사제를 축성할 때 성령이 부어졌다"고 말하고 있으며, 일곱 가지 성령의 선물들을 열거하고 있다(사 11:21).[16] 시릴은 기름붓는 것을 "성령의 상징"으로 부른다.

총괄하여 말하자면 초기 교회의 입교의식은 전체 공동체가 참여하는 공적인 것이었다. 입회의 의식은 긴 세례 예배과정의 끝에 오게되는 부활절에 끝나게 되는데, 부활절 철야의 다양한 의식들, 즉 기름부음, 윤리적 자기부정, 신조고백, 씻음, 안수, 성호그음, 그리고 성찬 등 다양한 예식으로 구성되어 있다. 여기에 세례 후 초신자교리(post baptismal catechesis)가 뒤따른다. 첫번째 질문부터 시작해서 최종적이고 완전한 헌신에 이르기까지 회심의 전과정이 의식으로 거행되고 부활절의 경축과 직접적으로 연결되어 있다.

중세기에 접어들면서 이들의 대부분은 변화하였다. 동방에서는 입교의식이 사제에 의해서 모두 진행되었으며, 이때 기름부음은 주교에 의해 축성된 성유(올리브 기름과 향유)를 사용하였다. 동방의 이 관습이 성유식(Chrismation)으로 알려진다. 그것은 견진 성사 시에 안수를 하는 것과 같은 것으로써 서방 교회에서는 이 의식이 주교에 의해 집례되었다. 그러나 서방에서는 점차로 이 통합적 의식의 분열이 초래되고 사적으로 행해지는 움직임이 있었다. 통일된 의식의 붕괴는 오랫동안 교회가 그것을 의식하지 못한 가운데서 중세 말까지 계속되었다(1533년에 영국 여왕 엘리자베스 I세는 출생한 지 3일만에 세례받았고 견진을 하였으나, 이 관습은 1549년 BCP에 의해 곧 금지되었다). 불행하게도 이 대부분의 변화들이 아무런 신학적인 이유가 아닌 다른 이유 때문에 이루어졌다. 이탈리아에는 큰 도시에 주교가 한 명씩 있었는데, 입회 의식을 한 번에(부활절), 그리고 한 장소에서 (피사, 파르마, 풀로렌스에서와 같은 곳에 있는 세례실에서) 한꺼번에 할 수 있었다. 그러나 기독교가 지리적으로 거대한 북부 유럽으로 전파됨에 따라, 모든 사람이 어떤 의식이 있을 때마다 소속 관구의 주교에게로 간다는 것은 사실상 불가능하게 되었다. 이탈리아에서 시행되었던 방식은 그 외의 장소에서는 시행할 수 없게 되었고, 고울(Gaul), 스페인(Spain), 그리고 에이레(Ireland) 등에서는 주교가 해야 할 일을 사제에게 맡기는 시도가 있기는 하였으나, 대부분의 경우는 주교가 올 때까지 입교의식이 지연되었다.

비록 암브로스가 그의 작품『신비에 관하여(Of the Mysteries)』에서 인침(sealing)에 대해 언급하는 가운데서 이 용어를 동사의 형태로 사용하고 있기는 하지만, 견진(Confirmation)의 기원은 매우 불확실하다. 5세기경 '견진하다'(to confirm)라는 말은 이미 세례를 받은 이들에게 주교가 안수와 성유를 바르는 의식을 지칭하였지만, 교회의 입교 예식의 한 부분으로 견진성사가 자리를 잡게 된 것은 9세기경이다.[17] 그리고 그 의미도 "완전하게 하다"(to complete)라는 뜻에서 "강건하게 하다"(to strengthen)로 변화되었다.

다른 의식들도 역시 변화를 가져왔다. 긴 세례예비과정이 유아들에게는 아무런 의미가 없었다. 어거스틴의 신학과 유아가 세례받지 못하고 죽어서 하늘나라에 들어가지 못하는(요3:5) 것에 대한 염려는 출생 후 불과 며칠만에 세례를 받도록 하는 관습을 만들었다. 그렇지만 적어도 13세기까지는 사람들이 세례를 받기 위하여 부활절 절기까지 기다려야만 했던 지역도 있었다.

다른 요소들이 입교의식의 다양한 부분들을 분리시켰다. 유아 세례 후에 뒤따라오는 첫번째 성만찬은 중세기까지는 잘 베풀어졌다. 적어도 12세기까지는 유아들의 입에다 포도주에 적신 사제의 손가락을 넣음으로써 성만찬이 시행되었다. 축성된 포도주를 흘리는 것에 대한 염려는 결국 모든 평신도에게 포도주를 주지 않도록 하는 결과를 가져왔다. 어린아이들은 이성을 갖는 나이가 될 때까지 성만찬 예전에 참여할 수 없게 되었으나, "유아들에게 베푸는 성만찬 예전은 트렌트 공의회 이전까지는 서방교회에서 완전히 않았다."[18] 견진은 점차 분별할 수 있는 연령까지는 연기되었는데, 이는 적어도 7세에 달해야 하는 것을 의미하였다. 그리고 중세 사람들의 상당수와 그리고 종교 개혁 이후까지도 주교를 만난다는 것이 실제적으로 어려웠으므로 견진을 받는 것은 쉬운 일이 아니었다. 견진은 세례와는 달리 구원을 위한 필수요소는 아니지만, 그 제도 자체는 매우 바람직하였다.

중세 후기에는 유아들을 그들이 속한 교구의 교회에서 난 지 8일만에 세례 반에 담금으로써 세례를 베풀었고, 이는 사적으로 행해졌다. 그들이 7세가 되었을 때에 주교를 뵙게 될 기회가 있으면 보통 사적인 의식으로써 그때 견진을 받았다. 그리고 7세가 되면 그들이 견진을 받았던, 받지 않았던 영성체를 받을 수가 있었다. 이렇게 됨으로써 통전적이고 수난과 부활의 의미를 동시에 포함하는 입교의식은 분열되고 말았다.

종교 개혁자들은 입교의식에 관하여 세례에 관해 눈에 띄는 두 가지의 발전을 가져왔다. 그들은 세례를 집례할 때 자국어를 사용하며 공중 앞에서 행하도록 하였다. 1549년과 1552년판 『공동기도서(BCP)』는 "가장 많은 수의 회중들이 함께 모이는 일요일이나 다른 축일"에 세례가 집례되어야 한다고 못박고 있다. 개혁가들은 또 의식들을 단순화시켰다. 루터는 그의 첫 의식(1523)과는 달리 1526년의 "개정판 세례 순서"(Order of Baptism Newly Revised)에서 아이의 얼굴에 숨을 내뱉는 의식, 소금을 뿌리는 의식, 첫번째 축귀(exorcism), 에바다 의식, 두 번의 성유의식, 촛불을 켜는 의식 등을 생략하였다. 그렇지만 흰 까운을 입히는 것은 남겨두었다.[19] 그것은 장식물 같은 의식들을 과감히 제거한 것이었으며, 칼빈은 한 걸음 더 나아가서 "그것들을 폐지함으로써 사람들이 그리스도이신 예수님에게 직접 나아가는 것을 방해하는 그 어떤 장벽도 있을 수 없다"고 하였다.[20] 칼빈은 대신에 교훈적인 권면을 첨가하였다.

영국 교회는 처음에는 중세의 의식들을 그대로 가지고 있었다. 축귀와 세례반을 향한 행렬(1552년에 둘 다 폐지), 어린이의 몸 전체를 세례반에 세 번 담그는 것, 성유예복과 도유(둘 다 1552년에 폐지), 그리고 성호긋기(청교도들에게 거침돌이 되었던 것)들이 남아 있었다. 요한 웨슬레는 여기에 많은 수정을 가한 동일한 의식을 따랐다. 그는 초기에 어린아기를 물에 담그는 것을 주장하였으나 후기에는 대안적인 형태로서 물을 뿌리는 것을 제시하였다.

가장 과감한 변화는 재세례파 사이에서 일어났는데 그들은 오직 세례에 합당한 후보자들은 성인 신자뿐이라고 주장하였다. 그들은 세례가 오로지 삶과 교리의 순결함에 대해 아는 사람들에게 베풀어져야 한다고 주장하였다. 그들은 모든 사람들로 구성된 국가교회보다는 믿는 자들로만 구성된 순수한 교회를 더 좋아했다. 오직 서방교회만이 높은 개인주의적 성향 때문에 성년신자들만으로 세례를 제한하는 것이 가능하였다고 여겨진다.

가장 초기의 재세례파들은 주로 '붓는 세례'(pouring)를 베풀었던 것으로 보인다. 메노나이트파(Mennonites)와 같은 일부 재세례파들이 여전히 '붓는 세례'를 시행하고 있기는 하지만 결국 영국 침례교도들과 같은 부류들은 침례를 고집하게 되었다. 로마 가톨릭과 개신교도들은 계속해서 유아들을 물에 담그는 세례를 시행하였지만, 18세기에 이르러서 이러한 관행은 사라지고 최근에 다시 '담그는 세례'(immersion)를 회복하려는 움직임이 서서히 진행되고 있다.

발타자르 허브마이어(Balthasar Hubmaier)에 의하여 기록된 초기 재세례파 세례 의식인, "세례 예식"(A Form for Baptism)에는 수세자가 처음에는 감독에 의해 그의 신앙을 점검받아야 하고, 그 다음에야 회중 앞에 설 수 있음을 언급하고 있다. 그 의식은, 성령이 수세자의 마음에 가득 임하시기 위한 기도, 수정된 사도신경에 기초한 신조에 관한 질문들, 사탄과의 단절 선언(renunciation), 순종하려는 것과 세례 받으려는 자세에 대한 질문들, 세례, 기도들, 안수, 그리고 "그리스도인의 동료"로 환영하는 것들을 포함하고 있다.[21] 재세례파는 유아세례를 거부한다고는 하지만 허브마이어(Hubmaier)와 필그림 마펙(Pilgrim Marpeck)과 같은 일부 재세례파들은 유아의 헌신을 위한 공적인 예배를 옹호하였다.

처음에 영국 침례교도들은 세례 시에 안수를 하였다.[22] 오직 신자들만 세례를 받기 때문에 재세례파와 침례교도들은 별도의 견진이 필요하지 않다고 하였다. 초대교회에서 행했던 것과 마찬가지로 기독교 입교식은 단 한 번의 사건으로써 완전하였다.

퀘이커교도(Quakers)들은 보다 더 과격한 단계로 나아갔다. 그들은 성경이 아무 것도 명령하지 않았다고 주장하면서 어떠한 외형적인 의식도 수용하지 않았고, 대신 내적인 "성령세례"(Bptism in the Spirit)를 주장하였다. 20세기 오순절파는 이 둘을 구별하였다. 그들은 성인 신자들에게 세 번 담그는 세례를 베풀었지만, 성령세례는 성령의 은사들이 나타나는 구별된 확증이었다.

견진은 개혁자들에게 문제가 되었다. 루터는 의식을 끌어들이지는 않았지만, "만약 목사 각자가 어린이의 신앙을 확인하면... 그들에게 손을 얹고, 그리고 난 후 견진을 하라"고 함으로써 견진을 반대하지 않았다.[23] 마틴 부처(Martin Bucer)는 견진을 어린이가 교리내용에 대해 가지고 있는 지식에 대한 시험으로 묶어 둠으로써 그 이후 개혁교회와 성공회에 있어서 견진이 고사하게 둔 장본인이다. 비록 목사가 어린이들 머리 위에 손을 뻗고 축복기도를 하는 것으로 끝맺도록 하기는 하였지만, 부처는 견진을 무엇보다도 시험과 졸업을 위한 축하의식 정도로서의 견진을 스트라스버그에 도입하였는데, 이는 부분적으로는 재세례파에 대한 반동 때문이었다.[24] 칼빈은 견진을 "세례에 대해 잘못을 행하는 것"이라고 혹평하고 있다. 그는 "어린이나 혹은 청년기에 가까운 사람들이 자신의 신앙을 교회 앞에서 설명하는 문답"[25]을 더욱 좋아하였다. 영국 교회는 "자신의 말로 하는 신앙고백과,

주기도와 십계명들에 대한 신앙을 고백하는 사람에게만 견진을 시행하였다. 이때 집례자는 감독이었으며, 수세자의 이마에 성호를 긋고(1549), 그들의 머리에 안수를 하였다(1549년과 1552년). 견진은 성만찬에 참여하기 위한 조건이었으므로 유아세례에 관한 한 중세후기를 매듭짓고 다음 세기로 나아가는 전환적 사건이 되었다.

그러나 견진이 교리문답의 학습을 통한 인간적 지식으로 대체된 것은 불행스러운 결과이었다. 졸업을 위한 문답교육에 대한 선호 때문에 하나님의 은혜로운 행위로서의 안수인 성례전적 의미는 사라지게 되었다. 교회사에 대한 개혁자들의 잘못된 지식은 그들로 하여금 견진에 대하여 새로운 문제들을 유발하도록 하였다. 나중에 청교도들은 그 대용으로서 '신앙의 고백'(profession of faith)을 고안해 내었다. 이는 성례전적 색채가 전혀 없고 단지 자기의 신앙을 공중 앞에서 고백하는 것이었으며, 대개는 개교회가 정한 신조 혹은 언약에 대한 지식과 관련되었다.

전반적으로 종교개혁은 입교의식에 어떤 것을 첨가하기보다는 오히려 많은 것을 축소시켰음을 볼 수 있다. 최근에 와서 로마 가톨릭교회와 여러 개신교회들이 새로운 방향을 찾았고 이는 공통적인 현상으로 나타난다.

가장 보편적인 움직임은 입교의식의 통일성(Unity of the initiatory rites)을 회복하는 방향으로 향하고 있다는 점이다. 이것의 가장 두드러진 실례는 새로운 로마 가톨릭교회의 "성인 그리스도인 입교의식"(R.C.I.A.)에서 일어났다. 이것은 광범위한 세례예비과정의 회복을 의미하며, 이는 회심의 모든 과정을 의식화함으로써 회중 전체가 개인의 신앙적 성장을 공유하도록 하는 것이다. 세례예비과정은 한달 혹은 1년으로 이루어져 있고, 3단계로 나뉘어 행해진다. 그것은 질문자가 입교 지원자를 세례예비자로 받아들이는 것으로 시작해서, 사순절의 초입에 후보자의 이름을 명부에 올리는 '선발'(election) 혹은 '기명'(enrollment)과 함께 오는 예비과정의 종결부로 계속되며, 부활절에 일어나는 세 가지의 입교 성례전으로 끝나게 된다(Rites, IA, 48-169). 사순절은 '계몽'(enlightenment) 혹은 '조명'

(illumination)의 기간으로 사용되며, 심사(scrutinies), 축귀(exorcism), 그리고 사도신경과 주기도문의 제시 및 암송으로 이루어진 세 번의 주일로 특징지어진다. 이 모든 절차는 현대 세상 속에서 선교하는 교회로서의 삶에 적합하도록 보다 순수한 원시교회의 모습을 회복하는 것이었다. 신판 "어린이를 위한 세례의식"(Rites, IA, 376-93)과 "미사 안에서의 견진의식"(Rites, IA, 487-94)들은 단순화되었고, 회중의 참여는 확대되었으며, 성경을 사용하는 일이 더욱 강조되었다. 어린이의 세례는 부모들에게 보다 큰 책임이 있음을 확인하는 것이었다.

    루터교와 성공회, 연합 감리교, 그리고 장로교는 입회의식의 통일성을 강조하지만, 약간 다른 방식을 취하고 있다. 이들은 견진을 별도의 분리되고 구별된 의식으로 취급하면서 모든 그리스도인들에게 세례의 약속에 대한 확증과 재확증, 그리고 세례언약의 갱신을 도입하고 있다. 새로운 성공회의 예배는 가능한 한 주교가 세례의 집례자가 되어야 한다고 규정한다. 그 곳에서는 모든 세례자에게 안수를 하고 성유로 이마에 성호를 긋고, 예배는 견진과 영접("공동체의 일원으로"), 그리고 재확증의 순서로 이어진다. 이 모든 것은 일반적으로 성만찬에서 매듭지어진다.(BCP 229-311) 루터교의 새로운 의식은 안수와 세례 직후에 위탁하는 순서를 포함하고 있다.(LBW 121-25) 구별된 예배인 "세례의 확증"(Affirmation of Baptism)은 견진과 공동체의 일원으로 영접하는 것, 그리고 회원자격을 회복하는 것을 포함한다(LBW, 198-201). 1989년의 미 연합감리교 "세례언약의 예배(Services of the Baptismal Covenant)" 역시 물세례와 안수를 한꺼번에 하도록 하였으며, 연합감리교회로 받아들이는 것과 개교회로 받아들이는 것 외에 견진과 다른 세례언약의 확증을 위한 예배도 제공하고 있다(UMH, 33-39). 중심이 되는 기도인 "물을 인한 기도(the Thanksgiving over the water)"는 없어진 지 63년만에 부활되었다. 특별히 부활절 등에 거행되는 세례 재확인 예배 등에서는 공동체 전체가 참여하도록 권장된다(UMH, 50-53). 장로교의 개혁은 반복적으로 행해지는 예배에 보다 더 성경적인 "갱신"(renewal)이라는 용어가 사용된 점을 제외하고 나머지는 비슷하다(SLR, #2: 거룩한 세례와 세례 갱신 예배). 캐나다 연합교회(The United Church of Canada) 역시 "세례와 세례신앙의 갱신"(Baptism and Renewal of Baptismal Faith) 예배를 가지고 있다.

로마 가톨릭 교회에서 지키고 있는 부활절 철야의 일부분으로써 "세례언약 갱신"예배도 언급되어야 한다(Sac., 256-58). "세례서약의 갱신"(Renewal of Baptismal Promises) 예배는 성공회(BCP., 292-94)와 루터교(LBW-Ministers Desk Ed., 152)에 공히 나타난다. 미 연합 감리교회에서 새해를 시작하면서 드리는 언약갱신예배는 하나의 선택사항이다(HCY, 78-84).

기독교 입교의식						
APB,	753-61	CF,	53-64	PM,	13-26	WS, 63-124
ASB,	212-81	LBW,	121-25;	Rites,	1A	Also: *Baptism and Renewal of Baptismal Faith*, 1986 (United Church of Canada)
BAS,	146-65;		198-201	SB,	37-74	
	623-30	LW,	199-207	SBCP,	358-404	
BCO,	46-72	MDE,	308-12;	SLR,	#2	
BCP,	298-314		324-27	SWR,	#2	
BofS,	44-67	MSB,	A1-A44	TP,	85-90	
BofW,	129-65	OS,	13-26	WB,	43-52	
BOS,	112-58	PH,	953-71	WL,	13-22	

대부분의 새로운 입교의식은 공통적으로 세례의 핵심적인 행위에 대한 강조를 하고 있다. 단절선언(renunciation)에 의해 표현되는 윤리적인 변화, 삼위일체에 대한 긍정으로 표현되는 신앙적 변화, 물을 인한 축복기도, 세례의 씻음, 안수 혹은 인침, 그리고 첫번째 성만찬 등이다. 여러 번의 도

유와 에바다 의식, 소금을 뿌리는 것, 흰 옷을 입히는 것, 그리고 점화된 촛불을 주는 것 등의 부수적인 행위들은 선택사항이 되거나 아니면 제거되었다. 최근의 개혁은 후기의 발전에 대한 비판적 접근과 초대교회의 여러 실천들을 회복하는 것을 포함하고 있다.

2. 기독교 입교의 신학

세기를 거듭하면서, 의식들 자체가 변화됨에 따라, 그리스도인들이 입회와 화해 의식 속에서 경험했던 것을 이해하는 방법에 있어서도 역시 중대한 변화를 가져왔다. 따라서 우리는 그 의식들이 나타내고자 했던 개념은 무엇이며 또 그 의식들이 어떻게 하여 그와 같은 개념을 형성하게 되었는가를 먼저 이해하지 않고는 그 의식들 자체를 이해할 수 없을 것이다.

입교에 대한 신약성경의 증거는 매우 매혹적이며 복잡하다. 초대 그리스도인들에게 있어서 입교의식이 갖는 의미에 대하여서는 수많은 구절들이 암시를 하고 있지만 여기에 대한 조직적인 내용은 언급되어 있지 않다. 그럼에도 불구하고 이 성경적인 은유들은 이러한 입교의식들을 통하여 하나님께서 행하시는 일을 이해하는 데 초석이 된다.

편의상 우리는 입교에 관한 신약성경의 다섯 가지 은유 속에 나타난 원리를 찾아볼 수 있다. 물론 그렇다고 해서 이것들 외에 입교와 관련되어 신약성경에 나타나는 많은 소 주제들을 간과해서는 안 된다. 예수님의 이름을 받음, 인침, 죽을 수밖에 없는 운명으로부터의 구원, 왕적인 사제직으로 들어감 등은 그러한 주제들 중의 일부이다. 그러나 다음 5가지의 주요 은유와 주제들이 가장 빈번히 사용되거나 신앙과 실천에 있어서 가장 큰 영향을 주었던 것으로 보인다. 그것들은 그리스도이신 예수님과의 연합, 교회로의 연합, 새로 태어남, 죄의 용서, 그리고 성령을 받는 것 등이다.[26]

우리는 한 인간을 그리스도이신 예수님과의 연합(Union with Jesus

Christ)으로 이끄는 것이 입교의식이라는 주제로부터 시작하고자 한다. 바울은 그것을 다음과 같이 언급하였다.

"무릇 그리스도 예수와 합하여 세례를 받은 우리는 그의 죽으심과 합하여 세례를 받음으로 그와 함께 장사되었나니 이는 아버지의 영광으로 말미암아 그리스도를 죽은자 가운데서 살리심과 같이 우리도 또한 새 생명 가운데서 행하게 하려 함이라 만일 우리가 그의 죽으심을 본받아 연합한 자가 되었으면 또한 그의 부활을 본받아 연합한 자가 되리라(롬 6:3-5)."

또 골로새서 2:12에도 동일한 사상이 되풀이된다. 세례는 예수님의 죽음과 그를 통한 부활의 가능성에도 각자 세례 받은 사람들을 이끄는 것이다. 그리스도께서 행하신 것이 세례라는 이름으로 개인에게 행해진다. 그것은 거룩한 사건들이 그리스도와의 연합을 통하여 개인에게 주어지는 것으로서 역사의 절정을 인격화하는 것이며 내재화하는 것이다. 무덤으로 내려가는 것과 무덤으로부터 일어나는 것을 제시하기 위해 세례의 우물을 설계하는 고대 관습은 그리스도의 죽음과 부활 안에서 이러한 역할을 문자화한 것이다.

이 주제에 아주 밀접한 관련을 가진 것이 바로 그리스도의 몸인 교회와의 연합 (in-corporation into the church)이다. "사실 우리는 한 성령으로 세례를 받음으로 한 몸이 되었다"(고전 12:13)고 바울은 말하고 있다. 아마도 모든 성경 안에 있는 대부분의 평등주의적 진술은 바울의 다음과 같은 주장이다. "누구든지 그리스도와 합하여 세례를 받은 자는....유대인이나 헬라인이나 종이나 자유인이나 남자나 여자 없이 다 그리스도 예수 안에서 하나이니라"(갈3:27-28). 세례는 그것이 몇 살 때에 주어지든지 교회로 가입하기 위한 하나의 상징 행위(sign-act)이다. 그런 까닭에 세례우물들은 종종 교회건물의 입구 가까이에 놓여지고 어떤 의식들은 교회건물과 회중의 한 가운데로 입장하는 과정을 포함하고 있다.

입회는 또한 거듭남(New birth)이다. 죽음과 부활에 있어서 그리스도와의 연합, 새로운 육체, 교회, 거듭남의 형상을 밀접하게 묶어주는 것은 예수님과 니고데모와의 대화에서 나타난다. "사람이 물과 성령으로 거듭나지 아니하면 하나님 나라에 들어갈 수 없느니라"(요 3:5). 이 형상이 필연적으로 포함하고 있는 것은 사람의 과거인 옛 아담을 뒤에 놓도록 한 그리스도이신 예수님 안에서 새로운 피조물이 된 존재다. 디도서 3:5은 보다 더 논쟁적이었는데 "그는 중생의 씻음과 성령의 새롭게 하심으로 우리를 구원하셨다." 여기에서 중심 낱말인 중생, 곧 팔리게네시아(paliggnesia)는 논쟁의 초점이 되고 있다. 거듭남에 대한 다양한 예전적 표현들이 나타나는데, 이 표현들은 매우 여성적임을 볼 수 있다. 기독교 예배의식 중에 가장 명백하게 성을 표현하는 의식은 부활절 초를 부활절 철야 시에 세례 반에 담그는 것인데, 이것은 그 이듬해 동안 자궁(세례반)으로부터 새로운 몸(교회)으로 태어나게 될 사람들에 대한 예시적 행위(anticipation)이다.

　세례에 있어서 가장 분명한 사실은 죄의 용서를 의미하는 물로 씻는 행위이다. 사도행전 22:16에 "주의 이름을 불러 세례를 받고 너의 죄를 씻으라[apolousai]"라고 아나니아(Ananias)는 명령하고 있다(고전 6:11 참고). 베드로전서(3:21)와 히브리서(10:22)도 세례가 외형적으로는 물로 씻는 것이지만, 내면적으로는 "선한 양심"을 깨끗케 하는 것으로 비교하고 있다. 세례와 용서의 관계는 사도행전 2:38의 "너희가 회개하여 각각 그리스도이신 예수님의 이름으로 세례를 받고 죄 사함을 얻으라"라는 구절에 잘 나타나 있으며, 그리고 니케아 신조에는 "죄의 용서를 위한 세례"로 표현한 교리가 형성되었다. 세례 시에 물로 씻는 의식과 세례 전에 기름을 붓는 것은 용서에 대한 가장 분명한 규정이기도 하다. 세례 후에 흰옷을 입혀주는 것은 깨끗해진 새 양심에 대한 생각과 그리스도로 옷 입는 것을(갈 3:27) 의미한다.

　성령을 받는 것은 약간 복잡한 표현인데, 왜냐하면 서방에서 입회의식의 종국적 분열은 바로 이 성령 받음의 역할과 시기에 대한 의문이 제기되었기 때문이었다. 이 은유가 교회와의 연합 안에서 보여질 때는 이 문제들이 다소간 사라진다. 교회는 성령의 활동하시는 영역이기 때문이다. 한 개인이 성령 충만한 공동체의 부분이 되지 않고는 혼자 성령을 받을 수 없다. 히폴리투스(Hippolytus)는 "성령과 거룩한 교회 안에서"라는 말을 반복하면서, 성령께서 자신을 알리시고 경험케 하시는 장소는 교회임을 제시하고 있다. 위에 인용한 사도행전 2장 38절 본문은 "그러면 너희가 성령을 선물로 받으리니"라고 계속한다. 예수님 자신이 받은 세례는 비둘기같이 가시적인 성령의 현현을 언급한다(마 3:16). 때때로 우리가 보아온 대로, 성령 강림은 입회의 한 부분인 안수에 의해 더욱 분명하게 입증된 듯이 보여진다(행 19:1-7). 다른 형상들은 입교에서 사역하시는 성령을 언급하는데서 보여지는데, 즉 "조명" 혹은 "비췸"(히 6:4) 혹은 "성결"(고전 6:11)등이다. 방금 세례받은 사람들에게 소금(지혜)을 뿌리는 것이나 촛불을 밝히는 것(준비), 그리고 비둘기의 가시적인 상징은 입회에 있어서 성령의 사역을 강조하는 것들이다.

신약성경의 기록에 있어서 가장 중요한 증언은 입교가 지금까지 제기된 어떠한 해석보다도 더욱 더 심오하다는 사실이다. 우리의 문제는 다섯 가지 주요 은유에 관해서 공히 균형 잡힌 이해를 가지는 것이다. 나중에 되어진 모든 발전들은 이들 다섯 가지 주제에 대한 균형잡힌 이해를 가질 때에 쉽게 파악될 수 있다. 입교는 다양한 모양을 내는 보석과 같다. 우리가 모든 면들을 불빛에 비추어보기 전까지 우리는 보석의 광채에 대해 온전히 느낄 수 없기 때문이다.

이 다섯 은유들에 대한 가장 압축된 진술은 순교자 저스틴(Justin Martyr)의 작품 『제1변증서(First Apology)』에서 나타나는 입교에 관한 두 가지 설명이다. 그는 "그리스도를 통하여 새롭게 된 존재" 즉 그리스도인 모임에 인도되어 소개된 존재, 그리고 "우리 자신이 거듭나 중생한 사람들," 죄를 회개하고 "물로 씻음 받은" 존재, "조명(illumination)으로 불리우는 씻음"에 대하여 말하고 있다.[27] 이레네우스(Ireneus)는 "마른 밀가루는 물 없이 반죽이나 한 덩어리 빵으로 결합될 수 없다.... 그래서 하늘로부터 내려온 물이 없이는 그리스도 안에서 다수가 하나가 될 수 없다"[28]는 것으로 세례를 설명함으로써 이 여러 주제들을 아름답게 결합시키고 있다. 알렉산드리아의 클레멘트(Clement of Alexandria)는 "계몽"(enlightment)이란 주제를 좋아하고 교부들 중에 다른 이들은 나름대로 자신들이 좋아하는 주제들이 있었지만 결국 이런 것들은 서로 조화를 이루도록 하였던 것이다. 한 사람이 발견하지 못한 것은 대개 다른 사람이 발견하여 서로 조화를 이루게 마련이다.

불행하게도 이 조화는 항상 우연히 발생하는 문제였고 외부 압력에 따르기도 하였다. 이런 경우는 대개 의도하지 않았던 상황에서 이루어졌다. 어거스틴은 그 자신이 이 은유들의 사용을 공정하고도 균형되게 만든 사람이었고, 펠라기우스(Pelagius)와의 논쟁 결과로 교회로 하여금 두 가지 종류의 죄, 즉 아담의 죄로부터 우리 모두가 유전되어 온 원죄와 우리 스스로가 지은 자범죄를 위한 구제법으로써 세례를 바라보도록 하는 방향으로 매우 강하게 밀고 나갔다.[29] 어거스틴이 가졌던 원죄(original sin)에 대한 개념이 조직적으로 발전한 결과가 세례를 받지 않은 어린이가 죽으면 원죄로 말미암아 지옥문으로 내려가게 될지도 모른다는 두려움 때문에 유아세례를 촉진시키는 결과를 가져왔지만, 그 스스로는 늦게까지 세례를 받지 않았다는 것은 매우 아이러니컬한 일이다.

중세의 전반적인 발전은 죄의 용서라는 방향으로, 특히 유아들에 있어서는 원죄의 사함으로 편중되었다. 유아세례가 지배적이 되면서 거듭남의 의미가 많이 상실되어져 버렸다. 세례에서 성령의 사역에 대한 가르침이 서방 교회에서는 부족하였고, 세례는 그러한 잘못된 가르침의 대표적 예가 되었다. 피터 롬바르드(Peter Lombard)는 세례에 대하여 많은 것을 언급했으나 그 모든 것은 "면죄"(remission)란 한마디로 요약된다.[30] 죄의 용서가 입교에 있어서 성경적 증거의 중요한 일부분이 된다고 할지라도 이것이 너무 두드러져서 다른 주제들을 몰아내게 되면 하나님이 입회 의식에서 하신 일에 대한 일방적인 이해만 생긴다고 느끼지 않을 수 없다.

중세기 발전에 있어서 가장 슬픈 것 중의 하나가 견진(confirmation)에 대한 이해이다. 견진을 주교에게 제한한 보수적 경향 때문에 서방 교회에서 입교의식의 통전성이 상실되고 서로 분리되는 것을 우리는 살펴보았다. 계속되는 모든 역사를 통해서 견진은 그 신학적 근거를 필요로 하는 의식이 되었다. 피터 롬바르드는 견진에 관하여는 극히 조금 말한 것(2페이지)을 볼 수 있으나 그는 초기 중세교회가 제공하였던 것은 모두 말하였다: "성례전의 가치는 성령의 은사로서 성령은 용서(remission)를 위하여 세례를 베푸시는 분이시다", 롬바르드는 "사람이 세례에서 획득한 것을 타인에게 선포하기 위하여" 안수함으로써 그 사람이 힘을 얻게 된다는 진술을 하면서[31] 그는 또한 "사람들은 완전한 그리스도인이 되기 위해" 견진이 필요하다고 제안하고 있다. 파우스투스(Faustus of Riez)의 5세기 설교에는 "세례 후에 우리는 전투를 위해 견진을 받았다" 는 말 중에 "견진을 하다(to confirm)"를 "힘있게 하다"(to strengthen)라는 단어와 동일시하려는 뜻을 처음에 분명히 제시하였다. 그러나 이것들은 실제적인 면에서 미흡한 자료들이었고, 스콜라 철학도 역시 그들의 체계를 세우려는 미숙한 자료들만 가지고 있었다.

1439년 아르메니아인을 위한 교령(Decree for the Americans)은 중세 후기의 발전(혹은 그 발전의 결핍)을 다음과 같이 우리에게 요약하여 말해준다. "이 성례(견진)에 있어서 성령은 우리를 강하게 하신다... 그래서 그리스도인은 그리스도의 이름을 담대히 고백할 수 있다"[32] 문제는 "기름으로 만들어진 성유냐.... 방향수지(balsam)로 만든 것이냐.... 감독에 의해 축복된 것이냐에 달려 있다. 그 형식은 "나는...의 이름으로 당신에게 십자가의 표식으로 인치고, 구원의 성유로 당신을 견진(confirm)하노라." 정규적 집례는 주교가 했으나 종종 감독에 의해 축복된 거룩한 기름을 가지고 사제가 견진 성사를 집례 할 수도 있다. 견진 성사는 세례와 나뉘어짐으로써 세례 후에 별도로 받아야 하는 의식이 되고 말았다.

종교개혁의 시기에 세례, 견진, 그리고 첫 성만찬은 완전히 분리된 예식들이 되었다. 트렌트 공의회는 단순히 후기 중세 의식과 신앙들을 견고하게 하였다. 세례는 개신교나 로마 천주교회 사이에 논쟁의 주된 관심은 아니었으나, 개신교회 내에서는 활발한 토론이 전개되었다. 비록 우리가 입교에 관한 신약의 다섯 가지 은유들 가운데서 중요한 것을 끄집어내기는 하지만 개혁자들은 우리처럼 편리하게 그것들을 분류하지 않았다. 세례받지 않고 죽어가는 유아들이 구원받지 못하다는 두려움이 그들을 덜 괴롭히게 되면서 죄에 대한 용서는 그 우월했던 위치로부터 한 걸음 물러서는 경향을 띄었다. 그러나 예정론과 같은 새로운 주장들이 새로운 압력을 가하였다.

루터는 가장 심오한 일면을 보여주는데, 그의 통찰들은 아직 충분히 충족되지 못하고 있다. 루터는 "약속"(promise)으로서의 세례를 강조하고 있는데 "그 안에서 그리스도가 우리에게 주어졌다"고 말하고 있다. 일생 동안 신앙의 계약 관계가 계속 되어지므로 우리의 세례는 의심과 죄를 뛰어 넘어 승리로운 것이 된다. 그 이유는 "세례는 모든 생을 통하여 힘을 주기 때문이다." 정말 루터는 가장 실망적인 순간에 "나는 세례 받았다. 그리고 나의 세례를 통하여, 하나님은 거짓말을 하지 않으신 분이시며, 나와 약속 안에서 자신을 묶으셨다"[33]고 주장할 수 있었다. "지구상에 세례보다 더 위대한 안식은 없다"고 외친 구절은 유명하다.[34] 루터는 영적인 세례, 즉 한 사람의 세례가 일평생 계속되는 삶으로서 그리스도인 생활을 바라보는 가능성을 제안하고있다. 루터는 다른 성경적인 어떤 주제보다도 그리스도이신 예수님과의 연합에 더 밀접하게 강조를 하는 것 같다.

쯔빙글리(Zwingli)는 세례가 단지 헌신하는 표식이라는 완전히 새로운 개념을 소개하였다. 그는 그의 논술을 로마서 6:3-5에 기초하고 있는데, 그는 이 구절을 비유적으로 해석한다. 쯔빙글리에 있어서도 세례는 역시 그리스도와의 연합을 가리킨다. 하지만 그는 물질적인 표현들에 더 관심을 두고 있다. 왜냐하면 "외적인 물질이나 의식이 영혼을 깨끗하게 할 수 없다는 것이 명백하고 논의할 여지가 없다." "그런 까닭에 물세례가 단지 외적인 의식, 다시 말해서 우리가 주 그리스도이신 예수님에게 연합되고 주입되며, 그를 위해 살 것을 서약하고, 그를 따르는 외적인 표현에 불과하다."[35]라고 말한다. 헌신, 서약, 혹은 약속의 표징으로서의 세례에 대한 쯔빙글리의 개념은 루터처럼 따뜻한 내적 연관성의 근원이 아니라 오히려 그것을 외적인 기록의 문제로 삼으려는 경향이 있다. 그것은 또한 유아세례를 일부 미국 개신교회들 사이에서 유행하는 주제인 일종의 헌아의식으로 여기도록 하였다.

칼빈은 쯔빙글리가 세례를 고백의 "증거 혹은 표식"으로 보는 견해를 개탄하고 있다. 칼빈은 죄의 용서 혹은 씻음, 그리고 그리스도와의 연합을 통한 세례의 구원하는 능력을 강조하고 있다. 그러나 그에게 있어서 탁월한 은유는 세례가 "교회의 구성원으로 가입하는 것, 그래서 그리스도와 접붙임, 하나님의 자녀로 계수되는 것"[36]으로 보인다. 그는 재세례파의 유아세례에 대한 부정적 입장을 반박하는 데 관심을 기울였다. 칼빈의 주장에 의하면, 유아들도 역시 약속 안에 있으며 교회의 일원이기도 하다.

재세례파들은 "어린이들은 이해력이 없고 배울 수 없다. 그래서 주님의 명령을 곡해하거나, 그의 존귀한 이름을 오용하거나, 그의 거룩한 말씀에 폭력을 행하지 않고서는 어린이들에게 세례를 베풀지 못할 것"이라고 주장하였다.[37] 그들이 보기에 중요한 것은 인간의 신앙과 회개이고 세례는 거기에 부수적인 것이었다. 이미 거듭난 사람만이 세례의 언약으로 결합될 수 있다. 비록 그들이 교회에 대하여 가진 개념이 칼빈의 그것과는 다르다 할지라도, 거듭난 신자들의 무리 속으로 연합한다는 개념은 아마도 중요한 주제임에 틀림없을 것이다. 그들 중에 다수에게 있어서 세례는 물과 성령뿐만 아니라, 그들 자신이 당한 고난의 피와 순교(요일 5:6-8)를 포함하는 것으로 보인다. 그들은 마치 세례가 생의 모든 것인양 가르쳤고 그렇게 살았다.

1549년과 1552년 성공회의 세례 예식에 나타난 기도들은 부분적으로나마 성경적 은유들에 대하여 훌륭한 균형을 이룩하였다. 이것은 그들이 성경적 개념들을 모으려는 경향이 짙었기 때문이다. 『종교헌장(The Articles of Religion)』은 세례를 "거듭남 혹은 신생의 표징"으로 불렀는데, 이 절은

19세기에 세례가 중생을 일으키는 것인지, 아니면 중생되었다는 표시인지에 대해 논쟁을 일으켰던 구문이다. 성공회는 견진 성사를 보유하고 있지만 1552년부터 그것이 은혜의 객관적인 수여라기보다는 신앙을 강화해 주는 기도의 의식이 되어 버렸다.

요한 웨슬레(John Wesley)는 유아세례 이후에 뒤따라오는 기독교인의 삶에 있어서 필요한 한 부분으로서 회심(conversion)을 강조함으로써 복잡성을 더 가중시켰다. 이유가 분명치 않지만 그는 대부분의 성공회의 세례의식을 계속 실행하면서, 반면에 견진은 누락시켰다. 19세기 감리교도들은 이미 세례받은 사람들을 위하여 세례 받은 후 일정기간을 거친 후에 하는 영접의 예배(a service of reception)를 제정하였다. 이는 나중에 유아세례를 받은 사람들이 "정회원"(full member)으로 받아들여지거나 또는 견진을 받을 때까지는(1964년 이후부터는) 그들을 "예비신자"(preparatory member)로 부르게 만들었다.

최근에는 그리스도인 입회를 이해하려는 노력에 약간 중요한 발전이 눈에 띄었는데, 그것은 많은 논쟁의 대상이 되기도 하였고, 한편으로는 전도를 밝게 해 주기도 하였다. 이 첫번째 돌풍은 칼 바르트(Karl Barth)가 스위스 신학생들에게 1943년에 강의함으로써 활기를 띠게 되었고, 5년 후에 『세례에 관한 교회의 가르침(The Teaching of the Church Regarding Baptism)』이라는 제목으로 영문판이 발간되었다.[38] 이 강의에서 바르트는 유아세례가 "필연적으로 불명료한 세례"(Clouded Baptism)이며, 오로지 세례를 이해할 수 있는 어른들만이 결과적으로 세례받을 수 있다고 논쟁하였다. 본질적으로 바르트의 접근은 인식론적 인것으로서, 세례는 세례받는 자에게 하나의 "표시(representation)"요 "메시지(message)"라 본다. 이에 대조를 이루어 바르트의 탁월한 적수인 또 다른 스위스의 신학자 오스카 쿨만(Osca Cullmann)은, 세례란 그것이 단순히 그 사람에게 어떤 것을 알려주는 사건이라기보다는 신앙 공동체 안에 한 사람을 자리잡게 하는 원인이 된다고 답변하고 있다. 쿨만은 바로 그리스도가 모든 사람을 위해 죽었다는 잠재력과 이 가능성이야말로 한 사람이 교회와 연합될 때 실현되고 신앙 환경 안에서 성장의 가능성을 받게 된다고 주장하였다.[39]

그 떠들썩한 논쟁은 또한 신약성경학자인 요아킴 예레미야스(Joachim Jeremias)와 쿠트 알란드(Kurt Aland) 두 사람에 의해 역사적인 근거 문제로 비화되었다.[40] 이 논쟁은 『세례, 성만찬, 직제(Baptism, Eucharist, and Ministry)』에서 분명히 보여지듯이 결코 해결되지 않았다.[41] 침례교도들은 어린이들을 교회밖에 두는 오류를 범하고 있다. 로마 천주교 역시 세례 받은 모든 어린이들이 교회 생활의 일원이 반드시 되지 않는 데에 대한 불만을 가지고 있다.

유아세례와 이에 반하는 신자의 세례에 대한 숱한 논쟁은 성례전의 본질에 관한 더 기본적인 질문들의 주변을 맴도는 피상적인 것처럼 보인다. 만약 성례전이 하나님께서 자신을 부여하시는 행위라면 유아들이나 혹은 그 누구라도 그것의 은총을 받을 수 있지 않은가? 반면에, 만약 우리가 단지 종교 교육의 고상한 수준, 또는 경건한 기억의 실습이나 표현으로서의 명령에 관해 말한다면 오로지 이성의 시기에 다다른 사람에게만 적합한 것이 될 것이다. 이와 같이 대부분의 유아 세례론자들(Pedabaptist)과 그것을 반대하는 성년세례론자들은 성례전에 대한 완전히 다른 개념에서 출발하기 때문에 동의를 이룰 수가 없는 것이다.

최근에 기독교 입교의 통전성에 관한 전체적인 질문이 중요한 하나의 이슈가 되었다. 이는 물론 신자의 세례(believer's baptism)에서 해결되는데 그 이유는 한번의 예식으로 모든 것이 충족되기 때문이다. 그러나 유아세례를 시행하는 사람들이 유아세례를 받은 사람들을 성만찬을 통한 하나님의 가족의 온전한 지체로 받아들이지 않는 것은 잘못된 것으로 보인다. 어떤 교단에서는 몇 살에 세례를 주든지간에 한번에 세례, 안수, 그리고 성만찬을 시행함으로써 이 문제를 해결하기도 한다. 유아들은 성만찬에서 포도주를 조금만 받는다. 세례를 받은 어린이들에게 성만찬을 주지 않는 것은 그리스도의 몸 안에서 구성원이 되는 자격을 생각할 수 있는 능력보다 못한 것으로 여기는 것이다. 어린이에 관해 더 많이 배우면 배울수록 그렇게 되는 것은 더욱 더 회의적이 된다.[42]

실제적인 질문들은 입회 그 자체는 무엇인가? 하는 전반적인 문제에 대한 연구로부터 따로 동떨어져서 간주될 수는 없다. 분명한 균형의 감정을 가지고 모든 성경적 모습들의 풍부성을 회복하는 바로 여기에 주요한 진로의 방향이 있는 것 같다. 입회가 죄의 용서인 것은 사실이지만 또한 다른 주제와 마찬가지로 교회와의 연합이다. 새로운 입회의식들은 이러한 성경적 균형이 회복되고 있다는 희망적인 표시들이다.

3. 기독교 입교의 목회적 관점

입교의식과 신학에 관한 최근의 논의로부터 수많은 목양적인 가능성들이 떠오르고 있다. 우리는 여기에서 3가지 주요한 실제적인 관심들을 언급하고자 한다. 첫째는 무엇보다도 입회가 복음전도(Evangelism)란 점이다. 이것은 초대교회에서 분명하였는데 초대교회는 입교의식에 의해서 성장하였다. 현대교회가 최근 몇 세기 동안에 위대한 선교적 팽창을 이루었음에도 불구하고 이 사실을 배우는 데는 매우 지지부진하였다. 입교는 교회가 성장하는 방법이다.

이것으로부터 여러 가지 함축적인 의미가 실제적으로 존재한다. "무분별한" 즉 제한이 없고 무조건적으로 베풀어지는 입교는 금지되어야 한다. 자기 아기에게 세례를 베풀려 하는 낯선 사람들이나 또는 세례를 받으려고 떼지어 나오는 사람들에게 목사는 세례의 과정을 밟으라고 정중하게 말해야 한다. 적어도, 부모나 가망성이 있는 후보자를 대상으로 하는 목양적인 방문이 세례 전에 있어야 하며, 또한 세례 이후에도 이러한 과정이 있어야 한다. 믿지 않는 부모들에게 교회는 유아 세례가 안 된다는 점을 말해 주어야 한다. 그러나 입교에 필요한 내용을 설명하는 과정이야말로 목사는 그리스도인들이 무엇을 믿는가를 증거할 수 있는 유일한 기회이다. 성인 구도자를 위해서는 목사가 일종의 세례예비과정에 등록시키는 것을 의미한다. 히폴리투스(Hippolytus)의 3년 과정의 요리문답은 다소 엄격한 것이지만 그것을 거친 사람들은 자신들의 신앙을 위해 기꺼이 죽을 수 있었다(그리고 많은 경우 실제로 그렇게 하였다). 새로운, 그리고 매우 오래된 로마 가톨릭 교회의 "성인 입교의식"(Rite of Christian Initiation of Adult)은 모든 그리스도인으로 하여금 심각한 연구를 할 가치가 있다. 이것은 온전한 연합을 향해 성장하는 동안 구도자로 하여금 교회를 전적으로 신뢰하게 할뿐만 아니라 회중으로 하여금 자신의 신앙기초를 재시험하도록 하기도 한다.

세례 베푸는 것과 가르침은 함께 속한다(마 28:19-20). 교회력은 특히 주님의 수세일, 부활절, 오순절, 그리고 만성절(All Saint's day)에 입교의 의미에 대하여 설교할 수 있는 기회를 부여하고 있다. 대부분의 기독교인들이 입교에 대하여 혼란을 가지고 있다는 점은 의심할 여지가 없다; 그들은 자신들이 받은 세례에 대해 어떠한 신비교리(Mystagogical Catechesis)를 들어보지 못했다. 그러나 그것들은 더욱 알아야 할 가치가 있으며, 그래서 자신이 입교에 대하여 증인으로서 봉사할 때 하나님께서 자신들에게 어떻게 행하셨는지를 생각할 수 있어야 한다. 세례는 밖에서는 물론 안에서도 교회를 세워 나간다.

두 번째 요점은 입회의식에서 행하여진 것에 대한 상징가치(sign-value)의 중요성이다. 입교는 기본적으로 상징적이다. 다시 말해서 단지 언어만으로 충분할 수 없는 어떤 사건이 발생하게 된다. 행동은 말해져야만 하며 그것들이 지닌 상징가치에 대한 무차별성이나 무감각성 때문에 묻혀버려서는 안된다.

입교는 공동의 행위이며, 그러므로 공동체가 있는 가운데 실행되어져야 한다. 왜냐하면 모든 회중이 후원자이기 때문이다. 어떻게 결혼하는 사람이 결혼의 의미를 상실하지 않으면서 대리자를 출석시켜 결혼식을 치를 수 있는가? 어떻게 공동체가 없는 가운데 한 사람이 공동체로 접목될 수 있는가? 많은 개신교회들이 모든 회중이 참석한 주일 예배에서 입교의식을 시행한다. 다른 교회들도 이제 이런 방향으로 움직이고 있는 중이다. 공허한 교회건물이 아니라 공동체야말로 가장 으뜸가는 접붙임의 상징이다.

세례는 씻는 것이다. 그것은 물이 보여지고, 들려지고, 모든 회중에 의해 느껴질 필요가 있는 고상한 촉감적인 행위이다. 담그는 세례를 시행하는 교회들은 이러한 점에서 더 깊은 성례전적 감각을 가지고 있다. 많은 로마 가톨릭 교회와 개신교회들의 현재의 상황을 보면 교회 건물상에 있어서나 예식의 실천에 있어서나 부족한 점이 많다. 세례는 흔히 역동적인 씻음이라기보다는 '건조한' 가운데에 치러지기 때문에 "드라이 크리닝"으로 풍자되기도 한다. 만일 세례에 대한 관심이 오로지 적법성에만 있다면 한 스푼의 물로도 충분할 것이다. 그러나 만일 우리의 관심이 하나님께서 일하시는 생명을 주시는 사건과 교감하는 데에 있다면 욕조에 가득찬 많은 양의 물이 더 낫다. 분명한 것은, 현재 교회들이 사용하는 세례의 물을 담는 조그만 그릇은 불충분하다는 사실이다. 중세와 종교개혁 이후에 만들어진 세례의 우물은 어린 아기를 담글 수 있을 만큼 큰 것이었다. 그것이 루터가 분명히 선호했던 방식이었으며, 영국교회가 비록 2백 년 동안 이것을 무시하기는 했지만 예배의식 지침에 기록된 것이었고, 새로운 로마 가톨릭 교회와 성공회의 의식이 우선적으로 제안하는 것이다. 그러나 이것이 대부분의 유아세례론자 교회들이 오늘날 가지고 있는 예배당의 환경 및 실천을 그대로 따라해야 한다는 것을 의미하지는 않는다.

만일 우리의 관심이 하나님께서 행하시는 것을 행동으로 보여주기 원하는 것이라면 몇 방울의 물을 떨어뜨리는 '뿌리는 세례'(sprinkling - 보다 일반적으로는 단순히 적시기만 하는)는 불충분하다. '붓는 세례'(pouring)는 물이 보여지고 물방울이 튕겨지는 소리가 들리기 때문에 좀더 낫다. '담그는 세례'(immersion-어린이와 성인 공히)가 가장 훌륭한 방식임에 틀림

없다. 만일 행동이 스스로 말하도록 하는 데에 우리가 관심을 가지고 있다면 우리는 세례에 관해 장황하게 말을 많이 해서 설명하려 하기보다는 실제적으로 물로 사람들을 씻음으로써 그 의미를 살려야 할 것이다. 무엇보다도 먼저 우리는 기독교적인 치장의 행위로 세례를 전락시키는 것을 피해야 한다. 중심은 하나님이시며, 유아가 아니다.

안수나 기름부음은 그것 자체의 증거를 허락하는 극적인 행위이다. 이러한 행위들은 해당자가 기독교적인 이름을 사용하면서 최대한도로 인격적인 사건이 되어야 한다. 집례자는 각각의 세례후보자들은 개별적으로 만져 주어야 한다. 세례 재확증 예배 또는 세례 갱신 예배에 전체 회중이 참여할 때에 재세례의 의미를 주지 않으면서 전체 회중에게 물을 뿌리는 행위는 아주 바람직한 것이다. 결코 재세례가 아니면서 세례갱신은 하나님께서 세례를 통해서 내게 행하신 위대한 일을 생생하게 회상하게 한다. 일년에 한번 이러한 예배를 드리는 것은 좋으며, 이러한 세례 갱신 예배 혹은 세례 재확증 예배는 최근에 광범위하게 인정되고 있다.

세 번째 요점은 입교의 전과정의 통일성(Unity of the Whole process of initiation)을 가시적으로 만들 필요가 있다는 것이다. 의식의 모든 부분들은 성공회, 장로교, 그리고 미 연합감리교의 새로운 의식이 제안하는 대로 전체 회중이 모인 가운데 일요일이나 혹은 부활절기에 한번에 시행되어야 하는 것이 이상적이다. 주교들이 있는 교회에서는 가능하면 주교가 모든 통합의식을 집례하는 것이 좋고, 그럼으로써 우주적인 교회를 명백하게 입증하는 것이 된다.

세례, 안수, 그리고 첫 영성체는 함께 이루어져야 한다. 중간 회원이나 예비 회원은 용어상 대조를 이루기는 하지만 하나님이 역사하실 때는 중간이나 예비가 아니다. 하나님의 행동은 자격을 묻지 않고 자신을 주는 것이다. 우리가 결과적으로 그것들을 배척할 수 있을지 몰라도 입회에서 우리에게 나타난 하나님의 승인의 약속에 대해 하나님은 신실하게 남아 계신다.

입회의식의 통일성이 이것을 증명해야만 한다. 확실히 세례나 성만찬은 함께 속해 있다. 초대교회는 반복된 입회의 일부분으로써 성만찬을 이해하였다. 세례와 안수와 기름부음을 받은 사람은 그들의 연령이 얼마나 되든지 간에 주의 식탁(Lord's table)에 즉시 환영되어야 한다. 만약에 어떤 사람이 주님의 몸의 일부분이 되기에 충분한 나이라면 그가 남자이든 여자이든지 간에 주님의 식탁에 환영되어야 할 충분한 연령이다.

주)
1) Mandate Ⅳ, iii, 6, Kirsopp Lake, trans., *The Apostolic Fathers* (Cambridge: Harward, 1965), 2, p.85.
2) Kurt Aland, *Did the Early Church Baptize Infants?* (London: SCM Press, 1963), p.10.
3) Oscar Cullmann, *Baptism in the New Testament* (London: SCM Press, 1950).
4) *Didache*, 9 and 7, in Cyril Richardson, ed., *Early Christian Fathers* (Philadelphia: Westminster Press, 1953), pp.174~75.
5) *First Apology*, 61 and 65, in Richardson, Early Christian Fathers, pp.282, 285.
6) "On Baptism," 20, ANF, 3, 678~79.
7) Ibid., 17, ANF, 3, 677.
8) "Of the Crowns," 3, in E.C. Whitaker, ed., *Documents of the Baptismal Liturgy* (London: S.P.C.K., 1970), p.10.
9) "On Baptism," 8, ANF, 3, 672.
10) Gregory Dix, ed., *The Treatise on the Apostolic Traditiion of St., Hippolytus* (London: S.P.C.K., 1968), p.38.
11) R. Hugh Connolly, ed., *Didascalia Apostolorum* (Oxford: Clarendon Press, 1969), p.147.
12) *Egeria's Travels*, 45~47, ed. and trans. John Wilkinson(London: S.P.C.K., 1974), pp.143~46.
13) *Concerning the Sacraments*, 1, 4, in Whitaker, ed., Documents of the Baptismal Liturgy, p.128.

14) *Mystagogical Catechesis* 2, in ibid., p.28.
15) Ibid., pp.40~41. Cf. also Edward Yarnold, *The Awe-Inspiring Rites of Initiation* (London: St. Paul, 1972).
16) *Concerning the Sacraments*, Ⅲ, 8, in Whitaker, Documents, p.131.
17) J. D. C. fisher, *Christian Initiation: Baptism in the Medieval West* (London: S.P.C.K., 1970), p.148.
18) Ibid., p.106.
19) Ulrich S. Leopold, ed., *Luther's Works* (Philadelphia: Fortress Press, 1965), 53, pp.107~9.
20) Rubrics in "The Form of Prayers and……Manner of Administering the Sacraments," text in J. D. C. fisher, ed., *Christian Initiatiion: The Reformation Period* (London: S.P.C..K., 1970), p.117.
21) Text cited by Rollin S. Armour, *Anabaptist Baptism* (Scottdale, Pa.: Herald Press, 1966), pp.143~44.
22) G. R. Beasley-Murray, *Baptism in the New Testament* (Exeter: Paternoster Press, 1962), p.125.
23) Fisher, *Reformation Period*, p.173.
24) Ibid., pp.174~78.
25) Calvin, *Institutes*, Ⅳ, xix, 13, p.1461.
26) For a more detailed account, cf. James F. White, *Sacraments as God's Self giving* (Nashville: Abingdon Press, 1983), ch. 2.
27) *First Apology* 61 and 65 in Cyril Richardson, ed., *Early Christian Fathers*, pp.282~83, 285.
28) *Vs. Heresies*, Ⅲ, xvii, 2 in Henry Bettenson, *The Early Christian Fathers* (London: Oxford University Press 1963), p.129.
29) *Enchiridion*, 43~52; NPNF, 1st series, 3, 252~54.
30) *Sentences*, Ⅳ, ii~vi, in Elizabeth Rogers, ed., *Peter Lombard and the Sacramental System*, pp.85~116.
31) Ibid., Ⅳ, vii, 3, p.117.
32) In Ray C. Petry, ed., *A. History of Christianity* (Englewood Cliffs, N.J.: Prenticd-Hall, 1962), p.326.
33) "The Holy and Blessed Sacrament of Baptism," *Luther's Works*, 35, p.36.
34) Ibid., p.34.

35) "Of Baptism," G.W. Bromily, ed., ***Zwingli and Bullinger*** (Philadelphia: Westminster Press, 1953), p.156.
36) Calvin, ***Institutes***, Ⅳ, xv, 1, p.1303.
37) Menno Simons, "Foundation of christian Doctrine," ***Complete Writings***, ed. C. Wenger(scottdale, Pa.: Herald Press, 1965), p.120.
38) Karl Barth, ***The Teaching of the Church Regarding Baptism*** (London: SCM Press, 1948).
39) Oscar Cullmann, ***Baptism in the New Testament***(London: SCM Press, 1950).
40) Joachim Jeremias, ***Infant Baptism in the First four Centuries*** (Philadelphia: Westminster Press, 1962) and ***The Original of Infant Baptism*** (Philadelphia: Westminster Press, 1963); Kurt Aland, ***Did the Early Church Baptize Infants?*** (Philadelphia Westminster Press, 1963).
41) ***Baptism, Eucharist and Ministry*** (Geneva: World Council of Churches, 1982), p.4.
42) Urban T. Holmes, ***Young Children and the Eucharist***, rev. ed.(New York: Seaburg Press, 1982).

제 Ⅷ 장

성만찬 성례전
(The Eucharist)

성만찬은 기독교 예배에 있어서 매우 중요한 의식이다. 이것은 기독교인 사이에 가장 광범위하게 사용되는 예배 의식이며, 전세계 수백만 회중이나 공동체가 매일 또는 매주 지키고 있다. 5장에서 우리는 말씀의 예전에 대해 살펴보았는데, 말씀의 예전은 초대 교회 때부터 성만찬 예전의 전반부를 형성해 왔었다. 이제 그 후반부인 행동화된 표징에 대해서 살펴보기로 하자.

성만찬에 관한 명칭들은 매우 다양하게 불리어진다. "성만찬" 또는 "성찬성례전"(Eucharist, 감사), "주님의 만찬"(Lord's Supper, 고전 11;20), "떡을 뗌"(Breaking of bread, 행 2:46, 20:7), "성례전"(Divine Liturgy), "미사"(Mass), "거룩한 교제"(Holy Communication), 그리고 "주님의 기념"(Lord's Memorial)등이다. 예배의 후반부는 또한 "성만찬"(Eucharist), "신자의 예배(Liturgy of the Faithful)," "봉헌"(offering), 그리고 "감사례"(anaphora, 넓은 의미에 있어)라고 불리운다. 1세기말 이래로 성만찬 또는 성찬성례전(eucharist)이라는 어휘가 사용돼 왔었다. 이

말은 가장 효과적으로 기술된 용어이면서 또 우리가 가장 자주 사용할 어휘이다.

그 이름이 어떻든 전 기독교를 통해 성만찬이 갖는 내용은 동일하다. 즉 최후의 만찬시에 취하신 예수님의 행동에 기초한 성스러운 식사를 의미한다. 모든 교파들의 다양성에도 불구하고 그 의식이 갖는 형태에 있어서는 분명한 일치성이 있다. 모든 교회들은 신약 성경 기자들이 예수님의 말씀과 행위와 의도라고 해석한 것을 따르려는 데에 충성을 고백한다.

전 기독교를 통해 성만찬의 거행에 있어서 널리 알려진 유사성은 이 형태의 예배에 남아 있는 예수님의 흔적을 증거한다. 물론 강한 유대교적 기원에도 불구하고 성만찬은 가장 특징적인 기독교의 예배 형태라는 것이 놀라운 일은 아니다. 성만찬은 구세주와 직접적으로 관계 있는 권위를 가지고 있기 때문이다.

이 장에서는 시간을 뛰어넘어 기독교인들이 성만찬을 집례하는 방식과 또 성만찬에 참여할 때에 갖는 경험에 대한 이해, 그리고 목회 활동을 위한 이런 지식의 결과에 대해 살펴 보고자 한다. 다룰 것이 많기 때문에 아무리 중요하더라도 한 주제에 오래도록 머무르지 않을 것이며, 따라서 다만 역사적이고 신학적이며 실제적인 문제들의 개요만 기술할 뿐이다.

1. 성만찬의 발전

기독교 예식들 중에서 성만찬만큼 유대교적 배경이 중요하고 복잡한 것은 없다. 마치 예수님과 그의 제자들이 유대인들이 놓은 기초 위에 정교히 설립하려고 하거나 한 것처럼 모든 형태의 유대교의 공중 예배는 기독교의 성만찬 예전에 공헌하였다. 만약 이러한 유대교적 배경이 간과된다면 성만찬은 거행에 있어서 왜곡되고, 경험에 있어서 오해된다는 것을 깨닫게 된다. 기독교인은 유대교의 공헌을 이해할 때 성만찬에 대해 진실하게 된다.

유대교 예배의 세 곳이 특별히 이점에 있어서 중요하다. 즉, 성전 예배, 회당 예배, 그리고 가정식사가 그것이다.

주전 7세기 이래로 유대교의 희생 제사는 예루살렘 성전에서 국가적으로 행하여졌다. 모든 희생 제사는 한 국민으로서 하나님과 관계를 맺고, 개인적으로 하나님과 교제를 성취하는 수단으로 발전되어 왔었다. 희생제사는 생활의 한 방편이 되었으며, 성전에서 아침 저녁으로 드리는 희생제사들은(출 29:38-39) 경건한 유대교인들의 기도 생활 가운데 잘 나타나고 있다. 희생제사적인 상징들이 주님의 만찬("많은 사람을 위해 흘린 언약의 피") 설립의 제정사에서 채택되었고, 신약성경, 특히 히브리서에서 다시 사용되고 있다.

이 성전 예배에서 매일 불리어지던 시편들이 성만찬 예식의 일부가 되었다. 입례송이 그 대표적인 보기이다. "그런즉 내가 하나님의 단에 나아가 나의 극락의 하나님께... 하나님이여 나의 하나님이여..."(시 43:4), '축복송영'(Benedictus qui venit)인 "여호와의 이름으로 오는 자가 복이 있음이여"(시 118:26 인용), 그리고 교송 시편(responsorial psalmody)이 말씀의 사역에 중요한 부분을 형성하고 있다.

이미 우리는 회당 예배가 어떻게 매일 공중 기도(daily public prayer)와 말씀의 예전(service of the word)으로 발전되어 왔는지를 살펴보았다. 그러나 그것이 끼친 공헌은 바는 그것으로 끝나는 것이 아니다. 회당 예배는 기도를 포함하고 있는데, 이는 특별한 형식과 내용을 가지게 되었다. 그 형태는 특히 성경 봉독에 있는대로 하나님께서 행하신 것에 대해 하나님을 송축하는 형태였다. 하나님을 송축하는 것과 하나님께 감사하는 것은 동일한 표현이다. 기독교적인 어휘 '율로기아'(eulogia)는 단순히 유대교적 어휘인 '베라카'(berakah)의 역어인데 이는 회당에서 하나님을 송축한다는 뜻이다. 이 사실이 뜻하는 바는 그러한 종류의 기도들의 내용이 주로 '미라빌리아 데이'(mirabilia Dei) 즉 하나님의 백성을 위한 하나님의 능력있는 행위를 재연한다는 것이다. 베라카는 원래 하나님의 말씀에서 낭독된 것에 대한 감사의 응답이다. 이러한 기도들은 신앙고백적인 기능을 지니고 있다. 사람들이 회상하고 싶은 이런 행동들을 암송함으로써 하나님께서는 송축받게 되며 이로 인해 기도 또한 선포의 형태가 된다.

하나님께서 이미 성취하신 사역으로부터 미래에도 그러한 일들을 하나님께서 이루어 주시도록 구하는 것은 자연스러운 일이다. "당신의 처소를, 당신의 영광을, 당신의 도시인 시온으로 회복하소서, 그리고 예루살렘에서 예배하라는 명령을 회복하소서"(주후 7C이후). 하나님께서 더 강력하게 역사하시도록 기도하는 것은 과거 하나님께서 행하신 일의 연속선상에 놓이게 된다. 회당 기도의 많은 형태와 내용이 기독교의 성만찬 기도의 형태, 특히 신조 기도(creedal prayer)를 통해 하나님께 대한 송축(감사)의 의미로 채택되었다.

감사로서의 기도에 대한 똑같은 이해가 가정 식사(family meals)에서도 나타났으나 거기에선 행위들도 똑같이 중요하였다. 최후의 만찬은 분명히 거룩한 식사이지만 예수님께서 제자들과 나누셨던 다른 많은 식사 역시 그러하였다. 유대교 식사는 오직 가족들이나 가까운 친구들과만 나누는 거룩한 사건이다. 만일 최후의 만찬이 공관 복음서가 주장하듯 유월절 식사였다면 예수님께선 유대력 중 가장 경건한 때(유대인들이 메시아가 오실 것으로 바라고 기도했던 절기)를 변형하신 것이다. 예수님께서는 메시아가 실제로 오셨다는 것을 말씀하시기 위하여 이미 익숙해 있는 어휘들과 행동들을 사용하셨다. 메시아가 오셨다는 것을 믿지 않는 유대인들은 오늘날까지 유월절 식사(Passover Seder, 거룩한 식사)를 계속해서 수행하고 있다. 반면 예수님이 메시아였음을 믿는 기독교인들은 대신 성만찬을 시행하고 있는 것이다.

예수님께서는 새로운 언약을 세우시기 위하여 의도적으로 유대력 중 가장 극적인 때를 사용하셨다. 그러나 예수님은 이것을 이전에 해오던 예배

의식을 사용하여 행하셨다. 공관복음에 의하면 최후의 만찬 때 예수님께선 본래의 유월절 식사를 애굽 포로로부터의 구원을 기념하여 재연하는 전통적인 규정을 따르셨다. 그것은 해방 이야기(a liberation saga)로, 출애굽기 12:25-27절에 기록된 것이다. 일반적으로 자녀들은 '이 예식이 무슨 뜻입니까?'(27절)라고 묻는다. 그러면 해석하여 대답(haggadah)한다. 이것이 예수님께서 성만찬을 제정하실 때 사용하신 말씀들에 대한 모형이다. 그러나 행위들 역시 똑같이 중요하다. 즉 유월절에 특별한 음식을 먹고, 떡을 떼며, 포도주 잔을 나누는 그러한 행위들을 말한다. 말씀과 중요한 행동들은 해방의 위대한 사건에서 정점을 이룬 하나님의 구속의 능력을 회복하는 것을 도우며 사람들이 장래의 하나님의 구원 사역을 기대하도록 도와준다. 철두철미하게 하나님께선 과거의 사건으로 영화롭게 되시며, 다시금 그 구속의 능력 안에 임하시며 장래의 축복을 내리시도록 간청 받으신다. 먹는 것과 마시는 것, 감사의 기억과 기대 이 모든 것이 함께 이루어진다.

  신약성경에선 성만찬 제정에 대한 여러 설명이 나오며, 예루살렘과 드로아, 그리고 고린도에서 실시되었던 것에 대한 언급이 간혹 나타나고 있다. 또한 부활 전의 예수님과 제자들 그리고 군중의 식사 이야기가 나오며 부활 후의 예수님과 제자들의 식사 이야기가 나온다.

  성만찬을 거행하신 두개의 기사가 신약에 나타난다. 마가복음 14:22-25과 마태복음 26:26-29로 이 둘은 아주 비슷하며, 고린도전서 11:23-26과 누가복음 22:15-20 역시 많은 유사점을 가지고 있다. 누가의 설명(어떤 본문의 경우)은 2개의 잔을 언급하고 있는 것이 독특하다. 그러한 설명들 간의 근소한 차이는 우리가 가진 본문이 성만찬을 거행할 때 다른 여러 지역의 교회에서 행해졌고 말해졌던 것을 기술한 것이라는 이론으로 설명될 수 있다. 그들 모두는 최후의 만찬 시 주님 자신의 의도, 말씀, 그리고 행위들을 따르고 있는 것으로 자신들을 이해하였다. 결국 교회들은 기록으로 설명되어지기 오래 전부터 오순절 이후에는 계속해서 만찬을 시행해 오고 있었다. 따라서 최후의 만찬 그 자체와 그 제정의 이야기들을 우리가 연결시키는 것이 가장 실제적인 성만찬을 시행하는 것이다. 그럼에도 요아킴 예레미아스(Joachim Jeremias)는 예수님 자신의 성만찬 말씀을 분별하기 위하여 더 가까이 나아갈 수 있다고 주장한다. 예레미아스는 마가의 설명이 가장 가까운 표현이라고 생각한다.

> 이것은 나의 몸/나의 피다
> 나의 언약의 피
> 피의 언약
> 많은 사람을 위한...[1]

제정의 말씀(the words of institution)은 중요한 차원을 지닌다. 그 상황에서 볼 때 이 말씀은 주님의 피로 세운 언약을 일컫는 희생적 의미를 갖는다. 특히 누가에 있어 모든 설명들은 장차 도래할 하나님의 나라를 기대하는 종말론적 방향(유월절과 마찬가지로)으로 향하고 있다. 음식과 식사의 행동을 해석하는데 있어 예수님께서는 비록 새롭고 충격적이긴 하지만 전통적 관습을 따르고 있었다. 예레미아스는 예수님께서 먹지 않으리라고 하신 말씀(눅 22:16)을 맹세의 형태라고(행 23:12에서 바울을 죽이고자 한 자들이 한 것과 같은) 믿으며 예수님 자신은 참여하지 않으셨다고 지적한다.

바울과 누가의 설명에서 핵심 단어는 '아남네시스'(anamnesis)이다. 어떤 영어의 한 단어로서는 이 말의 의미를 충분히 전달할 수 없다. 기억(rememberance), 회상(recalling), 재현(representation), 다시 새롭게 경험함(experiencing a new)등은 모두가 유사한 뜻이나, 본래적 의미를 충분히 나타내지는 못한다. 아남네시스가 사용된 의미는 이러한 행동들을 실행하면서 다시 한 번 예수님 자신의 실체를 경험한다는 것을 나타낸다.

성만찬 제정(Institution)의 행동들은 제정의 말씀 못지 않게 중요하다. 영국학자 딕스(Gregory Dix)는 "예식의 형태"[2]를 결정하는 4가지 행동을 발견했다. 마가복음 14:22는 이렇게 말한다. "예수께서 떡을 가지사 축복하시고 떼어 제자들에게 주셨다." 떼는 행위를 제외하고는 똑같은 행동이 잔에 대해서도 사용된다. 이런 똑같은 행동들이 여러 곳에서 나타나는데, 오병이어의 기적에서(막 6:41), 엠마오 도상에서(눅 24:30), 그리고 심지어 이교도들의 선상에서도(행 27:35) 보인다. 유월절 식사 때에 사용된 음식은 실제적 행동(우슬초로 적시며 누룩 없는 빵을 먹는 것)과 더불어 상징적인 행동도 포함하였다. 딕스의 가장 최근의 공헌은 성만찬이 근본적으로 행동이었음을 우리에게 상기시키는 데에 있었다. 그는 4가지 행동들을 중심적인 것으로 보았다. 즉 취하는 것, 감사하는 것(축복하는 것), 떼는 것, 그리고 주는 것이다. 이중에서 감사하는 것과 떡과 포도주를 주는 것은 지금에 와서는 더욱 중요한 것으로 보여진다.

요한복음에는 유다와의 대화 이외엔 최후의 만찬 때 실제 식사에 대한 세부적인 설명이 나오지 않는다. 그러나 독특하게도 또 다른 상징적 행동(sign-activity)으로서 제자들의 발을 씻는 기사(요 13:3-17)가 나온다. 분명히 초대 교회는 이것을 명령으로서가 아니라 행동으로 보여주신 비유로 이해했다. 사도들이 이것을 행했다는 증거는 없다. 세족의 행위는 밀란(Milan)에서 입교의식의 일부가 되었으며, 결국 형제교회[3], 오순절교회 일부, 침례교 일부, 그리고 제 칠일 안식일교회 등의 다양한 개신교 그룹 사이에서 성만찬 의식의 한 부분이 되었다. 1955년 이후 그것은 많은 교회들에서 세족 목요일의 행사로 회복되었다.

최후의 만찬의 날짜에 대해선 아직 논쟁 중이다. 공관복음은 유월절 식사로 기술하고 있으나 요한복음에 있어선 "유월절 전날이었고"(13:1), 또는 양을 잡는 날(해짐과 함께 시작되는, 18:28 참조)로 갈하고 있다. 요한의 연대에 의하면 유월절 양의 희생은 그리스도의 못 박힘과 일치한다. 만찬의 시기를 유월절 식사 때로 보는 사람들도 많으나, 대부분의 신약 학자들은 유월절 전날 저녁으로 보는 요한의 입장을 따른다. 저자로서는 상징을 사용하는 요한의 성향으로 보아 그는 유월절 양의 희생과 그리스도의 못 박

히심을 상징적인 의도로 연합할 수 있었을 것 같다.[4] 따라서 우리는 공관복음을 따랐으며 최후의 만찬을 유월절 식사로 표시하였다. 어떻든 그리스도의 수난과 죽음의 극적인 사건은 유월절 절기의 상황에서 일어나며, 과거의 피를 통한 노예로부터의 해방의 중요성과 하나님의 행동에 의한 장래의 해방이라는 기대에 의해서 짙게 채색되어 있다.

신약 성경이 1세기의 성만찬에 대해 제시하는 통찰은 간결하다. 사도행전 2장 46절에서는 예루살렘교회에 대해서 "집에서 떡을 떼며, 순전한 마음으로 음식을 먹고"(문자적으로는 기쁨과 관대한 마음으로)라고 말하고 있다. 바울은 고린도교회가 "주님의 식탁"에 합당치 않게 참여하는데 대해 엄하게 경고하면서, 성만찬을 "주의 죽으심을 오실 때까지 전하는 것"과 연결시키고 있다(고전 11:26). 바울은 합당치 않게 먹고 마시는 자들의 죄, 즉 공동체에서 주의 몸을 분별치 않는 자는 약해지고 죽을 수도 있다는 것을 경고한다. 주님의 만찬이 한끼의 충분한 식사였다는 것은 분명하다. 어떤 학자들은 신약 성경과 초기 기독교 문학에서 두 가지 종류의 성만찬, 즉 즐거운 식사와 엄숙한 식사를 찾으려고 애썼다.[5] 오늘날 이 이론들은 전혀 가능성이 없는 것 같다. 왜냐하면 주님의 죽음은 엄숙한 기념이요, 동시에 기쁨의 근원이기 때문이다.

우리는 바울이 드로아(바울이 설교 할 때 유드고가 잠잔 적이 있던)를 떠나려고 준비할 때(행 20:7-12) 또 하나의 성만찬에 대해 언급하는 것을 발견하게 된다. 그러나 성만찬 자체에 대해선 거의 배울 것이 없다. 하나의 독특한 언급이 유다서에 나타나는데 여기서는 고린도에서와 비슷한 문제들이 등장한다. "저희는 기탄 없이 너희와 함께 먹으니 너희 애찬(agapais)의 암초요"(12절). 아가페(agape) 또는 애찬(love feast)은 분명히 완전한 식사였지만 성만찬과는 분명히 구별되고 있다. 히폴리투스(Hippolytus)는 이것을 주님의 만찬과 구별하려고 애쓰고 있다. 언제 주의 만찬이 애찬으로부터 분리되었는지는 알려지지 않고 있다. 바울이 편지를 썼을 당시에 사람들은 분명히 탐욕가나 주정뱅이였을 수도 있다. 비두니아의 플리니(pliny)가트라얀(Trajan) 황제에게 보낸 초기 편지(주후 112)에 간단한 증거가 있는데, 이는 비두니아의 기독교인들이 주일 아침 성만찬과 저녁의 애찬(agape)에 익숙해 있었는데 그 후 박해시에는 애찬(agape)을 단념했다는 것으로 해석할 수 있다. 히폴리투스에게 애찬(agape)이란 성직자가 참석한 가운데 사적인 은인들이 마련한 가끔 행해지는 교회 식사였다. 먹다 남은 것은 가난한 자에게 보내졌다. 너무나 쉽게 애찬(agape)이 남용됨으로 4세기부터 회의에서 금지키로 결정했다. 아마도 동방교회에서는 예배가 끝난 후 성만찬에서 사용하고 남은 성별된 떡을 나누어주는 관습이 지속되었다. 애찬식은 8세기의 형제단(Brethren), 메노나이트(Mennonites), 그리고 모라비안(Moravians) 사이에서 받아들여졌고 여전히 성행하고 있다.[6] 요한 웨슬레는 그 실행을 빌려서 1738년에 감리교에 도입했다. 최근에 와서는 성만찬이 실행될 수 없을 때 애찬이 초교파적으로 사용되어 왔다.

우리가 알고 있는 신약성경 시대 이후의 성만찬 관습을 가지고 신약시대에도 그랬을 것이라고 추측하는 것은 위험한 일이다. 왜냐하면 1세기의 성만찬에 대한 우리의 지식이 매우 제한되어 있다는 것을 인정해야 하기 때문이다. 더 많은 증거들이 2, 3세기에 나타난다. 『디다케(Didache)』는 성만찬이나 또는 애찬식에서의 기도를 포함하고 있다. 여기에는 세례받지 않은 자에게 만찬을 베풀지 못하도록 엄하게 경고하고 있으며, 제물을 드리기 전에 먼저 이웃과 화해할 것을 가르치며(마 5:23-24), 다음과 같은 유명한 구절이 있다. "산 위에 흩어진 빵조각(밀)들이 다시 모여 하나가 된 것처럼, 교회 역시 지상의 끝으로부터 함께 당신의 나라로 모이게 하소서."[7] 이 말과 그 다음에 계속되는 구절은 강한 종말론적 경향을 지니고 있다. 우리가 들은 것처럼 예언자들은 자신의 방식대로 감사하였다. 『디다케』(Didache) 제14장과 저스틴의 "트리포와의 대화"(Dialogue with Trypho, 41)는 "깨끗한 제물"에 대해 말라기 1:11을 인용하며, 특별히 희생제사적인 용어로 성만찬을 언급하고 있다.

저스틴의 『제 1 변증서(First Apology)』에서 처음으로 성만찬의 개요를 발견하게 된다. 어떤 경우에는 세례 뒤에 따르고 있으나 대개는 말씀의 사역 뒤에 행해진다.

기도[간구와 중보]를 마치면 곧 우리는 서로 입맞춤으로 인사한다. 그리고 나서 빵과 포도주 섞인 물 한잔을 형제들의 인도자에게 가져간다. 그는 이것을 취하여서 성자와 성령의 이름으로 우주의 아버지에게 찬양과 영광을 돌리며 우리가 그로부터 이것들을 받기에 합당하도록 감사드린다. 인도자가 감사를 드리고 전 회중이 [아멘으로] 응답할 때 집사로 불리는 자들이 참석한 사람들 각자에게 신성한(문자적으로는 "축성된") 빵과 포도주 섞인 물을 나눠주고 또 그들은 불참자에게 그것을 가지고 간다.[8]

평화의 입맞춤(kiss of peace, 롬 16:6, 벧전 5:14)은 사랑과 일치의 상징으로서, 중보의 기도를 결론지으며, 봉헌으로 인도하는 역할을 하는데(디다케 14장에서 보듯이), 이것이 동방교회에서는 잘 지켜졌으나 서방교회에서는 생략되었고, 일부 교회에서 최근에 다시 회복되었다. 분명히 인도자(감독 또는 사회하는 사제)가 하는 중심적 감사기도의 어투들은 여전히 이 단계에서는 유동적이다. 저스틴은 그의 두 번째 설명(67장)에서 "인도자는 그의 능력을 다해서 최선의 기도와 감사를 드린다"고 말한다. 한 세기 후에 키프리안(Cyprian)은 그의 편지(62)에서 물과 포도주의 혼합을 회중들(물)과 그리스도의 피(포도주)와의 연합을 상징하는 것이라고 설명한다. 그것은 아마도 초기의 실용주의였다. 부제들이 병자와 감옥에 있는 사람들에게 빵과 포도주를 가져다 주었는데, 이는 확대된 성만찬에 대한 아주 초기의 선례를 형성하였으며, 궁극적으로는 교회들이 성만찬을 집례하면서 축성된 빵과 포도주를 남겨놓는 것의 선례가 되기도 하였다. 또한 모아진 떡과 포도주가 궁핍한 자들을 위해 사용되어진다.

초기 성만찬에 대한 정보 중 가장 중요한 출처는 우리가 잘 알고 있는 히폴리투스(Hippolytus)를 들 수 있다. 주후 3세기에 예배의 실험을 시도한 이 철두철미한 보수주의자는 20세기 예배혁신의 불을 지폈다. 감독으로 안수 받은 후에 하는 성만찬 기도에 대한 그의 언어(4장)가 신교와 로마 가톨릭에서 공히 널리 사용되어졌다. 그것이 로마 가톨릭 성만찬 기도 II의 기본적 자료이다(Sac, 510-13). 독자들은 계속되는 논의를 이해하기 위해 히폴리투스의 교재를 연구하기를 바란다.[9]

히폴리투스는 말하기를, 새로운 주교가 임명되면 즉시 모든 사람이 그에게 평화의 입맞춤을 한다. 그후 부제들은 제물(떡과 포도주)을 가지고 나오며, 주교는 "모든 사제들과 함께 손을 그 위에 얹고" 감사기도를 시작한다.[10] 부제들은 제물을 가지고 나오지만 사제들이 기도로(조용히) 동참한다. 이것은 공동집례(concelebration)라고 알려진다. 대감사기도[Great Thanksgiving, 성만찬 기도, 전례문(Canon), 감사례(Anaphora), 성별기도(consecration)]가 집전사제와 회중 사이의 대화로 시작된다. 이 대화는 예배인사(Sursum Corda, "마음을 드높이")를 포함하고 있다. 그리고 회중으로 하여금 사제가 말하는 감사행위에 함께 참여하도록 인도한다. 이것이 지금도 거의 모든 성만찬 기도가 시작하는 방법이다. 비록 한 사람이 감사기도를 할지라도 그것에 모든 사람들이 동참하게 된다.

그 후에 이어지는 대부분의 순서는 이사야 6:3과 요한계시록 4:8에 기초하고 있는 삼성송(Sanctus, "거룩, 거룩, 거룩...")이다. 히폴리투스는 삼성송을 언급하지 않았는데, 이는 당시에 다른 지역에서는 사용되던 삼성송이 그곳에서는 사용되지 않았거나, 아니면 그것을 언급할 필요성을 느끼지 않았기 때문이다. 두 번째 삼성송(post-sanctus)은 하나님께서 그리스도이신 예수님 안에서 행하신 일에 대한 감사로 이어지고 그리스도의 사역을 암송하며 성찬 제정사와 함께 이 부분을 끝맺고 있다. 그 다음에 재현과 봉헌(anamnesis-oblation)이라고 알려진 부분에서는 회상되어진 것을 요약하고 떡과 잔을 하나님께 바친다. 히폴리투스의 마지막 부분은 성령의 기원 또는 성령임재기도(epiclesis)로서, 참여자들이 성만찬에 참여하는 은총을 받도록 성령의 임재를 기원한다. 어떤 예식에서는 성별케 하는 기도 혹은 예비 성령임재기도(preliminary epiclesis, 일반적으로 성만찬 제정사 앞에 나온다)를 가지고 있거나 아니면 (히폴리투스처럼) 기념사-봉헌사 (anamnesis-oblation) 다음에 수찬하는 성령임재기도를 가지고 있다. 아니면 이 두 가지 모두를 가지고 있다. 히폴리투스는 성령으로부터 얻기를 바라는 유익들을 언급하였다. 그것은 이곳에서부터 산자와 죽은 자를 위한 중보로 옮겨가는 간단한 단계이다. 이는 마치 회당의 기도들이 암송을 통한 감사로부터 하나님께서 앞으로도 계속해서 일해 주시기를 원하는 간구로 쉽게 옮겨가는 것과 같다. 히폴리투스는 그렇게 옮겨가진 않았으나 곧 자연적으로 그렇게 발전하였다. 그리고 나서 전체적인 기도는 삼위일체 송영과 아멘으로 끝맺는다.

그러면 이 모든 것이 왜 그렇게 중요한가? 히폴리투스가 전해주는 기도는 기독교 예배의 중심적인 행위 중에서 핵심적인 기도의 원형이다. 성만찬 기도는 그의 시대에도 있었고 그후 몇 세기동안 기독교 신앙의 가장 공통적인 신학적 진술이었다. 하나님께 감사하는데 있어서 교회는 하나님께서 행하신 일을 신앙적으로 요약하는 유대교적 관습을 따른다. 기도는 주로 '미라빌리아 데이'(mirabiblia Dei), 즉 하나님의 구원행위에 대한 암송이다. 그것은 하나로 엮어진 선포이며 신앙의 고백이다. 그 구조는 기본적으로 삼위일체적이다. 성부 하나님께 감사하고, 성부 하나님 앞에서 성자 하나님의 사역을 되새기며, 그리고 성부 하나님께 성령 하나님을 보내 달라는 호소이다. 전체는 삼위일체의 모든 삼위를 찬양하는 송영으로 끝맺는다. 그 형태는 완전히 유대적이다. 즉 하나님께서 과거에 행하신 모든 일들을 암송함으로써 하나님을 찬양하고 계속해서 그 일을 행하시도록 호소하는 것이다. 그 내용에 있어선 완전히 기독교적이다. 즉 그리스도 안에서 하나님께서 행하셨고 또 성령을 통해 계속 행하실 것에 대한 회상이다.

이 중심적 기도를 인도하기 위한 능력은 기독교 공동체의 믿음을 신실하게 표현할 수 있는 사람에게 요구되었다. 히폴리투스는 심지어 "우리가 하나님께 감사하는데 있어서 이미 진술한 말들을 똑같이 암송하는 것은 전혀 필요치 않다. 오히려 각자가 자신의 능력에 따라서 기도하게 하고 단지 올바른 내용으로 기도를 드리게(orthodoxia- 때로는 '올바른 교리'라고도 번역된다) 하라"고까지 말한다.[11] 안수받은 사역의 가장 중요한 기능 중의 하나는 교회의 신앙을 요약해서 기도 가운데 그것을 선포하기 위한 사제들과 주교들의 능력이다. 이그나티우스(Ignatius)는 성만찬을 집례하는 일을 "감독이나 그가 권한을 준 어떤 사람에 의해" 되어지도록 제한했다.[12] 목사는 모두 회중을 위한 신학자이다. 그러한 목사들에게 최상의 표현인 성만찬 기도를 통해 공동체의 신앙을 진술하는 일이 위임돼 있다.

히폴리투스 이후에 성만찬의 기도에 있어서 경미한 변화들이 있었는데, 그것은 주로 예배인사(Sursum Corda, "마음을 드높이") 뒤에 감사하도록 초대하는 말씀이 확장된 것이다. 이것은 예비기도(preface)라 불리어지고 있으며, 또한 감사를 암송하는 일의 시작이다. 서방교회에서는 그것이 절기나 경우에 따라서 달랐으며 다양한 예비기도가 형성되었다. 동방이나 몇몇 개신교 의식에서는 고정적이며 변하지 않는다. 삼성송(Sanctus)이 그 뒤에 이어지며 종종 "복 있나니 주님으로 오시는 이여"(Benedictus Qui-venit, 시 118:26, 마 21:9)가 뒤따른다. 어떤 의식에 있어서는 예비적 성령임재기도(preliminary epiclesis)가 두 번째 삼성송(post-Sanctus)의 앞부분에 나오고 있다. 최종적인 성령임재기도는 상당히 긴 중보기도로 이어진다. 히폴리투스처럼 개신교 의식은 대개 예비 성령임재기도와 중보기도를 회피해왔다. 일단 기본적인 성만찬 기도의 형태를 익히게 되면 마치 소네트(14행시)를 특정한 형태로 쓸 수 있듯이, 여러 가지 다른 모양으로 개정하는 것이 가능하다. 일반적인 성만찬 기도의 형식은 다음과 같다.

대화(dialogue)
예비기도(preface)
삼성송(Sanctus)과 축복송(Bebedictus)
두 번째 삼성송(Post-Sanctus)
(예비적 축성기도, Preliminary epiclesis)
성찬 제성사(words of institution)

기념사—봉헌사(anamnesis-oblation)
성령임재기도(epiclesis)
(중보 기도, intercessions)
송영(doxology)
아멘(Amen)

그러나 히폴리투스가 암시한 바대로 모든 사람이 "장엄한 형태로 기도할 수 있는 능력을 가진 것은 아니다." 얼마 안 되어서 우리는 다소 고정된 형태로 사용된 기도문의 본문들을 발견하게 된다. 가장 초기의 것 중의 하나는 4세기 중엽 이집트, 트무이스(Thmuis)의 감독이었던 사라피온(Sarapion)에 의한 것이다. 가장 두드러진 요소는 성령임재기도가 삼위일체의 제 2위에게 향해 있다.[13] 한 세대 후에 『사도 규약(The Apostolic Constitution)』의 제 8권 가운데서 상당히 긴 본문이 발견됐다. 실제적으로는 결코 사용된 적이 없었을지 모르지만, 그것은 『디다케』와 저스틴에 나타난 자유로운 형태의 기도보다는 어떤 규정된 기도의 형식이 더 우세했음을 보여주고 있다.

히폴리투스의 안수식에 나오는 성만찬은 오히려 봉헌과 기름, 치즈, 그리고 감람유에 대한 감사에 대해 모호한 언급을 내포하고 있다. 그의 부활절 성만찬에서 감독이 떡을 뗀 뒤(성체 분할) 우유와 꿀, 물(세례의 상징), 그리고 포도주가 주어지고 있으며, 이 때에 "그리스도이신 예수님 안에 있는 하늘의 떡"이란 말씀과 함께 주어졌다. 세 개의 잔(성작)이 "아멘"으로 응답하며 받는 사람 각각에게 삼위일체적 형태로 주어지고 있다. 모든 사람이 떠날 때 이 예식은 돌연히 끝나고 "각자는 선을 행하고자 서두른다."

니케아 이후 시대엔 지중해 연안에 흩어진 다양한 예배 의식군(Liturgical families)이 빛을 보게 되었다. 이들 모두 공통적 특징들을 지니고 있다. 6세기경에 짜여진 말씀의 예전과 성만찬 예전이 그후 천년간 이어져 내려왔다. 신약성경의 기록에서 예시된 네 가지 동작들이 딕스(Dix)의 유명한 말처럼 "고대를 통해 우리에게 알려진 모든 성만찬 의식의 절대적이고 불변적인 핵심을 형성했다."[14] 그러나 말씀의 형식이 아무리 다양하다 하더라도, 그 두 번째 동작의 근본적인 내용인 감사 또는 성만찬 기도는 현저하게 비슷한 기능을 가지고 있다. 그러나 4, 5세기 그리고 6세기에는 일정한 목적을 견지하면서도 그 스타일과 어법에 있어서 몇 가지 중요한 갈래들이 나타나고 있는데, 이는 그것을 사용하는 사람들의 다양함을 나타내준다. 이것들에 대한 비교 연구는 하나의 광범위한 학문이다. 우리는 여기서 다만 지중해 주변의 이 의식 군을 시계 반대 방향을 따라 언급하면서 풍부한 다양성의 일부분만을 제시할 수 있을 뿐이다.

알렉산드리아 또는 이집트 성만찬 기도의 특징은 알렉산드리아에서 목회했다고 전해지는 성 마가(St. Mark)의 이름을 따라서 불리어진 것으로 대표된다. 이 예전에서는 예비기도(preface)를 종종 구약 성경으로부터의 하나님의 창조 역사와 구속 사역을 길게 암송한다. 주목할 만한 점은 서방 전통의 많은 성만찬 기도가 이 부분을 결여하고 있다는 점이다. 그 다음에 중보 기도(나일강의 움직임을 위하는 기도를 포함해서)와 기도목록(Diptychs, 제물이 드려진 자들의 이름 목록으로서 산 자와 죽은 자를 포함한다)으로 이어진다. 이어서 삼성송(Sanctus)이 뒤따른다. 독특하게도 두 번째 삼성송(post-sanctus)은 "진리로 가득 찬 하늘과 땅이여"라고 말함으로 고조된다. 축성하는 성령임재기도(Consecratory epiclesis)는 성찬 제정사로 이어진다. 기념사와 봉헌사 이후에는 축성과 참여를 위한 또 하나의 성령임재기도가 나오며, 그리고 난 후 끝맺는 송영이 이어진다.

더 동쪽으로 가면 안디옥과 예루살렘을 중심으로 성 야고보(St. James)예전의 이름 하에 결합된 것으로 보이는 중요 문서들과 함께 일련의 안디옥 또는 서시리아 양식을 접하게 된다. 이는 "모든 육체는 잠잠할지어다.(Let all mortal flesh keep silence.)"라는 찬송의 출처로 많은 사람들에게 친숙한 전통이다. 이 양식의 특징은 천상의 호명(celestial roll call)을 가진 예비기도에 있다. 두 번째 삼성송(post sanctus)은 "거룩"-"당신은 거룩하십니다"라는 말은 신, 구약의 역사에 대한 암송 가운데서 사용하고 있다. 환호사(acclamation)와 아멘이 최근에 서방에서 모방되어 왔었다. 산 자와 죽은 자를 위한 일련의 중보기도가 성령임재기도에 이어진다. 각각의 간구는 "주여 기억하소서"로 시작한다. 그 언어는 화려하고 시적이며 결코 단순하지 않다. 아르메니아 예전은 비록 후기에 비잔틴 전통의 영향을 받기는 했지만 궁극적으로는 이 전통으로부터 유래하였다.

가장 복잡한 예전군은(family) 동시리아로서, 이는 "성녀 아다이와 마리"(Sts. Addai and Mari) 예전으로서 에데사(Dedssa)에서 시작됐다. 이교도들과 이슬람에 의해 고립되었기 때문에 비교적 다른 영향을 받지 않고 계속해서 사용되고 있었다. 이 예전은 그 자체로 초창기의 기원을 가지고 있으며, 아마 그 지역에서 3세기에 시행되었던 예배를 반영하고 있는 것 같다. 가장 논쟁이 심한 부분은 기독교 예배를 독특하게 하는 성만찬 제정사가 이 의식에는 결여되어 있다는 것이다. 성령임재기도(epiclesis)는 중보기도 이후 맨 마지막에 온다.

알렉산드리아의 바질(Alexandrian Basil)이라고 알려진 예배의식은 소아시아 가이사랴의 바질(Basil of Caesarea)이라는 예배전통에 기원을 두고 있는데, 왜냐하면 알렉산드리아 바질의 예배형식은 바질 자신이 A.D. 357년에 이집트로 가져온 것이기 때문이다. 이 예배본문이 최근에 광범위하게 인식되고, "공동 성만찬 기도"(The Common Eucharistic Prayer)를 위한 기초가 되었을 뿐만 아니라, 또한 다양한 교단에서 성만찬 기도의 기초가 되었다. 그 이후의 사본은 아마 성 바질 자신이 수정했을 것으로 보이는데, 보다 더 성경적인 전거들로 가득 차 있다. 이는 전 세계의 동방교회에서 연중 10일, 대개 사순절 기간동안 사용된다. 구조적으로 볼 때 두 사본은 모두 안디옥 전통에 속해 있지만 후자는 성 바질이 창조, 타락 그리고 구속에 대한 내용을 모두 세부적으로 진술하는 두 번째 삼성송을 가지고 있다.

이것에 의존하는 것으로서 오늘날 두 번째로 널리 그리고 자주 사용되는 성 요한 크리소스톰(St. John Chrysostom) 또는 비잔틴(Byzantine) 예전이 있다. 이것 역시 안디옥적인 구조를 반영하고 있다. 성 요한 크리소스톰은 4세기말 안디옥의 주교였었다. 두 번째 삼성송과 중보기도는 비교적 짧으며 전체 기도는 이미 언급한 것들의 대부분과 비교해 볼 때 간결하게 보인다.

서쪽으로 돌이켜서, 서방 교회에서 로마 의식을 제외한 기타 지방에서 사용된 예전에 속하는 갈리칸 예전(Gallican Rite)들이 있는데, 세부적으로는 암브로시아 예전(Ambrosian, 또는 Milanese), 모자라빅 예전(Mozarabic, 스페인의), 그리고 원래 아일랜드에서 시작되었으나 셀틱 선교사들이 여행한 곳으로 전파된 셀틱(Celtic) 예전이 있다. 그리고 좁은 의미의 프랑스-독일(Frankish-German)의 갈리칸(Gallican) 의식이 있다. 비록 정확한 기원은 불확실하지만 이 의식들과 동방 의식 사이엔 연결점이 있다. 암브로시우스 예전(Ambrosian rite)은 아직도 밀란의 대 관구(Archdiocese)에서 사용되고 있고, 모자라빅 예전(Mozarabic)도 스페인에 있는 톨레도 대성당(Teledo Cathedral)의 한 채플에서 시행되고 있다. 공통적인 특징은 성찬 제정사와 삼성송을 제외한 기타 모든 순서들이 날짜와 계절에 따라 내용이 완전히 바뀌면서 매우 화려한 언어와 성만찬 기도들로 진행된다는 점이다.

비록 암브로스(Ambrose)가 로마에 나타나는 많은 것을 암시하는 몇몇 남아있는 북아프리카의 공통적인 단편들을 보여준다 할지라도, 히폴리투스 이후 2세기 동안 로마예전(Rome rite)에 대한 자료의 공백기가 있다. 우리가 초기의 여러 성례서들(Sacramentaries) 및 입교식과 임직식을 포함한 연중 여러 종류의 미사에서의 사제의 기도 모음, 여러 예배순서들과 예배지침들의 모음들을 발견할 때 로마에서의 모호한 점들이 떠오른다. 가장 오래된 성례서 가운데 하나인 레오 의식(the Leonoan rite)은 300개 이상의 미사에서 고유 기도(proper prayers)들을 보존하고 있는데, 그중 많은 것이 실제로 교황 레오 1세(440-461)까지 거슬러 올라갈 수 있는 것들이다. 더 오래된 겔라시안 성례서(Gelasian sacramentary)에는 개회 기도와 교황 겔라시우스 1세(492-496)에 의해 만들어진 예비기도가 포함되어 있는데, 그는 성만찬 기도(canon)를 잘 정비했던 것으로 보인다. 그레고리 성례서 (the Gregorian sacramentary)는 교황 그레고리 1세(590-604)의 이름을 따른 것으로 그는 로마 의식에 많은 개혁을 주도했고 주기도문을 성만찬 기도 마지막에 정착시켰다.

중세 초기에 여러 성례서들이 서방 지역에서 사용되고 있었다. 샤를마뉴 대제 (Charlemagne)는 제국의 통일을 위해 표준화를 시도했고 공식적인 로마 성례서의 제정을 요구했다. 교황 하드리안 1세(pope Hardian I, 772-795)는 그중 한 부를 아켄(Archen)에 있는 총독부에 보냈다. 그러나 그것은 교구적인 목적을 위해서는 상당히 불완전하다고 판명되었다. 샤를마뉴의 교회 고문 가운데 한 사람은 아마도 베네딕트(Benedict of Aniane)로 보이는데 그 당시 제국 전역에 사용되던 여러 갈리칸 의식들로부터 끌어온 자료로 된 "부록"(Supplement)을 첨가시켰다. 명령된 공식적 예전과 선택적인 부록간의 구별은 곧 사라지고 이 둘은 합치되었다. 2세기 후에 연합된 성례서는 로마로 전달되었고 독일 황제들에 의해 로마에서의 사용이 강요되었다. 결과적으로 로마 의식은 성물에 대한 기도, 예비기도, 그리고 성찬후 기도가 추가된 것을 포함해서 여러 가지 갈리칸 예전의 고유한 순서를 동화시켰다. 이것들은 이전에 로마에서 발전된 것을 보충시켰다. 서방에서는 5세기에 이르러 평화의 입맞춤이 성만찬 기도 후에 다시 자리잡았다.

중세기 전체를 통해 성만찬 기도는 확고한 자리를 잡았다. 그러나 점차 성만찬 기도 및 성만찬의 다른 중심적 행동인 떡과 포도주를 나누는 순서는 성직자와 인간들의 무가치함을 하나님 앞에 사과하는 참회적인 내용들을 담은 순서들로 둘러싸이게 되었다. 이는 성만찬 예식의 분위기를 참회적이고 자기반성적인 쪽으로 몰고 갔다. 부수적인 행동들, 예를 들어 제단에 향을 피우는 것과 사제의 손을 씻는 것 등은 봉헌시에 하는 사제의 개인적인 기도와 연결되었다. "하나님의 어린 양"(Angus Dei, lamb of God)은 7세기 후반 혼합식(commixture-떡 조각을 포도주 잔에 담그는 의식으로서, 교황과 그의 교구 안에 있는 모든 교회와의 일치를 나타내는 상징이다)과 함께 떡을 떼는 성체분할식에 첨가되었다. 개인적인 기도가 빵과 포도주를 분배하는 동작을 에워쌌다. 세정식(Ablution-성찬기와 사제의 손을 씻는 것)은 축성된 떡과 포도주에 대한 후기 중세기의 신중함을 반영하는 것으로서 발전되었다. 후기 중세기에는 또한 요한복음(1:1-18)를 보충시켰고, 근대 교황들은 몇몇 마무리 기도를 첨가시켰다. 별로 중요하지 않은 이러한 요소들은 제 2차 바티칸공의회 이후로 사라졌다.

서방교회 성만찬 의식의 발전의 결과는 다음의 도표 5와 같으며, 괄호 안의 내용은 그 요소들이 사라지거나 나중에 첨가된 것들이다.

히폴리투스	4-6세기	중세기
(평화의 키스)		
봉헌		
		봉헌기도와 의식
성만찬 기도	성물을 인한 기도, 예비기도, 상투스, 중보기도, 주기도, 평화의 키스	
성체분할		하나님의 어린양, 혼합식, 사제의 기도- "주여, 나는 무가치한 자니이다."
분병분잔	수찬 송	
		침묵기도
		세정식
	수찬 후 기도	
	축도와 해산	
		(마지막 복음서)
		(마무리 기도)

이것은 종교개혁자들이 물려받은 예식 구조이다. 위대한 감사의 요약과 교회 신앙의 선포로서의 성만찬 기도의 본래 기능에 대해서 교회들은 오랫동안 별다른 관심없이 지내왔다. 이러한 결과로 신앙고백이 말씀의 예전의 일부로서(서방) 또는 성만찬 기도의(동방) 전주 정도로 격하되어 왔다. 성만찬 기도 및 빵과 포도주를 나누는 전후에 삽입된 중세의 주관적인 헌신은 초기에는 약화된 형태이었지만 종교 개혁시대에는 예배의 주된 행위가 되어 버렸다. 영국 국교회의 "겸손한 나아감의 기도"(Prayer of Humble Access-"우리는 감히 당신의 식탁에 올 수 없습니다.")는 여기에 대한 좋은 본보기이다.

그러나 종교 개혁자들은 비록 아무도 고대 성만찬 기도의 중요성을 깨닫지는 못했지만 아주 중요한 발전을 한 단계 이룩하였다. 그들은 미사를 자기 나라 말로 집례했고, 단순화시켰으며, 쯔빙글리와 재세례파는 제외하고는 성찬식을 자주 갖도록 하기 위해 힘썼다. 그러나 일 년에 단 한번 성찬식을 갖는데 익숙했던 평신도들에게 성찬식을 자주하는 것이 너무 혁신적인 출발이었으므로 일반적인 호응을 받을 수 없었다.

루터는 그의 라틴어 의식서인 1523년판 『미사 예식서』(Formula Missae)와 독일어로 된 1525년판 『독일 미사』(Deutsch Mess)에서 비록 최초는 아니지만 미사를 개혁하고자 하는 가장 강력한 시도를 하였다.[15] 루터는 원래 보수적인 사람이었으나, 당시의 성만찬 기도를 가리켜 나중에 "다량의 오물과 찌꺼기로 된 엉망진창이고 혐오스러운 것"이라고 여기고 그래서 모두 없애버리고 오직 성만찬 제정사와 상투스만을 남겨두었다.[16] 루터는 주로 주님의 제정의 말씀에서 떡과 포도주가 주님의 살과 피로 변한다는 가르침을 가지고 있던 로마 가톨릭 교회를 단 한번에 탈중세화 시켰다. 루터는 자국어 찬송을 첨가하는 것을 옹호하였다. 그의 독일미사는, 빵과 포도주를 들어올리는 거양성체, 빵을 줄 때에 불려지는 다른 찬송, 잔을 줄 때에 불려지는 "하나님의 어린양" 등에 관한 가르침 및 "독일어 상투스"를 포함한 여러 의식들을 포함하고 있었다.

쯔빙글리의 1523년 "미사의 성만찬 기도문에 대한 공격"(Attack on the Canon of the Mass)은 성만찬 기도문을 자기의 라틴어 기도 4개로 대치시켰다. 1525년 쯔빙글리는 그의 "주의 만찬의 행위 혹은 사용"(Action or Use of the Lord's Supper)을 만들었는데, 이는 루터의 개혁을 무기력하게 만들었다. 실제로 모든 의식과 함께 음악도 동시에 사라졌다. 남은 것이라곤 엄숙한 기념의식과 일년에 네 차례씩 실시되는 엄격한 기념의식과 친교의 식탁 뿐이었다.

스트라스부르크의 마틴 부처(martin Bucer)는 칼빈의 예배개혁을 위한 기초가 되었으며, 쯔빙글리의 예배의식과 함께 개혁교회 성만찬 전통을 형성하는데 도움이 되었다. 부처는 스트라스부르크에서 슈바르츠(Diobald Schwarz)에 의해 영향을 받았고, 칼빈은 『교회 기도의 형식』(Form of Church Prayers, Geneva 1542)은 개혁교회 전통을 위한 독특한 형태를 가져오게 된 그의 선배들의 업적을 반영하고 있다. 이는 존 낙스(John Knox)의 『기도의 형태』(Form of Prayers, Geneva, 1552)를 통해서 영어 사용지역으로 전해졌다. 개혁교회 전통의 특징은 성만찬이 너무 교훈적이고 성만찬 사용에 대한 하나의 증거로서 성만찬 기도 밖에서 성찬 제정사를 낭독하는 것이다. 주님의 식탁에 장벽을 치는 것(고전 11:27-32 반영)은 악한 행위자들이 성만찬에 참여하는 것을 금하기 위함이었다. 성만찬을 거행하는 방식에 있어서는 재세례파들 가운데에도 많은 차이가 있는데, 그 중 몇몇은 외적인 성례전에 대해서도 상당한 회의를 느끼고 있었다. 극단적인 단순성이 그들의 성례전의 특징이며 다만 아주 진보된 찬송만을 만들어내었다. 영국 청교도들은 16세기 후반과 17세기초까지만 해도 고정된 예식을 거부하진 않았다. 그러나 1645년의 웨스트민스터 예배 규범(Westminster Directory)은 비록 성만찬 기도의 개요를 제시하고 있기는 하지만, 성례서들의 의식들(ordines)과 기타 의식들(rites)의 예배규범을 대치하고 말았다. 물론 퀘이커교도들은 외적인 성례전들을 피하고 조용하고 내적인 그리스도와의 교제를 주장했다.

1549년에 제정된 영국 국교회의 첫 번째 『공동 기도서』(BCP)는 남부 영국의 사럼예배의식(Sarum rite-영국 Salisbury와 그 지역 교구의 예전 형태)과 개혁교회 신학을 뒤섞어 현저하게 보수적인 자국어 성만찬 의식을 포함하고 있다. 1549년 BCP의 성만찬 신학의 많은 부분은 구교와 신교의 해석을 둘 다 허용하는 모호한 것이었다. 3년 후 이 의식은 대부분의 모호성을 제거하고 철저하게 개조한 의식으로 대치되었다. 성만찬 기도는 두 부분으로 나뉘게 되었다. 봉헌사는 전통적인 희생제사의 느낌을 제거하기 위해서 수찬 뒤로 놓여졌다. 1980년의 『대체 예배집』(Alternative Service Book)에 의해 상당부분 대치되기는 했지만 영국에서는 1559년, 1604년, 그리고 1662년에 약간씩 변화되었음에도 불구하고 근본적으로는 1552년 의식이 사용되고 있다. 미국의 기도서들(1789, 1892, 1928)은 훨씬 풍부한 스코틀랜드 성만찬 기도를 사용했다.

요한 웨슬레는 그의 『주일 예배서』(Sunday Service, 1784)에서 1662년의 BCP 성만찬 의식을 약간만 축소시킨 채 그대로 사용하였다. 웨슬레의 두 가지 큰 공헌은 성만찬을 매주 부활시킨 것과, 찰스 웨슬레와 함께 166개의 장엄한 성만찬 성가를 모은 것이다. 여기에는 수 세기 동안 개신교 성만찬 신앙에서 빠져있었던 성만찬의 희생제사적이고 종말론적이며 성령론적인 강조점들을 풍부하고 다양하게 포함하고 있다. 그러나 웨슬레의 강력한 성만찬 규율이나 성가들을 그의 추종자들이 소중히 여기지 않았다. 그의 의식의 축소된 형태가 미국에서 계속 사용되어졌다.

오순절파는 주의 만찬에 있어서 고정된 형식을 사용하거나, 또는 사용하지 않는 데 있어서 매우 다양하다. 그들은 성령이 자발적인 요소를 통해 어떠한 형태에도 자유로이 임하셔야 한다는 데에 일치하고 있다.

최근의 경향은 고대 교회의 실천을 회복하는 것이다. 빅토리아인들이 중세시대에 대해서 그렇게 했던 것처럼 낭만적으로 여길지도 모르지만 중세시대의 발전은 대부분 초대교회의 것을 왜곡시킨 것에 불과하다는 데에 일반적으로 동의한다. 많은 변화는 비교예전학(comparative liturgiology)의 역사적 연구의 결과였다. 그런 연구 결과 후기 기독교 시대의 교회는 콘스탄틴 이전의 교회와 많은 공통점을 가지고 있다는 것을 깨닫게 했다. 예배의식의 개정에 대한 결과는 매우 비슷하기 때문에 많은 경우에 있어서 만일 특정 교단의 예배집의 겉 표지만 떼어버린다면 그것이 어떤 교단의 성만찬 의식인지를 분간하기가 어려울 정도이다.

남부 인도교회(The Church of South India)의 성만찬의식이 1950년 처음 나온 이래로 대부분의 성만찬 의식의 기본적인 윤곽은 딕스(Dix)가 언급한 네 가지 동작(fourfold action)을 중심한 구조이다. 교회가 할 수 있는 최상의 신앙 진술로서의 성만찬 기도의 중심성에 대한 재발견은 기존의 의식들에 대한 수정과 새로운 예배의식 모범들을 작성하도록 자극을 주었다. 미국 루터교회는 1958년에 성만찬 기도를 회복하였다. 대부분의 개신교 교회가 성만찬을 분기별에서 이제는 월별 또는 매주 하는 것에 이르기까지 더욱 빈번하게 실시하고 있다. 똑같은 과정이 지난 세기 영국 성공회(Anglican)에서도 있었다.

성만찬에 있어서 공통된 발전은 성만찬 기도가 다양화되었다는 점이다. 이것은 새로운 발전에 대한 가장 중요한 것을 반영하는 것이요, 융통성과 적응에 대한 선하고 긍정적인 것이며, 필연적인 노력으로서 복수주의(pluralism)에 대한 직접적인 수용을 반영한다. 결과적으로 로마 가톨릭 교회는 1500년 동안 하나의 성만찬 기도만으로 제한하여 오다가 지금은 언제라도 사용할 수 있는 4개의 성만찬 기도(Sac, 503-21)를 갖게 되었고, 그리고 (미국에선) 어린이와 함께 하는 미사와 화해를 위한 미사에서 사용하는 성만찬 기도들이 별도로 제공되었다. 은사를 구하는 기도, 예비기도, 그리고 성찬 후 기도 등이 풍부하게 제시되어 있기도 하다.

복수주의는 1979년 성공회의 『공동기도서』(BCP)에도 반영되어 있는데, 여기에는 두 개의 완전한 의식이 포함되었다. 하나는 엘리자벳 여왕 시대의 언어로 되어있는 두 개의 성만찬 기도가 있는 예배의식이며, 다른 하나는 네 가지의 기도와 함께 현대의 언어로 된 의식이다. 세 번째인 요약 예배의식 역시 2개의 성만찬 기도(BCP, 316-409)를 포함하고 있다.

1978년의 『루터교 예배서』(Lutheran Book of Worship)는 완전히 음악적으로 드리는 세 개의 예배형식이 제공되어 있으며, 이들은 세 개의 성만찬 기도중 어느 것과도 함께 사용될 수 있다. 그것은 전통적 구조, 성찬 제정사만 있는 것, 그리고 성만찬 제정사로 끝맺는 간단한 형태(LBW, 57-120)들이다. 그리고 다른 세 개의 성만찬 기도가 목회자의 탁상용 예배집(Minister's Desk Edition)에 제공되어 있다(221-27).

1989년의 『연합감리교 찬송가』(United Methodist Hymnal, pp. 6-31)를 위해 통과된 연합 감리교의 성만찬 의식에서는 중요한 변화들이 이루어졌다. 거기에는 네 개의 "말씀과 식탁의 예배"(A Service of Word and Table)가 포함되어 있는데, 처음 세 개의 주요 차이점은 본문의 완성도의 차이 뿐이다. 고백과 용서의 행위는 설교 이후에 나오며 그 다음으로 '평화'와 봉헌이 이어진다. 대 감사기도를 위해서는 다섯 개의 음악적 설정이 제시되었다. 예배 IV는 전통적인 1552년 BCP의 언어로 이루어져 있는데, 이는 1550년 머벡(John Merbecke)의 음악적 설정과 함께 웨슬레를 거쳐서 이루어졌다. 이 예배에서 거의 4세기 반 만에 크랜머(Cranmer)의 성만찬 기도의 두 부분이 재결합되었다. 연합 감리교 성만찬 의식의 새로운 특징은 축일(오순절), 절기(사순절), 또는 경우(기독교인의 결혼) 등에 따라서 완전히 변화하는 25개의 성만찬 기도를 사용하는 것이며, 이는 초기 갈리칸 예배가 했던 방식이었다. 이는 『거룩한 성만찬』(Holy Communion, SWR, #16)에서 기초되어졌다.[17] 미국 장로교에서의 새로운 발전은 1984년에 출판된 『주일예배』(The Service of the Lord's Day)에서 발견된다. 이 책은 비록 실제로 그것을 행하는 것은 당시 장로교도들에게 예외적으로 받아들여지기는 했지만, 매주 성만찬을 실시하는 것을 규범으로 하였다. 이 책은 8개의 성만찬 기도를 포함하고 있으며 다양한 경우를 위한 다양한 고유 예비기도를 포함하고 있다. 기본적인 구조는 하나님의 이름으로 모임, 말씀의 선포, 하나님께 감사를 드림, 그리고 하나님의 이름으로 돌아가는 것으로 되어 있으며 고백은 맨 처음에 나온다.

최근에 이루어진 많은 다른 예배집들에도 이와 비슷한 형태가 나타나는데, 특별히 예배의 행위로서의 모임에 대한 인식이 제고되었고, 세 개의 본문과 시편을 포함하는 온전한 말씀의 예배에 대한 강조가 있으며, 다양한 성만찬 기도를 포함하고 있고, 그리고 성만찬이 주일 예배의 표준임을 권장하였다.

성만찬							
APB,	43-71	BofW,	31-95	PM,	27-62	TP,	24-58
ASB,	115-210	CF,	69-72	Sac.		UMH,	2-31
BAS,	174-260	LBW,	56-120	SB,	1-36	WB,	25-42
BCO,	1-44	LW,	136-98	SBCP,	306-57	WBCP,	3-24
BCP,	316-409	MDE,	196-307	SLR,	#1	WL,	2-12, 27
Bofs,	8-43	MSB,	B1-B58	SWR,	#1, 9, 16	WS,	19-62
		PH,	972-87				

2. 성만찬의 이해

입교예식(Initiation)과 마찬가지로 기독교인들은 성만찬에 대해서도 여러 관점에서 이해하여 왔다. 실제로 기독교인들이 성만찬에서 경험한 것을 한가지 해석으로 제한시켜 버리는 것은, 비록 그러한 축소주의가 거부하기에는 너무 유혹적이기는 하지만, 그래도 그것은 성만찬이 갖는 능력의 많은 부분을 상실하게 된다. 우리가 여기서 취하고자 하는 방법은 기독교인들이 성만찬에서 경험하는 것을 설명하려고 할 때 사용되는 5개의 주요 주제와 2개의 부 주제를 살펴보는 것이다.

우리는 과거 스웨덴 웁살라의 루터교 대주교였던 브릴리오트(Yngve Brilioth)의 용어들을 다소 다르게 적용하고 또 보충해서 사용할 것이다. 『성만찬 신앙과 실제』(Eucharistic Faith and Practice)라는 책에서 브릴리오트는 5개의 성만찬 주제들을 정의했다. 그 다섯 가지란, 성만찬(Eucharist) 또는 감사(Thanksgiving), 교통과 교제(communion and fellowship), 기념(commemoration) 또는 역사적 의미(the historical), 희생제사(sacrifice), 그리고 신비(mystery) 혹은 임재(presence)이다. 이것에다가 최근의 연구를 따라서 두 개의 부주제를 첨가할 것이다. 즉 성령의 사역(the work of the Holy Spirit)으로서의 성만찬과 종말론적 사건(eschatological event)으로서의 성만찬이다.[18]

이러한 주제들과 그 밖의 주제들은 단편적인 형태로 신약성경에 나타나는데, 신약에서 1세기의 기독교인들이 이해한 성만찬의 의미를 찾기란 당시의 성만찬 형식을 찾아내는 일보다 더 어려운 작업이다. 그러나 분명히 주님의 만찬에 있어 중심적인 행동의 하나는 유대 조상들이 그러했듯이 감사(thanksgiving)이다. 네 개의 모든 성만찬 제정 기록은 예수님께서 감사를 드리는 것으로 또는 하나님께 송축하는 것으로 주님의 만찬을 설명하고 있다. 예루살렘 교회가 "기쁨과 순전한 마음으로"(행 2:46) 떡을 뗄 때 즐겁고 흥분한 행동을 한 것을 보면 감사가 없었다고 생각하기 어려운 일이다.

바울은 고린도전서 10:16-17 같은 곳에서 교통(communion) 또는 교제(fellowship)의 의미를 분명히 하고 있다. "우리가 축복하는 바 축복의 잔은 그리스도의 피에 참예(koinonia)함이 아니며, 우리가 떼는 떡은 그리스도의 몸에 참예함이 아니냐? 떡이 하나요 많은 우리가 한 몸이니 이는 우리가 다 한 떡에 참예함이라." 교회는 서로 함께 먹음으로써 사람들이 서로 연합하는 유대적 개념을 세워나갔다. 성만찬의 참여를 통하여 기독교 공동체는 그리스도를 영접하며, 하나의 떡은 성만찬에 참여하는 자들의 일치의 표징이 된다.

유대적 기도의 핵심은 감사를 통하여 '생각하고 감사하는 재현의 과정'이다. 바울과 누가가 모두 사용한 주요 구절인 "나를 기념함으로"(in my memory-anamnesis)는 이 과정을 강조한다. 기억하고, 회상하고, 다시금 알고, 새로이 경험하는 것은 확실히 성만찬을 시행하는 중요한 목적 중의 하나이다(눅 22:19; 고전 11:24,25). 기념(commemoration)은 성육신을 포함할 뿐만 아니라, 창조로부터 시작하여 신 구약의 모든 사건들을 거쳐 그리스도의 재림에 이르기까지 그리스도의 모든 사역을 포함한다(고전 11:20).

성만찬 제정사는 피를 부음으로 확립된 계약을 회상함에 있어서 희생제사의 언어를 사용한다. 히브리서는 그리스도를 대제사장과 제물에 비유함으로써 특히 희생제사적인 상상을 풍부하게 포함하고 있다. "그리스도는 영원한 영적 희생 제물로서 흠 없는 자기를 하나님께 드렸다"(히 9:14). 교회가 초기에 사용한 말라기 1:11의 "깨끗한 제사"란 말은 그러한 상상이 성만찬에 적용되는 것이 얼마나 자연스러운지를 보여준다. 비록 히브리서에는 제사와 성만찬에 대한 확실한 언급이 없지만, 히브리서 13:15은 "찬미의 제사"(the sacrifice of praise)에 대해 말하고 있다. 더욱 중요한 점은 바울의 그리스도의 전 사역에 대한 이해로 그는 그리스도가 "자기를 비어 종의 형체를 가진 것"(빌 2:7)으로 본다는 점이다. 이 순종의 제사는 성만찬에 의해 기억되었다.

최후의 만찬의 말씀에서 그리스도는 자기의 몸과 피를 빵과 포도주로 동일시하면서 자신의 임재를 말하고 있다. 위에서 언급한 대로 바울은 먹고 마시는 것을 그리스도의 몸과 피에 참여하는 것과 동일시하고 있다. 어떤 사람들은 요한복음 6:51을 성만찬적인 구절로 인용하기도 한다("나의 줄 떡은 내 살이로다").

성령의 사역의 장소로서의 성만찬은 성경에 분명히 나타나지는 않는다. 종말론적인 차원은 최후의 만찬 기사에서 분명하게 나타나는데, 예수님께서 하신 모든 말씀은 "하나님 나라에서 완성"(눅 22:16)되거나, "그가 오실 때"(고전 11:26) 다 이루어지게 된다. 물론 유월절의 배경은 메시아의 오심을 통해 모든 것이 완성될 것이라는 메시아의 향연(messianic banquet)에 대한 기대를 담고 있다. 성만찬에 대한 신약성경의 기록엔 기대(anticipation)가 기념(commemoration)과 마찬가지로 중요한 주제로 보인다.

이러한 기본적인 주제들의 훌륭한 균형이 초대교회에서는 나타난다. 그러나 그것은 결코 완전한 신학으로 되지도 않았고 완전히 균형잡힌 것도 아니었다. 다만 그것은 이러한 개념들을 통해서 왜 기독교인들이 "이것을 하기" 위해 함께 모였는가를 이해함에 있어서 이들 개념들이 통용되었다는 것을 보여주기에 충분할 만큼 자주 언급되었다. 『첫 번째 변증문』(First Apology)에 나타난 저스틴의 짧은 설명조차도 성만찬에 대해서 모두가 "서로 입을 맞추고," "아멘"으로 동참하고, 함께 참여할 때에 사회자는 "감사드리며" 교제의 증거를 제공한다고 말하고 있다. 성경이 낭독되고, 성만찬 의식은 "나를 기념하기 위해" 행해지는 것으로 소개된다. 실제적 임재(즉 문자 그대로 빵과 포도주를 피와 살로 부르는 데서 암시된다)의 개념은 빵과 포도주를 "성육하신 예수님의 살과 피"라고 부르는데서 제시된다.[19] 『디다케』는 종말론적으로 기도한다. "당신의 교회가 땅 끝에서부터 당신의 나라에 모이게 하소서."[20] 희생제사적인 언급은 아주 초기에 나타난다. 『디다케』는 성만찬을 말라기 1:11의 "깨끗한 제사"로 비유하며, 『제 1 클레멘트서』(First Clement)는 제물(prosphora) 또는 성물(dora)을 준비하는 사람들에 대하여 말하는데, 이는 아마 성만찬의 집례자들을 가리키는 것 같다.[21]

이그나티우스(Ignatius)는 성만찬을 "불멸의 약"(the medicine of immortality)으로 말함으로써 가장 강력한 임재의 개념을 우리에게 주고 있으며, 또 가현론자들(Docetists)에 반대하여 주장하기를, "성만찬은 우리

구주의 몸"이라고 한다.[22] 그는 동시에 교회의 교제가 주교를 중심하여야 한다는 것을 확신하고 있다. 이레네우스는, 그리스도의 임재는 그분 자신의 피인 잔과 몸인 빵이라고 선포한다.[23] 키프리안은 시적인 용어로 교제를 말하고 있다. "많은 낱알들이 모여 빻아지고 함께 섞여 한 덩이 빵이 되듯이 하늘의 빵인 그리스도 안에서도 우리의 지체가 연합하여 하나가 된 한 몸이 있음을 알 수 있다."[24]

성령의 역사는 히폴리투스에 의해 언급되고 있는데, 그는 성만찬 기도에서 성령을 거룩한 공회의 제물위에 보내며, 진리로 자신들의 신앙을 강하게 하려고 모인 사람들에게 충만하도록 성부께 기도하고 있다. 그러한 행동은 1세기 후 예루살렘의 시릴(Cyril)에게서 더욱 분명히 나타나고 있다. 그는 신비교리에서 성만찬에 대해 새로운 언급을 하고 있는데, "우리는 자비로우신 하나님께서 그분 앞에 놓인 선물들 위에 성령을 보내셔서 그가 빵을 그리스도의 몸으로 만드시며 포도주를 그리스도의 피로 만드시도록 기도한다. 왜냐하면 성령이 닿는 것은 무엇이든지 거룩해지고 변화되기 때문이다 (metabebletai).[25] 이것은 성만찬의 성물들을 거룩하게 하고 변화시키는 성령의 기능을 이해하는데 있어서 동방 정교회가 취한 방향을 암시한다. 시릴은 비록 서방에선 최근까지 무시되었지만 동방에선 아주 중요하게 된 성만찬 이해의 한 접근에 대한 전조가 되었다.

후기에 발전된 성만찬 신학과 비교할 때 우리는 초대 기독교인들이 실제적이고(realistic) 동시에 상징적인(symbolic) 개념으로 그리스도의 임재를 받아들이고 있었던 점에 대해 당황하게 된다. 시릴은 같은 강의에서 빵과 포도주를 "그리스도의 몸과 피의 표징"(sign, antitypon)으로 말하고 있다. 어거스틴은 때로는 실제적으로 또 어떤 때는 분명히 상징적으로 들리는 언어를 사용한다. 불행하게도 그러한 모호성은 우리에게 더 이상 받아들여질 수 없다. 그러나 그것은 4세기에 가능했던 표현의 범위를 이해하는데 도움을 주고 있다. 받아들여질 수 있는 용어의 범위는 넓었다.

어거스틴은 우리에게 희생제사의 주제에 대하여 통찰력을 제공하여 주고 있다. 그리스도의 영원한 희생(히 9:14)과 기독교인이 그리스도와 연합하는 개념에 근거하여 어거스틴은 말하기를, "이것은 기독교인들의 희생제사요, 많은 우리는 그리스도 안에서 한 몸이다... (교회) 자체는 자신이 하나님께 드린 제물로 바쳐진다."[26] 따라서 성만찬은 그 행위 자체로서 교회의 예배를 그리스도 자신의 영원한 제사와 연합시키는 사건이다. 이 희생의 개념은 그 후 몇 세기 동안은 성만찬 신학을 지배하였다.

기독교의 초기 천년 동안은 성만찬 이해에 대해 분명한 신학적 구별을 하지 못했다는 것으로 특징지어진다. 심지어 성만찬에 대한 전문적인 신학적 토의를 위한 어휘조차도 결여되어 있다. 여러 용어들이 사용되기는 하지만 각자는 자신의 목적에 가장 부합되는 것을 선택하였다. 서방 교회에 있어 한 전조가 암브로스에게서 나타나는데, 그는 축성을 완성시키는 것이 성찬 제정사의 낭송이라고 하였다. "그리고 어떤 말과 누구의 말에 의한 축성이 일어나는가? 주 예수님의 말씀... 그러므로 그리스도의 말씀이 이 성례를 완성시킨다."[27] 그러나 초대교회는 성만찬을 머리로 이해하여 정의하려 하기보다는 마음에서 경험된 것을 표현하려고 하였다. 교회는 성만찬을 토론하기보다는 경험을 해 왔다.

서방에서는 두 수도승이 논쟁을 시작했는데, 파스챠시우스 라드베르투스(Paschasius Radbertus)와 라트람누스(Ratramnus)로 둘 다 9세기 불란서 코르비(Corbie)의 수도승이었다. 파스챠시우스는 성만찬에서 경험되는 그리스도의 임재를 말로 압축시키려고 애쓰면서 우리가 문자적 또는 실제적이라고 부를 수 있는 언어를 사용하였다. 조금 후에 라트람누스는 똑같은 경험을 다소 영적이고 상징적인 언어로 표현하려고 노력했다. 2세기 후에 논쟁이 다시 일어났는데, 이번엔 전에 비해 덜 우호적이었다. 성만찬에서의 그리스도의 임재 경험을 상징적으로 표현하고자 했던 베렝가리우스(Berengarius)의 노력은 단호히 거절되었다. 반면에 성만찬에서 그리스도의 몸이 사제의 손에 의해 다루어지고 부서지고 성만찬 참여자의 치아에 의해 부서진다는 것을 긍정하는 고백이 그에게 강요되었다. 11세기 이후 성만찬은 경건한 경험의 대상이 아니라 지적인 사색의 대상이 되었다.

여기에 잘못은 없지만, 그러나 불행히도 더욱 논쟁적인 주제들이 대두될수록 경건과 교리적 발전에 있어서 다른 것들은 조용히 시들어버렸다. 즐거운 감사의 영성보다는 참회적이고 내적인 경건이 풍미했다. 서방교회에서 미사는 거의 전적으로 수난, 죽음, 부활과 함께 슬픈 신비에 초점을 맞추게 되었다. 미사는 점차로 사제 중심이 되고, 성만찬에 참여할 기회가 거의 없어져 1년에 1회 정도의 사건으로 전락되자, 공동체의 잔치로서의 성만찬의 의미가 사라져 버렸다. 구약봉독의 순서가 미사에서 사라져 버렸고, 로마 교회의 성만찬 기도에서는 창조사건 및 나머지 구약의 구속사는 언급되지 않았다. 이리하여 그리스도 사역의 기념은 극단적으로 간소화되었다. 종말론적인 차원이 오래 전에 사라졌으며, 로마의식(Roman rite)은 성만찬 속에서 역사하시는 성령의 사역을 간과해 버리게 되었다.

토론을 위해서 두 영역이 남아 있다. 어떻게 그리스도가 성만찬 현장에 임재하시며, 어떻게 성만찬이 희생제사가 되느냐 하는 것이다. 후기 중세 신학자들은 이 두 영역에 자신들의 주의를 집중하였다. 가장 중요한 발전은 빵과 포도주의 경험이 그리스도의 실체를 전달한다는 말에 동의를 이룬 것이다. 베렝가리우스의 경험에서 본 바대로, 교회는 공간적인 다양성 안에서 그리스도가 실제적으로 임재한다는 쪽으로 나아갔다. 그러나 화체설(transubstantiation)이라는 단어는 후기에 나왔고, 한참 뒤에야 그 개념을 표현하려는 노력이 있었다. 그것은 1215년 제 4차 라테란 공의회(Lateran Council)에서 "빵이 몸으로, 포도주가 피로 변한다"[28]라고 말하기 전까지는 명시적으로 사용되지 않았다. 어휘 자체는 시대가 흘러가면서 의미가 변화되었다. 가장 유용한 철학적인 도구들, 특히 아리스토텔레스를 사용하여 13세기는 이 기적이 표현될 수 있도록 기술했다. "빵의 본질(substance)이 그리스도의 몸으로, 포도주의 본질이 그분의 피로 변한다.[29] 그 형상(accidentus, 감각에 인지될 수 있는 것)은 계속 남아 있으나, 본질

(substance, 내적인 실제)은 변화되며, 이는 형상과 본질이 일치되는 자연 세계와는 반대가 된다. 이러한 합리주의의 승리는 신비를 받아들이고 찬양하기보다는 오히려 설명하려고 노력하였다.

그러한 신학적인 정의와 나란히 손을 잡고 성만찬 집례가 이루어졌는데, 빵과 포도주가 모두에게 보이도록 들어 올려지는 거양성체(elevation) 때에 사람들에게 극적으로 보여지는 것을 제외하고는 점차 그 성물들(빵과 포도주- 역자 주)은 일반 회중들로부터 멀어졌다. 병재의 교리(concommittance, 빵 속에 그리스도의 살과 피가 병재한다는 이론-역자 주)는 그리스도 전체가 포도주의 모든 방울과 떡의 모든 조각에 임재한다는 것을 분명히 했으므로, 더 이상 평신도가 그리스도의 피를 엎지를 모든 위험을 갖고서 잔을 받을 필요는 없다고 생각되었다. 성만찬이 드물게 실시됨으로써 평신도의 역할은 최소한으로 줄어들었다. 사제는 그들을 대신하여 사람들이 거의 이해하지 못하는 언어로 미사를 드렸다.

희생제사로서의 성만찬에 대한 사상이 또한 발전되었으므로 미사는 하나님을 달래기 위해 드려지는 것으로 여겨졌고, 바라는 목적을 얻기 위해서 드려졌다. 미사는 기념이요, 갈보리의 독특한 희생제사의 반복이 아니라는 현학적인 설명이 평신도에게는 자주 잊혀졌다. 당시의 속죄론은 거의 독점적으로 하나님의 의를 만족시키는 예수님의 죽음에 초점이 맞추어졌고, 성만찬 역시 이러한 계획 속으로 산뜻하게 짜 맞추어졌다. 이런 좁은 의미의 희생의 개념은 너무 쉽게 성만찬을 하나님의 사랑을 획득하는 안전한 수단으로 전락시켰으며, 이미 성취된 영원한 하나님의 사랑의 선포라는 개념이 사라졌다.

임재와 희생에 대한 개념은 중세 후기에 크게 발전하였으나, 이것이 강조됨으로써 성만찬에 대한 해석이 균형을 잃게 된 것이 사실이다. 만일 성만찬을 감사의 선포요, 연합의 성례요, 모든 구속사의 기념이요, 성령의 현재적 사역이요, 메시아적 향연의 예형으로 보고 광범위한 관심을 기울였다면 교리의 발전은 훨씬 달라졌을 것이다.

종교개혁에서 우선 순위의 전환이 일어남으로써 몇몇 경우에는 균형 잡힌 성만찬의 해석을 회복시키는데 어느 정도 성공을 이룩하였다. 개혁자들이 일치한 일은 극소수이지만 임재와 희생제사 개념에 대한 중세 후기의 이해를 거부한 것이 바로 그 중의 하나이다. 모국어의 사용을 주장한 종교개혁은 교제의 의미를 회복하였고, 기념으로서의 성만찬의 개념을 폭넓게 하였으며, 임재와 희생의 개념에 있어서 개혁을 이루었다. 브릴리오트는 말하기를, "교제의 개념을 재발견한 것은 성만찬에 대한 종교개혁의 가장 큰 긍정적 공헌이다"라고 하였다.[30] 감사의 즐거운 의미를 회복한 업적도 그 중의 하나이며, 성령의 사역에 대한 인식이 몇 사람에 의해 회복되었다. 그런데 종말론적인 인식은 박해 아래 있는 사람들을 제외하고는 드물었다.

루터는 미사의 전례가 희생제사의 냄새를 나게 하는 것이므로 그것을 버렸으며, 희생제사 개념을 미사의 "세 번째 포로"(third captivity)로 보는 사람으로서 그것에 대한 긍정적 성과를 남길 수는 없었다.[31] 그러나 그가 임재의 개념과 씨름하여 화체설("두 번째 포로")을 거부하였지만, 그 대신 마치 빨갛게 달구어진 철이 동시에 철과 불이 될 수 있듯이 빵과 포도주가 여전히 본질상 그대로 남아 있을지라도 그것은 동시에 그리스도의 몸과 피가 된다고 주장했다. 왜냐하면 그리스도는 그의 신적인 본성상 어디에나 임재하시며(ubiquity) 그의 신성의 모든 능력은 그분의 인성에 전달되기 때문에 그리스도는 천 개의 제단 위에 동시에 임재하실 수 있다. 이것은 비록 공간적 의미의 임재 개념을 가니고 있기는 하지만 어떤 문제를 해결하여 주고 있다. 그리스도는 빵과 포도주 "안에"(in), "함께"(with), 그리고 그 "아래에"(under) 임재하신다. 중세 교회의 임재 개념에 저항을 하면서도 루터는 그것에 집착하고 있다고 볼 수 있다. 루터는 수세기 등안 평신도에게 금지되었던(첫 번째 포로) 성만찬 잔에의 참여를 회복하였으며, 모국어의 사용, 그리고 풍부한 회중 찬송가를 부활시켰다.

종교개혁의 가장 큰 비극 중 하나는 임재의 개념에 대한 루터와 쯔빙글리간의 다툼으로서 이 싸움은 마르부르크 회담(Marburg Colloquy)에서 터져나왔다. 쯔빙글리는 육적인 것이 영적인 것을 옮길 수 있다는 개념에 참지 못하여 루터의 가르침을 거부하고, 그리스도는 단지 그의 신성에 의해 영적으로 임재하신다고 주장하였다. 쯔빙글리의 장점은 함께 신앙을 고백하는 참가자들의 교제와 영적 일치에 대한 강조, 그리고 질료보다는 사람의 변화에 있다. 루터는 우파의 합리주의(스콜라주의)와 좌파(쯔빙글리의 인본주의)의 사이에 사로잡혔고, 그래서 두 개혁자는 결국 성만찬 예전에 대해서 서로 일치하지 못하고 분열되어 버렸다. 분명히 그들은 사실 "다른 영"(different spirit)에 속해 있었다.

칼빈의 역할은 둘 사이의 중재자로서의 그 무엇이었다. 그러나 그는 자신의 많은 것을 첨가시켰고, 오히려 초대교회의 어떤 것을 회복시켰다. 우리를 가장 잘 아시는 하나님께서는 자신을 우리에게 주시기 위해 외적인 표징(sign)들을 사용하신다. 우리의 죄와 믿음의 부족 때문에 그러한 표징들이 필요하다. 우리를 향하신 하나님의 사랑 때문에 이것들은 유효하다. 우리는 성만찬에서 그리스도를 먹는다. 그러나 그것은 오직 우리의 영혼을 하늘에 올리시는 성령의 역사를 통해서만 가능하다. 그리스도를 먹는 수단은 하나의 "신비로서 단순히 마음이 깨닫지 못하며, 언어로 표현 못한다."[32] 성령의 역할과 신비의 의미를 강조하면서 칼빈은 중세의 발달에서 간과되었던 믿을만한 초대 기독교의 요소들을 들추어냈다. 칼빈은 또한 주님의 만찬의 상호 사랑 혹은 교제를 의미한다고 강조한다. "어떤 자극이 그리스도보다 더 날카로워서 우리 사이의 상호 사랑을 일으킬 수 있겠는가, 자신을 우리에게 주시고 스스로 본을 보여 우리를 초대하여 서로에게 우리 자신을 주며 보증할 뿐만 아니라, 자신이 모두에게 공통적인 만큼 우리 모두를 그분 안에서 하나되게 하시는 그리스도이시다."[33] 하늘에 계신 그리스도에 대한 그의 공간적 위치는 미숙하게 보이며, 또한 희생, 감사, 기념, 또는 종말의 개념에 대해서도 많은 공헌을 하지는 못했다. 그러나 칼빈은 성령 사역의 중심성을 확신하고 있다.

재세례파 가운데서는 범죄한 수세자들을 성만찬에 금지시킴으로써 교제의 의미가 더욱 강조되었다. 순수한 교회는 또한 박해하의 교회였으며 찬송 가운데서 그 실체를 반영했다. 박해의 위협과 순교의 의식 하에서 재세례파들은 생생한 종말론적인 열정을 반영하고 성만찬을 행하였다.

처음 두 개의 BCP에 표현된 크랜머의 성만찬 교리에 대해서는 많은 논쟁이 있었다. 일반적으로 그의 입장은 다소 쯔빙글리와 비슷하게 보였으나, 빈번한 성만찬 시행의 가치에 대해선 더 강한 견해를 가지고 있었다. "그러나 그가 주의 만찬을 더욱 높게 평가한 것과, 그리고 그 신실한 준수는 하나님의 은혜의 역사가 동반된다는 것을 강조하는데 있어선 쮜리히 개혁자와 구별된다."[34] 비록 대부분의 종교 개혁자들이 편협하게 그리스도의 수난에 초점을 맞추는데 비해서, 쯔빙글리는 기념적 차원과 더불어 교제에 대한 언급을 자주 하고 있다.

요한 웨슬레는 종교개혁 논쟁 이후 시대에 산다는 점과 교부들에 대한 깊은 지식이라는 이점을 가졌다. 많은 면에 있어서 칼빈과 가깝지만, 웨슬레는 제네바 개혁자조차도 결여하였던 균형을 달성했다. 이 사실은 요한 웨슬레와 찰스 웨슬레의 『주님의 만찬 찬송』(Hymns on the Lord's Supper) 구절들에 반영되어 있다. "그리스도의 고난과 죽음의 기념으로서," "은혜의 징표와 방편으로서," "하늘의 서약인 성찬," "희생을 의미하는 거룩한 성만찬," "우리 인격의 희생에 대해," 그리고 '성례전 후' 등이다.[35] 마침내 성만찬 희생에 대한 개신교의 긍정적 진술이 신비로서의 임재라는 교부적-칼빈적 의미와 연합되어 웨슬레에게서 나타난다. 비록 기념과 감사가 여전히 그리스도의 수난과 죽음에 편협하게 집중되어 있지만, 종말론적이고 성령론적인 개념이 교제의 개념과 함께 생생하게 나타나고 있다.

최근 들어 성만찬의 이해에 있어서 더욱 조심스럽게 균형잡힌 접근방향으로 특별한 발전이 이루어지고 있다. 브릴리오트의 『성만찬 신앙과 집례』(Eucharistic Faith and Practice)는 루이스 부이어(Louis Bouyer) 같은 로마 가톨릭 학자에 의해 사용되었는데, 그 자체가 이 과정에 큰 공헌이 되었다. 그러나 더 광범위한 진전은 초교파적인 접촉과 성만찬 신학에 대한 성경적, 역사적, 그리고 신학적 관점의 더 많은 연구로 인해 일어났다. 임재와 희생의 문제 영역은 여전히 큰 관심의 대상이었으나, 모든 분야에 있어서도 우리의 이해는 크게 증진되었다.

제2차 바티칸공의회는 미사에서 그리스도가 한 가지 방법이 아니라 다양한 방법으로 임재하신다고 선언함으로써 임재의 문제에 관해 현저한 공헌을 이룩했다. 집례자의 인격 안에, 빵과 포도주에, 성찬 의식 속에, 말씀 안에, 그리고 회중 가운데 임하신다는 것이다(CSL, par. 7). 더 최근에는 우리들 가운데 가난한 자들에게 그리스도가 임재하신다는 생각이 또 다른 임재의 유형으로 현실화되었다. 이 인식이 천 년만 일찍 나왔더라도 얼마나 역사가 달라졌을까!

로마 가톨릭 신학자들은 성만찬에 있어서 성례전적 표징의 목적이나 의미에 강조점이 놓이는 "의미변화설"(transsignification)이라는 개념을 발전시킴으로써 또 다른 실마리를 끄집어내었다.[36] 일찍이 카젤(Odo Casel)이 공간적인 신비라기보다는 시간적인 신비로서의 미사를 묘사함으로써 새로운 가능성을 열어 주었었다. 의미변화설에 따르면, 만약 어떤 것의 의미가 바로 그 존재의 중요한 요소라면 빵과 포도주는 그리스도의 몸과 피를 상징하기 위해 성만찬에서 존재론적 변화를 겪는다고 말할 수 있다. 비유를 들자면, 쵸콜렛 상자는 그것을 주는 상징적인 행동을 통해서 선물이 되며 따라서 그것들은 더 이상 단순한 과자가 아니라 자신을 주는 수단을 의미한다. 이러한 새로운 개념들은 실제로 존재를 의미와 동등하게 나타내는데, 최근의 현상학적 철학의 통찰력을 받아들이며, 때로는 인간적 차원을 용납하기 위해 상징을 사용하시는 하나님에 대한 칼빈의 이해를 반영하는 것처럼 보인다. 이러한 새로운 접근들은 로마 가톨릭에 의해서 만장일치로 받아들여지려면 아직 멀었지만 많은 개신교들에겐 공통적인 이해를 위한 하나의 기초로서 큰 호소력을 가지고 있다. 이것이 가능하게 되려는 초석은 1982년의 에큐메니칼 문서인 『세례, 성만찬 그리고 직제』(Baptism, Eucharist, and Ministry)에서 보여졌다.[37]

희생에 대한 이해는 수난-속죄의 측면뿐만이 아니라, 자신을 빌어 종의 형체를 취하신(빌 2:7) 그리스도의 성육신 사건 전체와 일치시킴으로써 괄목할만하게 확장되었다. 신약성경과 초대교회에서 희생제사적인 어휘가 있다는 것이 더욱 널리 인정되었다. 그리스도께서 우리를 위해 영원한 희생을 드리는 가운데서 그리스도와 연합된 것으로 어거스틴이 묘사한 교회의 형상을 다시 회복하게 됨으로써 이미 성취한 그리스도의 사역의 독특한 특성을 감소시킴이 없이 보다 광범위하고 적극적인 접근을 가능하게 해 주었다. 오늘에 와서 희생은 또한 그리스도 사역에 대한 기념으로 보여지고 있으며, 기독교인들이 가지거나 또는 찾기를 바라는 모든 것은 하나님께 바쳐야 한다. 그러므로 기념과 희생은 긴밀히 연결되어 있다.

기념(commemoration)은 지금에 와서 가장 넓게 창조에서 마지막 심판까지의 모든 그리스도의 사역을 포함하는 것으로 보여진다. 중요한 예전적 발전은 주의 만찬에 구약성경 봉독과 시편을 포함하게 된 것이요, 서방 교회의 성만찬 기도에서 구약에 나타난 하나님의 구속사를 다시 회복하게 된 것이다. 기념은 단지 성 금요일과 부활절을 회상하는 것보다 훨씬 더 넓은 의미이다.

감사(thanksgiving)는 기념에 대한 폭넓은 이해와 더불어 많은 근대 의식에서 풍부하게 표현되어 왔다. 성만찬은 다시 한번 즐거운 찬양의 의식이 되었다. 이 일부는 동방 교회와의 접촉 때문인데, 동방교회에서는 교회에 오는 것이 우선적으로 하나님이 행하신 일에 대해 찬양하기 위함이지 우리가 죄인임을 하나님께 말하기 위함이 아니라고 주장했다. 그러나 그리스도의 고통과 죽음의 슬픈 신비조차도 궁극적으로는 기쁜 일이다.

동방 교회는 또한 서방 교회 사람들로 하여금 성령의 사역으로서의 성만찬 이해가 얼마나 생명력 있는가를 깨닫게 했다. 실제로 모든 새로운 성만찬 기도들은 성령임재기도(epiclesis)를 분명히 가지고 있다. 신학적인 사고보다는 오히려 경험으로부터 활동하는 오순절파들은 금세기 초부터 이러한 인식을 귀중하게 여겼다.

교제(fellowship)에 대한 새로운 가치의 증거는 풍부하다. 예를 들어 제 2차 바티칸 공의회에서 토착적인 의식의 개혁, 빵과 포도주 두 가지 모두를 손에 받는 것, 그리고 온전한 회중의 참여를 위한 노력 등이다. 로마 가톨릭처럼 개신교회들도 평화의 입맞춤을 회중의 행동으로 되찾았다.

확실하지는 않으나 그리스도이신 예수님 안에서 모든 것이 완성되는 것의 표식으로서의 하늘 나라의 잔치를 바라보는 대망으로서 성만찬을 보는 관심이 또한 증가했다. 많은 새로운 성만찬 기도들은 명시적으로 이러한 기독교 신앙을 진술하고 있다. 개신교회들에서와 똑같이 로마 가톨릭 교회에 의해 회복된 환호사(acclamation)는 이것에 대한 하나의 표징이다. "그리스도께서 다시 오신다."

교회가 주님의 만찬에서 경험하는 것에 대한 이러한 새로운 이해들은 오늘의 교회에 큰 기쁨을 주고 있다. 이러한 해석들은 기독교인들로 하여금 성경과 초대교회에로 더욱 가까이 인도할 뿐만 아니라, 서로에게 더 가깝게 접근하도록 만들어 준다.

3. 목회적인 행동

목회적인 실천은 최근에 일어난 이러한 이해를 교회가 얼마나 갖게 되었는가 하는 것을 반영해야 하고, 동시에 이 영역에서 온전한 사역을 수행할 수 있도록 해야 한다. 성만찬을 계획하고 준비하는 자들과 집례하는 자들에게 이론과 실제 사이에는 밀접한 관계가 있다.

먼저, 전부는 아니더라도 건축 양식적 배경이 우리에게 열려진 많은 가능성들을 지배하게 된다. 모든 전통은 사제나 목사가 회중을 마주볼 수 있도록 자유로이 설 수 있는 제단을 요구하는 쪽으로 나아갔다. 이것은 1964년에 로마 가톨릭 교회가 의무사항으로 정하였으며, 대부분의 개신교 교회들도 이를 따랐다. 일단 주님의 식탁을 가로질러 회중을 마주보면서 시행하게 되면 다시 그들에게 등을 돌리기란 어렵다.

만약 이것이 전통의 실천이라면 회중을 마주보아야 할뿐만 아니라 그들이 제단에 나아오기가 쉬워야 한다. 어떤 전통적인 교파에서는 주의 만찬 식탁 주위에 모일 때, 서든지, 무릎을 꿇든지, 아니면 그 주위에 앉든지 간에 어떠한 형태로든 주님의 식탁 주위에 모이는 것을 회복하였다. 이웃들과 함께 앞으로 나아오는 행위 자체가 친교와 헌신의 강력하고 비언어적인 표현이다. 제단은 잘 보여야 할뿐만 아니라 접근이 용이하여야 한다. 점차 많은 교회에서는 성만찬이 없는 경우조차도 제단을 모든 기도와 봉헌의 초점으로 하고 있으며, 설교는 설교단을 중심으로 하고 있다. 이는 사용되기 위해 계획되고 또 사용되고 있는 목회적 제단을 의미한다. 그것은 현저하게 눈에 띄지만 반면 사용되지 않고 성경이나 꽃이나 양초로 장식된 기념비 같은 제단을 의미하는 것이 아니다.

주님의 만찬은 근본적으로 행동이며, 그것은 말씀에 의해 보충되는 행동이다. 어떻게 그러한 행동이 의미를 전달하도록 우리가 주의를 기울이고 있는가? 순수하게 배우는 하나의 경험으로서 훌륭한 실험은 말로 그것에 대해 설명하기보다는 침묵가운데서 동작, 그릇들, 질료들, 환경, 예복, 그리고 소통을 위한 모든 다른 유용한 매개물들을 활발하게 사용하는 가운데 성만찬을 실제로 집례하는 일이다. 모든 새로운 성만찬 의식들은 위에 언급한 4가지 동작들 위에 기초하고 있다. 떡을 떼거나 준비하는 동작은 그것이 준수되어야만 하는 식사의 행위라는 사실에 주의를 기울이게 만드는가? 그리고 제단과 질료들은 준비되어야만 한다는 사실에 주의를 기울이게 만드는가? 우리는 빵과 포도주를 인해 하나님께 감사함에 있어서 우리의 목소리뿐만 아니라 손도 사용하는가? 빵을 떼는 행위는 많은 사람을 위해 하나의 빵이 찢어지는 것을 분명히 표현하고 있는가? 빵이 받는 사람 손에 주어질 때 실제적인 손의 접촉이 있는가? 이 모든 행위들은 상징의 가치가 숨겨지지 않고 표현되기 위해서 충분한 주의를 요한다. 훌륭한 커뮤니케이션은 사려 깊은 준비를 요구한다.

하나님께선 집례자와 회중을 통해 역사하신다. 그러나 집례자는 가능한 한 분명한 커뮤니케이션이 이루어지도록 노력해야 하는 책임이 있다. 설교시에 중얼중얼 거릴 수 없는 것처럼 성만찬을 집례하면서 엉성한 행동을 해서는 안 된다. 이러한 상징 행위들은 장식품이 아니다. 이것은 회중을 하나님과 교제하도록 이끄는 사역의 생명력 있는 부분이다. 주님의 만찬에서 우리는 하나님께서 얼마나 완전하게 우리를 알고 계시며, 온전한 인간으로서 우리를 얼마나 사랑하시는지를 이해하게 된다. 하나님 존재의 영광과 주권이 비천한 인간의 차원으로 공급되어진다. 그러므로 성만찬을 인도할 때, 우리의 손과 몸과 음성으로 행하는 모든 것들은 인간이 관계를 맺고 교통함에 있어서 민감성을 요구하는 중요한 사역이다. 거기에는 음성 언어와 동시에 신체언어(body language)가 있으며, 또한 우리는 이 둘을 유창하게 구사하는 방법을 배워야 한다.

빵과 포도주 자체는 성만찬 의식의 중요한 요소이다. 때때로 로마 가톨릭 주일 학생들에게 "성체(wafer)는 빵이다"라고 믿게 하는 것이 "빵이 그리스도의 몸이 된다"는 것을 믿게 하는 것보다 더 믿음을 필요로 한다고 이야기 되어왔다. 그들이 본 것은 실제의 빵이었다. 보통의 음식을 사용하는 점이 성만찬의 핵심이다. 그리스도는 넥타(nectar)나 암브로시아(ambrosia), 즉 신의 음식을 사용한 것이 아니라 인간의 음식인 빵과 포도주를 사용했다. 상징은 억지로 꾸며져서는 안 된다. 빵이 정상적인 모습이나 맛 또는 향기를 지닌 것이 아닌, 판지과자(cardboard wafers)나 플라스틱 "물고기 음식"(fish food)이나 다른 어떤 것이 되어 버릴 때 상징적 가치의 많은 부분이 상실된다. 포도주도 마찬가지이다. 빵은 쉽게 뗄 수 있는 빵이어야 하며, 너무 신선하거나 너무 오래된 것이 아니어야 한다. 빵을 떼는 행위는 만약 주의깊게 행한다면 가장 의미 있는 부분 중의 하나이다. 주는 행위 역시 마찬가지로 중요하다. 선물을 주는 것은 실제적인 예술이 될 수 있다. 빵과 포도주를 주는 것도 예외가 아니다.

잔을 나눌 때 특별한 문제가 적용된다. 분명히 연합을 위한 최상의 상징적 가치는 공동의 성찬배(chalice)로부터 포도주를 주는 데에 있다. 그러나 대부분의 미국 문화권의 사람들은 비록 보이지는 않지만 병균을 믿는다. 미국 의학협회(The American Medical Association)는 성찬배가 씻겨지면서 수찬자 각각에게 돌려질 때에 "모든 위험을 제거하는 것으로 보인다"고 발표하였다.[38] 그러나 과도한 걱정을 가진 사람들에겐 이런 공포를 없애는 한 가지 방법은 빵을 공동의 성찬배에 담그거나 또는 성찬배로부터 개인의 잔에 붓거나 포도주를 개인의 잔에 나누면 된다. 오늘날까지 소모된 빵과 포도주의 양은 결코 몇 조각이나 몇 방울이 아니다. 그러나 더 많은 양을 사용한다면 확실히 더 높은 정도의 상징가치가 발휘하게 된다.

병자에게 실시할 때는 특별한 문제가 발생된다. 로마 가톨릭에서는 특별 집례자(평신도)의 제도를 고안해 내서 이들이 어떤 때는 매일 병자와 노인에게 성만찬의 빵을 가져다 주도록 훈련시킨다. 또 다른 방법은 회중 중에서 몇 사람을 데리고 목사나 신부가 병실로 가서 성만찬을 집례하는 것이다. 이는 분명히 축소된 형태이어야 하지만, 그럼에도 불구하고 실제로 주님의 몸을 분별하는 예배이어야 한다. 어떤 교회들은 병실에서 하는 성만찬 예식을 가지고 있다. 축성된 빵과 포도주를 병든 자에게 가져다주는 것은 순교자 저스틴 이후 계속해서 중요한 사역이 되어왔다. 보다 많은 계획, 준비, 그리고 모든 외적이고 가시적인 면에 있어 주의를 기울이는 성만찬 집례는 하나님 자신을 주시는 내적인 실재와 가장 훌륭하게 교통하기 위해서 무엇보다 필요하다.

주)

1) Joachim Jeremias, ***Eucharistic Words of Jesus*** (New York: Charles Scribner's Sons, 1966), p.173.
2) Gregory Dix "예전의 형태"; Joseph Jungmann의 "로마의 가톨릭의 미사" (New York: Benziger, 1951~55), 제2권, Brilioth의 "성만찬의 신앙과 예배의 식"(London: S.P.C.K., 1953) 등의 저서들은 성만찬 연구의 현대적 고전들이다. Dix는 서인도 교회에서 최초로 1950년에 의식이 나온 이래, 거으 모든 예전의 수정에 깊은 영향을 주었다.
3) Church of the Brethren, ***Pastor's Manual*** (Elgin, Ill.: Brethren Press, 1978), pp.27~58; Sac., 208; BCP, 274; LBW-Minister Desk Ed., 138.
4) 이 논의의 더 나은 개요는 A.J.B. Higgins의 "신약에서의 주의 만찬"(London: SCM Press, 1952) pp.13~23을 참조하라. 또한 Jeremias의 "성만찬의 말씀들" pp.41~84를 보라.
5) Hans Lietzmann, ***Mass and Lord's Support***(Leiden, Netherlands: E.J. Brill, 1979); also Oscar Cullmann and F.J. Leenhardt, ***Essays on the Lord's Support*** (Richmond, Va.: John Knox Press, 1958).
6) Church of the Brethren, ***Pastor's Manual***, pp.27~58.
7) Didache, 9~19, 14, Cyril Richardson, ed., ***Early Christian Fathers*** (Philadelphia: Westminster Press, 1953), pp.175~76, 178.
8) ***First Apology*** 65, Richardson, ***Early Christian Fathers***, pp.285~86.
9) 가장 용이하게 이용할 수 있는 것으로 R.C.D. Jasper와 G.J. Cuming의 ***Prayers of the Eucharist:Early and Reformed*** (New York: Pueblo Publishing Co., 1987)의 pp.31~38를 보라. 또한 G.J. Cuming, ***Hippolytus: A Test for Students*** (Bramcote, Notts., U.K.: Grove Books, 1976)의 pp.10~11를 보라. 원어로는 A. Hanggi와 I. Pahl, ***Prex Eucharistica*** (Fribourg: Editions Universitaires, 1968), pp.80~81를 참조하라. 이 저서들은 다음에 이어지는 페이지에서도 계속적으로 가장 유용할 것이다.
10) Jasper and Cuming, ***Prayers***, p.34.
11) Bernard Botte, ***La Tradition Apostolique de Saint Hippolyte*** (Munster, W. Germany: Aschendorffsche, 1963), p.28.
12) "To the Smyrnaeans," 8, Richardson, ***Early Christian Fathers***, p.115.
13) John Wordsworth, ed., ***Bishop Sarapion's Prayer-Book*** (Hamden, Conn.: Archon, 1964), p.63.
14) Dix, ***Shape of the Liturgy***, p.48.
15) 개혁 교회의 성만찬을 만들기 위한 노력으로서 최초의 다섯 번의 결정적인 시기

동안에, 가장 중요한 개신교 예전의 연표는 다음과 같다.

1521 Andreas Karlstadt, Wittenberg Christmas Mass(German)

1522 Kaspar Kantz, "Evangelical Mass" (German)

1523 Martin Luther, *Formula Missae*

    Thomas Muntzer, "German Evangelical Mass"

    Ulrich Zwingli, *De Canone Missae Epicheiresis*

    John Oecolampadius, *Das Testament Jesu Christi*

1524 Diobald Schwarz, *Teutsche Messe*

    Guillaume Farel, *La Maniere et fasson*

    "Worms Mass"(German)

    Martin Bucer, *Grund und Ursach*

1525 John Oecolampadius, *Form und Gstalt*

    Ulrich Zwingli, *Action oder Bruch des Nachtmals*

    Dober, Mass for Nuremberg Hospital Chapel(German)

    Martin Luther, *Deutsche Messe*

See Irmgard Pahl, ed., *Coena Domini I* (freiburg: Universitatsverlag, 1983).

16) "Formula Missae," in Bard Thompson, ed., *Liturgies of the Western Church*, p. 108. This book and Jasper and Cuming, *Prayers of the Eucharist*, should be consulted for the texts of Protestant rites.

17) (Nashville: Abingdon Press, 1987).

18) Note two important works: John McKenna, *Eucharist and Holy Spirit* (London: Alcuin Club, 1975), and Geoffrey Wainwright, *Eucharist and Eschatology* (New York: Oxford University Press, 1981).

19) *First Apology*, 65~67, Richardson, *Early Christian Fathers*, pp.286~87.

20) *Didache*, 9, Richardson, *Early Christian Fathers*, p.175.

21) *Clement's First Letter*, 40 and 44, richardson, *Early Christian Fathers*, pp.62, 64.

22) "To the Smyrnaeans" 7, Richardson, *Early Christian Fathers*, p.114.

23) "Against Heresies" 5, 2, Richardson, *Early Christian Fathers*, p.388.

24) Epistle 62, 13, ANF, 8, 217.

25) "Mystagogical Catechesis Ⅴ," *St. Cyril of Jerusalem's Lectures on the Christian Sacraments* (London: S.P.C.K., 1960), p.74.
26) "City of God," 10, 6: NPNF, 1st series, 2, 184.
27) *On The Sacraments*, Ⅳ, 14; Jasper and Cuming, *Prayers*, pp.144~45.
28) Henry Denzinger and Adolf Schonmetzer, *Enchiridion Symbolorum*, 33rd ed.(Rome: Herder, 1965), p.260.
29) "Decree for the Armenians," in Petry, ed., *A History of Christianity*, p.328.
30) Brilioth, *Eucharistic Faith and Practicd*, p.97.
31) 루터가 명백한 희생적 언어를 나타내는 성직수임의 용어 외에 미사에 규범을 폐지한 것은 매우 아이러니하다.
32) Calvin, *Institutes*, Ⅳ, xvii, 7, p.1367.
33) Ibid., Ⅳ, xvii, 38, pp.1415~16.
34) Cyril Richardson, *Zwingli and Cranmer and the Eucharist* (Evanston, Ill.: Seabury-Western Theological Seminary, 1949), p.48.
35) J.E. Rattenbury, *The Eucharistic Hymns of John and Charles Wesley* (London: Epworth, 1948), pp.195~249.
36) E. Schillebeeckx, *The Eucharist*(New York: Sheed and Ward, 1968); Joseph Powers, *Eucharistic Theology*(New York: Herder & Herder, 1967); and Joseph Powers, *Spirit and Sacrament* (New York: Seabury Press, 1973).
37) (Geneva: World Council of Churches, 1982).
38) *Bishops' Committe on the Liturgy Newsletter* 15 (January 1979): 147.

제 IX 장

인생여로와 통과의례들
(Journeys and Passages)

인생은 주기적으로 반복되는 일과 어쩌다 한번 일어나는 특별한 사건들로 가득 차 있다. 사람은 평생에 여러 번 질병에 걸리지만 죽음은 한번만 경험한다. 우리는 기독교 예배가 자주 일어나는 인생의 위기와 또한 한번만 일어나는 특별한 사건에 대해 섬기는 방식을 가지고 있다는 것을 발견한다. 따라서 우리는 인생 여로에서 반복적으로 일어나는 주기들과 한 단계에서 또 다른 단계로 넘어가는 절차로서 경험하게 되는 특별한 사건들에 관해 언급하겠다. 이 두 가지 모두 특별예배 혹은 목회 예식이라고 불리는 것들을 통해 기독교 공동체가 특별한 관심과 주의를 기울일 필요가 있다. 이러한 예배들은 기독교 공동체의 구성원들이 인생 행로를 계속적으로 갈 때, 그리고 새롭고 돌이킬 수 없는 경험들을 통과하게 될 때에 공동체가 사랑으로 그들을 돌본다고 하는 사실을 나타내 보여준다.

인생을 통한 여로는 하나님의 뜻이라고 우리가 알고있는 것들을 어기는 죄들을 포함하며, 이는 모든 기독교인들에게 있어서 똑같이 해당된다. 모든 기독교인들은 기본적으로 죄인이며 우리는 이 사실을 알고 있다. 그러나 기독교 예배는 특히 죄의 짐이 우리에게 너무 무거워질 때에 이러한 우리의 상황을 다루는 방법들을 제공하고 있다. 다양한 방법들을 통해서 기독교인들은 회개할 수 있으며, 하나님께서 죄를 용서해 주신다는 확신과 함께 살아갈 수 있다. 그러한 과정에는 다양한 명칭이 붙어있다. 참회(penance) 또는 고백(confession)은 전통적인 용어이다. 화해(reconciliation)는 현대에 선호되는 이름이다. 화해는 하나님과 재결합되는 수직적인 의미와 이웃과의 재결합이라는 수평적인 의미를 동시에 가지고 있기 때문에 우리는 이 마지막 용어를 사용하고자 한다.

화해는 자주 병든 영혼을 위한 약으로 보여진다. 동시에 기독교는 몸이 아픈 구성원들을 섬기는 일을 수행한다. 어떤 사람들에게 질병은 좀처럼 일어나지 않거나 또는 전적으로 일어나지 않는 일이지만, 일반적으로 많은 사람들에게는 반복적으로 일어나는 사건이다. 사도시대 이후 기독교인들은 아픈 영혼들뿐만 아니라 몸이 아픈 사람들을 위한 치유를 수행해 왔다. 병자와 죽어가는 자를 위한 사역은 그 어느 때보다도 최근에 더욱 관심의 대상이 되었다. 질병은 많은 사람들의 인생 여로에 있어서 중요한 부분이며, 그러므로 교회는 이러한 일에 사람들과 함께 하여야 한다.

인생에 있어서 승리로운 국면과 어려운 국면은 매일 매일의 순탄한 국면만큼이나 똑같이 기독교 예배를 위한 때가 된다. 인생의 위기 시점은 신앙의 공동체가 그 사람의 주위에 모여서 그 사람을 향한 공동체의 사랑을 표현할 때에 여러 다양한 단계로 나아가는 통과의례가 된다. 결혼(대부분의 사람들에게), 안수(일부의 사람들에게), 종교적 고백 또는 헌신(일부 사람들에게), 그리고 죽음(모든 사람들에게)이라는 각각의 통과는 세 가지의 단계를 반영한다. 첫 번째 단계는 지나간 삶의 방식으로부터의 분리이고, 두 번째 단계는 전이 또는 새로운 질서나 존재로 나아가기 위해 문턱을 넘는 순간이며, 마지막으로 새로운 삶의 방식이나 죽음 그 자체로 결합이다. 몇 가지는 장소의 전이(새 집, 새 일터, 새 공동체, 공동묘지) 뿐만 아니라 시간의 전이(약혼, 신학교 공부, 수련기간, 건강의 악화)등을 포함하기도 한다.

기독교인들에게 있어서 이러한 인생 행로가 어느 것도 순전히 개인적인 순간은 아니다. 오히려 전 교인 공동체가 나누어 가지는 관심이다. 결혼은 새로운 가정의 형성을 나타내며, 잠재적으로 그리스도의 몸에 덧붙여진다. 심지어는 죽음의 고독함까지도 죽음이 사람을 교회로부터 떼어놓는 것이 아니라 단지 보다 더 큰 집합체인 승리의 교회로 이동시키는 것에 불과하다는 믿음에 의해서 소멸된다. 공동의 관심사와 마찬가지로 이러한 심히 개인적인 순간들도 일반적으로 기독교 공동체의 한 가운데서 의식이 거행된다. 사랑의 공동체는 결혼과 성직 임명의 기쁨뿐만 아니라 병과 죽음의 슬픔 가운데 있는 우리들을 감싸주고 지탱해 준다.

하나님은 이러한 특별한 때에 인간 공동체를 통해서 새로운 사랑의 공동체를 설립하시기 위해 손을 뻗치신다. 이런 새로운 관계는 각기 다른 사랑의 관계와 사랑의 종류 가운데에서 다양한 방법으로 표현된다. 즉 부부생활, 목회, 돌봄, 그리고 기념 등이다. 이 네가지의 인생행로의 순간에서 성찬식은 교회가 베푸는 사랑의 사역 가운데 중요한 일부분이 될 수 있다.

성직 임명을 제외한다면 이 인생행로는 기독교인들에게만 특별히 있는 것이 아니고, 모든 세상 사람들에게도 있다. 삶의 분위기가 관찰되어지는 그 방법에서 우리는 기독교 예배에서 다른 어느 곳에서보다 똑똑히 지역 문화의 영향을 보게 된다. 이러한 순간에 때로는 기독교 신앙과 투쟁하는 가운데서 때로는 일치하면서 그리고 흔히 기독교 신앙과 차이가 없는 가운데 관습과 지역적 관례의 엄청난 다양성이 작용한다. 기독교인들이 이런 인생 경험을 기념하는데 있어서 독점권을 갖진 않으나 확실히 그것은 다른 사람들의 그 행사를 지키는 방법에 의해서 영향을 받는다. 특정한 상황을 다룰 때에 충분히 알고 결정을 내리기 위해서는 그러한 각각의 경우에 있어서 독특한 기독교적 증거가 무엇이며 문화적으로 결정되어진 것이 무엇인지를 아는 것이 중요하다. 이상하게도 한 사람이 기독교 공동체의 중심에 있지 못하고 주변에 있으면 그럴수록 결혼이나 장례 같은 것에 있어서 기독교적 통과의례가 더욱 중요하게 된다. 그러한 것들이야말로 한 사람이 신앙의 공동체와 접촉하는 유일한 기회인지도 모른다.

우리는 먼저 인생 여로에 있어서 필요한 예배들 즉 화해와 치유의식에 관해 살펴보고자 한다. 그리고 나서 기독교 예배, 안수, 종교적인 고백 또는 헌신과 기독교 장례에 관해 다루게 된다. 각각의 의식은 깊은 인간적 필요의 순간에 효과적으로 적용하는 사역을 다루는 것들이다. 우리의 연구는 빠르게 훑어보는 것이지만 각각의 영역에 있어서 신앙적 측면과 실천적 측면을 살펴보고 아울러 현대적인 방향들을 지적하는 쪽으로 진행된다.

1. 화해의식

모든 사람이 육체의 치료를 필요로 하지는 않는다. 그러나 모든 사람이 영혼의 치유를 필요로 한다. 제롬(Jerome)은 세례와 화해를 죄의 파선 후에 오는 널빤지와 같은 것이라고 말했다. 화해는 육체의 치유에 대해서 그러하듯이 세례에 대해서도 어떤 병행관계를 이루고 있다. 세례는 결혼과 비유되어 왔는데, 이것은 사랑에 기초한 영원한 관계의 확립을 가시적으로 만든다. 그러나 심지어 그러한 관계라 할지라도 거기에는 갈등의 시간들이 찾아오게 마련이며 그러한 관계를 "회복"하여 화해하도록 할 필요가 있게 된다. 그래서 한번으로 끝나고 다시는 반복되지 않는 세례와는 다르게 화해는 계속적으로 반복해서 작용하는 사건이다.

신약성경이 세례받은 죄인들에 관하여 별로 언급하지 않는다는 것은 괄목할 만한 일이다. 바울은 고린도서에서 "용서하지 아니하리라"고 하며 (고후 13:3), 악한 죄인은 사단에게 내어준바 된다(고전 5:5)고 위협적으로 말하고 있다. 구약성경에서는 참회하는 탄원의 모습들, 금식, 애통과 재를 무릅쓰는 것 등 참회의 실제모습들이 풍부하게 나타나고 있다. 그 중요성에 비추어 볼 때 초대교회가 죄에 대한 용서의 권위를 부여한 요한복음 20:23을 거의 강조하지 않고 있는 것은 매우 놀라운 일이라 하겠다. 복음서 안에서 분명히 죄인들의 회심이 나타나 있고 바울은 죄에 대한 멍에를 사망으로 동일시하고 있다. 세례의 씻음을 초월하여 화해의 예전적 행위에 대한 기록들을 신약성경 안에서 찾기는 쉽지 않다.

터툴리안은 "고해성사에 관하여"(On Penance)라는 그의 논문에서 초기 화해의식에 대해 많은 것을 말하고 있다. 죄는 하나님을 대항하는 장애일 뿐만 아니라 교회에 상처가 되는데, 왜냐하면 그것은 모든 그리스도인들(특히 박해의 시기에 있어서는 더욱)을 위협하기 때문이다. 한 사람이 죄를 깨닫고 회중 앞에서 곤경을 치르는 것이 오히려 그의 생이 끝난 후 지옥으로 들어가는 것보다 훨씬 좋은 일이다. 하나님은 만홀히 여김을 받지 않으신다. 고해는 배교에 못지 않게 모든 죄에 대하여 매일 엄격하고도 공적인 훈련을 내포하고 있다. 참회하는 사람들(고해자)은 마치 세례를 맡은 사람들이 처음 성찬에 참여하도록 허락되는 것과 마찬가지로 교회와 더불어 부활절에 화해의식을 행하기 전까지는 성찬에 참여할 수 없었다. 심각한 죄를 범하였거나 자신이 받은 깨끗한 세례의 효력이 상실된 사람에게 화해 의식은 참으로 파선된 후의 널판지와 같다. 금식의 기간, 참회의 옷을 입는 것, 그리고 절제하는 것을 포함하는 화해 의식은 대개 평생에 단 한번 실시되어졌다. 터툴리안은 그것을 약효가 있는 것, 즉 간소한 의약적인 치료 못지 않게 공동체 안에서 상처를 치료하는 한 방법으로써 생각하였다. 그래서 하나님과 그리스도인 공동체에게 죄를 범한 '잃어버린 양'의 화해를 부활절 아침에 공적으로 기념해 왔다.

화해의식에 있어서 중세기의 변화는 과감한 것이었다. 아마도 치유의 식을 제외하고는 그 어떤 성례전도 그 본래적인 형식이 그처럼 뒤바뀐 것은 없을 것이다. 원래 화해의식은 주교들에 의해 집례되었지만 서서히 사제들에 의해 시행되었고, 공개적으로 행하던 것이 사적이며 비밀리에 시행되었고, 일생에 한 번 혹은 두 번 행하던 것이 현대에 와서는 적어도 매년 혹은 매주 행해졌고, 극히 이례적이었던 것이 모든 사람들에게 행해지게 되었다. 이런 변화들은 켈트족이 범죄에 대한 형벌을 서술한 소책자인 유럽의 『참회

총칙』(Penitentials)을 도처에 유포시킴으로써 일어났다.[1] 이 책들의 영향이 7세기부터 퍼져나가고 고해성사가 일반화되어 가면서 고해성사는 공적 예배로부터 분리되어 나갔다. 초기 아일랜드에서는 고해성사를 맡은 자들이 평신도 남자와 여자였지만, 결국에는 사제만이 고해신부가 될 수 있도록 하였다. 후기 중세 공회들은 성찬을 받기 전에 꼭 고해성사를 시키며, 적어도 매년 고해성사와 성체성사(성만찬)를 연결하여 받도록 명하였다.

화해는 종교개혁시대에는 하나의 잃어버린 기회였다. 루터는 1529년에 "사제 앞에서 평신도들이 고백하는 간단한 순서"(A Short Order of Confession Before the Priest for the Common Man)를 제시하였고, 2년 후에는 "평신도들에게 그들 자신의 죄를 고백하는 방법을 어떻게 가르쳐야 하는가"(How One Should Teach Common Folk to Shrive Themselves)라는 논문을 저술하였다.[2] 이 논문들은 인위적으로 사람의 죄를 그 회수와 종류대로 기입하는 것을 피하도록 하고, 또한 화해가 제공하는 평화를 그들에게 주려 하고 있다. 이 두 가지 형태는 사제나 신부에게 하는 사적인 고백이다. 아울러 다른 종교개혁자들은 공적인 주일 예배에 참회기도들을 부가하는 것으로 만족하였다.

화해에 있어서 최근의 변화들은 오히려 더 극적이었다. 우리는 지금까지 중세시대에 이 성례가 얼마나 과감하게 변화하였는가를 살펴보았다. 제2차 바티칸 공의회는 고해성사의 "의식과 형식들"(rite and formulas)의 개정을 명하였지만, 변혁해야 할 주요한 내용에 관한 언급은 없었다. 이와 같은 예는 1973년에 나타난 세 가지 의식들, 즉 "개인적으로 참회하는 사람의 화해"(Reconciliation of Individual Penitents), "몇 사람이 모인 가운데서 개인적으로 하는 참회와 용서"(Several Penitents with Individual Confession and Absolution), 그리고 "여러 사람의 참회자들이 공동적으로 하는 고백과 용서"(Several Penitents with General Confession and Absolution)에서 나타나고 있다(Rites, I. 339-445). 이 중에서 가장 논쟁적인 소지가 있는 것은 세 번째의 것이었는데, 그러나 이것은 점차적으로 사용이 제한되었다. 이 세 가지 의식 모두에는 성경봉독을 위한 순서가 있다. 뒤의 두 의식은 "공동체에 베푸는 성례전과의 관계"(relation of the sacrament to th community)를 극화한 것이다. 참여하는 모든 사람은 공동의 신앙을 고백하며 하나님의 자비를 찬양하고 있다. 모든 의식들은 죄의 공동체적 성격과 하나님의 자비를 힘입어 서로 화해할 필요성을 강조함에 있어서 초대교회의 관습을 회복하고 또한 그것을 넘어서는 것을 나타내 준다. 월남전 당시에 많은 개신교회 회중들은 화해를 위한 다양한 유형의 공동예배를 시도하였다. 그러나 불행하게도 이러한 것들은 잠시 후에 사라져 버리고 말았다. 이제는 화해가 이루어져야 하는 깊은 인간의 필요들이 보다 더 직접적으로 이루어지는 표징들이 있다. 루터교는 지금 "공동적 고백과 용서"(Corporate Confession and Forgiveness), 그리고 "개인적인 고백과 용서"(Individual Confession and Forgiveness)라는 의식들을 가지고 있다(LBW, 193-97). 성공회는 19세기 옥스퍼드 운동(Oxford Movement)에서 회복된 관습에 따라서 사적인 "참회자의 화해"(Reconciliation of a Penitent) 의식을 현재 가지고 있다(BCP, 447-52). 화해의식을 위한 자료들은 현재(1989) 미 연합 감리교회와 장로교회에 의해 제공되고 있다.

이들 대부분의 교회들은 대부분의 주일 예배에서 특히 성찬식에서 참회하는 순서들을 가지고 있다. 루터교는 성찬식을 하기 전에 "고백과 용서를 위한 간단한 순서들"(Brief Order for Confession and Forviveness)를 가지고 있다(LBW 56). 성공회는 달리 유동적인 일종의 선택적 사항으로 "참회의 순서"(Penitential Order)를 성찬식 때 사용하도록 하고 있으며(BCP, 319-21, 351-53), 이것이 없을 때에는 중보의 기도 다음에 공동고백 기도를 갖고 있다. 로마 가톨릭 교회, 연합 감리교회, 장로교, 그리고 연합 그리스도의 교회에서는 정규 주일 예배가 시작되는 순서에서 죄의 고백과 용서를 선언하는 순서를 가졌다.

최근 들어 대강절과 사순절, 그리고 재의 수요일(Ash Wednesday) 등 참회에 관련된 절기들에 대해 교회의 관심이 증가하고 있다. 청교도 전통에서는 추수감사절을 지키듯이 매년 참회의 날을 특별히 지키고 있다. 또한 감리교회에서는 이를 위해 철야예배(watch night services)와 언약예배(covenant services)를 지키고 있다. 초판 『공동기도서』(BCP)는 신명기 27장을 읽으면서 재의 수요일을 위한 예배를 드리도록 하고 있으며, 1662년에는 이 예배의 명칭을 "죄인들을 향한 하나님의 진노와 심판의 경고"(A Commination or Denouncing of God's Anger and Judgements Against Sinners)로 개칭하였다. 재의 수요일에 대한 보다 더 원숙한 관찰이 많은 교회들 안에서 이루어졌으며, 재의 수요일에 드리는 예배가 『공동기도서』(BCP, 264-69)에도 기록되고 있고, 『루터교 예식서』(LBW)에서는 『목회자 탁상용 예배집』(Minister's Desk Edition, 129-31)에, 그리고 『교회력 핸드북』(Handbook lf Christian Year, 110-17)에도 나타나고 있다. 공동적 화해가 가지는 가치는 여러 가지이지만, 특히 절기 때에 시행된다는 점과 교회력 혹은 일상 생활의 특별한 때에 되어질 경우 효과를 볼 수 있다는 점이다.

화해의식

BAS.	166-72	LW.	308-11	PM.	271-73
BCP.	446-52	MDE.	318-23	Rites.	1, 337-45
BofW.	268-88	OS.	45-47	SLR.	#2, 78-81
CF.	96-103	PH.	988-91	UMH.	890-93
LBW.	56, 193-97				

중세기는 화해에서 무엇을 경험하는가 하는 교회의 이해에 대해 발전이 있었다. 모두가 이 성례전을 자주 사용한 12세기 때에 지대한 발전을 이루었음을 지적하면서 롬바르트는 화해의식에 대해 할 말이 많았다(70페이지를 썼음). 그가 우리에게 말하는 가장 중요한 점은 "한번 뿐 아니라 여

러 번 하는 참회에 의해, 우리는 우리의 죄로부터 일어나고... 진정한 참회는 되풀이 행해질 수 있다"는 부분이다.[3] 롬바르트가 말한 참회의 과정은 플로렌스 공의회에서 "참회를 위한 세 가지 행위"로 요약되었는데, 그것은 "마음의 깊은 뉘우침 ... 입으로 고백... (그리고) 죄에 대한 속죄... 주로 금식, 기도, 그리고 자선 등"이었다. 이 때 성례를 집례하는 사제는 "나는 너를 용서한다"라는 형태로 말한다.[4]

비록 루터가 사적인 참회를 권장하고 참회적인 요소가 주일 예배의 두드러지는 요소로 되기는 했지만, 참회는 종교개혁자 전통의 교회에서 성례전으로 인정되지 않았다. 그 모든 결점과 함께 중세의 참회 의식은 남자나 여자로 하여금 그들이 진실하게 깊이 뉘우치고 사제 앞에 고백하고, 속죄행위를 해 나갈 때 하나님께서 그들을 용서하시기 위하여 신실하게 행동하셨다는 확고한 확신을 가지고 살아갈 수 있도록 허락하였다. 종교개혁은 모든 그리스도인들이 서로가 서로에게 고백하고 용서함에 있어서 하나의 제사장적인 역할을 감당할 수 있는 의미를 도입하였다. 그러나 때로는 그 권한이 모두에게 유용한 것이기는 하였지만, 그것을 실천하는 사람은 아무도 없었다. 모든 개신교회들은 비록 실천하는 방법들이 다양하기는 하였지만, 필요한 훈련과 징계의 표준을 마련하였다. 칼빈은 성만찬의 식탁에 장벽을 침으로써(악한 죄인들을 배제시키는 것, 고전 11:27) 징계의 행위로 묶어 놓았으며, 웨슬레는 그의 동료 회원들로부터 영성체 입장권을 요구하기도 하였다. 두 관습들은 성만찬에 있어서 또 하나의 과도한 훈련의 짐을 부과하는 것이 되었다.

화해의식에 있어서 최근의 개혁 뒤에 놓여진 새로운 개념들은 실제로는 매우 오래된 것들이다. 그들은 하나님은 물론 이웃에게 범죄한 죄의 본성에 초점을 맞춘다. 다양한 의식들에 있어서 전체 공동체는 성경을 통하여 하나님의 말씀을 들으며, 양심을 점검하는 행위를 하고, 용서를 간구하며, 선포되어지는 용서에 담긴 하나님의 뜻을 듣는다. 인종차별주의, 민족주의, 성차별 등의 집단적인 범죄와 또한 한 집단이 다른 사람이나 집단에 대하여

행하는 부정의(injustice) 등의 죄 집단적인 본성이 이러한 많은 의식들에서 조사와 고백을 위해 들추어진다. 그러므로 화해의 예배는 정의(justice)를 추구하는 기독교의 정신과 깊이 연관되어 있다.

2. 병자를 위한 사역

교회의 병자에 대한 사역(Ministry to the sick)은 오랜 세기에 걸쳐 다양한 제의적 활동들을 포함하여 왔다. 이러한 행위들은 단순히 침대 옆에서 기도하는 것으로부터 공적인 치유 행위에 이르기까지 다양하다. 최근에 로마 가톨릭 측의 실행에 있어서 큰 변화가 보이고 있으며, 개신교 중에서도 환자에 대한 목회의 새로운 길을 모색하는데 대한 관심이 증대되고 있다. 둘 다 기묘하고 색다른 형태나 흥미를 돋구는 것들을 피하려고 하고 있다.

복음서는 예수님의 치유사역에 대한 설명으로 가득 차 있으며, 사도행전은 사도들이 이 일을 계속했다는 것을 분명히 밝혀주고 있다. 마가복음 6:13은 우리에게 이렇게 말해준다. 예수님께서 그들과 함께 계실 때에 "많은 병인에게 기름을 발라 고치더라." 사도들의 활동이 많이 기록되어 있으며, 그 결과에 대한 좋은 구절은 야고보서 5:14-16이다. 이 구절에는 서너 가지의 문제점들이 나타난다. 장로들 혹은 사제들(교회를 치리하는)은 치유의 임무를 가진 자들이다. 그들의 기능은 병든자에게 '기도를 하며' 주의 이름으로 그에게 '기름을 바르는 것'이다. 그 목적은 두 말할 것 없이 육신의 치유이지만, 그것은 또한 죄 사유와 함께 병행되었다. 따라서 모든 기독교인들은 서로에게 자신들의 죄를 고백하며, 서로를 위하여 기도하도록 하였고, 그렇게 함으로써 그들은 육체적으로도 낫게 되었다.

치유의 목적으로 기름을 사용하는 것은 고대 세계에 널리 퍼진 풍습이었으며, 바르기만 한 것뿐만 아니라 마시기도 하였다. 기독교인들에게 있어서 그와 같은 사용은 '메시아' 또는 '그리스도'가 기름부음을 받은 자를 뜻하기 때문에 자연스러웠다. 인간의 기도와 신적 행위가 결합되었다. 즉 구원을 위한 기도와 일으켜 세워주시는 주의 행위가 결합된다. 치유 능력에 관한 진술은 강력하다. 비록 마가복음 16:18보다는 더하지 못하지만 말이다.

그 구절이 우리에게 주는 가장 큰 충격은 물론 죄의 사유와 육적 치유와의 연관이다. 우리는 이들 둘 사이를 날카롭게 구별하려는 경향이 있다. 그러나 마가복음 기자는 육적으로나 영적으로 완전한 회복에 관심을 기울인다. 기름을 바른다든가 기도를 하는 목적이 육적인 동시에 영적인 것은 너무나 분명하다.

병자에게 기름을 바르는 것에 대한 또 다른 우리의 통찰력은 히폴리투스에게서 온다. 성만찬 기도 후 누군가가 기름을 가져온다. 주교는 그 기름에 축사를 하고 하나님께서 "그 향내를 맡는 모든 자에게 힘과 그것을 사용하는 모든 자에게 건강을 가져다 주십사" 하고 간구한다.[5] 기름을 마시는 것이나 치유를 위해 외부에 발라지는 것을 의미한다. 한 세기가 더 지나서 사라피온은 우리에게 좀 더 자세하게 알려준다. 그는 성만찬기도 후에 기름을 위한 기도를 포함시켰다. 그는 "마시거나 바름으로써 모든 질병과 악한 영혼, 그리고 아픔이 사라질 것이다"라고 기도했다.[6] 사라피온이 수집한 연속된 기도는 기름에 대해 서술된 의약저이고 축사적인 특성을 더 분명하게 나열하고 있다. 이런 초기 시대에 치유를 원하는 사람들은(또는 그 친구들이) 교회에 기름을 가져와서, 그 기름에 축사하고 나면, 그것을 마시거나 바르곤 하였다. 동방 교회들은 사제들이 도유할 것을 더욱 주장하였다. 서방교회는 결국 주교가 축성한 기름으로 사제가 도유하는 것을 표준으로 삼았다.

중세에 들어서도 환자를 도와주는 목적은 육적으로나 영적으로 건강을 회복하는 것으로 보았다. 피터 롬바르드는 "그것은 이중 목적을 가지고 있는데, 즉 죄의 사유함과 육적 불환전성에서의 해방"이라고 말한다. 그것을 적합하게 받는 자는 "육적으로나 영적으로 자유하게 되며, 그가 둘 다에서 자유롭게 되는 수단을 제공한다."[7] 그리하여 롬바르드는 병이 재발되는 경우 그러한 성례전의 반복을 옹호하는 긴 연설을 착수하였다. 그러나 그 후 12세기부터 기름 바르는 것을 종부성사(extreme unction)라는 이름이 암시하고 있는 것처럼 단지 죽은 자의 영혼이 천국에 들어가는 준비로서 보는 경향이 점점 많아졌다. 이것은 도유행위를 영과 육을 모두 치료해 줄 수 있는 어떤 것을 가지고 있는 것으로 보았던 초기의 개념과 실제와는 엄청나게 다른 변화이다. 최근까지 스콜라주의자들은 종부성사가 '죽은자를 성별하기 위한 성례전"이었다는 접근을 지지하는 것처럼 보인다.

반면, 가장 오래된 도유의 방법은 아픔이 있는 곳이면 어느 곳이든지 발라왔던 것처럼 보이며, 중세 후기에도 눈 위라든가, 귀, 코, 입, 손, 발, 그리고 허리 등 죄를 지을 수 있는 모든 곳에 발라졌다. 15세기에 와서 죽을 위험이 있는 자들에게만 도유행위를 하기로 결정하였다. 그 형태는 "이 거룩한 도유와 그의 가장 부드러운 열정을 통하여 주님은 당신에게 당신이 보는 것을 통하여 지은 모든 죄를 사해 주십니다" 등과 같은 것인데, 이 때 쓰이는 재료는 주교가 축복한 올리브유이다.[8] 그 유익은 "마음을 치료하는 것이며, 육신도 역시 치료하는 것"이라는 생각은 편리하기는 하지만 이는 의심스러운 생각이다.

부차적 성례전과 준성사(sacramentals) 등도 역시 병자나 죽은 자에 대한 교회 사역의 일부로 성장하였다. 이들에는 일련의 시편과 기도문들, 교훈들, 그리고 병자를 방문했을 경우 성유를 뿌리는 것 등이 포함되어 있다. 가능한 한 신앙고백을 하도록 했다. 전에 행한 적이 없으면 견진성사가 있게 되며, 영성체(viaticum, 임종 직전에 주는 영성체- 역자 주)가 주어진다. 사도적 축복이 내려지면, 임종 순간에 죽은 자의 영혼이 기도와 함께 하나님께 맡겨진다. 그 기도는 이렇다. "떠나오니, 오 그리스도인의 영혼이여." 마치 세례 예비과정이 회심의 전과정을 의식화시키는 것처럼 병자를 위한 의식 전체가 한 기독교인으로서의 죽음의 전과정을 의식화한다.

종교개혁 시대에는 이러한 의식의 어떠한 것도 남아있지 않게 되었다.

칼빈은 도유식을 "이성이나 어떠한 효력도 결여된 채로 마치 자신들이 사도들인 양 연극하는 것"이라고 신랄하게 비판했다.[9] 사도들의 치유 은사는 한시적인 것이었으며, 칼빈은 "환자가 아닌 거의 반쯤 죽은 시체를 기름으로 더럽히는" 당시의 로마 가톨릭의 풍습을 전혀 취하지 않으려 하였다. 크랜머는 비록 많이 간소화하긴 했지만 사룸(Sarum)의 "환자 방문 규정"(Order for visiting a sick man)의 일부를 보존했다. BCP는 시편과 기도문, 권고, 세례식에서와 같은 문답형식의 신조, 고백과 참회식, 찬송, 그리고 "이마와 가슴에만" 기름을 바르는 것 등을 계속 보유하였다. 부처는 도유식에 의문을 품고 있었으며 1552년에는 도유식이 제거되었다. 그러나 부처는 성만찬이 있는 날에는 약간의 떡과 포도주를 남겨두었다가 아픈 사람들에게 가져다 주도록(확장된 성만찬) 규정한 크랜머의 "환자의 성만찬"(the Communion of the Sick) 의식에 대해 문제를 느끼지 않았다. 다른 날에도 "환자의 집에서" 간소화된 영성체 성사를 가질 수 있게 되었다. 그러나 칼빈은 환자가 성찬 제정사나 약속들을 듣지 못하기 때문에 그러한 행위는 소용없는 것이라 하여 반대하였다. 만일 이러한 것들이 병실에서 암송된다면 그것은 "진정한 성별"이 이루어지기는 하지만, 성별하기 이전에는 아무 효력이 없다.[10] 피터 마터(Peter Martyr)는 칼빈에 동조하였고, 1552년의 BCP에는 "잔여성사"(reservation, 영성체를 남겨 두었다가 환자에게 주는 것- 역자 주)에 관한 언급이 사라져 버렸다.

모든 전통들은 환자 방문에 대한 형식들을 계속해서 유지하였다. 이들 대부분이 편히 죽기를 바라는 자들을 위한 기도문들과 고백 등을 포함하고 있다. 초기 감리교회는 종종 병실에서 하는 성만찬 예배를 빈번하게 가졌다. 도유식은 18세기 초 형제교회 등에서 다시 나타났다. 그 당시의 의식은 성경을 읽는 것, 고백에의 초대, 그리고 머리에 기름을 세 번 발라주는 것 등으로 이루어져 있으며, 이는 "당신의 죄를 씻기 위함이요, 당신의 신앙을 견고히 하기 위함이요, 하나님의 은총과 지혜에 따라 고침을 받고 완전해지기를 위함"이라는 의미였다.[11]

19세기에는 개신교회와 로마 가톨릭교회 서클들에서 공적인 치유 행위가 일어났다. 미국 외에는 때때로 사당(shrine)과 관계를 가지기도 하였다. 라디오, 텔레비전의 선교에서는 그와 같은 예배를 대중적으로 확산시켰다. 크리스챤 싸이언스는 치유목회를 제공한다. 이러한 모든 노력들은 비록 때로는 비판을 받기도 하였지만 이 영역에 있어서 깊은 인간적 필요성이 지속됨을 반영하고, 주요 교구들이 이것을 제공하는데 자주 실패하였음을 반영하였다. 몇몇 가장 흥미로운 실험들이 미국과 아프리카의 새로운 기독교 종파들 안에 카리스마적 존재들 사이에서 행해졌는데, 이들 중 많은 수가 도유를 하였다. 도유의식에 대한 산발적인 관심으로 인한 공적 치유 집회는 교회에 의해서 추진된 공적 의식이라기보다는 토착적 동기에 의한 것으로 보인다.

병실에서 진행하는 의식의 환경은 국가적이거나 국제적인 수준에서 더욱 활성화되었다. 제 2차 바티칸 공의회는 이 성례전을 확대시키고 "질병과 고령으로 인해 죽게될 위험이 있는" 사람들을 위해 "병자에 대한 도유식"이라고 개칭하는 교령을 내렸다(CSL, par. 73). 오늘날 12세기에 이루어졌던 제약에 역행하는 모습이 분명히 보이며, 이는 성례전이 크게 고통받는 자들 누구에게나 주어지고 또 반복할 수 있도록 하기 위함이다. 새로운 의식들에는 "환자의 방문과 영성체," "병자의 도유식," "임종자에게 베푸는 영성체"(viaticum), "거의 죽게된 자들을 위한 성례전-참회와 도유와 성찬이 연속된 의식," "죽을 위험에 있는 자를 위한 성사," "죽은 자의 위탁을 위한 의식" 등이 포함되어 있다(Rites, 1. 573-642). 여러 다양한 상황에 따라 어떤 의식을 채택할 것인지에는 많은 선택이 주어져 있다. 세례받고 죽어가는 자를 위해서는 사역 형식에 따라 셋 또는 넷 정도의 성례전이 제공된다(화해, 견진, 도유, 성만찬).

성공회는 그들의 "환자를 위한 봉사"를 개칭하고 폭넓게 개정하였다(BCP, 453-61). 도유식은 비록 선택적이기는 하지만 이제 통합적인 의식이 되었다. 또한 병실에서의 영성체 의식이나 잔여성례전의 실행도 제시되고 있다. 또한 전통적인 위탁기도인 "떠나오니, 오 그리스도인의 영혼이여"와 철야를 위한 기도가 들어있는 "임종시의 봉사"(462-67)도 제공되어 있다. 장로교회는 병자와 죽어가는 자를 위해 사용할 보충적 예배자료(Supplemental Liturgical Resource)를 1990년에 출판하였다.

병자를 위한 사역

BAS,	551-64	OS,	72-75, 89-107	WL,	36-41
BCP,	453-67	PM,	63-71, 257-70	WW,	89-122
BofW,	296-320	Rites,	1, 573-642	Also: *Ministry to the Sick*, 1983 (Church of England)	
BOS,	162-70	SBCP,	420-39		
LWA,	145-53				

치유사역에 포함된 많은 까다로운 신학적 문제들이 있으며, 교회는 늘 그러한 것들을 취급하는 것을 좋아하지 않았다. 도유식을 하나의 결정적인 참회의 성례전으로 축소시킨 중세 후반기의 현상은 사태를 어느 정도 단순화시켰지만 아무 것도 해결하지는 못했다. 그것은 영적인 고통과 육적인 고통을 하나로 보는데, 그처럼 생생했던 성경적 시각을 교회가 외면하려는 경향이 있었음을 의미하였다. 그것은 육과 영혼 사이의 편리한 그러나 비실제적인 이원론을 의미한다. 비록 신약성경이 일반적으로 질병을 죄의 결과로 만드는데에 조심하고 있기는 하지만 예수님께서 죄를 사유하심으로 병을 고쳐주실 때(마 9:2-6)와 야고보서 5:14-16 말씀처럼 영혼과 육체 사이에 밀접한 관계가 있음을 보여준다. 화해의식 역시 초대교회에서는 병을 고쳐주는 약으로 묘사되어 있다(터툴리안의 '참회에 대해서'). 교회의 직무는 육과 영을 모두 고쳐준다. 기독교인들은 오로지 영혼만을 구하기 위한 것이 아니라 사람들을 구하기 위해 불려진 자들이다. 예수님과 사도들의 사역의 대부분이 사람들의 영혼뿐만 아니라 육을 고쳐주는데 소비되었다.

모든 이들이 도유식을 치유와 개인적 건강을 위한 것으로 알고 있었던 때의 문화가 그러했듯이 도유식이 가지고 있는 상징 가치를 오늘의 세계에서 다시 회복하는데는 확실히 어려움들이 있다. 그러나 말로만의 기도 외에도 무언가를 가시적이고 뚜렷하게 하기 위해서 환자에 대한 사역의 일부로서 그러한 객관적인 행위를 사용하는데는 실제적인 목회적 가치가 있는 것으로 보인다.

잔여성례전(reserved sacrament)에 관한 문제점들은 종교개혁 이후 급격하게 변천되었다. 순교자 져스틴 시대에 벌써 성체 성사용 빵과 포도주가 병이나 감옥에 갇혔기 때문에 결석한 자에게 보내어졌다.[12] 개혁자들이 우려하였던 성별된 빵과 포도주를 숭배할 위험성은 오늘날에는 별로 존재하지 않는 것으로 보인다. 이 점에서 새로운 목회의 가능성들이 열린다. 소규모의 사람들과 함께 병실에서 가지는 성만찬은 참여자들이 있기 때문에 매우 만족할 만한 상징이기는 하지만 항상 가능한 것은 아니다.

병자에 대한 사역에 깃들어 있는 문제는 육체와 영혼 즉 전 인격에 대한 교회의 애정어린 관심을 어떻게 적절하게 표현하는가 하는 부분이다. 야고보서 5:16은 모든 기독교인들이 서로에게 고백하며 기도하는 일에 참석함으로 "치유함을 얻게 될 것이다"라고 제시하고 있다. 세례를 통하여 연합된 우리는 서로를 향하여 한가지 요청을 가지고 있는데, 그것은 건강의 유지를 공유하는 것이다. 이러한 점에서, 병자에 대한 목회는 신앙 공동체 안에서 갖는 중요한 사랑의 관계가 된다. 치유는 모든 신앙 공동체가 고통당하는 구성원을 위하여 그들의 사랑이 눈에 보이도록 만드는 하나님의 관심이다. 사랑의 관계는 상호고백이 정신, 영혼, 둘 다 고침을 받는 일부가 되는 정직과 양심의 평온을 요구한다.

비록 소수만이 도유의 사역이나 혹은 잔여성례전을 할 수 있을지라도, 모든 이들은 그 지체 중 병든 자를 위한 중보기도에 참여하도록 부름을 받는다. 비록 그것의 대부분이 병실 밖에서 일어나기는 하지만 그럼에도 불구하고 병자를 위한 사역은 전체 기독교 공동체에 의한 사역이다. 매주일 예배에는 공동의 중보기도에 병자와 환자를 포함시켜야 하며, 모든 구성원들은 이 사역에 그들의 개인적 헌신을 통하여 참여해야 한다. 병자에 대한 사역은 하나님께서 신앙공동체를 통해서 역사하시는 것처럼 사랑을 가시적으로 만드는데 있어서 가장 중요한 부분이다.

몇몇 목회자적 차원은 분명하다. 병자에 대한 사역은 모든 회중의 참여를 포함하지만, 실제로 방문하는 많은 부분은 목사의 책임이다. 도유와 성체성사와 같은 사역의 더욱 객관적 행위가 가지는 필요성에 대해 할 말이 많을 수 있다. 새 로마 가톨릭 의식이나 성공회 의식과 마찬가지로 형제교회의 "목사 지침서"(Pastor's Manual)는 공부할 가치가 있다. 말보다 행동이 더 크게 말하는 경우가 많으며(여러 마디의 말보다 한 번의 실천이 더 효과적이라는 뜻- 역자 주) 병실이 바로 이러한 경우이다. 삶은 종종 꼭 해야 할 말을 하지 못하는 경우가 있으나 때로 제스쳐가 더 적절할 수도 있다. 종종 누가 있다는 것 자체, 그 곳에 함께 있는 것 자체가 우리의 관심을 가장 잘 보여주는 표시가 된다. 그러나 우리가 하는 말과 마찬가지로 우리가 하는 행동에 있어서 우리는 민감성을 개발하여야 한다. 환자의 손을 잡아준다거나, 환자의 이마에 손을 얹거나, 기도를 하며 도유식을 갖는다든가 또한 영성체를 주는 것 등은 이러한 목회의 중요한 양식들이다. 종종 환자가 들을 수 없는 경우에도 이러한 눈에 보이는 행위는 이쪽의 마음을 전달하는 수단이 된다.

목사는 혼자서 목회에 참여할 수 없으며 나머지 기독교 공동체와 그 사역을 나누어야 한다. 병자에 대한 관심은 공적 예배와 개인적인 예배로 발전되어야 한다. 목사가 환자들을 정기적으로 찾아보지 못할 때 평신도들이 그들을 찾아가 영성체를 전달하도록 고무시키는 또 다른 구조가 고안되어져야 한다. 이것은 평신도 사역의 중요한 일부이며, 앞으로의 기회로 남겨두고 지금 실천하지 않기에는 너무나 중요한 요소이다.

교회들은 하나님께서 공적인 예배에서 당신 자신을 주시는 행위를 하신다는 사실을 진지하게 다루는, 그러나 화려하지도 않고 터무니없는 주장도 아닌, 육체와 영혼의 공적인 치유예배를 계획하고 실천할 필요가 있다(BOS, 162-70). 육체와 영혼을 치유하는 것이 하나님께서 주시는 가장 작은 은사가 아니다. 성경 봉독, 기도, 안수, 그리고 (아마도) 도유를 포함하는 공적인 치유의 예배는 점차로 빈번하게 시행되고 있다. 결국 그러한 예배들은 건강에 대한 하나님의 뜻과 사람들의 영혼뿐만이 아니라 육신에 대해서도 교회가 관심을 갖는다는 사실을 증거해 준다.

우리는 이제 우리가 이생을 통해서 겪게 되는 다양한 사건 혹은 통과의례들에 대해 살펴보게 될 것이다. 우리는 반복되지 않고 단번에 모든 효력을 끼치는 사건들을 고찰해 보겠다.

3. 기독교 결혼

결혼보다 더 즐거운 일이 인생에는 거의 없을 것이다. 그러나 결혼에 대한 교회의 접근은 잔치의 대부분을 항상 교회 문 밖에 둔 채 느리고도 조심스럽게 이루어졌다. 지금도 결혼 예식은 기독교적인 것과 이교도적인 요소의 기묘한 혼합물이다. 용어들도 예배학적 용어와 법적 용어가 어울리지 않는 짝을 이루고 있다. 주례는 동시에 목사와 세속 사회의 봉사자로서 기능하며, 그러므로 동시에 교회의 규범과 시민 사회의 법을 준수한다. 결혼은 그리스도와 문화(Christ and culture)의 한 기이한 연합이다.

비록 신약 성경이 자주 결혼이라는 상징을 사용하기는 하지만 기독교인의 결혼에 대해서는 아무 것도 말해주지 않는다. 우리는 예수님께서 가나에서 참석하셨던 유대 결혼 잔치 이야기를 가지고 있다(요 2:1-11). 그곳에서 "예수님께서 그의 영광을 드러내신 표적 가운데 첫 번째"것이 일어났다. 그러나 우리가 배운 바 모든 것은 그것이 칙칙하고 차분한 것은 아니라는 것이다. 초대 교부들도 거기에 대해서 우리에게 말해주는 것이 거의 없다. 분명히 초대 교회는 지역 관습을 유지하도록 허락했었다. 이 관습들에는 미래의 결혼에 대한 약속을 맺는 로마의 약혼 예식과, 반지를 주는 것이 포함되어 있다. 로마의 결혼 예식은 손의 결합, 가정 제단에서의 희생제사, 결혼 케 이 곁들여진 결혼만찬, 그리고 침실의식을 포함하고 있다. 이런 예식들은 신부의 집에서 시작하여 두 사람의 새로운 집에서 끝났다. 약혼 서약, 손의 결합, 그리고 반지 교환 등은 오늘날까지 기독교 결혼식 안에서 지속되고 있다. 수 백년 동안 교회의 역할은 기독교인과 결혼하려는 기독교인들에 한정되어 있었던 것으로 보인다. 이그나티우스는 "결혼하려는 남녀가 감독의 승인으로 연합되는 것은 당연하다" 라고 말했다. 기독교인의 축복은 이교도 신들의 이름으로 행해진 축복을 대신하고, 성만찬은 이교도의 희생제물을 대신하여 거행되었다.[13]

교회가 북유럽을 개종시킬 때 다른 이교 의식들이 축적되었다. 풍요의 상징인 쌀을 신부에게 뿌리는 것, 신부를 홀리려는 악령을 혼란시키기 위해 신부의 하녀에게 옷을 입히는 것(분명히 악령이 지각이 있는 것은 결코 아니다), 비슷한 방어 수단으로서 면사포, 그리고 돈의 헌납 등이다. 수세기 동안 결혼은 가정이나 선술집에서 계속해서 수행되었으며, 교회의 관여는 최소한도의 범위에서였다. 오늘날의 많은 결혼은 우리들로 하여금 그 당시 교회의 지혜를 부러워하도록 만든다.

결혼예식을 교회가 차지하게 된 것은 의도적인 것이 아니었다. 혼돈상태를 탈피하여 법적 제도를 구비하게 됨에 따라 비밀 결혼을 막고, 자손의 합법성을 규정하고, 유산으로 다투지 않게 하기 위해서 결혼을 문서로 기록해야 할 필요가 증가하게 되었다. 부유한 사람들은 그 기록으로서 초상화를 그릴 수 있었다(예컨대 Jan Van Eyck가 그린 지오반니 아르놀피니와 신부의 초상화). 일반인은 기록된 증서를 필요로 했다. 대부분의 마을에서 유일하게 글을 쓸 줄 아는 사람은 사제(성직자 'clergy'는 학식이 있음을 의미했다)였고, 그의 존재는 단지 결혼식에 대한 증인으로서, 그리고 그것을 법적으로 기록하기 위해 매우 필요하였다. 혼인미사(결혼식 자체와는 구별되는)는 흔히 결혼식 후에 교구 교회에서 거행되곤 하였으며, 새롭게 결혼한 한 쌍은 성체분할식 직전에 축복을 받곤 했다.

결혼 예식의 법적 특징은 결혼의 가장 두드러진 요소이다. 본질적으로 결혼식은 증인들 앞에서 상호간에 자유로이 동의되어진 공적 서약으로 구성된다. 전통적인 언어 '가지는 것과 유지하는 것'(to have and to hold)은 재산을 양도함에 있어서 지금도 사용되는 언어이다. "이 날 이후로"(from this day forward)라는 말은 계약이 성립된 날짜를 명시한다. 그 다음에는 "좋을 때나 나쁠 때나"라는 계약의 무조건적인 특징이 뒤따른다. "죽음이 우리를 나눠놓을 때까지"라는 말은 계약 종료일을 표시하며, "나는 당신에게 나의 진실을 바칩니다"라는 말은 계약에 대한 진실됨의 맹세이다. 이 모든 것은 법관의 말이지 예배인도자의 말이 아니다. 다른 예배학적 문서들이 영어로 번역되기 오래 전에 이런 말들의 대부분이 14세기 영어로 된 필사본에 나타난다. 이 가장 즐거운 결혼의 핵심은 하나의 법적 업무이다.

12세기에 결혼식은 교회 문이나 현관에서 거행되었는데 그곳은 당시 마을의 법적 업무의 대부분이 하나님의 면전에서 행해지는 곳이었다. 사제는 지금까지도 결혼 그 자체를 위한 필수 조건이 되어왔다. 혼인미사는 대강절과 사순절에는 금지되었다. 쵸오서(Chaucer)는 그의 "욕조 속의 부인"(Wife of Bath)에서 "그녀는 교회 문에서 다섯 남편을 가졌다. 그리고 더 많이 가질 준비가 되어 있었다." 라고 우리에게 전해준다. 루터의 결혼예식(1529)도 역시 교회 문에서 행해졌으며, 식이 끝난 후에 성경 낭독과 축복을 위해서 안으로 옮겨갔다. 영국의 종교 개혁에서는 결혼 예식 전체가 (1500년 이후) 마침내 교회 건물 안에서 행해졌다.

동방 교회들은 뚜렷한 상징적 예식을 보존해 왔다. 현관(세상)에서의 서약과 반지 교환, 교회(하나님의 왕국)안으로의 행진, 하나님의 왕국(미래의 가족)의 한 상징으로서의 신부와 신랑에게 왕관 씌우기, 하나의 잔에서 두 사람이 함께 마시는 것, 그리고 제단 주위를 세 바퀴 행진하는 일 등이 바로 그것이다. 신학적으로 사제는 성례전의 실질적 수행자로 여겨진다. 사제는 당신의 몸인 교회 안에서 이 성례전 가운데에 활동하시는 그리스도를 대표한다.

대체적으로 종교개혁은 전 예배 과정을 자국어로 대체하고 또 그것을 얼마간 단순화하는 일 이외에는 거의 다른 변화는 가져오지 못했다. 그것들을 적절하게 지키는데 있어서 사회는 막대한 지분을 가지고 있었기 때문에 결혼 의식은 항상 보수적인 경향이 있었다. 영국 국교회는 세 번의 사전 결혼 예고(banns) 낭독을(다가오는 결혼의 공적인 선언) 계속해서 요구하였고, 따라서 사회의 개입을 강조하였다. 『사룸 메뉴얼』(Sarum Manuale-영국 사룸 지방에서 발간된 예배예식서-역자 주)에 나타난 신부의 약속, "침대와 가사(家事)에서 착하고 순종적이 되겠습니다"는 생략되었으나 중세 예배의 대부분은 보존되었다. "네 자녀들은 자식들을 보게 되리라"고 요청하는 시편 128편과 결합의 풍성함을 비는 기도는 보존되었으나, 교회가 어떤 기적을 강요하지는 않았다. 다시 말해서 출산할 나이가 지난 신부의 경우에는 이러한 항목이 생략되었다. 예식서는 결혼하는 두 사람이 "결혼하는 바로 그날에" 성만찬을 받도록 요구하였다.

청교도들의 반대는 반지 교환 등 몇 가지 예식의 제거를 가져왔으나, 그 중 대부분이 수년만에 조용히 회복되었다. 지난 백년간 개신교의 경향은 종교개혁 이전 예배 형태의 많은 것을 보존해 왔으며 또한 재발견해 온 것으로 보인다. 개신교들은 종교개혁 때에 나타난 바와 같이 의식의 감출 수 없는 성적(sexual)특성을 받아들이기에 주저하였다. 최소한 중세와 종교개혁 시대의 의식들은 결혼이 성을 포함하며 일반적으로 아이를 생산하는 것임을 인정하였다. 영국 국교회는 서약할 때에 하는 멋진 시구를 아직껏 사용한다. "이 반지로 나는 당신과 결혼하며, 나의 몸으로 나는 당신을 섬깁니다." 그러나 18세기 미국의 성공회 교인들에게 그것은 지나친 것이었다. 루터의 결혼예식(Order of Mass)은 마태복음 19:6을 사용하였다. "하나님이 함께 묶은 것을 사람이 떼어놓지 못한다" 또는 "나는 그대들이 결혼으로 결합되었음을 선언하노라"라는 선언도 역시 루터가 처음으로 사용하였다.[14] 크랜머(Cranmer)와 대부분의 개신교들은 이 문구 혹은 이와 비슷한 문구를 사용하였다. 영어권의 개신교는 대개 중세의 성공회 서약문을 따랐는데, 그것은 약혼서약(미래시제, "OOO, 당신은...을 가지게 될 것이다"), 혼인서약(현재시제, "나 OOO, 당신을 취하나니..."), 그리고 반지교환("이 반지로써...")을 포함하고 있었다. 웨슬레는 신부를 넘겨주는 것과 반지 주기를 생략했다. 그러나 그의 후계자들이 다시 둘 다 부활시켰다.

결혼 예식에 대한 최근 개정판들은 많은 부분에서 공통적이어서 그것들을 구분하기가 어렵다. 그 중 대부분의 경우에 공동체의 의무가 강조되었는데, 회중이 하는 "두 사람의 결혼을 확인하기 위하여"라고 서약을 선택하는 것이(BCP, 425) 그것이다. 많은 새로운 개정판들이 결혼예식을 찬양, 성경봉독, 권면, 그리고 다른 통상적인 예배 요소들과 함께 하는 하나의 완전한 예배로 만들려고 시도한다. 너무 자주 15분간(fifteen years)의 예식이 50년간(fifty years)의 계약을 보증하는 것으로 충분하게 여겨왔다.

개신교에서는 성만찬을 결혼예식의 한 부분으로서 성만찬을 하도록 하는 일대 전환이 있었다. 로마 가톨릭 교회도 성만찬을 장려한다. 혼인 성만찬을 위한 고유기도문들이 여러 곳에서 제공되어 있다(Sac., 759-67; BCP, 432; SLR, #3, 40-43). 대부분의 경우 예전보다는 훨씬 더 많은 선택사항과 훨씬 더 큰 범위의 융통성이 제공된다. 이전에 행해졌던 민간의 예배를 축복하기 위한 여러 준비가 이루어졌다(BCP, 433-34; SLR, #3, 51-60; OS, 32-36). 많은 경우 결혼 기념일과 결혼 서약의 갱신을 위한 자료들을 포함하고 있다(Sac., 768-70; BOS, 159-61; OS, 37-44).

또 다른 일반적인 특징은 동등성에 대한 강조이다. 여자(신부)는 더 이상 "그를 순종하고, 그를 섬기겠습니다" 하는 서약을 하지 않으며, 신부를 넘겨주는 것도 일부에서는 사라졌다(LBW, 202-5; Rites, 1, 539-70;

UMH, 864-69; SLR, #3, 12-50). 물론 일부에서는 이러한 순서가 선택 사항으로 남아있는 경우도 있다. 비록 가정의 가능성(또는 현존)에 관하여 대부분(로마 가톨릭은 예외이다)의 교단에서는 여전히 침묵을 지키고 있지만, 인간을 남자와 여자로 만드신 하나님의 선하심에 대한 긍정적 진술이 성공회, 루터교, 그리고 연합 감리교 등의 예식서에서 나타난다.

결혼 예식에서 가장 분명한 공통적 특징은 평생의 의지("죽음이 우리를 갈라놓을 때까지")를 진술하기 위해 작성된 혼인 서약 그 자체이다. 이것은 중요한 모든 새로운 공적 의식에서 구체적으로 진술되어지며, 현대의 문화와 기독교적 이상 사이를 구분 짓는 명백한 표식이다. 최근의 예식들에 나타나는 공통적인 모습은 사제의 "나는 선언한다"를 피하고 캐나다 연합교회가 하는 것처럼 "000과 000은 하나님의 면전과 우리 모두의 앞에서 결혼서약을 하였습니다... 그러므로 나는 이들이 남편과 아내임을 선포합니다" 하는 진술을 더 선호한다.[15]

중요한 최근의 발전은 "기독교인의 결혼예식: 에큐메니칼 리터지"(A Christian Celebration of Marriage: An Ecumenical Liturgy)이다.[16] 교회 협의회의 "공동 본문 협의회"(Consultation on Common Texts)에 의해 준비된 이 예식은 서로 다른 예배전통에 속해 있는 크리스챤들이 사용할 수 있도록 고안되었다. 현재(1989)에 이 예식은 로마 교황청의 승인을 기다리고 있다.

결혼예식에 대한 교회의 생각은 그처럼 많은 율법들이 결혼에 관한 질문에 대해 초점을 맞추고 있다는 사실에 지대하게 영향을 받아왔다. 이러한 사실이 결혼에 대한 생각을 예전적인 것보다는 법적인 논쟁 주변에 머물게 하는 경향이 있었다. 사실, 독신이 하나의 성례전인가 아닌가 하는 종교 개혁시대의 토론을 제외하고 결혼 예식 그 자체에 관한 토론은 거의 전무하였다고 해도 과언이 아니다.

기독교 결혼							
ASB,	285-304	CF,	91-95	Rites,	1, 531-70	WL,	30-35
BAS,	526-50	LBW,	202-5	SB,	189-201	WW,	31-88
BCO,	73-87	LWA,	120-36	SBCP,	405-18		
BCP,	422-38	MDE,	328-30	SLR,	#3	Also: *The Celebration of Marriage*, 1985 (United Church of Canada)	
BofS,	68-79	MSB,	E1-E25	SWR,	#5		
BofW,	144-46	OS,	27-43	UMH,	864-69		
BOS,	159-61	PH,	1007-12	WB,	65-68		
		PM,	135-95				

신약성경의 두 구절은 결혼에 관한 교회의 생각에 있어서 중요성을 가져왔다. 결혼의 불가분리성에 관한 예수님의 말씀(마 19:9와 5:32, 엡 5:22-23)이다. 서방교회의 예식들은 그리스도께서 자신을 신랑에 비유하시고 하나님 나라의 도래에 대한 암시로서 주님의 제자들이 혼인 잔치에 참석한(마태 9:15, 25:1-13) 것에서 나타나는 결혼의 종말론적 언급을 무시하여 왔다. 에베소서의 구절은 결혼을 "그리스도와 교회에 관한 위대한 신비..."라고 부른다(5:32, 문자적 번역). 비록 그 구절이 그리스도와 교회간의 연합에 대하여 보다 많은 것을 우리에게 말해주고 있으나, 교회는 남편과 아내의 결합의 완전성을 지시할 때 이 구절에 의존해 왔다. 신비(Mysterion)라는 헬라어 단어는 라틴어로 성례전(sacramentum)이 되었다. 그러므로 궁극적으로 7성례 가운데 결혼이 포함된 것을 확실하게 하였다.

초대 교회가 일부일처 문화 속에서 결혼을 해석하는데는 거의 문제가 없었다. 터툴리안까지도 기독교적인 축복과 희생제사의식이 이교도의 결혼예식을 대체하기만 한다면 이교의 결혼예식에 관해 불평할 것을 거의 찾지 못했다.

피터 롬바르트(Peter Lombard)는 혼인을 성례전의 최종적인 것으로 보았으며, 우리에게 거의 아무 것도 말해주는 바가 없다. 그는 어거스틴을 따라서 결혼이란 타락 이전에 제정된 유일한 성례전으로 생각했으며, 그러므로 결혼은 하나의 의무이고 타락 이후엔 하나의 구제책으로 여겼다.[17] 어거스틴은 그가 말한 악을 아주 잘 이해했으나 "병든 자를 위한 치료제"로서 결혼을 권하는데는 거의 능동적이지 못했다. 그러나 롬바르트 창조기사, 가나 혼인잔치, 그리고 에베소서 5장을 언급하면서 "결혼은 선한 것이다. 그렇지 않으면 성례전이 되지 못했을 것이다. 왜냐하면 성례전은 거룩한 표징이기 때문이다"라고 주장하였다.[18] 그는 교회와 그리스도 사이의 결합의 완전을 반영하기 위해 성적 연합이 필요하다고 설명한다.

사실 몇몇 중세 신학자들은 실질적인 성적 결합이 성례전의 참된 행위인데, 이는 교회가 수행하기 어려운 부분이라고 믿게 되었다. 그러나 "그 자리에서 큰 소리로 서로 동의함으로써" 실제적인 계약을 교환하는 것이 이 성례전의 진정한 형태와 내용으로 생각되었다. 그리스도께서 아무런 형태를 남겨놓지 않았기 때문에 교회는 자유롭게 그 실제적 용어를 바꿀 수 있었으나 자유로운 상호 동의는 꼭 필요한 요소였다. 교회는 비밀 결혼이라든가, 강제 결혼, 또는 거짓 동의에 의한 결혼 등으로 인한 여러 가지 장애 요소들 때문에 결혼을 금지할 수도 있었다. 결혼을 다루고 있는 많은 교회 법들은 무척 복잡하다.

궁극적인 합의점은(서방 교회에서) 남편과 아내 두 사람만이 이 성례전에 가장 적합한 수행자들이라는 사실과, 비록 로마 천주교 사제나 주교가 그 결혼미사를 주례하거나 그 결합을 축하한다고 할지라도 그들이 직접 그것을 수행할 수는 없는 유일한 성례전이라는 사실이다.

아르메니안 선언(Decree for the Armenian)에 따르면 결혼의 목적은 세 가지이다. "첫째로 아이를 낳아 주를 경배하는 가운데 자라나게 하는 것이요, 둘째는 남편과 아내의 서로간에 대한 변함없는 충절이며, 셋째는 결혼의 불가분리성인데 이는 그리스도와 교회의 결코 떨어질 수 없는 연합을 상징하기 때문이다."[19]

　　종교개혁 전통 안에서 일어난 주요 변화는 결혼이 성례전이라는 것을 부정하는 것이다. 칼빈은 모든 개혁자들을 위해서 이렇게 말했다.

　　어느 누구도 그레고리 7세 이전까지 그것(결혼)을 하나의 성례전으로 다룬 것을 본 사람이 없다. 또 건전한 정신을 가진 사람이 어떻게 그런 생각을 가질 수 있겠는가? 결혼은 하나님의 훌륭하고 거룩한 명령이다. 그러나 농장을 경영하거나, 집을 짓거나 구두를 수선하거나, 머리를 깎아주는 것도 모두 하나님의 정당한 명령이지만 역시 성례전은 아니다. 왜냐하면 성례전이란 하나님의 역사(work)일 뿐만 아니라 약속을 확실케 하시기 위해 하나님께서 지정하신 외적 의식이다. 어린아이라도 결혼예식 속에 그런 것이 없다는 것을 식별할 수 있다.[20]

　　그러나 종교개혁은 그것이 예식 그 자체에 관계된 것만큼 그 체험을 이해하는데 있어서는 거의 보수적이었다. 첫 공동기도서(BCP)는 결혼의 목적이 "첫째로 자녀를 낳아 주님을 경외하며 그 가르침을 받으며 하나님을 찬양하는 중에 기르는 것, 둘째로 죄에 대한 치유책으로서 그리고 우상숭배를 피하기 위해 제정되었다. 셋째로 좋을 때나 나쁠 때나 다른 사람과 함께 나누도록 상호교제와 도움과 위로를 위해"라고 말해주고 있다. 이 글에서 결혼에 대한 낭만적 견해를 찾아보기란 거의 불가능하다. 이러한 명령을 바꾸어 처음으로 상호 "도움과 위로"의 개념을 도입했던 이들은 영국 청교도들이다. 마지막으로 고린도전서 13장은 고린도전서 7장보다 앞선다. 근대 사상은 비록 대중 문화가 낭만적 심취를 강조하려는 경향이 있음에도 불구하고 결혼 목적에 있어서는 청교도들이 이룩한 우선 순위의 재조정을 받아들이고 있다. 만일 어떤 이가 사랑에 있어서 서로간의 매력에 근거한 순수한 낭만적 개념과 상호 책임에 근거한 사랑의 개념 중에서 하나를 선택해야만 할 경우, 중세기와 종교개혁자들의 목적이 그리 나쁘게만 들리지는 않는다. 생존을 확실하게 하기 위해 출산을 필요로 하는 사회적 요구는 오늘날 그리 긴급한 것은 아니다.

　최근에 있었던 가장 중요한 변화는 계약(Contact)으로서 보다는 성약(Covenant)으로서의 결혼을 새롭게 강조하는 것이다. 이는 계약이 모든 충성을 다해 수행되어야 한다는 것을 하나님께서 증거하고 보증하기 위해 행동하신다고 보는 성경적, 초대 기독교적 관점에로의 복귀를 나타낸다. 스콜라 철학자들에 의해 추구되었던, 결혼을 성약으로보다는 계약의 개념으로 보려는 중세의 경향은 개혁자들로 하여금 쉽게 결혼을 성례전이 아니라고 부정할 수 있도록 만들었다. 결국 대부분의 계약이 하나님의 행위가 전혀 드러나지 않는 비인격적인 문제들로 다루어지게 되었다. 계약이 '사랑'을 포함하기란 거의 드문 일이다. 반면 성약의 관계는 어떤 철저한 법적 계약이 아니라 일생동안 지속되는 상호간의 사랑이라는 이상에 근거하고 있다. 제 2차 바티칸공의회가 결혼을 계약으로서보다는 성약으로서 언급하고 있는 것은 매우 의미심장한 일이다.

　결혼 예식에 대한 최근의 사상 속에는 중요한 몇 가지의 다른 관심들이 있다. 제 2차 바티칸공의회는 지역적으로 가치 있는 다양한 관습과 의식들을 유지하여야 할 뿐만 아니라 권장하여야 할 것이라고 교령을 내린 바 있다(CSL, par. 77). 양쪽이 하는 선포를 통해 일생동안 지속될 동의가 분명히 선포되는 한 토착화는 분명히 선호된다. 옛 결혼 축복문 속의 엄청난 불평등(오직 여자만이 오직 '신실하고 정결하며' '여자의 약함에 대항하여 강건해 지기를 기도하는 것' 등)이 '서로에게 공히 신실해야 할 동등한 의무'로 바뀌었다(CSL, PAR. 78). 로마 가톨릭은 특히 음악과 같은 감상적인 것을 더하여 결혼 예식을 세속화하려는 압력에는 그리 따르지 않고 있다. 종종 개신교의 결혼식을 지배하였던 그와 같은 진부함이 로마 가톨릭에서도 하나의 논쟁거리가 될 것인지 그렇지 않을 것인지는 앞으로 두고 볼 일이다. 이론적으로 토착화는 하나의 뛰어난 생각이긴 하지만, 만일 그것이 교회 예식에서 '오 내게 약속해 주오'라든가 '시그마 카이의 달콤한 사랑' 같은 노래를 의미한다면 사람들은 한번 더 생각해 보게 될 지도 모른다.

과연 교회가 결혼예식을 수행해야 하는가에 대한 질문이 제기되어야 하리라 본다. 대부분의 역사에서 교회는 그 일을 사회가 하도록 하였었다. 교회를 위해 가장 적절한 주장은 신앙의 공동체로서의 교회가 사랑으로 기독교인 커플을 둘러싸고 그들을 섬김에 있어서 친밀한 관심을 가지고 있다는 사실로 보인다. 마치 어떤 사람이 입교식을 통하여 교회와의 약속의 관계에 들어가는 것처럼 사람들이 결혼 서약을 맺게 될 때 새로운 사랑의 관계를 맺게 된다. 결혼은 이러한 새로운 사랑의 관계를 가시화 하는 징표이며, 마치 교회가 어린아이 또는 성인에게 세례를 주면서 그들을 신앙으로 양육하기 위해 사랑으로 그들을 돌보는 것처럼, 이 사랑을 양육하도록 다른 이들을 초대하는 것이다. 두 경우 모두 사랑의 관계는 영원하다. 결혼한 한 쌍은 서로에게 언약을 맺은 것뿐만 아니라 공동체도 역시 그들을 뒷받침해 주기로 약속하는 것이다. 결혼 예고서를 낭독하고 결혼식을 시작하기에 앞서 그 저해요소가 없는지를 물어보는 것은 결혼의 사회적 성격을 강조하는데 도움이 된다. 결혼식을 통해서 시작되는 한 가족은 본질적으로 그리스도의 몸 안에서의 상호애를 모델로 한 작은 교회이다. 동방교회가 가정을 하나님의 왕국을 미리 맛보는 것으로서, 그리고 그것의 작은 모델로서 여기는 것, 즉 가정의 종말론적인 이미지는 교훈적이다.

새로운 의식들은 기독교 신앙을 가진 사람들을 위해 특별히 고안되었다. 만일 그러한 것이 있다면, 교회에서 결혼예식을 올리기를 원하는 불신자들에게 예식을 베풀면서 교회는 어떤 사항들을 수행하여야만 하는가? 그렇다면 이는 필요한 사회적 봉사인가 아니면 세속 세계에 대한 복종인가?

현대 사회에는 이 외에도 많은 문제들이 산재해 있다. 이혼의 슬픔을 겪어온 사회의 거의 반 수 이상의 사람들에게 교회는 어떻게 대하여야 하는가? 특히 재혼의 경우에는 더욱 난처하다. 동방교회들은 그러한 문제에 대하여 통합적으로 대비하고 있다. 좀더 급진적인 문제는 동성연애자들에 대한 문제인데 대다수의 교회들은 이것을 허락하고 있지 않다. 그럼에도 불구하고 그와 같은 동성애 언약을 위한 예식을 수행하라는 압력은 계속 가중될 것이다. 사회구조가 변모함에 따라 교회는 결혼 관계에 대한 새로운 문제에 직면하게 될 것이다.

만일 새로운 의식을 기준으로 판단할 수 있다면 한가지 추세는 분명하게 보인다. 기독교적 결혼 예식은 한 남자와 한 여자가 그들의 자유로운 서로간의 동의에 의해 하나님의 도움으로 서로에 대해 일생 동안 진실할 것을 무조건적으로 여러 증인들 앞에서 약속한 언약을 맺는 공적인 언약으로 여겨지고 있다. 여기에 새로운 것이나 독특한 것이라곤 있을 수 없다. 이는 신약 시대 이후 계속 내려온 결혼에 대한 이해이다. 루터(와 그 이전의 몇몇 갈리칸 의식들)는 "하나님이 짝 지어 주신 것을 사람이 나누지 못할지니라"라는 마태복음 19장 6절의 말씀을 그 의식에 더함으로써 이러한 견해를 재강조할 뿐이었는데, 이 말은 대부분의 새 예식서에 포함되어 있다. 비록 루터는 그와 같은 관점을 거부하긴 했지만 이러한 말씀은 분명히 결혼에 대한 성례전적 관점을 확실히 암시하고 있다. 그들은 이 새롭고 영원한 사랑의 관계를 가져오는 교회의 행동을 통해 하나님께서 역사하신다는 것을 지적한다.

기독교인의 결혼과 예식 자체가 가지고 있는 이러한 뚜렷한 성격을 보여주려는 필요성에서 여러 가지 다양한 목회적 관심이 도출되었다. 결혼 예식에서의 주례는 목사나 신부가 가질 수 있는 가장 즐거운 목회 활동 중 하나임이 분명하다. 그러나 그것 또한 복잡성을 요구하는 역할 중 하나이다.

먼저, 이 사역은 결혼을 원하는 이들과의 상담에 적지 않은 시간과 기술을 요구한다. 주(州)정부는 어떤 사람이 결혼할 수 있는지에 관한 자체법을 가지고 있으며, 대부분의 교회들은 그것에 더한 나름대로의 기준을 가지고 있다. 사제나 목사의 역할은 자신의 교회 표준에 충실해야 하는 것이어서 이는 "안됩니다"라고 말할 수 있는 능력을 내포한다. 상담을 바라지 않거나 시간이 없는 경우에는 확실히 그러해야 한다. 예식에서 행진을 하지 않는 것은 비록 사람들이 그렇게 이해하지는 않더라도 사실상 결혼예식을 회중들을 위한 것으로 공연하는 것이다.

　　결혼 전 또는 결혼 후에 시작된 경우라도 상담의 긍정적인 면은 이미 우리 사회 속에서 보잘 것 없는 것으로 전락해버린 책임적인 사랑의 의미에 대하여 교회의 증거를 제시하는 능력에 있다. 물론 목회적 역할이 기독교적 결혼을 원하는 커플의 의향을 뒷받침하는 데 있어서 회중의 지지를 얻는데 있어서는 부수적이다. 우리가 제시해야 하는 것은 교회의 교리가 아니라 살아있는 공동체로서의 교회이다.

　　목사가 결혼을 주례할 때 그는 또한 주 정부의(state) 급료를 받지 않는 공무원의 역할을 하고 있는 것이다. 이 말은, 목사는 그 결혼식이 거행되고 있는 그 주 또는 그 나라의 법을 준수해야 한다는 것을 의미한다. 알지 못해서건 또는 알고 그랬건간에 이러한 법을 어기는 것은 그들이 벌금을 내거나 벌을 받아야 할 범죄행위의 하나이다. 그러므로 그 결혼식이 거행되는 그 주의 법에 익숙해지는 것 외에는 다른 방도가 없다. 미국에서는, 결혼 허가서는 언제 어디서 유용한지, 필요한 증인 수는 얼마나 되는지, 또는 그 결혼이 인정을 받는 법적 절차는 어떤지에 관한 일치된 내용은 없다. 가장 확실하고 유일한 방법은 그 결혼식이 거행되려는 주의 군 서기(Country clerk)에게 가서 미리 확인하는 것이다. 예를 들면 어떤 주에서는 그 허가가 나온 마을에서만, 그리고 정해진 날에만 결혼식을 올릴 수 있다.

　　자신의 교회가 아닌 다른 교회에서 결혼식을 집례할 경우는 목회적 에티켓이 지켜져야 한다. 이것은 해당교회 목사의 초청장이 있을 때에만 가능한 것이며, 그것을 허락한 목사에게 방문 목사는 당연히 감사의 편지를 써야 한다.

　　결혼 계획에 도움을 주기 위해서는 모든 외교적 수완이 요구된다. 음악과 같은 여러 가지 문제들은 뛰어난 수준이거나 아니면 제시할 만큼 적합하지 않다면 쉽게 손을 뺄 수 있다. 일반적인 규칙은 목사가 결혼 계획의 시초부터 개입되어야 한다. 친절한 설득을 통해서 종종 그 의식의 종교적 의미를 왜곡시키지 않도록 방비하거나, 또는 모르는 사이에 예식의 품위를 갖출 수 있게 된다. 인쇄물들은 의문을 가지고 있는 사람들을 납득시키는데 어느 정도 권위를 가지고 있다. 각 교회는 결혼식 때의 시설 사용에 대한 규정을 제정해야만 하는데, 예컨대 어떤 사람이 오르간을 사용할 수 있으며, 교회 건물 사용과 관리인의 수고에 대한 비용 명세서, 교회 비품에 손상을 입히거나 예배 중심처를 가리지 않도록 하기 위해 어디에 어떻게 꽃과 초를 배치시킬 것인지, 그리고 사진 찍는데 대한 규정 등이 그것이다. 목사나 사제는 자기 자신의 권위가 아니라, 그 지역 교회 협의회나 교구위원회, 지도자들 또는 공식 기관이 작성한 문서 규정을 강화시킬 가장 좋은 위치에 있는 사람이다.

대부분의 기독교인 부부들은 어떻게 하면 그들의 결혼을 가장 멋진 기독교적 예배의 행위로 만들 것인가에 관한 제안에 대해서는 개방되어 있다. 사제나 목사들은 유용한 선택에 익숙해 있어야 한다. 대부분의 새로운 예식서들은 여러 가지 가능성을 제시하는 동시에 많은 것들을 목사의 판단에 맡기고 있다. 이는 목사의 지도력을 더욱 요구하는 것일 뿐만 아니라, 목회를 위한 좀더 바람직한 기회를 제공한다. 결혼식에 참석한 회중들 중 일부가 기독교인이 아닌 경우에 목사는 성만찬을 집행하는 가능성과 문제점들을 잘 알고 있어야 한다. 그 커플이 서로에게 결혼하는 것이며, 목사는 주례만 하고 있는 것이라고 서방교회가 가르치기 때문에 이것이 전체 의식을 형성해야만 한다. 결혼하는 한 쌍은 분명 서로를 마주보며 서약을 하고, 반지를 교환해야만 한다.

예행연습 없이 결혼예식을 거행하는 것은 무모하다고는 말할 수 없지만 매우 용감하지 않고는 할 수 없는 일이다. 다른 것은 제쳐두고라도 예행연습은 실제로 예식을 올릴 때 두려워하는 부부들에게 자신감을 주기 위해서라도 행해져야 한다. 목사나 사제는 흥분한 이들이 실수할 수 있는 모든 문제들을 미리 연습시켜야 한다. 즉 입장행렬이라든가, 손을 잡는 것, 서약을 교환하는 것, 반지교환, 그리고 퇴장 등이다.

일단 결혼식이 끝나고 법적인 상세한 문제들에 주의를 기울인 후에는, 그 부부가 새로운 방식으로 회중들의 삶 속에 뛰어들 수 있도록 상담해 주는 목회적 책임도 매우 중요하다. 이러한 일들은 대부분 사랑이 성숙해 가는 것을 보는 사람으로서 행복한 책임이다. 결혼은 참으로 하나님께서 역사하시고, 목사가 그 한 부분을 차지하는 특권을 가진 '위대한 신비'(Great mystery)이다.

4. 성직 수임식

아마도 대부분의 기독교인들은 성직수임식(ordination)을 본 적이 없을 것이다. 그러나 대부분의 기독교인들은 성직을 수임받은 남자나 여자에 의해 섬김을 받고 있다. 어떤 교회에서는 오직 주교만이 성직수임식을 거행하며, 목사나 사제들은 그들 자신이 안수받는 경우 외에는 다른 이의 성직수임식에는 거의 참석하지 않는다. 그러나 아무 예식에서도 교회가 그처럼 교회와 교회 목회의 목적을 분명하게 이해하도록 하는 예식은 없다. 비록 성직수임식이 성직을 감당할 소수의 기독교인들에게 허락되는 통과의식이기는 하지만 그것이 모든 기독교인들에게도 더 잘 이해되어져야만 한다.

성직수임식에 대한 신약성경의 증언은 극히 적다. 그것은 사도들에 의해 선출된, 또는 지명된 자에게 손을 얹고 기도하는 것으로 이루어져 있다(행 6:1-6; 13:3; 14:23; 딤전 4:14, 5:22; 딤후 1:6). 그것은 금식과 함께 진행되었으며, 성직이 주어지는 자들에게 어떤 권면의 말씀이 함께 주어지곤 하였다(행 20:28). 우리가 세례에서 보아온 것처럼, 손을 얹는 행위는 능력과 축복이 주어지는 상징이며, 그리고 그 사람을 다른 사람으로부터 분리시키는 것에 대한 상징이다.

신약성경은 우리에게 여러 가지의 성직을 말해주고 있다(고전 12:28). 이 얼마 안되는 부분에는 성직의 발전이 기록되어 있기는 하지만 이는 분명하지 않고, 또 안수 받은 성직과 평신도를 구분 짓기가 어렵다. 『열두사도의 가르침(Didache)』는 분명히 특별한 은사를 입은 사람들인 예언자들에 관해서 이야기하고 있으며, 우리는 히폴리투스로부터 신앙 때문에 고통을 겪었던 고백자들에 관해 배우게 되는데, 이들은 주교가 되지 않는다면 안수 없이도 충분히 성별된 것으로 여겨졌다. 그리고 독경자(reader)나 차부제(subdeacon) 그리고 병 고치는 자들은 안수를 받지 않았다. 히폴리투스에게 있어서는 오직 세 성직만 안수를 받았는데, 그것은 감독(주교)과 사제와 부제이다.

다시 한번 히폴리투스에 의존하여 초대교회에서는 어떻게 성직 수임식이 거행되었는지에 관한 최초의 실제적 증거를 보자. 히폴리투스는 감독과 사제, 그리고 부제의 성직수임에 관해서 완전한 기록을 남겼다.[21] 성직 수임식은 말씀의 예전이 아니라 성만찬 예전 안에서 거행된다. 분명한 사실은, 감독이 실제 성직 수임식 며칠 전에 사람들에 의해서 선출되는데, 성직 수임식은 다른 감독들이 출석한 가운데 주일날 거행된다. 사람들은 그들의 찬성의 뜻을 아마 "환호"로서 표시했을 것이다. 그러면 한 감독이 성직수임의 기도를 하는 동안 다른 감독들은 그에게 안수한다. 기도는 하나님의 구원행위를 요약하는 것으로 시작하여, 성령이 새 감독에게 부어져서 그가 자신의 책임을 적절하게 수행할 수 있기를 기원한다. 새 감독은 평강의 입맞춤으로 축하를 받고 곧 성만찬 예식을 집례한다.

사제의 성직 수임식에 대하여 히폴리투스는 다른 사제들이 그의 몸에 손을 대고 있는 동안 감독이 안수한다고 기록하고 있다. 이때 감독이 기도를 하게 되는데, 아마도 감독의 성직수임식에서와 마찬가지의 기도를 사용하나 특별히 사제로서의 사역을 위해 성령께 간구한다. 그 기도는 모세가 70인을 선택할 때의 기도문을 인용한다(느 11:17-25; cf. 눅 10:1-7). 사제들의 의식에서도 새 동료를 인정할 때에는 비록 기도문은 암송하지 않지만 역시 안수를 한다. 그러나 부제의 경우에는 단지 감독만이 안수하는데, 이는 히폴리투스의 말에 따르면 부제는 감독을 보좌하며, 사제회의의 구성원이 아니기 때문이다. 부제로서의 사역을 위해 성령께 간구하는 기도가 사용된다. 이 세 가지 의식 모두에서 가장 중심이 되는 행위는 성직 수임기도이며, 이는 안수하고 있는 동안 되어진다. 그 외의 의식들은 모두 사소한 것들이다.

초기의 성례서들에는 세 가지 의식 모두의 성직수임에 대한 적절한 기도문이 들어있다. 보통 초대의 기도, 짧은 기도문, 그리고 성직수임을 위한 기도문 등이다.[22] 보통 맨 나중 기도는 연속된 성경구절로 이루어졌는데, 모세로부터 시작해서 그 적절한 성직의 사역을 위해 성령을 부르는 것에서 절정에 이른다.

3세기에는 단지 세 성직만이 안수를 받았다. 그러나 중세 초기에는 네 가지 소성직제(minor orders)가 생겨난 것을 본다. 관리인(poter), 성경봉독자(Lector), 축귀자(Exorcist), 복사(acolyte) 등이다. 우선 이들은 단순히 그들이 취급하는 전통적인 물건들(열쇠, 성경, 축귀책, 초, 촛대 그리고 주수병 등)이 주어짐에 따라 생겨난 것이다. 삭발식은 독신의 서약과 대성직제(major orders) 대열에 들어가는 것, 차부제, 부제, 그리고 사제가 되는 것을 뜻한다. 각각의 소성직계에 대한 의식은 해당되는 말, 즉 그들 직임의 상징이 주어지는 형식, 그리고 두 번의 축복기도가 있었다. 차부제는 제단에서의 사역에 참여하였으며, 그래서 이 자리에는 독신 생활이 강요되었다. 원래 이 직임은 그 자체로 영원한 것이어서 더 높은 직임에 오르기 위해 거쳐가는 중간 단계가 아니었다. 수 세기동안 로마 주교는 로마의 부제들 중에서 선출되었다.

최근 로마 주교예전서(영어판은 1978년에 출판됨)에서는 삭발식, 관리인이나 축귀사 등의 소 성직, 그리고 차부제와 같은 대 성직을 폐지하였다. 낭독자와 복사의 '제정' 의식과 주교, 사제, 그리고 부제를 위한 의식은 물론 "부제와 사제로서의 성직 수임식을 위한 후보자의 인정"(Rites, 2, 3-108; Roman Pontifical, 113-254)의식 등을 새로 만들어 내었다.[23]

몇 가지 직임의 폐지는 새 로마 주교 예전서에만 나타난 철저한 단순화 현상은 아니다. 중세에는 주로 9-10세기의 좀더 제한된 로마의식에 갈리칸 의식이 융합된 결과로서 여러 보조적 의식들이 첨가되었다. 그와 같은 새 의식들에는 사제의 손에 기름을 붓는 것과, 해당되는 예복을 후보자에게 입히는 것, 그리고 도구의 전승 등이 포함되었다. 이것들은 10세기의 로마-독일 주교전례서를 거쳐 11세기에 로마로 돌아옴으로써 길을 찾게 되었다. 이 의식들은 프랑스 멘데(Mende)의 주교 윌리암 듀란듀스(William Durandus)에 의해 잘 다듬어지고(13세기말 동안에) 15세기말 로마 교황청에 의해서 로마 주교전례서의 일부가 되었으며, 1596년에 개정되었다. 최근까지도 부수적 의식들이 성직수임 기도와 안수를 약화시키는 경향이 있다. 일련의 짧은 기도들과 명령조의 형식들이 초기의 위대한 성직수임 기도의 자리를 차지해 버렸다. 이제 이러한 것들이 회복되고 있다.

종교개혁자들이 전수한 의식들은 우선순위가 뒤바뀐 것이었다. 그들이 성직수임식의 역사적 복잡성을 해결하는데 일부만 성공했다는 것은 그리 놀라운 일이 아니지만 많은 의식들이 제거되었다. 비록 안수가 미신적 위험 때문에 제네바와 스코틀랜드에서 한때 없어진 적이 있었긴 하지만, 일반적으로는 계속 유지되어온 것으로 보인다. 소 성직과 차부제직은 어느 곳에서도 다 폐지되었다. 루터는 1525년 최초의 개신교회 성직수임식을 거행하였다. 그가 고안해 낸 안수예식은 결코 출판되지는 않았지만, 결국 대부분의 루터교회 성직수임식의 기원이 되었다. 그가 1539년에 쓴 『말씀 사역자의 성직 수임』은 주로 성경말씀, 권면, 기도 그리고 주기도문을 외우는 동안의 안수 등으로 이루어져 있다.[24] 최초의 성공회 성직 수임예식에 관한 자료수집은 1550년에 시작되었고 1552년에 개정되었다. 그 곳에는 좀더 많은 의식이 포함되어 있다. 성직수임식의 형식은 기도라기보다는 명령조이며("너는 취할지니라," "받으라"), 안수하는 동안 각각의 후보자에게 이 말씀이 주어졌다.

많은 개신교회들에게 있어서 큰 변화는 성직수임식이 지교회 회중들이 선출하고 실시하는 회중들의 의식이다. 종종 성직수임식은 회중들에 의해서나 이웃교회의 목사들에 의해서 실행되었다. 물론 대부분의 퀘이커교도들은 성직수임의 사역을 요구하지 않았다.

최근의 개정은 개신교회나 로마 천주교 모두 히폴리투스가 증거한 초대교회의 것을 우선으로 하여 되돌아가고 있음을 보여주고 있다. 새로운 로마 주교예전서, 영국 성공회 예배서(BCP, 511-47), 새로운 미국 연합감리교회의 『예식서』(An Ordinal), 그리고 루터교회 의식(OS, 192-98) 등은 모두 안수와 동시에 성직수임의 기도를 중심으로 하는 것에 일치하고 있다. 이 중심적 기도는 히폴리투스의 예를 모델로 하여 명령형식을 기원의 형식으로 대체하고 있다. 이러한 대부분의 의식들은 성직수임식이 성체성사(성만찬)의 범주 안에서 일어나야만 하며, 성직수여를 받은 자들은 성체성사에서 그들의 적절한 역할을 해야 한다는 것을 지적하여 준다. 회중의 역할은 후보자를 환호할 기회와 성직수임된 자에 대한 지지를 약속하는 등 그 역할이 증대되었다. 부수적인 의식들이 대부분 계속 남아있긴 하지만 분명한 것은 성직수임 기도와 안수에 대한 부차적인 것이 되어버렸다는 사실이다. 어떤 교회들은 목사취임 예배 등 관련의식을 가지고 있다. 이러한 새 의식들은 그들 사이의 다양성보다는 유사성이 더욱 눈에 띄게 나타나고 있다.

성직수임식

ABS,	338-96	LWA, 202-40	Also: *Scottish Ordinal 1984* (Episcopal Church of Scotland); *An Ordinal*, 1980 (United Methodist)
BAS,	631-66	MSB, G1-G15	
BCO,	120-24	OS, 192-203	
BCP,	510-65	PH, 992-1006	
BofS,	108-28	PM, 81-91	
BofW,	393-421	Rites, 2, 3-108	
BOS,	227-53	WB, 89-95	
CF,	75-90	WL, 23-26, 50-61	

어떻게 기독교인들이 교회 생활의 한 기능으로서 성직수임식을 이해하여 왔는가? 누구든지 쉽게 의식 그 자체로부터 교회론을 발전시킬 수 있을 것이다. 그러나 우리들의 관심은 그 의식이 어떤 역할을 하는가 하는 것이다.

신약성경 시대 이래로 성직수임식은 기도와 안수를 통하여 성취된다는 것이 분명하다. 히폴리투스의 기도에 나타난 최초 형태는 친숙한 형태이다. 지난 시간 속에서 하나님께서 이미 이루어 놓으신 것에 대한 감사와 성직수임된 자들에게 "적절한 은총을 주심으로써 그 일을 계속해 주십사"하고 간구하는 것이다. '감사와 간구'(thanksgiving-petition)가 이 기도를 형성하는데 이는 성만찬 기도와 매우 유사하다. 서방교회는 성만찬 기도에서보다는 성직수임식에서 성령의 사역을 증거하는데 있어서 좀더 일관된 근거를 가질 수 있었다.

또 다른 성경적 행위인 안수는 교회 내에서 수행되도록 받는 안수의 능력과 권위를 상징한다. 이 능력과 권위가 연속성과 계속성을 가짐에 있어서 사람을 통해서인지 아니면 그 가르침을 통해서인지에 관해서는 다양한 견해와 설명들이 있다. 바울이 고린도전서 12장에서 언급한 바 있는 여러 가지 은사들 모두가 성령에 의해서 하나의 목적을 위해 주어지는데, 그것은 교회를 세우기 위해 사용되기 위함이다. 히폴리투스는 반복해서 "거룩한 교회 안의 성령"에 관하여 말하고 있고, 그의 기도는 거룩한 교회 안에서 사용하도록 성령의 은사를 구하는 기도이다.

초기의 성직수임식에 대한 이해는 역사 과정 속에서 무척 혼란스러웠다. 성직수임식을 다른 성례전과 같은 유형에 맞추려던 스콜라 철학자들의 노력은 결국 "사제직을 위한 물질로는 술이 든 잔과 떡이든 성반이며, 부제를 위해서는 복음서이고, 차부제를 위해서는 빈 쟁반 위에 놓인 빈 컵이다"라는 플로렌스 공의회의 신조를 낳았다.[25] 그 신조는 선포하기를 "사제를 위한 형식은 교회 안에서 아버지와 아들과 성령의 이름으로 산 자와 죽은 자를 위한 희생제를 드리는 능력을 받는 것이다." 그리스도께서 성직수임의 형식이나 문제를 특별히 명기하지 아니하셨기 때문에 교회는 그 관례를 바꿀 수 있다. 1947년 피우스 12세(Pius XII)는 "성례식에 대한 사도규례"에서 그 본질은 안수라고 재확증하였다. 그가 전제한 형식이 이제 새 로마주교 전례서의 성직 수임기도 속에 나타나고 있다.

성직수임식이 어떤 지울 수 없는 특성을 전달한다는 개념을 개혁자들이 받아들이는 것은 매우 힘들었다. 루터는 모든 이들이 다 성직수임을 할 수 있는 권위를 가지고 있고, 또한 한 무인도에 좌초했을 경우 목사의 도움 없이 다 할 수 있는 기능으로 보았다. "우리 모두는 제사장들이며, 따라서 우리들 사이에 차이란 없다. 그것은 곧 우리 모두가 말씀과 성례전에 관하여은 다 같은 능력을 가지고 있다는 말이다."[26] 루터에게 있어서 성직수임은 "말씀의 사역"에 대한 공적인 부르심으로 남아있다. 몇몇 교회는 이 견해를 그대로 취하고 더 나아가 성직수임을 개교회 목회 직무에의 취임과 동일한 것으로 보기도 한다. 그러나 재 성직수임(reordination)은 어떤 이가 다른 교회로 이동하거나 교파를 바꿀 경우에도 거의 실행되지 않는다. 그러나 1960년대의 영국 성공회와 감리교회의 통합회의에서 이것은 주요 문제였었다.

일반적으로 개신교회들은 성직수임식이 특별한 은총을 가져온다는 믿음을 피하여 왔으며, 크게 보아서 특정 직능에 그 사람을 지명하는 것 정도로 본다. 어떤 이들은 사도들의 안수관례가 신학자들의 언어가 가지고 있는 것보다 더 높은 권위의 개념을 제시하고 있다고 반론을 제기한다. 반면, 회중들에 의한 선택과 찬의는 확실히 무슨 능력이나 권위가 수여되든지간에 그것은 교회에 대한 사역으로 사용될 때에만 의미가 있다는 것을 보여준다. 따라서 성직수임식은 개인을 위해서가 아니라 교회를 위해서 행해지는 것이라는 사실을 인식하는 것은 대단히 중요하다. 최근에 와서야 우리는 개인이 가지는 직임이라는 것이 잘못된 관점이며 공동체 자체가 가지는 직임이라는 사실이 이 성례전의 진정한 초점이라는 것을 이해하게 되었다.

성직수임식은 신앙공동체 내에서 새로운 사랑의 관계를 가시적으로 만들어 주는 기능을 한다. 회중은 어떤 이가 주어진 성직을 통하여 교회에 봉사하도록 하나님께 부르심을 받는 것과 그가(또는 그녀가) 가지게 될 지도력에 관한 은총을 기뻐하는 것이다. 그것은 한 사람을 하나님의 예정 속에서 성직에로 부르심을 알고 감사드리며 그 사람에게 더 많은 축복이 내려지기를 기원하는 감사의식이다. 성직수임식은 또한 공적인 교회의 부름이며, 그것으로 교회는 한 사람이 하나님의 부르심을 입고 이제 기독교 공동체를 대표하기에 적합한 자로 인정해 주는 기능을 한다.

기독교가 세속적 소명(직업)을 갖게 되는 것을 축하하는 의식을 전혀 발전시키지 않았다는 것은 참으로 이상하다. 루터와 대부분의 개혁자들은 다른 이들에게 봉사하는 모든 직업은 사제적 직업이 갖는 정도의 가치를 갖는다고 주장했다. 루터는 우유를 짜는 여자도 수녀만큼 신성한 직업을 가지고 있다는 것을 우리에게 상기시켜 준다. 성실한 직업을 가진 모든 사람들은 그(그 또는 그녀)의 이웃에게 봉사함으로써 성직에 종사하는 것이다. 그러나 교회는 사람들에게 봉사하기 위해 다른 길을 택한 자들을 위해서는 성직수임식에 준하는 의식을 발전시키지 않았었다.

대부분의 목사들은 성직수임 계획을 짤 기회가 거의 없을 것이나, 대부분의 새로운 의식 속에는 언급할만한 가치가 있는 몇몇 실제적인 문제들이 있다. 우선 성직수임식은 회중들을 위한 것이기 때문에 회중 스스로가 능동적으로 참여할 기회를 필요로 한다. 후보자가 소개되었을 때 자발적인 찬성의 소리, 또는 환호의 소리까지, 모두가 매우 권장되어져야 한다. 찬송과 제창기도 등이 참석한 모든 사람들에 의해 함께 행해져야 한다. 평신도 대표들이 어떤 행동을 가질 수도 있겠는데, 특히 새로 성직을 받는 자들을 축하해 주는 행동 등이다. 이것은 단지 후보자의 가족뿐만이 아니라 가능한 한 많은 사람이 좋으며, 특히 성직을 받는 자가 실제로 봉사해야 할 그 사람들이 축하해 주는 순서가 포함되어야 한다.

성직수임식이 거행되는 상황으로서의 성체성사가 가지는 고대의 용도는 크게 권장할 만하다. 성직수임식은 결혼식만큼이나 즐거운 일이다. 회중 모두가 다 분명한 기독교인들이기 때문에 성체성사는 그들 모두가 기쁨과 감사를 드릴 수 있는 가장 적절한 상징이다. 또한 성체성사는 성직이 주어진 자들에게 말씀과 성례전의 중요한 성무를 처음으로 수행할 공적 기회를 부여한다.

최근에 새로운 성직수임식을 제정함에 있어서 많은 시도들이 있었다. 만일 여러 교회들이 성직수임식을 수행함에 있어서 의식과 성직에 대한 이해가 서로 가까워진다면 기독교인들은 사실상 기독교의 재일치를 위한 행복한 단계에 도달할 수 있다. 그러나 때로는 행함이 생각보다 앞서므로 새로운 의식의 사용은 확실히 일치를 향한 중요한 발걸음이 되고 있다. 『세례, 성만찬, 직제』(Baptism, Eucharist, and Ministry)에서는 비록 목회부분은 여전히 많은 논란의 여지가 남아있기는 하지만 에쿠메니칼한 성취를 보여주는 중요한 진술이다.[27]

5. 종교적 고백 또는 헌신

많은 사람들에게 있어서 종교적 예식들이 있는데, 이 예식들을 통하여 사람들은 나머지 일생동안을 헌신하게 되며 이러한 예식들은 안수를 포함하지 않는다. 여기에는 수녀, 탁발, 수도승, 다양한 성직 질서, 평신도 직제, 봉사자, 또는 선교사 등의 종교적 공동체로 사람들을 시취하게 하는 예식들이 있다. 미래에는 평신도 사역이 현저하게 증가할 것으로 보이며, 따라서 이러한 예식들은 지금보다 더 중요하게 될 것으로 보인다.

목회를 위해 조직된 그룹들은 긴 역사를 가지고 있다. 이미 1세기와 2세기에 처녀로 기독교인의 삶을 살아가는 사람들이 있었다는 증거를 가지고 있다. 3세기에는 교회 생활에서 뚜렷한 역할을 가지는 과부와 처녀들의 공동체 집단이 많이 있었다. 4세기에는 이들 집단들이 공동생활을 했으며, 그러한 삶의 양식으로 들어가는 의식들이 곧 개발되었다. 이러한 의식들의 역사는 남자와 여자의 경우에 매우 달랐다.

여자들의 경우에 감독이 그들로 하여금 처녀의 서약을 하게 하고 베일을 수여한다. 여성의 직제에 가입하는 주요 이미지는 결혼서약을 하고 반지를 받는 것을 중심행위로 하는 결혼예식이 되었다.

가장 초기의 남성 직제 가운데 중심 이미지는 본래 두 번째의 세례였다. 자신을 드리는 것은 제단 위에서 서약을 함으로써 또는 제단 위에 서명한 종이를 올려놓음으로써 이루어졌으며, 순교에 준하는 정도로 인식되었다. 세상 재물을 포기하는 행위는 목록을 작성하여 제단 위에 올려놓음으로써 준행되었는데 이는 매우 중요한 요소이었다. 해당되는 옷을 입는 행위는 장래 수도승으로서 이 세상의 옷을 벗어버리고 이 새로운 공동체의 옷을 입는 것으로서 중요한 역할을 하였다. 각 요소-고깔 달린 겉옷, 성의(聖衣), 장백의 그리고 허리띠-는 공동체 안의 새생명을 상징하는 것이 되었다. 중세후기에 이 세상에 대하여 죽는 것은 강단 앞에 납짝 엎드리고 보자기로 관을 덮듯이 자기의 수도복으로 몸을 감싸는 행위로 상징화되었다. 수도승은 자아에 대하여 죽고 공동체 안의 새 생명으로 다시 태어났다.

수련생으로 들어감에 있어서 일시적인 서약이나 영구적인 서약은 공히 예식을 통해 이루어졌다. 만일 한 사람이 공동체를 떠나면 그가 예전에 입던 옷을 다시 입게 된다. 그러므로 수도원 의식에서 이루어지는 종교적 고백에는 다양한 상징들이 존재했는데, 그것들은 두 번째 세례, 순교 그리고 기독교 매장 등이다.

또한 특별히 "수도원장의 축복"(Rites, 2, 115-24)과 "수녀원장의 축복"(Rites, 2, 125-31) 같은 공동체의 지도자를 위한 일련의 예식들이 발전되었다. 여러모로 볼 때에 이들 예식들은 감독을 성별하는 예식과 병행되는 것들이었으며, 주교로 임명된 수도원장은 비록 일반적으로 교회 관할권은 없지만 감독의 권위를 상징하는 많은 것들을 수여받았다.

이 모든 예식들은 현대에 광범위하게 부활되고 있다. 다양한 직제들과 공동체들이 독자적인 예배들을 가지고 있으며 서로 공통적인 부분이 많이 있다. 현재의 예식은 일반적으로 최근에(1989) 발간된 『종교적 고백의 예식』(The Rite of Religious Profession)에 기초하고 있으며 보통 지역의 감독이 이 예식들을 주재한다. 성공회에서는 수련생과 일시적인 서약 그리고 최종적 혹은 평생의 서약을 위해 "특별한 소명을 위한 성별(Setting Apart for a Special Vocation)" 의식을 가지고 있다(BOS, 254-58). 각 단계는 청원, 설교, 시험, 약속 또는 서약, 축복기도 그리고 옷을 수여함 등을 포함하고 있다. 다른 교회들은 "봉사자를 성별"(Setting apart of a Deaconess) 또는 "기독교 예배로 헌신하는 예식"(An Order for Commitment to Christian Service) 그리고 미 연합 감리교회의 『축복과 성별』(Blessing and Consecration-SWR, #14, 26-37) 같은 특별 사역을 위한 다양한 형식들을 가지고 있다.

종교적 고백 또는 헌신

BofS, 129-36	LWA, 254-80	SB, 247-49	Also, *Rite of Religious Profession*, 1989 (Roman Catholic)
BofW, 422-38	OS, 204-17	SWR, #14, 26-37	
BOS, 175-91, 254-58	PM, 95-131	WB, 96-101	
	Rites, 2, 111-81		

---

6. 기독교 장례식

기독교 장례식은 유족들을 위로하고 죽은 자를 하나님께 위탁하기 위한 의식이다. 기독교 예배에 관한 우리의 공부를 마치는 주제로서는 별로 즐거운 주제인 것처럼 보이진 않지만, 이 주제는 기독교인의 전 생애가 세례로부터 매장까지 하나님의 찬양을 포함하고 있음을 보여준다. 그리고 기독교인의 죽음을 보는 것은 기독교인의 삶 자체에 관해 많은 것을 얘기해 준다.

기독교인의 장례에 대한 태도는 역사적으로 세 개의 분명히 다른 단계를 거쳐 발전되어온 것처럼 보인다. 소망, 공포 그리고 그것에 관해서 생각하기를 거부하는 것 등. 여러 가지 방식의 의식에서 어떤 것들은 교묘하게 또 다른 것들은 좀 덜 교묘하게 이런 것들을 반영하고 있다. 그 의식 자체가 종종 죽음 자체에 대한 결정적 태도이다.

우리는 기독교적 장례에 대한 신약성경의 정보를 전혀 가지고 있지 못하며 처음 3세기 동안의 자료도 거의 얻지 못하고 있다. 히폴리투스마저도 우리에게 기독교인들의 묘지가 있다는 것과 장례비용이 적절하게 지켜졌다는 것을 제외하고는 아무 것도 말해주는 것이 없다. 단, 터툴린안은 장례식에서의 성체성사와 연례적인 기념식에서의 성체성사에 대하여 예기하고 있다("Of the Crowns," 3). 사라피온(Sarapion)은 매장되기 전의 죽은 자를 위한 기도문을 우리에게 남겨주었다. 그것은 대부분이 하나님의 행위에 대한 진술이지만 또한 죽은 자의 편안한 휴식과 부활, 죄의 사함 그리고 유족들의 위로를 간구하고, "우리 모두에게 선한 종말을 줄" 것을 재차 간구함으로써 끝맺는다.[28] 아우구스티누스는 그의 어머니 모니카의 장례에 관해서 말하면서 그가 눈물을 억제하였다는 것과, 장례식에서 갖는 성체성사의 기도 등 몇 가지를 자세하게 언급한다.[29]

초기 기독교 장례식에 관하여는 서너 가지의 일반적 관찰이 가능하다. 기독교 장례식의 일반적 분위기는 부활에 대한 소망이었다. 어거스틴이 눈물을 흘리지 않았다는 진술은 예외적인 것으로 볼 수 있으나 반드시 그렇다고만 볼 수는 없다. 신앙을 지키다가 죽은 크리스챤은 승리자로 간주되며, 장례식 절차는 고향으로 돌아가는 개선장군과 같은 승전적 성격을 가졌다.

당시 기독교인들의 묘지는 도성밖에 있었기 때문에 시신을 운반하는 것은 그 의식의 주요 일부가 되었다. 그것은 소망에 관한 시편찬송과 더불어 찬양과 할렐루야로 소리치는 것 등으로 행해졌다. 이방 종교가 밤중에 장례식을 갖는 것과는 달리 환한 대낮에 공동체가 묘지로 행진하는 동안 하얀 의복을 입고 종려 잎사귀와 촛불을 들고 향이 피워졌다. 이에 앞서 기도가 계속되는 동안 죽은 자의 집에서는 시신의 온몸을 깨끗이 닦고 기름을 바르고 온몸을 천으로 감았다.

무덤에서는 기도와 성체성사 의식이 있었다. 어거스틴은 "그녀(모니카)를 위한 우리의 속전의 희생제사가 있은 후 시신이 무덤가 옆에 놓여졌다"고 기록하고 있다. 시신에게 마지막 평강의 입맞춤을 한 후 발을 동쪽으로 하고 묻는다. 곧 애찬식(agape)이 뒤따르며, 죽은 후 며칠동안 다양한 예배의식이 있었고, 연례적인 추모예배가 있었다. 순교자와 같은 신앙의 영웅들을 위해서는 이러한 연례행사가 중요한 일이었다. 2세기의 폴리캅의 순교에 관해 언급하고 있는 '폴리캅의 순교'(Martyrdom of Polycarp)에서는 "기쁨과 즐거움 속에 함께 모여 마치 생일처럼 그의 순교일을 축하하고, 이전에 이미 떠난 그들의 영웅들을 추모하며, 이후에 가게 될 자신들을 준비시키고 훈련시키기 위해서"라고 공동체의 취지를 말하고 있다.[30]

기독교인들에게 있어서 죽음은 일종의 "하늘나라의 생일"이었으며, 성자들은 유한한 시간 안에서 태어난 세속적 생일보다는 무한 속으로 태어난 생일에 기념되었다. 그들의 사망과 죽음에 관한 연대기가 순교일지에 수록되어 있는데, 일지에서 일부 내용을 발췌하여 그들 각자의 천국생일(사망일)에 낭독하였다.

결혼의식과 마찬가지로 교회의 장례의식도 비록 많은 것들을 거부하기는 했지만 로마 관습의 영향을 많이 받았다(화장과 같은 것 등). 무덤가에서 장례식 식사로 죽은 자를 기념하는 이교의 관습을 교회는 성체성사로 바꾸었고, 음식은 가난한 자들에게 나누어 주었다. 여러세대에 걸친 가족의 연속성 개념은 가족 묘지를 중심으로 이어져 왔는데, 이와 같은 생각은 아직까지도 로마에서 강하게 나타나고 있다. 심지어 오늘날에도 '만성절'(All Saint's day)이 시간을 뛰어넘어 모든 세대가 연합하는 날로서 지켜지고 있다.

기독교적 매장에 관한 중세의 풍습은 또 다른 변모를 보이는데, 그것은 공포의 모습이다. 매장은 지옥과 연옥, 그리고 예기치 못한 죽음에의 공포에 관한 중세적 상상을 걸치게 되었다. 훈계적 목적을 가지고 수행될 때마다 성체성사는 수난을 겪었다. 장례식 또한 오용되었다. 중세의 생각은 만일 지옥을 사람들로부터 몰아낼 수 있다면 또한 지옥으로부터 사람을 몰아내는 것도 가능하다고 여기는 것 같았다. 죽음은 살아있는 자들을 훈계하기 위한 일종의 위협이 되었다. 누가 요오크 지방에서 사용된 것과 같은 기도문을 무시할 수 있겠는가. "끓는 가마솥의 잔혹한 화염으로부터 그들을 건져주소서!" 대부분의 중세 교회들은 성상 안치소의 아아치 위에 벌받는 자의 고통스러움과 함께 최후의 심판에 관한 벽화들을 즐겨 그려놓았다. 중세 후기 희곡들은 종종 회개하지 않는 죄인들이 떨어지는 지옥문에 관한 것들이 있었다. 단테는 그 모든 윤곽을 가장 정교하게 우리에게 보여주고 있는데, 이는 그것이 다른 사람에게 생생할 뿐만 아니라 마치 실제와도 같이 느껴졌기 때문이다.

장례식 속에 영혼의 운명에 대한 두려움과 공포가 스며들게 되었다. "죽은 자를 위한 의식"(Office of the dead)은 처음에는 장례식에서 불려지는 시편들 중에서 발전되어 결국 저녁기도와 아침기도 그리고 찬과를 만들어 내었다. 중세의 매장식은 보통 교회 뜰에서 있었다. 교회 뜰의 '시신문'(corpse gate)에서 시신을 보인 후 시편과 함께 교회 안으로 운반되었다. 이 때 성체 성사가 거행되고, 죽은 자에게 사면이 선언되고, 향이 피워지며, 성수가 뿌려졌다. 곧이어 교회 뜰 안이나 교회 밑에 매장되었다. 사면선언은 초대 교회의 승리를 의미한 것으로부터 변질된 것이다. 12세기와 13세기에 걸쳐서 불려진 영창인 '디에스 이라에'(dies irae: 분노의 날)는 중세 후기가 심판과 형벌의 가능성에 초점을 맞춘 것을 반영하며, 이는 초대 기독교인들의 분명한 확신과는 다르다는 것을 반영한다.

비록 종교개혁이 더 이상 연옥의 두려움을 인정하지는 않았지만 이러한 태도를 떨쳐버린다는 것이 여전히 쉽지 않음을 알게 되었다. 루터는 장례식이 갖는 슬픈 성격을 고찰하여 그것들을 좀더 강력한 소망의 표현으로 바꿀 것을 원했다. 그는 "철야, 휴식, 영면, 삶 그리고 떠난 기독교인들의 부활에 대한 위로 찬송"과 함께 죽은 자의 부활을 강조하는 예배를 지지하면서 "철야 기도나 죽은 자를 위한 미사, 행렬성가, 연옥 그리고 죽은 자를 위한 다른 모든 속임수 등 이러한 천주교의 구태의연한 행위들"을 정죄하였다.[31] 루터가 매장의식을 남겨놓지는 않았지만 찬송, 시편, 설교, 그리고 단순한 의식을 이용했던 것으로 보인다.

1645년 "웨스트민스터 예배 규범"(Westminster Directory)에서 간략화의 절정을 이루었는데 이 지침서는 시신이 묘지에 정중하게 놓여져야 하되, "아무런 의식 없이" 즉시 매장할 것을 선포하였다. 심지어 스코틀랜드나 영국의 청교도들에게는 장례식에서 행하는 설교마저도 논쟁이 되었는데, 왜냐하면 실제적이거나 가상적인 미덕을 칭송하는 것으로 전락하기 때문이었다. 일부 청교도들은 매장을 순수한 세속사로 여기고 아무런 예배도 갖지 않았다. 칼빈은 장례식에서의 설교를 인정했지만 크리스챤의 매장을 위한 예배의식은 결코 제공하지 않았다. 보통 종교개혁 전통은 시편, 성경봉독, 설교, 그리고 매장 후의 기도로 구성된 예배를 용납하였다.

성공회 장례식의 개정은 비록 1552년에 급격한 변화가 있긴 했지만 좀더 보수적이었다. 크랜머는 1549년 '죽은 자를 위한 의식'을 간결하게 하였고, 교회 뜰에서의 행진, 매장예배 그리고 선택사항인 성체성사를 흡수하였다. 그 예식은 주로 장지에서 가졌으나 부분적으로는 교회에서 갖기도 하였다. 의식적으로 그리스도를 통한 소망과 부활에 역점을 두려고 애썼다. 1552년 성체성사가 사라짐으로 해서 예식은 거의 묘지에서 갖게 되었다.

1549년에 만들어진 죽은 자를 위한 진지한 기도문들 역시 사라졌다. 그렇게 해서 남겨진 간단한 의식은 시신 위에 흙이 덮여지는 동안 일정한 문장과 기도, 요한계시록 14:13, 고린도전서 15:20-58 그리고 위탁의 말씀들로 이루어졌다. 그 이후의 역사는 시편송들의 확대와 더 많은 기도들을 가져왔다. 웨슬레는 비록 시편 39편, 한번의 기도 그리고 위탁 등을 제거하긴 하였지만 1662년도의 의식을 기본적으로 유지하였다. 감리교회가 가져온 커다란 변화는 열정적인 소망의 찬송을 더한 부분이다.

근대 기독교는 너무나 자주 소망과 공포를 모두 잊어버려 왔으며, 죽음을 기독교적 메시지의 일부로 생각하기를 꺼려 왔다. 묘지는 이제 우리가 사는 도시와 우리의 의식 밖으로 쫓겨났고 장례 관습은 지나치게 상업화되고 있다. 17세기에는 묘비가 도입되었고 일반인을 위한 개인묘지가 등장하였다. 그 이전에는 햄릿 중의 요릭(Yorick)과 같이 누구든지 30년 동안 땅 한조각을 차지할 수 있었고, 그 후에는 다른 사람에게 넘어가게 되었다. 19세기에는 관이 일반 사람들에게는 일상적인 것이 되었으며, 남북 전쟁시에는 시체 방부가 일반적으로 성행하였다. 그 결과 현대인들은 비록 덜 화려하고, 덜 가상적이긴 하지만 우리의 중세 선조들보다 죽음에 대하여 더 미신적이 되었다. 우리 몸은 차치하고서라도 우리가 자신의 이름이나마 보존할 수 있는 것처럼 행동하는 것은 틀림없이 중세 사람들을 웃길 따름이다. 그러나 근대적 관행은 죽음의 실체를 숨기려 하고, 결국 그 이전의 어느 세대보다도 더욱 가공적인 것으로 만들어내게 되었다.

이러한 현상이 자주 교회의 잘못에서 기인되어 오기도 했다. 즉 교회가 복음을 증거하는 대신 꽃과 시의 슬픈 장례식으로 대체하였기 때문이다. 또한 교회는 너무나 자주 정중하게 매주의 삶 속에서 죽음에 관한 언급을 피하고 있으며, 심지어는 부활절 주간조차도 부활에 초점을 맞춘다. 교육사역도 마찬가지로 죽음 같은 공격적인 주제를 다루는데 무척 인색하였다.

최근의 예식은 죽음에 대한 초기 기독교인들의 많은 좀더 긍정적인 요소들을 되찾았다. 제 2차 바티칸공의회는 "죽은 자의 매장을 위한 예식은 기독교인의 죽음에 있어서 부활절의 특성을 좀더 분명하게 나타내야만 한다"라고 지시하였다(CSL, par. 81). 이러한 부활에의 강조는 새로운 예식에서 대단한 성취를 가져왔다. 검은 상복이 그리스도와 부활을 의미하는 흰색이나 성장을 의미하는 초록색으로의 가시적 변화는 강조에 있어서 큰 변화가 있음을 뚜렷이 보여주고 있다. 1969년에 출판된 새 예식들은 지역 관습에 따를 것을 권장하는데 죽은 자의 집안에서나 교구의 교회, 묘지교회, 무덤 또는 이들 중 몇 곳에서 할 수 있도록 의식의 전부 혹은 일부를 제공하고 있다(Rites, 1. 645-720). 뿐만 아니라 철야 예식과 아이들의 장례식 등에 대해서도 대비하고 있다. 장례미사의식, 추모미사, 여러 가지 기념식 그리고 죽은 자들을 위한 기도 등 다양한 선택사항들이 제공된다(Sac., 857-89). 『기독교 장례순서』(Order of Christian Funerals, 1989)는 목회적 경험과 의식의 개선에 있어서 더 많은 진보를 가져온 20년을 반영하고 있다.

다른 교회들은 기독교인들이 죽음에 대하여 갖는 부활의 성격을 강조하는 예식을 따르고 있다. 새로운 장로교회의 예식서의 제목은 "부활에의 증언"이며(SLR, #4), 연합감리교회의 예배는 "사망과 부활의 예배"(UMH, 870-75), 새 BCP는 "죽은 자의 매장"을 위한 두 가지 의식과 개요만 포함하고 있는 세 번째 예식을 가지고 있다(pp. 469-507). 성공회의 세 가지 의식 모두가 연합감리교회, 장로교회, 루터교회의 새 예식처럼 성만찬 예식의 가능성을 포함하고 있다. 죽은 자를 위한 기도들은 BCP에서 하나의 선택사항이다. 이러한 의식들의 많은 부분은 시편 찬송과 성경의 언약을 낭독하는 것으로 이루어진다.

루터교회의 새로운 "죽은 자의 장례"(LBW, 206-14)와 연합 감리교회의 새로운 예식은 둘 다 처음에 그리스도의 죽음과 부활에 들어가는 기독교인의 세례를 언급하는 것으로 시작하고 세례와 매장을 관련시킨다. 연합 감리교회의 예식은 고인을 가장 잘 아는 자들이 그의 생애를 추모할 수 있는 증언 의식 또는 지명의식을 가짐으로써 예식을 인격화한다. 장례식은 추모되어야 할 개인의 인생을 제대로 알지 못한 채 너무도 쉽게 일반화된 형식에 따라 처리되었기 때문이다.

기독교 매장						
ASB.	306-36	LBW.	206-14	SLR.	#4	Also: *Order of Christian Funerals*, 1989(Roman Catholic); *Services for Death and Burial*, 1987 (United Church of Canada)
BAS.	565-605	LWA.	169-201	SWR.	#7	
BCO.	88-119	MDE.	331-39	UMH.	870-75	
BCP.	468-507	MSB.	F1-F22	WB.	71-88	
BofS.	80-107	OS.	108-23	WL.	42-48	
BofW.	359-90	PM.	233-56	WW.	123-83	
BOS.	171-74	SB.	202-30			
CF.	106-30	SBCP.	440-69			

기독교 신앙은 장례식을 어떻게 이해하는가? 과거의 역사는 변천하는 것이었다. 1179년 제 3차 라테란 공의회에 가서야 대부분의 죽은 자의 장례를 성례전이라고 칭하게 되었는데, 이는 전체 교회역사의 절반을 넘긴 이후였다. 그러나 기독교 장례는 7성례가 그랬던 것처럼 스콜라학자들의 관심을 끌지 못했으며, 또한 루터나 칼빈이 장례식을 발전시키지 못했다는 사실은 이들이 수행해야 할 많은 요소들을 가지고 있다는 것을 보여준다. 그래서 장례식은 결코 그것이 받을만한 가치만큼의 신학적 고려를 받지 못했던 것이다. 비록 심리학자들이나 사회학자 그리고 대중 작가들이 그 공백을 채우기 위해 뛰어들긴 했지만 말이다. 기독교적 죽음 이해는 오히려 좀더 조심스러운 신학적 검토의 대상이었다.[32]

시신을 처분하는 문제와는 별도로 기독교인의 매장 기능을 이해할 수 있는 가능성은 무엇인가? 여기에는 두 가지 관심이 제기된다. 하나는 하나님의 사랑과 유족을 위로하는 공동체의 지지를 보여주는 것이고, 또 하나는 고인을 하나님의 은혜로운 돌보심에 위탁하는 것이다.

교회는 유족들을 위로할 때 솔직하게 함으로써 최선을 다해야 한다. 우리는 죽음에 관해 너무나 많은 것을 알지 않도록 주의해야 한다. 그것은 하나의 신비로 남는다. 성경과는 동떨어진 채 근대적 과학적 용어나 또는 사색적인 그림 같은 상상으로 죽음의 어둔 베일 뒤를 추적하려는 노력은 모두가 비생산적 착상이다. 그러나 기독교 신앙에서는 유족들을 위해서 대단히 솔직하게 내세울 수 있는 두 가지 주장이 있다. 이들 중 하나는 별로 위로가 되지 못할 것처럼 보일지 모르지만, 그러나 애도의 과정에서 중요한 사항이며, 만일 이것을 무시하게 되면 오랫동안 고통을 겪을 수밖에 없다. 이것은 죽음 그 자체의 실재성이다. 성경은 명백하게, "우리는 필경 죽으리니 땅에 쏟아진 물을 다시 모으지 못할 것 같으오나..."(삼하 14:14)라고 기록하고 있으며, 이는 어느 기념비보다도 더 분명한 크리스챤의 주장이다. 이러한 이유 때문에 그저 추모예배를 드리는 것보다도 가능하면 시신이 놓여져 있는 곳에서 장례식을 갖는 것이 더 바람직하다. 죽음의 실재는 기독교 중심에 위치한 십자가와 더불어 기독교 안에서 결코 부정되어서는 안 된다.

두 번째 주장은 하나님의 신실하심이다. 이것은 죽음에 관한 교리는 아니고(이에 대해서 우리는 거의 알지 못한다), 하나님의 신실하심에 관한 교리이다(이에 대해서 우리는 많은 것을 알고 있다). 죽음은 인간들로 하여금 그들이 모든 것에서 실패했을 때, 얼마나 완전하게 하나님께 의존해야 하는지를 깨닫게 만든다. 죽음 이후에 놓여있는 모든 것 역시 하나님에 의해서 창조되었으며, 우리에 앞서서 그리스도이신 예수님께서 경험하셨다. 기독교인은 죽음에 직면했을 때에라도 소망을 버리지 않는다. 그들은 이 세상에서 오직 참 소망의 근원이신 하나님의 자비로운 사랑에 의해서 위로를 받기 때문이다.

그래서 기독교적 장례는 죽음과 부활의 실재를 증언한다. 성경의 강력한 주장에는 영면이나 여로, 또는 경계를 넘어가는 것 등에 대한 어떤 시보다도 더 많은 것들이 포함되어 있다. 이러한 때에 시나 꽃이나 어떠한 감상적인 말이 아니라 곧 성경에 있는 하나님의 말씀과 성례전의 행위들이 강력한 약이 된다. 일생동안 매주일 마다 소망의 말씀과 행위들을 체험하는 교회 안에서 한 가족이 된 서로 사랑하는 공동체라는 배경 안에서 장례식이 행해진다는 것은 중요하다.

공동체 자체가 존재한다는 것은 여기에 하나님의 사랑 행위를 강력하게 증거하는 증언이다. 다른 기독교인들이 그 자리에 있다는 것 또한 분명한 사랑의 표시이다. 어떤 이가 지상의 전투교회에서 하늘의 승리의 교회로 옮겨가는 것처럼 그 공동체는 서로 모여서 고인이 교회 안에서 또 다른 새로운 관계로 옮겼음을 표시한다. 장례에서 다른 기독교인들의 역할은 그들이 그 의식에 참석함으로써 유족들을 포용하는 사랑의 환경을 분명하게 조성한다.

장례의 두 번째 기능은 고인을 하나님께 위탁하는 것이다. 잠재적으로 세례받은 모든 이들은 이미 세례식을 통하여 죽었다가 그리스도와 함께 다시 산 자들이다(롬 6:3-4). 이제는 하나님께서 우리를 용납하셨다는 것을 보여주셨음을 기억해야 할 시기이다. 이 용납은 이미 우리들의 세례식을 통하여 분명하게 보여주신 것이다. 그러므로 우리가 사랑하는 그들을 하나님의 보호하심에 위탁하기를 원하는 것은 자연스러운 일이다. 현대 개신교인들에게 연옥이라는 개념은 전혀 마음에 들지 않는다. 그리고 오늘날에는 많은 로마 천주교인들 중에서도 그렇다. 그러나 그리스도 안에서 다시 일어나리라는 소망은 기독교 신앙의 중심이기에 우리는 잠시라도 하나님께서 죽은 자에 대한 자신의 계획을 성취하시도록 시도하는 것을 멈출 수 없다. 어떤 이를 위하여 임종 순간까지 기도하다가 그 후에 벙어리가 되어버린다는 것은 매우 이상한 일이다. 하나님의 사랑은 죽기 전이나 죽은 후에도 계속되며 사려깊은 언어의 기도는 연옥에 대한 믿음을 갖지 않고서도 죽은 자를 하나님의 보호하심에 위탁할 수 있다.

따라서, 기독교 장례는 두 가지 기능을 가지고 있다. 그 두 가지를 명확하게 구분한다는 것은 불가능하지만, 하나는 산 자를 위한 사역이요, 또 하나는 죽은 자에 대한 사역이다. 둘 다 하나님께서는 성례전에서와 마찬가지로 기독교적 장례에서도 삶이 끝날 때까지라도 자신을 우리들에게 늘 새롭게 보여주시기 위하여 활동하고 계심을 이해함으로써 가능하다. 세례의 물을 통하여 들어간 신앙공동체가 이제 마지막으로 그 공동체의 위로 행위를 통하여 가시화된 하나님의 사랑을 드러내기 위하여 우리 주위에 다시 한번 연합한다.

이제 몇 가지 목회적 결론을 짧게나마 기록해야 할 것 같다. 죽음의 사건은 목회자가 주요한 책임을 가지고, 유족들을 신앙적으로 지탱시켜 주며, 지속적인 관계를 맺어나가야 할 때이다. 매장 전과 그 후 오랫동안 지속되는 가족들과의 상담은 필수적인 사역이다. 슬픔의 과정을 억지로 없앨 수는 없다. 눈물 흘리는 것을 억지로 막아버리거나, 슬픔 자체를 이해하지 못하는 것은 매우 위험스러운 일이다. "겉치레로만 이 일을 하는 것"은 재난에의 초대나 다름없다. 유족과의 상담보다 더 많이 목회자의 감수성을 요구하는 것은 없다.

이 사역의 많은 부분들은 죽기 오래 전부터 교육적인 사역에서 시작하는데, 이것을 통해 교인들이 기독교적 관점에서 죽음을 이해하도록 도와준다. 여러 매체를 통하여 회중들은 가장 바람직한 장례를 생각하도록 도와줄 수 있다. 우리들 중 누구도 그가(또는 그녀가) 자신들이 궁극적으로 죽어가고 있다는 사실을 확실하게 알기 전까지는 만족할 만큼 충분히 성숙된 것은 아니다. 어떤 사람의 장례를 계획한다는 것이 꼭 병적인 편견일 수만은 없다. 즉 그것은 그 사람의 신앙에 대한 증거인 동시에 삶을 이해하는데 남보다 앞서나가는 놀라운 방법일 수 있다. 은퇴한 가정의 가족들이 그들 자신들의 장례용 휘장을 짜는데 이는 당당한 마지막 확신이다.

목회적 돌봄은 혼자서 수행할 수 없다. 그것은 이미 공동체를 전제한다. 다른 이들도 유족들에게 그 공동체의 염려와 도움을 보여주도록 이 일에 목회자와 함께 해야만 한다. 이미 유족이 되었던 자들에게 협조를 구하여 회중들을 이러한 일에 적응하도록 많은 일들이 수행되어져야 한다. 그리고 그들은 유족들을 공동체로 통합시키기 위해 할 일이 많이 있다. 대부분의 유족들이 더욱 쓸쓸하게 느끼는 연중 대 축일에는 이 일이 더욱 중요하다.

기독교의 장례는 무엇보다도 먼저 일종의 예식이어야지 슬픔을 통한 치유의식은 아니다. 그것은 하나님의 신실하심에 대한 성경의 강력한 약속에 역점을 두어야지 결코 그 외의 다른 것에 의존해서는 안 된다. 말씀의 예배는 하나님의 선하심에 감사하거나 또는 그것을 선포하는 본질적인 것이다. 시편찬송과 성경은 기본적이며, 설교와 찬양, 기도, 그리고 신앙고백 등으로 보강된다. 성체성사는 그리스도의 몸 안에서 죽은 자들과 산 자들 사이의 계속적인 관계를 선포할 수 있다.

장례식에서 시신을 놓는 것과 위탁 예식에 사람들이 참석하는 것은 죽음의 실재를 증거하는 방법으로써 매우 권장해야 될 일이다. 그러나 시신 그 자체가 직접 사람들에게 보여져서는 안된다. 길이 약 10피트, 폭 약 6피트, 그리고 그 위에 대형 십자가가 그려진 천으로 된 휘장으로 관을 덮는 것이 훨씬 낫다. 그것은 잘려진 꽃송이보다도 그리스도 안에 둔 우리 소망의 근원에 대해서 훨씬 더 좋은 증거를 한다. 휘장은 또한 관의 화려한 모습을 둔화시켜 주기도 한다. 시신이 의학 연구용으로 주어지는 경우나 또는 화장되는 경우일지라도 장례에서는 보통 사람들에게 보여질 수 있다.

장례는 매우 개인적인 행사이며, 죽은 사람이 바로 이 사람이라는 것을 강조하는 어떤 수단을 찾아내야 한다. 이 일은 과장된 칭찬 없이 수행될 수 있다. 그러나 고인을 매우 잘 아는 한 사람이 고인을 인격적으로 확인하는 일은 매우 중요하다. 때때로 고인의 생애에서 중심적인 인물이나 유물들, 사진 또는 기념품들을 전시할 수도 있겠다. 기독교인들은 세례에서 주어진 이름으로 인식되며, 마찬가지로 그들의 장례식에서도 그 이름으로 불려져야 한다.

주)_____

1) See John T. McNeill and Helena M. Gamer, *Medieval Handbooks of Penance* (New York: Columbia University Press, 1938).
2) *Luther's Works* 53, pp.116~21.
3) *Peter Lombard and the Sacramental System*, Ⅳ, xiv, 3; Rogers, ed., p.117.
4) "Decree for the Armenians," Petry, *A History of Christianity* (Englewood Cliffs, N.J.: Prentice-Hall, 1962), p.328.
5) Dix, ed., *Apostolic Tradition*, V, p.10.
6) John Wordsworth, ed., *Bishop Sarapion's Prayer-Book*, 1, 5,(Hamden, Conn.: Archon, 1964), p.67. See Also 3, 17, pp.77~78.
7) *Lombard*, Ⅳ, xxiii, 3, rogers, p.222.
8) "Decree for the Armenians," Petry, p.329.
9) Calvin, *Institutes*, Ⅳ, xix, 18, p.1466.
10) Ibid., Ⅳ, xvii, 39, pp.1416~17.
11) 형제회 교회의 견실한 서론을 포함한 *Pastor's Manual*, pp.63~71, 을 보라. 이 예식은 좀더 많이 알려져야 한다.
12) "First Apoogy," 65~67, Richardson, *Early Christian Fathers*, pp.286~87.
13) "To Polycarp," 5 Richardson, *Early Christian Fathers*, p.119.
14) *Luther's Works* (Philadelphia: Fortress Press, 1965), 53, pp.110~15.
15) *The Celebration of Marriage* (Toronto: United Church of Canada, 1985), p.11.
16) (Philadelphia: Fortress Press, 1987).
17) *Lombard*, Ⅳ, xxvi, 2, Rogers, p.243.
18) Ibid., Ⅳ, xxvi, 5, Rogers, p.245.
19) "Decree for the Armenians," Petry, p.329.
20) Calvin, *Institutes*, Ⅳ, xix, 34, p.1481.
21) Dix, ed., *Apostolic Tradition*, 4-19. See also Paul Bradshaw, *Oridination Rites of the Ancient Churches of East and West* (New York: Pueblo Publishing Co., 1990).
22) Bradshaw, *Ordination*, pp.215~42.
23) (Washington: International Commission on English in the Liturgy, 1978).

24) ***Luther's Works***, 53, pp.124~26.
25) "Decree for the Arminians," Petry, p.329.
26) "badylonian Captivity," ***Luther's Works***, 36, p.116.
27) (Geneva: World Council of churches, 1987), pp.20~33.
28) ***Biship Saraption's Prayer-Book***, Ⅴ, 18, Wordsworth, pp.79~80.
29) "Confessions," 9, cited in Geoffrey Rowell, ***The Liturgy of christian Burial*** (London: S.P.C.K., 1977), p.24.
30) "The Martyrdom of Polycarp," Ⅴ, 18, richardson, ***Early Christian Fathers***, p.156.
31) "Preface to the Burial Hymns," ***Luther's Works***, 53, p.326.
32) For example, John Hocks, ***Death and Eternal Life*** (New York: Harper & Row, 1976).

색인

ㄱ

가정 식사 264
가현적 표시 211
갈리칸 의식(Gallican Rites) 278, 332
갈릭 44
개인적 헌신 36, 141
개회기도(Opening Prayer) 90
거양 성체 280, 292
견신례 221
견진성사 209, 236
결혼예고(Banns) 325
계몽(Enlightment) 240, 247
계몽주의 211
계율(The Disciplines) 177
고울지방(Gaul) 73
고해성사 198, 309
고해 총칙 52
공간 97
공동 기도서 282
공동 본문 협의회 327
공동 예배 311

공동적 고백 311
공동체 112
공중 기도 163
공중예배 22
공회당 110
관리인(Porter) 335
교송 147
교송 시편 263
교창 128
교회음악 123
구속사 291, 297
귀향주일 82
그레고리 딕스(Gregory Dix) 74
근대 성무 일과(Modernum officium) 147
기도목록(Diptychs) 275
기독교 입교의식 225
기독론 88

ㄴ

낭독자(Lector) 343
넥타(nectar) 304

니시오티스
니케아 신조(Nicene Creed) 176,
248

ㄷ

다락방 훈련
다양성 84
단순성 121, 163
대강절 80
대성당 성무 일과 144
대성직제 338
도나투스 205
도유행위 320
독경자 341
독일미사 284
동방 정교회 136
드로아 61
디다케(Didache) 61, 63, 235
디에스 이라에(dies irae;분노의 날)
354

ㄹ

라드베르투스 294
라트람누스 207, 294
랄프 크램 130

레오 의식 281
로마 미사예식서
로마 의식 281
로마 일과 의식서(Roman Breviary)
148
로마력 77
루이스 부이어 296
루터교 예배서 284

ㅁ

마그네시아 61
마틴 루터 75, 150
만남 140
만성절 87
말씀의 예전 22
매일기도서 51
메노나이트(Mennonites) 269
모라비안 259
목회예전 23
목회의 기도(pastoral prayer) 187
몹수에스티아의 테오도레(Theodore of
Mopsuestia) 70, 200, 234
미라빌리아 데이(mirabillia Dei) 267,
263
미사 예식서 49, 280

ㅂ

바나바 서신 62
바질(Basil) 145
바하(J.S.Bach) 91, 151
방음 123
베네딕트 278
베네딕트 수도원 30
베라카(berakah) 263
베렝가리우스 203, 290
병자에 대한 사역 314
병재의 교리 292
보충예배집 177
복음송 128
봉헌 261
부르너 25~26
부처(Bucer) 174, 239, 281
부활의 신비 30
부활절(paschal) 62~65
불멸의 약 288
브릴리오트 286
비텐베르크 46
빠스카 64
빵의 본질 291

ㅅ

사도전승 65, 141
사도규약 63
사도들의 시간 143
사도신경 83, 189, 233
사도의 가르침 233
사라피온 274, 315, 347
사룸 메뉴얼 325
사룸 예배의식서 152
사순절 67
삼성송 170, 176, 271
삼위일체 주일 74
상징 가치 320
상징 행위 244
새크라멘툼 199, 204
서방교회 47, 74
서품식 168, 203
성경 일과 88
성경절대주의 211
성공회 46
성금요일 66
성령 강림절 71
성례전 신학 203, 211
성례전 제도 208
성례전의 종류 199
성례전의 효력 211
성모 찬가 88

성모방문축일 88
성모의 몸소승천축일 74, 88
성모의 무염수태 88
성모일 88
성무일과의식 149
성물 191, 288
성상파괴 130
성소의 공간 105
성시 91
성야고보 44
성약 331
성유 미사 69
성유식 235
성자축일 75
성주간 66, 68
성직수임식 336
성찬배 301
성체분할식 279, 324
성토요일 66, 68
세례 갱신 256
세례예비과정 225
세례의 공간 105
세정식 279
세족 목요일 66
세족식 69
소네트 273

소성직제 338
속죄 행위 313
수도원식 예배 112
수도원의 성무일과 144, 149
수직축 101~102
수태 고지 73
수평축 103~104
순례자 68, 98
쉴레벡스 216
슈바르츠 281
스톨 135~136
스트라스버그 시편집 150
시릴(Cyril) 67~68, 234, 289
시스틴 예배당 92
시신문 349
시편 찬송 187
시편집 50
시험설화 35
신비교리 70
신의 현현 71
신정절 76
신조 기도 264
신조의 고백 228
신체언어 300

ㅇ

아남네시스 266
아담 베데 156
아담스 76
아르메니안 법령 205
아르메니안 선언 329
악기 125
악기음악 125
안수예식서 53
알렌 맥아더 77
암브로스 70, 290
암브로시아 44, 277, 300
애찬 268
애찬식 269
야곱 98, 227
야콥 엡슈타인 134
어거스틴 66
언더힐 27~28, 37
언약 예배 312
에바다 234
에제리아 66, 68, 143, 233
에클레시아 37
연도 52, 146
열두 사도의 가르침 106, 141
영성체 입장권 313
영접의 예배 251
예루살렘의 시릴 200

예배 생활 25
예배 예술 130~134
예배 예전학 55
예배 의식서 41, 54
예배 장소 98, 187
예배력 74
예배운동 214
예배율동 128
예배의 신비 30
예배의 이중성 25~26
예배의 통합 24
예배집 45, 47~48
예수회 148
오순절 운동 47
오순절파 239, 282
오스카 쿨만 251
옥스퍼드 운동 311
요리문답 254
요릭 351
요아킴 예레미아스 266
요한 웨슬레 55, 238, 251, 269
원죄 247
월터 라우쉔부쉬 40
웨스트민스터 예배 규범 281
윌리암 듀란듀스 339
윌리암 템플 40

색인 **365**

유대교 예배 164, 263
유세비우스 71, 142
유아세례 230~231, 239~240
유월절 34, 64~65, 264, 267~268
율로기아 263
융통성 119
은사 26, 47
은혜의 수단 213
음향 효과 99, 121
응답 25~27
의례 38
의미변화설 296
이그나티우스 61, 273
이레네우스 29, 246
이성 198, 210, 226
일과 기도서 50, 54
일과 예배 51
입당송 170, 174

자범죄 247
자유 교회 46
장례식 346
장백의 135
재연 80, 265

재의 수요일 67, 312
재현 266
쟝 자크 폰 알멘 26
저스틴 62, 167, 228
전례에 관한 법령 104
제1변증서 246
제3의 언약 219
제롬 308
제성절 74
제의 38, 135
제정의 말씀 197, 266
종교 예술 130
종부성사 203~204, 316
죠지 엘리오트 156
죤 러스킨 119
주교 예전서 53, 339
주의 날 61
주의 만찬 23
주현절 67, 71
주현절 이후의 절기 72, 85
준성사 316
중백의 135
중세교회 248
중앙집중식 설계 117
쯔빙글리 150, 212, 249, 250

366 기독교 예배학 입문

ㅊ

참회의 수요일 67, 77
천국생일 348
첫 번째 변증문 167, 288
초교파적인 성구집 89
초신자교리 23, 235
최후의 심판 27, 349
쵸오서 324
축귀자 338
축복 기도서 52
축복 송영 263
축복의 책 52
축성기도 273
치유 197, 203, 308
치유사역 319
침례 238

ㅋ

카이로스 60
카젤 30, 215
칼 바르트 251
코우프 135
콘스탄틴 63, 68, 75, 110, 283
쿠르트 알란드 231
쿰란 공동체 227

###

퀘이커 교도 33, 47, 103
크랜머 152~154, 284, 317
크리소스톰 42, 44, 74, 143
클레멘트 35, 247
클레멘트 Ⅰ세 35
키프리안 141, 270

ㅌ

터툴리안 63, 65, 70, 200, 232, 309
토마스 크랜머 152
토착화 331
통과의식 336

ㅍ

파우스투스 248
펄시 디어머 40
펠라기우스 247
평화의 인사 103
폴 틸리히 131
폴 훈 24
폴리갑의 순교 73
프레데릭 데니슨 모리스 40
플로렌스 공의회 205, 313
플로로프스키 28
피어스 파쉬 78

피우스 10세 29
피우스 12세 29, 342
피터 롬바르드 203, 247, 315
피터 마터 317
피터 부르너 25
필그림 마펙 239

231~232, 246, 272, 337, 340

할례 73, 75, 204, 226
합리주의 206, 212, 292, 294
합창음악 126
해방 이야기 265
허브마이어 238
헨리 무어 134
현존 28, 30, 106~107, 140
현현 26, 71, 106, 246
형제단 269
혼합식 279
화체설 223
활동공간 116
회당예배 164
회중 교회 115
회중 찬송 122, 125~126, 155, 210
희생 제사 195, 263
히폴리투스 65, 142, 168, 200,

기독교 예배학 입문

지 은 이 • 제임스 화이트
옮 긴 이 • 정장복, 조기연
펴 낸 이 • 김현애
펴 낸 곳 • 예배와 설교 아카데미
주　　소 • 서울특별시 광진구 광장로5길 11-4
전　　화 • 02-457-9756
팩　　스 • 02-457-1957
홈페이지 • www.wpa.or.kr
등록번호 • 제18-19호(1998.12.3)
초판 1쇄 • 2000년 4월 7일
　　11쇄 • 2021년 9월 14일
I S B N • 978-89-88675-10-X

총 판 처 • 비전북
전　　화 • 031-907-3927
팩　　스 • 031-905-3927

값 13,000원
• 잘못 만들어진 책은 교환해 드립니다.